WIZARD

Unconventional
Success

A Fundamental Approach to Personal Investment
by David F. Swensen

イェール大学流
資産形成術

顧客本位 の投資信託とは何か

デビッド・F・スウェンセン[著]

長岡半太郎[監修]　山下恵美子[訳]

Pan Rolling

監修者まえがき

　アメリカの大学における基金のなかでもイェール大学の運用基金は資産規模の大きさや卓越した運用成績によって広く知られているが、本書はそこでCIO（最高投資責任者）を務めてきたデビッド・F・スウェンセンが著した"Unconventional Success : A Fundamental Approach to Personal Investment"の邦訳である。本文中にもあるとおり、これは個人投資家が自らの資産形成を行うにあたって最も適切と考えられる方法（インデックスファンドを利用した受動的な資産配分）を提案したものである。この原書が発行されたのは十五年ほど前であり、こうした方法は当時のアメリカにおいても型破りなものとみなされていたが、その後の歴史は結果的にスウェンセンの主張が完全に正しかったことを証明している。

　さて、本書の後半では、（当時の）アメリカの投資信託業界に対する厳しい批判が展開されているが、この問題は時間の経過とともに現在では解決に向かいつつある。だが、日本の投資信託業界の状況はアメリカよりはるかに遅れており、残念ながら本書後半での指摘のかなりの部分がいまだにそのまま当てはまることになる。これについては、「そんなことはない」と主張する関係者も少なくないだろうが、この業界が本当に受益者のために行動してきたかどうかは、自分の胸に手を当てて考えてみればすぐに分かることだ。

　一方で、私たちは将来の経済的な安定のために個々人が資産形成を行う必要に迫られている。これは日本の社会全体として避けては通れない課題であり、投資信託はその解決に使える有力な手段の一つであるが、そういった社会的要請に積極的に応えようとする組織はいまだに出現していない。

　しかし、約1世紀前に魯迅が、精神を病んだ祖国の社会に対する深

い絶望のなかで、それでも「絶望が虚妄であるのは、まさに希望と同じである」と書き、未来を信じて進むことの大切さを説いたように、利己的に見える投信業界のなかにも一縷の希望はある。

2017年に行われた講演で金融庁の森信親長官は、投資信託全体のなかで個人の資産形成に適したファンドは１％もないと指摘し、今後は顧客本位の業務運営を行わない金融機関は淘汰させると述べて、監督官庁として断固たる姿勢を示し、関係者を震撼させた。このように投信業界にはこれまで自分自身の手で改革を行う自浄作用がなかったことはまことに不名誉なことだが、それを機に自社のレゾンデートルを問い直し、その在り方を変えようと考えている関係者も少なくないだろう。投信業界は低金利や競争過多による運用難によっても非常に厳しい局面を迎えており、今後は経営が立ち行かなくなる会社も出てくるはずだ。いやだからこそ、その焦土の灰のなかから真に顧客本位の資産運用組織が生まれてくるものと信じたい。

なお、資産形成における投資資産配分については『**アセットアロケーションの最適化——ポートフォリオの構築とメンテナンスのための統合的アプローチ**』が、インデックスファンドの長所と利用法については『**インデックス投資は勝者のゲーム——株式市場から確実な利益を得る常識的方法**』（いずれもパンローリング）が非常に詳しい。参考にしていただければ幸いである。

最後に、翻訳にあたっては以下の方々にお礼を申し上げたい。山下恵美子氏は正確な翻訳を行っていただいた。そして阿部達郎氏には丁寧な編集・校正を行っていただいた。また、本書が発行される機会を得たのは、パンローリング社の後藤康徳社長のおかげである。

2020年11月

長岡半太郎

目次

監修者まえがき   1

読者のみなさまへ   11

謝辞   13

序文   15

はじめに   17

概説   25

第1章 リターンの源泉   27

アセットアロケーション   30

基本的な投資原理   31

マーケットタイミング   38

銘柄選択   40

税金に対する感度   43

課税の繰り延べ   47

配当、利息、キャピタルゲイン   48

本章のまとめ   50

第1部 アセットアロケーション   53

はじめに   55

第2章 コアアセットクラス   59

アメリカ株式   61

米国債   75

インフレ連動債 83

アメリカ以外の先進国株式市場 87

新興国の株式市場 93

不動産 97

本章のまとめ 114

第3章　ポートフォリオの構築 ················· 117

ポートフォリオ構築の科学的側面 119

個人の好みにフィットさせるアート的側面 121

投資期間 125

本章のまとめ 128

第4章　非コアアセットクラス ················· 131

アメリカの社債 133

高利回り債 146

免税債 154

資産担保証券 163

外債（アメリカ以外の国の債券） 169

ヘッジファンド 171

LBO 182

ベンチャーキャピタル 189

本章のまとめ 199

第2部　マーケットタイミング 201

はじめに 203

第5章　好パフォーマンスの追っかけ ················· 205

インターネットバブルに流れ込んだ投資信託資金 208

メリルリンチ・インターネット・ストラテジーズ・ファンド 216

投資信託の広告　　　　　　　　　　　　　　　221
チャールズ・シュワブの強気相場時の広告　　　226
パフォーマンスの都合の良い提示方法　　　　　234
モーニングスターの格付け　　　　　　　　　　236
本章のまとめ　　　　　　　　　　　　　　　　242

第**6**章　リバランス　……………………………………　**245**

リバランスの心理　　　　　　　　　　　　　　247
1987年の株価大暴落後の投資家の行動　　　　　248
インターネットバブルに対する投資家の反応　　252
ポートフォリオアロケーションに無関心な個人投資家　255
リバランスによるリターン・リスク特性の向上　258
リアルタイムのリバランス　　　　　　　　　　262
本章のまとめ　　　　　　　　　　　　　　　　265

第**3**部　銘柄選択　　　　　　　　　　　　　　　　**267**

はじめに　　　　　　　　　　　　　　　　　　269

第**7**章　投資信託の市場に対するアンダーパフォーマンス　**275**

一般的な背景　　　　　　　　　　　　　　　　276
投資信託のパフォーマンス　　　　　　　　　　281
税金とファンドのリターン　　　　　　　　　　284
本章のまとめ　　　　　　　　　　　　　　　　287

第**8**章　投資信託が失敗する明白な理由　………………　**291**

投資信託の手数料　　　　　　　　　　　　　　293
販促手数料　　　　　　　　　　　　　　　　　301
ポートフォリオの銘柄入れ替え　　　　　　　　320
本章のまとめ　　　　　　　　　　　　　　　　351

第**9**章　投資信託のパフォーマンスを下げる隠れた要因 … **355**

受託者責任と自己利益の追求　357
ペイトゥープレー（レベニューシェア）　358
価格ゲーム　370
ソフトダラー　384
本章のまとめ　389

第**10**章　アクティブ運用ゲームで勝利するために…………　**391**

マネジャーの望ましい性質　393
サウスイースタン・アセット・マネジメント　398
本章のまとめ　413

第**11**章　ETF………………………………………………　**415**

ETF　418
ETFの売買　423
アービトラージメカニズム　427
市場の厚み　428
税効率　432
コアアセットクラスのETF　433
構造に欠陥のあるETF　439
本章のまとめ　442

終わりに　**445**

第**12**章　顧客本位の原則を無視した投信会社の偽計 ……　**447**

自己利潤追求型の組織の構造と顧客本位の組織の構造　449
法律上と規制上の対応　468
本章のまとめ　475

付録1　投資損益の計測　479
付録2　アーノット、バーキン、イエによる投資信託のリターン調査　481

本書は、2006年に『イェール大学CFOに学ぶ投資哲学』（日経BP社）として発売されたものを新たに翻訳し直したものです。

太陽のように光り輝く美しい娘のトーリー、
勇気の意味について毎日何かしらを教えてくれる
ゴルフ仲間で息子のアレックス、
私を笑顔にする術を知っているかに見える
スポーツ好きな息子のティムに、
本書を捧げる

読者のみなさまへ

本書には私個人の意見やアイデアが含まれている。本書で提示する戦略はだれにでも向くわけではない。また、本書は特定の結果を保証するものではない。本書の内容を適用した結果、発生したいかなる損失についても、出版社も私も一切の責任は負わない。

また以下の事柄に注意してもらいたい。

私はTIAA-CREF（米教職員保険年金連合会・大学退職株式基金 [Teachers Insurance and Annuity Association of America-College Retirement Equities Fund]）の一部門である米教職員保険年金連合会（TIAA）の受託者であることをご承知おきいただきたい。本書でTIAAについて総じて好意的に言及することが多いのはそのためで、特に同連合会の顧客ファーストに対する考え方についてはよく引き合いに出す。TIAAにおける私の利益は、通常の受託者手数料とTIAA-CREFにおける私の退職口座の運用益によるものである。私が述べる意見は必ずしもTIAAとCREFの理事会の意見を反映するものではない。

謝辞

　イェール大学財団の３人の同僚の協力がなければ、本書が日の目を見ることはなかっただろう。その３人とは、キンバリー・サージェント、ランディ・キム、キャリー・アビルゴールだ。どんな困難に遭遇してもけっしてあきらめることなく私を支え続けてくれた彼らにはどんなに感謝してもしきれない。彼らのユーモアのセンスのおかげで、辛い仕事も楽しい経験になった。

　30年来の友だちであり、20年ともに働いてきたディーン・タカハシは、イェール大学財団チームの仕事にその知性で厳しさと活力を与えてくれる人物だ。彼の考え方や影響は本書の随所に浸透している。私たちはプライベートでも仕事でも協力し合っているが、この協力態勢は私に大きな満足感を与えてくれるだけでなく、イェール大学にとっても大きな財産になるのではないかと思っている。

　私の原稿に建設的なコメントをしてくれた同僚のセス・アレクサンダー、ジェイ・カン、ダン・キルパトリック、ケン・ミラーに感謝する。兄のスティーブ・スウェンセンは金融面以外のプロとしてアドバイスしてくれた。彼らの多大な協力にもかかわらず、間違いは依然としてあると思うが、そのすべては私の責任である。

序文

　本書の執筆に取り掛かった当初は、まったく違う本を書くことを考えていた。私の最初の本である『パイオニアリング・ポートフォリオ・マネジメント(Pioneering Portfolio Management : An Unconventional Approach to Institutional Investment)』(パンローリングから近刊予定)は、イェール大学財団のCIO(最高投資責任者)としての長年の経験を基に、機関投資家たちがファンドの資産運用に使えるテンプレートを提供することを目標としたもので、株式を主体とする広範に分散されたアクティブ運用の投資プログラムについて書いたものだ。本書の内容は前著に似ているが、今回は個人投資家向けに書いた。

　本書のための情報収集をしているとき、利潤追求型の投資信託のマネジャーが個人投資家たちにとって満足のいく結果を生み出すために行ったアクティブ運用は、明らかに失敗であったことをデータは示していた。これを踏まえて、個人投資家は株式を主体とする広範に分散されたポートフォリオをアクティブ運用ではない方法で構築したほうがよいのではないかという結論に達した。市場を打ち負かす戦略といったはかない夢を追いかけるよりも、顧客本位の投資運用会社によって運用される市場を模倣するポートフォリオを採用するほうが個人投資家にとっては有利に働く。

　投資信託業界の壮大な失敗は、社会にとって、特にアメリカの労働者の退職後の所得保障に対して深刻な意味を持つ。私は多くの経済学者と共通の意見を持つ。それは、自由市場は一般に素晴らしい結果をもたらすということだ。政府の介入は問題を解決するどころか、より多くの問題を引き起こすだけである。しかし、投資信託業界が業界を挙げて、個人投資家から搾取するという市場の失敗の陰には政府の介入があったのは明らかだ。政府が適切な政策を行わなければ、アメリ

カの次世代の退職者が安心して住める国は築けないだろう。

はじめに

ジョン・メイナード・ケインズは次のように述べている——「世知の教えるところでは、突飛なことをして成功するよりも慣習に従って失敗するほうが評判はよいものだ」（『雇用・利子および貨幣の一般理論』より）。ケインズのこの深遠なる英知は投資の世界の隅々にまで浸透している。しかし、世間一般の通念に奴隷のように従うのはけっして賢明とは言えない。なぜなら、踏み慣らされた道は落胆へと通じることのほうが多いからだ。慣例にとらわれないで、よく考え抜かれたアプローチを取ることが賢明な道だ。あまり人の通らない道は成功への大きな機会を提供してくれるからだ。

コントラリアンの投資法（非主流派・少数派の投資法）

従来とは異なる戦略を追求することは投資家にとっては大きなチャレンジだ。人間は本質的に昔から存在する戦略を追求することで安心感を得たがる。多くの市民と共通の結果を共有することで社会的な絆は深まるだろうが、残念ながら、安心感が成功を生むことはほとんどない。

投資信託の投資家の多くは、同じ考えを持った投資家と資金をプールして、プロ的手法で運用してくれる質の高い投資マネジャーに任せれば優れた結果が得られると考え、夜も安心して眠っている。しかし、世間一般の通念には裏切られることが多い。過去の証拠が示すように、投資信託が約束どおりのリターンを提供してくれる確率は驚くほど低い。非伝統的なアプローチのほうが投資を成功に導いてくれる可能性は高い。

本書が推奨するのは、顧客本位のファンド運用会社を使って広範に

分散したパッシブ運用のポートフォリオを構築することである。まず、投資信託のほとんどの資産は利潤追求型の運用会社の管理下にある。それに対して、顧客本位のファンド運用会社を選ぶことは大勢の人とは違う道を行くことを意味している。また、個人の大部分のポートフォリオは実績に基づき、アメリカ国内市場で取引される市場性証券へ配分されている。それに対して、真に分散されたポートフォリオの構築とは他人とは違う手段を選択することを意味している。さらに、ほとんどの投資信託が市場を上回ることを目指している。それに対して、市場を模倣する戦略は少数派である。

　世間一般の目には、コントラリアン投資家はどうあがいても儲からないように見える。コントラリアンは今市場で注目されている投資対象の動きに付いていけなければ、ファッショナブルなプレーヤーからは時代遅れの自立思考とあざ笑われるだろう。コントラリアンの運用結果が伝統的な手法に勝っても、コンセンサス志向のプレーヤーからは非伝統的な投資家は無責任だと責められる。投資結果がどうであれ、主流から外れた投資家たちは外部の観察者たちから慰めにもならない慰めを受ける。

　したがって、こうした非主流派の投資家には、非伝統的なポートフォリオを構築して維持するのだという確固たる信念が必要だ。知的に構築されたポートフォリオをしっかりと支える基本原理に対する揺るぎない信念がなければ、弱腰の投資家は市場の変動にさらされ、悲惨な結果となるのがオチである。パフォーマンスが悪いからと言って非伝統的な戦略を捨て、良いパフォーマンスを出している伝統的な投資手法のファンドに次々と鞍替えすれば、資産を安く売って高く買うハメになる。つまり、いずれかの時点で、確固たる信念のない投資家が非伝統的な戦略を捨てたあと、道理が勝利することになる。そして、先ほどまで魅力的に思えた伝統的アプローチは低迷し、嫌われ者のコントラリアンポートフォリオは光り輝く。ファンドを安く売って高く

買った投資家は自業自得だ。

　本書のメッセージである顧客本位の投資マネジャーを使った、よく分散された株式重視のパッシブ運用のポートフォリオの設計図は、その基本的なことだけを伝えるのならば、数ページもあれば事足りる。しかし残念ながら、あらかじめ組み立てられた推奨戦略を教えるだけでは、時間に制約のある投資家にとっては何の助けにもならない。投資で成功するには信念が必要で、その信念は、ある基準に沿ったポートフォリオを構築する論理的根拠を理解することで得られるものだ。資産運用の非伝統的なアプローチの有効性や妥当性を信じることができなければ、市場の荒波を乗り越えることはできない。

　軽率にコントラリアン戦略に走れば、伝統的なアプローチと同じく、悲惨な結果が待ち受けているだけだ。コンセンサス型の戦略は長期にわたって魅力的なリターンを生み出すことが多く、気まぐれなコントラリアン投資家は苦しい立場に立たされる。コンセンサス型の正しさが証明されると、コントラリアン投資家はより一層苦境に陥ることになる。投資で成功するには、その日、市場の逆サイドに立つだけではまったくもって不十分だ。非伝統的なアプローチを追求する理由を理解したうえで、思慮深く投資プログラムを組み立てる必要がある。

　本書は投資家に大勢の人とは違う道を行くために必要な知識と勇気を提供するものである。主流の投資家たちが陥る落とし穴の事例は、何を避けるべきかを教えてくれる。非伝統的な投資家を手招きする、人の行かない裏道に関する説明は、考慮すべき選択肢を提供してくれる。理解が信念につながるのなら、知識は投資で成功するために絶対不可欠なものだ。

公共政策問題

　本書の主たる目的は個人投資家のための賢明な投資のフレームワー

クを提供することにあるが、アメリカの労働者の退職後の所得保障の骨格をなす重要な公共政策問題にも言及している。退職後の生活を支えるための資金作りも次第に個人の双肩にかかるようになってきた。この数十年を見てみると、年金制度は雇用者が管理する確定給付型から、従業員が運用を指示する確定拠出型へと移行している。責任の所在が雇用者から従業員にシフトしたことで、運用が良好で低コストの投資プログラムが減り、あまり運用の良くない高コストの投資プログラムが増えている。確定拠出年金制度への移行は何百万人というアメリカ人の定年後の所得保障を脅かしているのである。

　確定給付年金制度の減少は後戻りできないところまで来ている。確定給付年金制度では、企業は被雇用者に生涯年金を支払い続ける義務があるため巨額の変動債務を抱えることになり、そうした債務の支払いのために変動する資産のプールを確保しなければならないため、企業はこの制度を嫌う。一方、被雇用者も、確定給付年金は将来の受給額が分かりにくく、即時性に欠けるため、この制度を嫌う。一般に、確定給付年金制度は不人気だ。

　同様に、確定拠出年金制度の増加もまた後戻りできないところまで来ている。雇用者は債務を限定し明確にできるため、この制度を好む。従業員もこの制度を好んでいる。というのは、自らの口座の価値が明確に示されるからだ。人気投票を行えば、確定拠出年金が確定給付年金に大勝ちするだろう。

　しかし、確定拠出年金制度には欠点がある。被雇用者によっては加入しない場合もあり、加入しても定年後の安定した生活を営めない水準の給付しか積み立てがなされないこともある。被雇用者が転職するとき、年金資産が過度に引き出され（キャッシュアウト）、支出されてしまう場合もある。確定拠出年金制度への加入は自由意志によるものなので、将来の年金保障をめぐっては不安がある。これが第一の不安だ。

退職後の所得保障に対する第二の不安は、高コストの投資手段を選択しなければならないことだ。確定拠出では投資信託業界から勧められた投資商品を選ばなければならない。その結果、投資家は月並みなパフォーマンスに対して高い手数料を支払うことになる。確定拠出年金制度の加入者が投資できる商品は、最低の満足度をはるかに下回るものしかない。

第三の不安は、加入者に資産運用の知識がないことだ。ほとんどの個人は今日の競争の激しい投資市場で成功するために必要な知識を持っていない。個人投資家はアセットアロケーション（資産配分）に長けておらず、よく考えないでアクティブ運用を行い、ひどいマーケットタイミングで投資を行う。彼らをどんなに教育しても、有能な投資家の国を作れる可能性は極めて低い。

退職後の所得保障問題を解決するには、確定給付年金を中心に据え、確定拠出年金を脇に置くしかないように思えるが、残念ながら、政治はこれとは逆方向に進んでいるように思える。ジョージ・W・ブッシュ大統領は社会保障税の一部を加入者の判断で個人年金勘定に積み立て、株式市場などで運用することを認める方針で、これは個人投資家に退職後の所得保障に対してさらに大きな責任を負わせることになる（Whitehouse.gov,「Specifics on The President's Plan to Strengthen Retirement Security」,2003年2月2日）。社会保障の部分的な「民営化」によって個人は退職年金資産をどこに投資するかを決めなければならず、準備不足の個人投資家にとってはすでに大きな負担がさらに高まる可能性が高い。

ノーベル経済学賞を受賞したポール・サミュエルソンは社会保障の民営化について次のような懸念を示している。

　　おそらくブッシュ政権のあとの政権では、そのときの労働者に対して個人の資産運用口座にある社会保障制度による残高を部分的

に引き出すことが認められるだろう。それはなぜか？　多くの人にとって有益だからか？　それはノーだ。これは多くの人にとってむしろ高いものにつく。しかし、それは金融業界にとって有益だ。金融業界は投資しなければならない社会保障ファンドを抱えた顧客に対して、いつものように月並みな仕事をするだけでよい。ロビイストは、この不当な死重損失と非効率性を包含するシステムにいち早く賛意を示し、その実現に奔走するだろう（ポール・A・サミュエルソン著「The Backward Art of Investing Money」、Institutional Investor, 2004年10月: 114）。

　投資信託のマーケターがアメリカ労働者の退職後の蓄えに対して容易にアクセスできるようにするということは、一般大衆の費用でウォール街を潤すことになる。

　退職後の所得保障問題を解決する別の方法は、投資を構成の優れた一定の選択肢に限定するというものだ。政府による税制上の優遇措置は、個人投資家を確定拠出年金制度への加入へと推し進める効果がある。もし政府が低コストで市場を模倣するファンドに投資している口座に対してだけ、税制上の優遇措置を与えたらどうなるだろうか。税制上の優遇措置が受けられる投資をパッシブ運用商品のみに限定することで、投資家が間違った投資をする機会はぐんと減る。また、政府がファンドの鞍替え回数と頻度を制限する規制を設ければ、マーケットタイミング問題は解決できるかもしれない。アセットアロケーションの課題は投資家教育が有効かもしれない。自分のリスク特性と保有期間に合った投資プログラムを採用するように個人投資家を教育するのだ。政府は、子供の最善の利益を考える親の立場で、パッシブ運用で適切にアセットアロケーションされた投資プログラムの採用に向けて強力なインセンティブを与えることができるはずだ。

　その格好のモデルが、TSP（米連邦公務員向け確定拠出年金。

Thrift Savings Plan）である。2003年末、TSPは1億2880万ドルの資産を5つのファンドに配分していた。そのうちの4つのファンドは、大型株のS&P500指数、小型株のウィルシャー4500指数、海外の先進国株式のMSCI EAFE指数、主要な債券クラスを含むリーマン・ブラザーズ米国総合指数といったよく知られたインデックスに連動する。証券選定の観点から言えば、アメリカ政府は彼らの被雇用者がアクティブ運用のネガティブサムゲームをプレーすることから守っていると言えるだろう。

　税務上の優遇措置を受けられる投資をパッシブ運用の投資商品に限定したとしても、投資家は課税対象のファンドで高コストのアクティブ運用のムダなゲームをプレーし続けるかもしれない。しかし、税務上の優遇措置というアメには投資の選択が限定されるというムチが付き物で、それによって投資家に投資を良質な選択肢から選ばざるを得ないように強いることができる。これによって、多くのアメリカ国民の退職後の見通しは改善されるだろう。

　投資信託業界は壮大な市場の失敗の中心に位置する。投資運用サービスの提供者である洗練された機関と洗練されていない個人の消費者との非対称性によって、富は個人から機関投資家へと大移動する。たとえ政府が介入しても、市場メカニズムは大部分の個人投資家にとって満足のいく結果を生み出すことはできない。

投資信託業界の失敗

　本書は、投資信託業界はアメリカの個人投資家の期待を裏切る存在でしかないと結論づけるに至った。市場を上回るリターンを期待する投資信託の保有者には失望が待っているだけであることをデータは示している。問題の根源は、投資信託運用会社の受託者責任と彼らの利潤追求の動機の対立にある。この戦いでは常に後者が勝利する。個人

投資家は常に敗者で、投資信託のマネジャーは常に勝者となる。

アクティブ運用では個人投資家にとって満足のいく結果を生み出すことができないことはデータが示すとおりである。個人投資家の不利な状況を説明する要素は2つある。1つは、個人投資家が選ぶことができる投資の選択肢である。彼らに提供される投資は、高コストで運用のまずいものばかりになるように運命づけられている。もう1つの問題は、個人投資家の市場に対する反応だ。個人投資家はリサーチ不足で、過去の実績に引きずられて、気まぐれな投資（逆境に陥ったときとチャンスに遭遇したとき）を行い、ほとんどの投資プログラムをダメにする。外部の投資マネジャーは彼らの資産を減らすことがないとしても、投資家自らが苦境を招いている。

これでは悲惨な結果が待っているだけだ。本書では投資信託業界の問題点を詳細に説明し、投資家には利潤追求型の投資運用会社には近づかないように注意を喚起する。さらに、個人投資家の問題行動についても解説する。個人投資家は自らが多くの問題を作り出しているのである。

そして最後に、個人投資家が直面する問題に対する前向きな解決法を提示する。投資運用の世界には顧客本位の会社は非常に少ないが、個人投資家にはぜひとも受託者責任を全うすることを最優先する投資会社を選んでもらいたい。市場には魅力的な構成のパッシブ運用の投資の選択肢がたくさんあり、投資家には株式重視の幅広く分散されたポートフォリオを構築する機会が与えられている。投資信託業界は大きな失敗を犯したが、投資家には慣例にとらわれないアプローチでポートフォリオ運用に臨み、成功を手にしてもらいたい。

2005年3月　コネチカット州ニューヘイブン

デビッド・スウェンセン

概 説

第1章 リターンの源泉 — Sources of Return

　資本市場には投資家が投資リターンを生み出すためのツールが3つある。「アセットアロケーション（資産配分）」「マーケットタイミング」「銘柄選択」の3つだ。これら3つのポートフォリオマネジメントツールの性質とパワーを明確に理解することで、長期的な投資目標に貢献するファクターを重視し、長期的な目標を妨げるようなファクターは無視することができる。首尾一貫した投資プログラムは、アセットアロケーション、マーケットタイミング、銘柄選択の相対的な重要性を理解することから始まる。

　アセットアロケーションとは、特定のアセットクラス（資産クラス）に配分する資産の割合について長期的な視点に立った意思決定を下すことを意味する。例えば、長期的な視点に立って投資しようと思っている投資家は、資産の30％をアメリカ株式に、20％をアメリカ以外の株式に、20％を不動産に、15％をインフレ連動債に、そして残りの15％を普通債に投資するといった具合だ。アセットアロケーションは一度決定したら、その目標値はそれほど頻繁に変えることはなく、その目標値が投資結果を測定する際のベンチマークとなる。

　マーケットタイミングとは、長期的なアセットアロケーションの目標値からの逸脱を意味する。アクティブなマーケットタイミングとは、アセットクラスの相対的な評価に基づいて、意図的に高い短期リター

ンを上げようとすることを意味する。例えば、株式には価値があり、債券には価値がないと思っている投資家は、一時的に国内株式のアロケーション（配分）を30％から35％に上げ、債券のアロケーションを15％から10％下げるかもしれない。株式のウエートを上げ、債券のウエートを下げることで得られるこのときのリターンは、プラスになろうがマイナスになろうが、アクティブなマーケットタイミングによるリターンということになる。パッシブなマーケットタイミングとは、ポートフォリオに含まれるさまざまなアセットクラスの価値に対して市場の力が働くことで発生する長期目標からの想定外の逸脱を意味する。投資家の能動的な意思決定によるものであろうと、投資家の受動的な無頓着さによるものであろうと、仮想的なポートフォリオの目標リターンとポートフォリオに含まれる実際のアセットクラスのリターンとの差がパッシブなマーケットタイミングによるリターンになる。

　銘柄選択とは、各アセットクラスのそれぞれに対してポートフォリオを構築することを意味する。銘柄選択はまずはパッシブ運用かアクティブ運用かを選ぶことから始まる。パッシブ運用とは、ほかの選択肢を測定するときの基準となるもので、原市場を複製すること、つまりベンチマークに連動する戦略のことをいう。例えば、アメリカ株式の場合、S&P500、S&P1500、ラッセル3000、ウィルシャー5000といった市場全体の動きを反映する指標をベンチマークとしてポートフォリオを構築することで、銘柄がある程度機械的に選定され、パッシブ運用を目指す投資家にとっては適切な代替投資手段が提供されることになる。一方、アクティブ運用は市場に勝つことに賭ける戦略で、投資家は割安な銘柄のウエートを増やし、割高な銘柄のウエートを減らす。ベンチマークからの乖離によるリターンが銘柄選択によるリターンになる。

　投資結果を決定づけるうえで最も重要な役目を果たすのがアセットアロケーションだ。機関投資家ポートフォリオの数々の研究からは、

リターンのばらつきのおよそ90％はアセットアロケーションによるもので、残りのおよそ10％が銘柄選択とマーケットタイミングによるものであるという結果が出ている。また、機関投資家のパフォーマンスに関するそのほかのリサーチは、投資家のリターンの100％はアセットアロケーションによるものであり、銘柄選択とマーケットタイミングの果たす役割はほとんどないと主張するものもある（ロジャー・G・イボットソンとポール・D・カプラン著「Does Asset Allocation Policy Explain 40, 90, 100 Percent of Performance?」、Financial Analysts Journal 56, no.1 ［2002］ : 32）。このため注意深い投資家はアセットクラスを決めるときに細心の注意を払う。

　投資プロセスにおけるアセットアロケーションの重要性を主張する学術研究が多い結果、市場を研究する学者の多くも、ファイナンスの世界には何か不変の法則のようなものがあり、その法則によって、投資プロセスにおいてはアセットアロケーションが最も重要になるのだろうと結論づけている。実際、引用された研究論文では金融理論からの演繹によってではなく、投資家の振る舞いからの帰納で結論を導いている。アセットアロケーションをスターの座に押し上げ、銘柄選択とマーケットタイミングを舞台のそでに追いやった力を理解すれば、ポートフォリオ構成のなぞが解けるかもしれない。

　アセットアロケーションを決めるときに役立つのが次に述べる３つの投資原理だ。１つ目は、長期投資家はポートフォリオを構築するとき株式に重きを置くこと。２つ目は、慎重な投資家はポートフォリオを構築するとき十分に分散させること。３つ目は、賢明な投資家はポートフォリオを構築するとき税金を考慮すること。株式を重視すること、分散や税金に対する感度は一般常識的にも学術理論でも支持されている。ところが驚くべきことに、この基本的な投資原理は実際のアセットアロケーションではほとんど無視されているように思えてならない。

アセットアロケーション

　ポートフォリオを構築するときに中心的な役割を果たすのがアセットアロケーションである。投資家は、銘柄選択の影響を緩和させるために各アセットクラス内で広範に分散させたポートフォリオを持つのが一般的で、マーケットタイミングの影響を緩和させるためにアセットクラス間の配分を変えることはほとんどない（残念ながら、よく分散させたポートフォリオを持っていても、また、配分を変えなくても、昨日の過熱銘柄を追いかけたり［第2部の「マーケットタイミング」を参照］、非効果的なアクティブ運用を行えば［第3部の「銘柄選択」を参照］、大金を失うことから投資家を保護することはできない）。3つのリターンの源泉のうち2つは大した機能を果たさないことを考えると、最も重要なのはアセットアロケーションだ。投資結果を決めるのは長期的なポートフォリオ目標なので、賢明な投資家はアセットアロケーションに最大の注意を払う。

　投資のプロであるチャールズ・エリスは、たいていの投資家は最も重要な投資の意思決定に時間やお金を使うことはない、と言う。銘柄選択やマーケットタイミングに気を取られた投資家は、非生産的で高くつくポートフォリオ組み入れ銘柄の入れ替え売買をせっせと行う。人気の銘柄や素晴らしいタイミングの話はカクテルパーティーでのおしゃべりを盛り上げるが、会話を中断させるような政策ポートフォリオ（アセットアロケーション）のほうが投資を成功させるにははるかに重要なのである。

　ポートフォリオの目標を達成し、投資を成功に導くためには、基本的な投資原理に対する知識や投資目標を明確にすること、そして個人のリスク許容量を理解することが重要だ。基本的な投資原理は、投資家のニーズを最大限にかなえてくれるポートフォリオを構築するうえでのフレームワークを提供してくれるものだ。また、目標を明確にす

ることで投資家がやるべきことがはっきりする。さらにリスク選好を明確にすることでパラメーターのおおまかな数値も決まる。基本的な投資原理と明確な目標と自己認識を持つことで、投資で成功する可能性は高まるのである。

基本的な投資原理

長期的なアセットアロケーションの３つの原理——株式を重視することの重要性、ポートフォリオ分散の効能、税金に対する感度の重要性——を支えているのが、金融理論と一般常識だ。株式のようなアセットに資産を配分することで、ハイリスクなポジションから期待される高いリターンが富を増大させてくれる。また、異なる振る舞いをするいろいろなアセットタイプに分散投資することで、リスクが低減されより安定したリターンを期待することができる。さらに、アセットクラスに掛かる税金とポートフォリオ戦略の税効果に注目することで、税引き後のリターンが向上して資産は増えるため、ポートフォリオのパフォーマンスは上がる。多くの株式を保有することで富は創造され、ポートフォリオを分散させることでリスクは低減し、税金に注目することでリターンは向上する。これら３つを組み合わせることで、ポートフォリオのアセットアロケーションの構成はより強固なものになる。

株式を重視する

金融理論によれば、株式の投資家は高いリスクと引き換えに、リスクの低い金融資産の保有者よりも大きなリターンを期待することができる。株式保有者は、会社がほかの権利主張者に対してすべての支払いをしたあとで利益の分配を受ける。つまり、株式保有者は、負債を控除したあとの企業の資産に対する残余財産の分配しか請求すること

ができない。したがって、株主は企業の資本構成のなかで優位な立場
にある企業に対する融資者よりも立場上リスクは高くなる。市場性の
高い証券のリターンの場合、株式のリターンは長期にわたって債券や
現金のリターンを上回るため、そのリスクはリターンに見合い、現実
は理論に一致する。

　歴史を振り返ると、株式市場は長い目で見れば高いリターンを生み
出してきた。資本市場のリターンに関しては質の高い情報が多くの情
報源によって提供されている。イェール大学の教授であるロジャー・
イボットソンによって創設されたイボットソン・アソシエーツは過去
78年にわたるリターンを研究し、その研究結果は広く利用されている。
それによれば、1926年から2003年までのおよそ80年にわたるアメリカ
株の年次複利リターンは10.4％、米国債は5.4％、Ｔビルは3.7％だ。株
式と債券のリターンの５ポイントの差は、ヒストリカルリスクプレミ
アムを表している。リスクプレミアムとは、リスクのある資産（株式）
の保有者は、無リスク資産（債券）の保有者を上回るリスクを受け入
れることでリターンが上乗せされるが、その上乗せ分のリターンのこ
とをいう。

　リターンの差は一見それほど大きくないが、これを長期で見れば、
創造される富は大きく違ってくる。78年間のイボットソンの研究結果
（**表1.1**）を見てみると、大型株に投資した１ドルは2285倍にも膨れ
上がっているが、債券の場合は61倍、現金の場合は18倍にしかなって
いない。小型株にいたってはその倍率はさらに大きく、1925年に投資
した１ドルは2003年には10954倍にもなっている。株式のリターンが
債券や現金のリターンを大幅に上回るのは明らかだ。

　同じような結果はジェレミー・シーゲルの『株式投資』（日経BP社）
にも見られる。資本市場のリターンを研究した同書の第３版によれば、
1802年から2001年までの200年にわたるアメリカ株の年次複利リター
ンは8.3％である。にわかには信じがたいが、19世紀の初めに株式市

表1.1　各アセットの長期リターン

期間	現金		長期国債		大型株		小型株	
	%	倍	%	倍	%	倍	%	倍
1926–2003	3.7	18	5.4	61	10.4	2,285	12.7	10,954
1802–2001	4.3	4,500	4.9	14,000	8.3	8,800,000	–	–

出所＝イボットソン・アソシエーツの「Stocks, Bonds, Bills, and Inflation 2004 Yearbook」（シカゴ, イボットソン・アソシエーツ, 2004）とジェレミー・シーゲル著『株式投資』

場に投資した1ドルは、利益と配当を再投資すれば、21世紀の初めには880万ドルになったということだ。

　債券のリターンは株式のリターンに比べると低い。長期債の年次複利リターンは4.9％で、1ドルが200年後には1万4000ドルにしかならない。リターンが一番低いのは予想どおり短期国債で、年次複利リターンは4.3％で、1ドルが200年後には4500ドルにしかならない。シーゲルの200年にわたる研究における3.4ポイントのリスクプレミアムは、イボットソンの78年にわたる研究における5ポイントのリスクプレミアムに近い。

　こうした長期にわたる研究結果を見ると、長期投資には株式が良いことは明らかだ。データの上っ面だけを見れば、投資家はすべての卵を株式市場バスケットに入れたほうがよいと結論づけられるかもしれないが、歴史をもう少し詳しく見てみると、1つのアセットクラスに集中的に投資するのは危険であることも分かってくる。

分散

　1929年の株式市場の大暴落は、分散されていないポートフォリオを保有することがいかに危険であるかを顕著に示す例だ。1928年11月に小型株の株価がピークを迎え、1932年には大底を付けた。小型株投資

表1.2　市場は分散されていない小型株ポートフォリオを崩壊させた

期間	小型株の倍数	購買力調整済み倍数
1928/11〜1932/ 6	0.10	0.12
1968/12〜1974/12	0.42	0.29

出所＝イボットソン・アソシエーツの「Stocks, Bonds, Bills, and Inflation 2004 Yearbook」（シカ
ゴ，イボットソン・アソシエーツ、2004）

家の資産価値はこの間に90％も下落した。不況によるデフレで購買力
の低下は若干緩和されたものの、物価水準調整済みの下落は１ドルに
つき88セントだった。**表1.2**はこの忌まわしいストーリーを物語るも
のだ。

　1970年代の弱気相場とスタグフレーションが重なったときも、小型
株のリターンは最悪だった。1960年代の強気相場で人々が熱狂してい
るとき、小型株の株価は1968年12月に天井を付け、その４年後に大型
株の株価が天井を付けた。そのあと小型株は大きく下落し、1974年12
月に底を付けたときにはおよそ60％も下落していた。弱気相場の痛み
に追い打ちをかけるように、インフレが購買力を奪い、1968年に１ド
ルだったものが６年後には68セントにまで低下した。市場の動きとイ
ンフレによって購買力調整済み損失は70％を超えた。分散されていな
いポートフォリオを持つ投資家は痛みを嫌というほど味わった。

　厳密にファイナンスの観点から言えば、ポートフォリオを分散する
ことで投資家は一定レベルのリスクに対して高いリターンを達成する
ことができる、あるいは一定レベルのリターンに対してリスクが低下
するため、ポートフォリオ特性は向上する。「フリーランチなんても
のはない」ことを学んだ経済学部の学生たちは、ノーベル賞を受賞し
たハリー・マーコウィッツが分散を経済の世界におけるたぐいまれな
「フリーランチ」と呼んだことに驚くかもしれない。分散することで

投資家はリターンを低下させることなくリスクを低減できる、あるいは、リスクを増大させることなくリターンを向上させることができるのである。

　分散はファイナンス上の便益よりも行動上の便益のほうが大きいように思える。分散していないポートフォリオを持つ投資家は、集中投資の戦略の結果が芳しくないとき、方針を変えなければならないという、内面的にも外部的にも大きなプレッシャーに直面する。1930年代に小型株の1ドル当たりの利益が数十セントにまで下落し、1970年代に30セントにまで下落すると、投資家たちは「小型株なんて、もうこりごりだ」「小型株なんて二度と買うものか」と叫び、持ち株を売り、現金（現金同等商品）に投資した。もちろん、投資家が小型株投資のリスクを悟ったのはタイミングの悪いときだった。1932年6月に小型株に投資した1ドルは2003年12月には10万倍にもなっていたのだ。残念ながら、分散をしても逆行の荒波を乗り切れるかどうかは分からない。しかし、ポートフォリオの一部だけが逆境の波にさらされたときには、嵐を乗り切れる可能性は高い。

　賢明な投資家は資産をさまざまな投資対象に分散投資する。分散することでリスクは低減されリターンは向上するというフリーランチを与えてくれるため、逆境のときにも完走できる可能性は高まる。

投資原理の応用

　投資のプロの間では株式重視のよく分散されたポートフォリオは高い支持を集めているが、実際の市場では基本的なポートフォリオマネジメントの教訓はあまり生かされていない。機関ファンドのなかでは最もよく運用されている大学基金の平均的なアセットアロケーションを考えてみよう。**表1.3**に示したように、10年前の大学基金のポートフォリオは、アメリカ株式がおよそ50％、債券が40％を上回っていた。2つのアセットクラスがおよそ90％を占めるポートフォリオは分散さ

表1.3　大学基金は基本的な投資原理に沿っていない（均等加重アロケーション──アセットに対する比率）

アセットクラス	1993/ 6 /30	2003/ 6 /30
アメリカ株式	48.6	47.7
米国債と現金	40.8	29.2
分散されたアセット	10.6	23.1

出所 = NACUBO

れているとは言えない。リターンの低い債券と現金が40％を上回ることを考えると、ポートフォリオは株式を重視しているとは言えない。1990年代初期の大学基金の運用マネジャーの評価は低かった。

　売買が簡単にできる一般的な証券が大部分を占めるポートフォリオは、債券と株式という２つの異なるアセットクラスに投資しているとはいえ、ほとんど分散されていないも同然だ。市場を取り巻く状況は刻一刻と変化するが、市場リターンを牽引する最も重要な要素の１つである金利変動は、債券と株式に似たような影響を及ぼす。金利が上がれば、債券価格を下げないと売れなくなるため、債券価格は下落する。金利が上がれば、企業の将来収益の現在価値試算のために適用される割引率も上昇するため、株価は下落する。逆もまた真なりだ。1990年代初期の大学基金のポートフォリオは、資産のおよそ90％が金融市場のリターンを牽引する共通の決定要素に基づくリスクにさらされていたということになる。

　インフレ予測がそのあとの現実に一致しないとき、株式と債券を保有することで最大の分散を達成することができる。例えば、予期しないインフレが発生したとき、債券保有者の名目固定債券の価値は下がる。逆に、予想を超える水準のインフレが発生したとき、企業資産に対する株式保有者の残余財産請求権は上昇する。逆もまた真なりだ。つまり、異常な状況下のときだけ、株式と債券を保有することで大き

表1.4　4大学基金はよく分散された株式重視のポートフォリオを構築（均等加重アロケーション──アセットに対する比率）

アセットクラス	1993/ 6 /30	2003/ 6 /30
アメリカ株式	35.5	17.0
米国債と現金	20.0	14.6
分散されたアセット	44.5	68.4

注＝数字はハーバード、イェール、プリンストン、スタンフォードの4大学基金の平均アロケーション
出所＝NACUBO

な分散を図ることができるということである。

　大学基金の2003年のポートフォリオは1993年のポートフォリオに比べてあまり進歩していない。大学基金の2003年のポートフォリオのアメリカ株式の割合は平均でおよそ48％で、10年前のポートフォリオと同じ水準だ。債券の割合はおよそ30％で、1993年のアロケーションからは10ポイント以上減少している。1993年よりも2003年のほうが売買ができる一般的な証券のイクスポージャーが減少したことで、ポートフォリオ特性が向上したのは明らかだ。しかし、2003年には分散資産のアロケーションが増えたにもかかわらず、大学基金のポートフォリオは特によく分散されていたわけでもなく、十分に株式重視というわけでもなかった。

　寄付金が最も多い大学基金とそのほかの大学基金を比較してみよう。ハーバード、イェール、プリンストン、スタンフォードの4大学は基金の規模が最大で、よく分散された株式重視のポートフォリオをいち早く取り入れた基金でもある。1993年にはこれら4大学基金がアメリカ国内の売買可能な証券に投資した資産はわずか56％で、そのほかの大学基金グループの89％に比べるとかなり少ない。**表1.4**を見ると分かるように、2003年にはこれら4大学基金のポートフォリオは1993年

に比べるとはるかによく分散され、アメリカ国内の証券に対するアロケーションは32％に減少している。これに対してそのほかの大学基金の国内の証券に対するアロケーションは77％だ。

　巨大大学基金のポートフォリオはほかの大学基金よりもより分散され、株式ウエートも高かった。4大大学基金の債券アロケーションは1993年には平均で20％だったのが、2003年には15％に減少している。これはほかの大学基金の41％（1993年）と29％（2003年）のおよそ半分だ。

　よく分散された株式重視のポートフォリオは素晴らしい結果を生み出した。2003年6月に終了する10年間のハーバード、イェール、プリンストン、スタンフォードのポートフォリオの結果はすべての大学基金のトップ5％を占め、平均的な大学基金のリターンをはるかに凌ぐものだった。基本的な投資原理の応用は見事な結果を導き出したのである。

マーケットタイミング

　マーケットタイミングはポートフォリオにはあまり寄与していない。なぜなら投資家は常にさまざまなアセットタイプを保有しているからだ。おそらく機関投資家はマーケットタイミングを避けているのではないだろうか。よく考え抜かれた長期目標のポートフォリオに対して短期的な投機を行うことは矛盾することを理解しているからかもしれない。あるいは、マーケットタイミングを成功させるのに必要なアセットクラスの相対的評価を常に行うのは無駄だと思っているため、政策的なアセットアロケーションに従っているのかもしれない。特に、そういった評価を行うのに、未知の経済変数や金融変数を目が回るほど多く収集しなければならないときなどはそうだ。ポートフォリオアロケーションが安定している理由はさておき、マーケットタイミング

を採用しても機関投資家の結果には大きな違いはない。

　ところが、個人投資家になると話は違ってくる。入手した証拠からは、直近のパフォーマンスの良いものに過度に配分し、パフォーマンスの悪いものに対する配分が低いというパターンが見て取れる。おそらく投資家は慣性に従ってポートフォリオアロケーションを行っているのだろう。アセットクラスのウエートは市場の盛衰のなすがままになっていることがうかがえる。あるいは、昨日の勝者はアクティブに追いかけ、昨日の敗者は徹底して排除しているのかもしれない。いずれにしても、マーケットタイミングの個人投資家のポートフォリオに対する影響は一般にマイナスの効果しかないようだ。

　マーケットタイミングに対する無関心は、金融理論からの教訓よりも、投資家の振る舞いにその要因がある。マーケットタイミングに対する振る舞いとアセットアロケーションの長期目標に従うという振る舞いを比較してみよう。株価指数先物のデイトレード戦略だけを追求すれば、ポートフォリオの投資結果はアセットアロケーションとも銘柄選択とも無関係で、すべてはマーケットタイミングによるものになるだろう。多くの投資家が熱狂的にトレードしないのは、一般投資家の感性によるものか、あるいはデイトレーダーの世界をダーウィン的なふるい分けの原理が働いているからだろう。

　最もよく現れるマーケットタイミングの変化形は、アセットクラスに明示的に賭けるといった形で現れるのではなくて、目標とするアロケーションから自然に離れていくという形で現れる。つまり、リバランスによって市場の動きに対抗しなければ、ポートフォリオアロケーションは必然的に望む目標水準から離れていくということである。例えば、債券のパフォーマンスが株式のパフォーマンスに比べて高ければ、債券ポートフォリオは目標水準を上回り、株式ポートフォリオは目標水準を下回る。そのため、リバランス時にパフォーマンスの低い株式の購入に必要な資金を調達するために、パフォーマンスの高い債

券を売る必要がある。投資家はリバランスをシステマティックに行う人はほとんどいないため、ほとんどのポートフォリオのパフォーマンスは市場の動きのなすがままになる。これはポートフォリオを予想外のマーケットタイミングにさらすことになる。最近のパフォーマンスの良いものに過度のウエートを配分し、パフォーマンスの悪いものに過小なウエートを配分するという策に走れば、投資家は投資で成功するチャンスを棒に振ることになる。

過去にパフォーマンスが高かった資産に過度のウエートを配分し、過去にパフォーマンスが低かった資産に過小なウエートを配分することは、将来的な結果を惨敗に導くレシピでしかない。市場は平均に回帰するという強力な証拠もある。つまり、パフォーマンスの良かったものはパフォーマンスが下がり、パフォーマンスの悪かったものはパフォーマンスが上がって平均に近づくということである。平均回帰という特徴を持つ市場では、ポートフォリオを長期目標に合うようにリバランスすることができない投資家は、最近価格が上昇した資産に過度にさらされることになる。こういった資産は将来的にはパフォーマンスが最も下がりやすい資産だ。ポートフォリオを長期目標に合わせて定期的にリバランスしてこそ、政策的なアセットアロケーションに見合った結果を実現できるのである。

銘柄選択

銘柄選択も投資結果にはマイナーな影響しか及ぼさない。なぜなら、投資家は市場全体と相関が高い、広く分散したポートフォリオを持つ傾向があるからだ。投資家の保有する証券と市場全体の相関が高ければ、投資家がどういった銘柄を保有しても大きな影響はなく、ポートフォリオのリターンは市場全体のリターンを反映したものになる。

銘柄選択と広く分散されたポートフォリオを持つという賢明な投資

家の振る舞いを比較してみよう。投資家が分散されたポートフォリオではなくて、ただ1つの銘柄のみを保有したとすると、その銘柄特有の性質がポートフォリオのパフォーマンスを決めることになる。1つの銘柄からなるポートフォリオを所有する場合、銘柄選択がポートフォリオの結果に重大な影響を及ぼす。

　市場レベルの分散を達成するためには市場のほんの一部を保有するだけでよい。投資のグルであるバートン・マルキールを含む学者グループによれば、ここ数年においては「従来の経験則によれば……20銘柄で構成されたポートフォリオはほぼ完璧な分散を達成することができる」(ジョン・Y・キャンベル、マーティン・レトー、バートン・G・マルキール、イエシャオ・シェイ著「Have Individual Stocks Become More Volatile? An Empirical Exploration of Idiosyncratic Risk」、Journal of Finance 56, no.1 [2001] : 25)。もっと最近の研究によれば、非市場性リスクを同程度に減らすには、50銘柄からなるポートフォリオが必要だという結果が出ている。市場に似たリスクを含むポートフォリオを構築するのに必要な銘柄数については諸説あるが、アメリカ市場の何千という銘柄数に比べるとはるかに少ない。

　システマティックな市場性リスクと、ランダムに選択したさまざまな銘柄数からなるポートフォリオのノンシステマティックな非市場性リスクを比較してみよう。システマティックリスクとは市場に内在するリスクを意味し、ノンシステマティックリスクとは証券固有の変動性リスクを意味する。1つの証券からなるポートフォリオは高い非市場性の固有リスクを含むことに注意しよう。これに対して、時価総額加重の指数ファンドにはシステマティックな市場性リスクのみが含まれる。1つの証券を含むポートフォリオと市場ポートフォリオは両極端なポートフォリオで、ポートフォリオに含まれる証券の数が増えれば、ノンシステマティックな非市場性リスクは減少し、システマティックな市場性リスクは増える。

1963年から1997年までの３つのほぼ同じ期間を調査した研究によれば、２つの証券からなるポートフォリオのリスクは市場リスクの２倍から３倍である。これに対して、20の証券からなるポートフォリオのリスクは市場リスクよりも３分の１から３分の２高い程度だ。そして、50の証券からなるポートフォリオのリスクは市場全体のリスクとほぼ同じで、追加的に分散可能なリスクはほとんど残ってない（ジョン・Ｙ・キャンベル、マーティン・レトー、バートン・Ｇ・マルキール、イエシャオ・シェイ著「Have Individual Stocks Become More Volatile? An Empirical Exploration of Idiosyncratic Risk」、Journal of Finance 56, no.1［2001］: 9, 25-26）。言い換えるならば、数十から数百の証券からなるよく分散された株式ポートフォリオのパフォーマンスは大部分が市場によるものと言える。

ポートフォリオのトータルリターンを決定するうえでは銘柄選択の重要性は比較的低いが、これは学術理論の予想と一致する。アメリカの株式市場を考えてみよう。市場にはすべての投資家が保有するすべての証券が含まれているため、アメリカ株の全投資家グループのトータルリターンは、市場リターンに一致する。各投資家がパッシブ運用戦略を追求（市場ポートフォリオを保有する）すれば、各投資家は市場リターンを得ることになり、銘柄選択はまったく役に立たない。

もちろん、多くの投資家はアクティブ運用戦略を追求し、市場を上回るリターンを得ようとする。しかし、アクティブな投資家がある銘柄をオーバーウエートできるのは、ほかのマーケットプレーヤーがアンダーウエートされたポジションを取ろうとするときのみである。本質的にはオーバーウエートされたポジションの合計とアンダーウエートされたポジションの合計は一致しなければならないため、市場ウエートは変わらない。

オーバーウエートしたポジションの保有者とアンダーウエートしたポジションの保有者が勝者になるのか敗者になるのかは、そのあとの

パフォーマンスによって決まる。対象となっている銘柄が市場をアウトパフォームすれば、オーバーウエートしたポジションの保有者が勝者になり、アンダーウエートしたポジションの保有者は敗者になる。逆に、その銘柄が市場をアンダーパフォームすれば、オーバーウエートしたポジションの保有者は敗者になり、アンダーウエートしたポジションの保有者は勝者になる。

　取引コストを考える前に留意しなければならないのは、アクティブ運用はゼロサムゲームであり、敗者の損失がそのまま勝者の利益になるということである。しかし、アクティブポートフォリオマネジャーが市場を打ち負かす戦略を追求するには、投資家に大きなコストがかかる。銘柄選択者はトレードするのに手数料を支払わなければならず、その売買によってマーケットインパクトコストが発生する。投資信託の購入者にも、投資顧問会社に対して支払う運用手数料と証券会社に支払う販売手数料のほかに、同様の市場関連の取引コストがかかる。システムから手数料を取り除くと、アクティブ運用は負のゲームになり、アクティブ投資家のトータルリターンは市場全体のトータルリターンを下回る。

　銘柄選択はスキルを持った投資家にとっては大きな超過リターンを生み出してくれるが、それらの超過リターンはリターンの低いほかのプレーヤーのポケットから支払われるものだ。すべてのアクティブ運用のポートフォリオのリターンを合計したものは、市場リターンからゲームをプレーするために支払われた手数料を差し引いたものになる。投資コミュニティー全体にとって銘柄選択はリターンを低減するだけの効果しかない。

税金に対する感度

　インカムゲインやキャピタルゲインに対する課税は、アセットアロ

表1.5 投資リターンに影響を与えた税金（1926～1996年）

アセットクラス	税引き前リターン（%）	税引き後リターン（%）	税金負担（%）
大型株	12.7	9.2	3.5
長期国債	5.5	3.4	2.1
Tビル	3.8	2.2	1.6

出所＝ジェームズ・M・ポターバの「Taxation, Risk-Taking, and Household Portfolio Behavior」，NBER Working Paper Series, Working Paper 8340（National Bureau of Economic Research, 2001): 90

ケーションや銘柄選択の意思決定を複雑なものにする。非課税の寄付、基金、年金ポートフォリオは所得に対する税効果や保有期間を気にすることなく、投資のリスクとリターンを評価するだけでよい。これに対して、課税対象の個人はさまざまなアセットアロケーション、銘柄選択、ポートフォリオ構成の税務上の影響を考えなければならない。

　MIT（マサチューセッツ工科大学）の経済学者であるジェームズ・ポターバは次のように言っている——「キャピタルゲインに適用される課税規定は近代の所得税システムで最も複雑な部分だ」（ジェームズ・M・ポターバ著「Taxation, Risk-Taking, and Household Portfolio Behavior」、NBER Working Paper Series, Working Paper 8340［National Bureau of Economic Research, 2001］: 2）。とはいえ、彼は税引き前と税引き後のヒストリカルアセットリターンを直接比較するために簡単な仮定を設けた。税引き後のリターンは個人の税率区分と損益を確定した時期に依存するが、ポターバが概算した税引き前と税引き後のリターンの差は、税金のポートフォリオ決定における役割の大きさについてある程度のヒントを与えてくれる。**表1.5**に示したポターバの計算によると、株式投資している課税対象の投資家の税負担は年間で3.5ポイントにも上ることが分かる。税引き前のリターンが年間で12.7％で、税引き後のリターンが9.2％なので、株式投資に対

するリターンは税負担によって大幅に減少する。

　債券や現金に対する課税の影響は株式に比べると低いとはいえ、税金は現在のインカムゲイン集約的な資産を大きく目減りさせるのは確かだ。ポターバの推定によれば、株式の総収益の28％は税金に消え、債券と現金のリターンはそれぞれ38％と42％が税金に消える。

　税法は今のところ配当収入や金利収入よりも2つの点で長期の売却益にやさしい構造になっている。1つは、キャピタルゲインに対する税率は低く、キャピタルゲインが課税対象になるのは利益を確定したときのみである。税法の規定によれば、キャピタルゲインを実現したときに初めて課税されるため、投資家は税金の支払いを先延ばしにできる。キャピタルゲイン税の課税猶予は投資家に大きな経済価値を生み出す（最も極端なケースでは、個人が財産のなかに価格の値上がりした証券を保有している場合、相続人は相続した証券の値上り分［増加益］に対しては自動的増額取得価額［stepped-up　basis］を適用することができ、その個人が生きている間は値上がり分は完全に非課税となる。アメリカでは相続人は被相続人の取得価額を引き継がず、相続人の取得価額は相続時点での時価が新しい取得価額とみなされる）。

　投資家が課税対象の投資を保有している場合、将来の税率と個人の税率区分とによってその投資家の税引き後の結果が決まる。もちろん将来的な租税体系は変わる可能性があるが、将来的な税率は過去の税率から推測することができる。**表1.6**に示したように、過去25年においては配当や金利収入にかかる税率は長期キャピタルゲインよりもはるかに高かった。短期キャピタルゲインは保有期間が1年に満たないポジションから得られる利益だが、これにかかる税率も配当や金利収入と同じくらい高かった。内国歳入法は税金に敏感な投資家に株式の長期保有を促すものだ。

　近年においては税率が著しく低下していることに注目しよう。長期キャピタルゲインの税率は1980年には28％だったのが2003年には15％

表1.6　長期キャピタルゲインにやさしい連邦税

年	長期キャピタルゲイン税率	短期キャピタルゲインと当期収益に対する税率	配当税率
1980	28.0	70.0	70.0
1985	20.0	50.0	50.0
1990	28.0	31.0	31.0
1995	28.0	39.6	39.6
2000	20.0	39.6	39.6
2003	15.0	35.0	15.0

出所＝米国資本形成委員会のウェブサイト（Accf.org）、「ACCF Testimony: Captal Gains Taxation and U.S.Economic Growth」、2004年9月2日、http://www.accf.org/December99test.htm、議会予算局のウェブサイト（Cbo.gov）、「Effective Federal Tax Rates Under Current Law, 2001 to 2014」、2004年9月2日、http://www.cbo.gov/showdoc.cfm?index=5746&sequence=1、ポターバの「Taxation, Risk-Taking, and Household Portfolio Behavior」、NBER Working Paper Series, Working Paper 8340 (National Bureau of Economic Research, 2001): 3-4

にまで低下している。短期キャピタルゲイン税率にいたっては1980年の70％から2003年には35％と半分にまで低下している。

　税率が最も下がったのは配当だ。何十年にもわたって長期キャピタルゲインの税率は配当税率に比べると劇的なほどに低かったが、2003年には同等になった。絶対的税率と相対的な税率の大きな変動は、将来的な税率は不確実であるという重要な教訓を教えてくれる。さまざまな形態の投資収入に対する将来の課税額などだれも知りようがない。

　表1.6のデータはさまざまな形態の投資収入に対する最高税率を示している。投資の意思決定を行う個人は、将来の租税体系だけでなく、税率区分についても考慮する必要がある。将来を厳密に予測しても役には立たない。大まかに把握しておけばよいだろう。例えば、退職後の税率区分は下がるだろうという予測は現在の資産運用計画にとって重要な意味を持つ。

課税の繰り延べ

リターンに課される税金は大きな負担になるため、投資家が税引き前と税引き後のリターンのギャップを縮めようと思うのは当然だろう。個人投資家が利用できる唯一の最も重要な方法は、課税が繰り延べされる投資ビークルを使うことだ。例えば、IRA（個人退職口座）、401k口座、403b口座、自営業者退職年金（キオプラン）、SEP（簡易小企業被用者年金）などがそうだ。こうした投資ビークルは節税できるため、快適な老後のための資金を貯めるのに打ってつけだ。

529プランと呼ばれる学資貯蓄制度（教育信託）は、将来的に子供の教育費の目的で使われれば課税控除になる。信託からのお金が授業料やほかの適切な用途のために使われた場合、課税繰延ではなくて非課税になる。したがって、この信託は税金を意識する投資家にとって極めて強力なツールになる。

投資ポートフォリオを構築する際には、投資家は風変わりな税金関連は避けて、主流の方法に従ったほうがよい。インカムゲインに対する税率と長期キャピタルゲインに対する税率との差に目をつけた販売促進者は、投資家たちにインカムゲインをキャピタルゲインに変換させようとする。1970年代後半から1980年代初めにかけて、美術品や低所得者住宅、牛の繁殖といった税金逃れの取引に乗り出した個人は多かった。議会はこうした税金逃れの取引の乱用を見かねて、こうした取引を禁止した。合法的なもの（低所得者住宅）も不法なもの（牛の繁殖）もすべて禁止した。非経済的な税金主導のスキームには注意が必要だ（例えば、租税裁判所でグロード＆マッケイ不動産と内国歳入庁が牛の繁殖などについて争った裁判事件を参照）。

課税対象の投資家は、税制上有利な投資に関しては絶えず変化する法規制の変化に注意しなければならない。利用できる機会の一般的な性質と特殊な特徴に常に気を配ることで、税引き後リターンは向上す

る。合理的な市場参加者は税制上有利な投資を最大限に利用する。

　課税繰延口座で資産を管理する投資家は、所得の種類やその実現化を心配する必要はない。配当や利息や短期の損益や長期の損益は、口座から引き出すまで課税の繰り延べが適用される。口座に対する課税控除対象の掛金拠出は引き出し時に経常所得として扱われる。課税後所得から天引き拠出される場合、引き出し時には一切課税されない。課税繰延資産の管理に関しては税金問題はほとんどない。

　これとは対照的に、課税対象口座に資産を保有している投資家は複雑な税金問題に直面する。確定した利益が高水準で、回転率の高い戦略は、そのポートフォリオマネジメントテクニックにお金を出すことを正当化するほど十分に高い税引き後リターンが得られるのだろうか。当期収益が高い課税対象の債券は、課税繰延口座に入れておいたほうがよいのだろうか。免税債は課税対象口座に入れ、税制優遇口座はアグレッシブなアクティブ運用戦略に充てたほうがよいのだろうか。これらに対する回答と税金対策に対する回答は、資産の性質や投資戦略の性質——特に資産の回転率に関して——、および個人が直面する租税構造によって違ってくる。

配当、利息、キャピタルゲイン

　株式配当と課税対象となる債券の利息は投資家に当期キャッシュフローを生み出す。投資家は現金を受け取ることによって恩恵を受けるが、税務署は当然支払われるべきものはしっかりと徴収する。配当や課税対象の金利収入の受取人が課税対象の場合、当期所得に対して税金を逃れることも繰り延べることもできない。

　免税債の場合、金利収入には連邦税はかからない（第4章の「非コアアセットクラス」を参照。ここでは免税債について議論している）。課税・非課税の違いがなければ比較可能な課税対象の債券利回りと非

課税の債券利回りは、税金繰延の価値について重要な情報を与えてくれる。課税対象の利回りと非課税の利回りの差と、そのほかのアセットクラスの税金繰延の価値を考察することは、どの資産を課税対象口座に入れ、どの資産を税金繰延口座に入れればよいかを決めるうえで役立つ。

課税対象の投資家は配当の低い株式か無配当の株式を好む。なぜなら、配当はキャピタルゲインよりも税率が高く、しかも配当にかかる税金は繰り延べすることができないからだ。1990年代、長い間現実であったこの事実に初めて気づいた企業経営者は、配当性向を下げ、キャッシュフローを使って自社株買いをした。企業の余剰現金を配当の支払いから自社株買いに転ずることで、企業経営者は課税対象の株主のキャピタルゲインを減らして、当期利益を高めたのである。これによって株主はいずれは株価の上昇によって大きなリターンを得ることができるだろう。

投資損益に対して税効果が発生するのは、投資家がポジションを手放したときだ。非実現利益には税金を支払う必要はないため、これは投資家にとって勝ちポジションを保有し続け、課税を繰り延べることへの強力な動機になる。また、非実現損失には税金はかからないため、負けトレードを手仕舞って、その損失で利益を相殺したり、損失を繰り越す強力な動機になる。税金に対して敏感な投資家は、利益の出ているポジションの回転率は低くし、損失の出ているポジションの回転率は高くする傾向がある。

実現損失は課税所得を減らすだけでなく、ポートフォリオマネジャーに対して柔軟性を与える。利益の出ているポジションを売って得た利益と損失とを相殺することで、税金を支払う必要はなくなる。一方で、将来の大きな期待リターンを当てもなく追いかけて、価値のある損失（将来の税年度に繰り越すことのできる損失）を無駄遣いしないように注意する必要がある。いずれにしても、ポートフォリオマネジ

メントにおいては、キャピタルゲイン税の支払いをめぐる問題は、キャピタルロスの利用をめぐる問題よりも重要だ。株式市場は長期的に見れば利益が出る傾向があるため、投資家は損失からの便益よりも、利益に対する税金のほうを主体に考える必要がある。

　投資家にとって残念なのは、投資の運用利益の税務処理によってポートフォリオマネジメントプロセスは非常に複雑になるということだ。既存の税法を理解するのは本質的に難しいうえ、税法は絶えず変わる。合理的な投資家はこうした複雑で絶えず変化する税環境には、投資ポートフォリオにかかる税負担を最小化することで対応する。富の蓄積を邪魔するのは税金なのだ。

本章のまとめ

　一般に投資家は最も基本的な投資原理には従わない。彼らは長期的なアセットアロケーションの目標を設定するという最も重要な問題に集中的に取り組むよりも、銘柄選択やマーケットタイミングという非生産的な問題を重視することが多い。株式重視のよく分散された税制上有利なポートフォリオを構築するよりも、伝統的で、貧弱なコンセンサスに基づくポートフォリオを模倣することが多い。基本的な投資原理を無視すれば、がっかりするような結果しか得られないのは当然だろう。

　投資で成功するためには、市場に対する合理的なアプローチを完全に理解することが重要な前提となる。結果が悪いときや人々が懐疑的なとき、不人気な戦略を押し通すには信念が必要だ。市場が悲痛な声を上げてもポジションを維持してこそ報酬を得ることができるのだ。市場が混沌とすることは必ずあるもので、それに耐えられない投資家は市場の激しい変動に遭遇したとき、合理的な戦略を簡単にあきらめてしまうことが多い。

　資本市場の歴史を見ると、株式を保有すること、そして分散したポートフォリオを作成することの重要性は火を見るよりも明らかだ。長期的には株式は債券や現金を打ち負かす。さまざまなアセットクラスのリターンをよく調べてみると、分散がいかに重要かが分かってくるはずだ。リスクの高いアセットクラスのボラティリティは時として投資家には耐えがたいほど大きくなる。したがって、どの1つのアセットクラスのイクスポージャーも適度に抑えることが重要だ。鍵を握るのは、それぞれのアセットクラスに資産を適度に配分することだ。重要なのは株式を重視することと投資の分散だ。

　税金は頭の痛い問題だ。税務署に支払う税金は投資家の資産を目減りさせる。したがって、注意深い投資家は税金をなるべく減らすように、あるいは繰り延べできるようにポートフォリオを構築する。税金はアセットアロケーションとポートフォリオマネジメントの決定に大きな影響を及ぼす。

　ポートフォリオ目標の明確な設定は、投資結果を決定づけるうえで最も重要な要素だ。不用意に反転させたり、規則を破ったりといった無計画なアロケーションはポートフォリオに甚大な被害を与える可能性がある。投資を成功させるためには、目標をよく考えて設定し、それに忠実に従うことが重要だ。

第 1 部

アセットアロケーション

はじめに

　賢明な投資家は、まずアセットアロケーション（資産配分）からポートフォリオの構築を始める。アセットアロケーションは、分散、株式重視、税感度の基本となるものだ。ポートフォリオの基本的な構成要素はコアアセットクラスだ。これは市場リターンの違いによって、ポートフォリオにそのカテゴリー特有の基本的な特徴を与えることになる。

　投資ポートフォリオを分散させるには6つのアセットクラスを組み込む必要がある。株式のアセットクラスには、アメリカ、アメリカ以外の先進国市場、新興国市場の3つが含まれる。このほかのアセットクラスには、伝統的な米債券とインフレ連動債および不動産がある。伝統的な米債券とインフレ連動債は分散には貢献するが、株式投資よりも期待リターンは低い。不動産は債券よりも機会コストが低く、これもまたポートフォリオの分散に貢献する。

　ポートフォリオ構築プロセスにおいて分散する場合は、個々のアセットクラスのアロケーション（配分）はポートフォリオに十分なインパクトを与えるくらい高くする必要があり、各アセットクラスの割合は少なくても5％から10％にすることが重要だ。また、どの1つのアセットクラスもポートフォリオ全体を支配するほどの高いアロケーションにしてはならない。割合で言えば、25％から30％を超えてはならない。

　株式重視の原理によって、投資家は期待リターンの高いアセットクラスにポートフォリオの大部分を配分する傾向がある。株式およびそれに類似したアセットクラスは長期リターンを牽引するため、アメリカ株式、アメリカ以外の株式、不動産のアロケーションは大きくなる。一方、米債券やインフレ連動債のアロケーションは低く抑えられる。

表I.1　よく分散された株式重視のポートフォリオは投資を成功に導くための　フレームワークを与えてくれる

アセットクラス	目標ウエート
アメリカ株式	30%
アメリカ以外の先進国株式	15%
新興市場株式	5%
不動産	20%
米国債	15%
米インフレ連動債	15%

ただし、債券のアセットクラスは過度な機会コストなしに分散にも貢献する。

　基本的な投資原理に基づく一般的なポートフォリオは、ポートフォリオの構築を議論するうえでの出発点になる。**表I.1**はよく分散された株式重視のポートフォリオのガイドラインを示したものだ。このポートフォリオはおよそ70％の資産が株式およびそれに類似したリターンを約束してくれるため、株式重視という条件を満たしている。各アセットクラスのウエートは５％から30％で、これは分散の条件を満たしている。このように基本的な投資原理に従ってアセットアロケーションを行ったポートフォリオは、個人の投資プログラムの出発点になる。

　結局、各投資家の選好とリスク許容量を反映したポートフォリオの構築が、成功の鍵を握るということである。アセットクラスのイクスポージャーの定量的・定性的特徴をしっかりと理解することは、どのアセットクラスをどのくらいポートフォリオに組み込むかを決めるうえでの基本になる。第２章では「コアアセットクラス」について議論する。これは投資家の目標を実現させてくれる可能性の高い基本的なアセットクラスだ。第３章では「ポートフォリオの構築」について議

論する。コアアセットクラスを組み合わせてポートフォリオを構築する際には科学とアートを融合させた手法を使うが、その手法の概要について述べる。第4章は「非コアアセットクラス」について議論する。非コアアセットクラスは投資家のニーズを満たしてくれる可能性の低いアセットクラスのことを言うが、その短所について見ていく。

第2章

コアアセットクラス

　アセットクラス（資産クラス）を決めるとき、比較的同種の投資機会を得るためにアセットクラスは似たようなアセットクラスにグループ分けする必要があるが、それには科学とアートが必要になる。アセットクラスを明確に定義することで、投資家のポートフォリオに集合的に貢献する証券の組み合わせが可能になる。

　コアアセットクラスには重要な特徴が3つある。1つ目は、コアアセットクラスは投資ポートフォリオに価値のある明確な違いを生む基本的な特徴をもたらす。2つ目は、コアアセットクラスはアクティブ運用リターンを狙うのではなくて、市場リターンを狙う。3つ目は、コアアセットクラスは幅広い投資可能な市場から選ばれる。

　コアアセットクラスの価値のある明確な違いを生む基本的な特徴には、大きな期待リターンが得られること、インフレとの相関、金融危機から保護されることなどいろいろある。注意深い投資家はアセットクラスを決めるとき、重要なアセットが含まれるように十分に広い範囲から選ぶと同時に、投資ビークルが期待したタスクを達成できるような範囲から選ぶ。

　コアアセットクラスは基本的に市場リターンを狙うものだ。なぜなら投資家は、ポートフォリオを構成するさまざまな要素がある程度確実にその役割を成し遂げることを求めるからだ。市場リターンを得る

ことができない場合、投資家は優れたアクティブマネジャーにその仕事を委ねざるを得ない。特定のアセットクラスが成功するために投資管理が必要となる場合、投資家はアクティブマネジャーの銘柄選択能力や幸運に依存することになる。アクティブマネジャーのスキルが低かったり不運に見舞われれば、そのアセットクラスは目標を達成することができないため、投資家は痛手を被る。投資目標を達成することは非常に重要で、マーケットプレーヤーが偶然に幸運に恵まれることや、専門知識を持っているはずといった思い込みはご法度だ。コアアセットクラスが市場リターンを狙うのはこういうわけである。

　コアアセットクラスは幅広い投資可能な市場から選ばなければならない。市場の広さはさまざまなアセットクラスを選ぶことを可能にし、市場の深さは十分な量のアセットクラスを持つことを可能にする。市場の投資可能性は、投資家の投資機会へのアクセスを保証してくれる。投資家のポートフォリオの基本的な構成要素は、ウォール街の金融エンジニアがでっち上げた流行のものから選ぶのではなくて、すでに確立された耐久性のある市場から選ぶべきである。

　コアアセットクラスには、株式、債券、不動産の3つのアセットクラスが含まれる。投資家がポートフォリオのリターンを向上させるために採用するアセットクラスが、アメリカ株式、アメリカ以外の先進国市場株式、新興国市場株式で、ポートフォリオを分散させるために採用するアセットクラスが、金融上の大災害から守ってくれる米国債、およびインフレによるアセットの浸食から守ってくれる物価連動米国債だ。そして、不動産は株式に類似したアセットと債券に類似したアセットのハイブリッドで、これはほかのオルタナティブよりも低い機会コストで投資家をインフレから守ってくれる。コアアセットクラスは投資家の条件に合ったよく分散されたポートフォリオを構築するのに投資家にとってはなくてはならないツールである。

　コアアセットクラスを理解することは、さまざまな投資ビークルが

ポートフォリオのなかで果たす役割を理解するうえで役立つ。アセットクラスの期待リターンとリスク、インフレに対する反応、ほかのアセットクラスとの相互作用を評価することで、投資家は投資で成功するために必要な知識を深めることができる。証券発行者と証券所有者の間の利害の一致を巡る問題を理解することで、特定のアセットクラスに参加することのメリットとデメリットが分かってくる。

　コアアセットクラスはよく分散され、コスト効率の良いポートフォリオを構築するのに必要な投資ビークルを提供してくれる。ポートフォリオの基本的な構成要素を賢く組み合わせることで、投資家は幅広い投資目標を満たすポートフォリオを構築することができる。

アメリカ株式

　アメリカ株式への投資は、企業社会アメリカの一部を所有することを意味する。アメリカ株は機関ポートフォリオや個人ポートフォリオのコアをなすものだ。つまり、多くの投資家の投資結果はウォール街の浮き沈みによって決まるということである。多くの市場参加者は市場性の高い株式に過度に依存しているが、そのなかでもアメリカ株は投資ポートフォリオのなかでひときわ目立つ存在だ。

　アメリカ株式は投資ポートフォリオのなかで中心的な役割を果たすが、それには理論的にも実務的にも理由がある。株式の期待リターン特性は、長年にわたってポートフォリオを大きく成長させたい投資家のニーズにマッチする。長い目で見るかぎり、株式の長期リターンは投資家に株式を保有したいという気持ちにさせるものだ。ジェレミー・シーゲルの200年にわたるデータを見ると、アメリカ株のリターンは年間8.3％で、ロジャー・イボットソンの78年にわたるデータを見ると、アメリカ株のリターンは年間10.4％とある。長期パフォーマンスがこれほど良いアセットクラスはほかにはない。

　株式を主体とするポートフォリオが長期にわたってうまくいっているという事実は、基本的な金融理論予想に一致する。しかし、株式投資は債券投資よりも基本的にリターンは高いが、そうではないときもある。一般に高い株式リターンの長期にわたる記録を見ると、そのなかには株式を保有することの欠点を思い起こさせるような期間が含まれる。企業の資本構成のなかでは、持ち分とはその会社に対するすべての負債を差し引いたあとの残余資産に対する請求権を意味する。つまり、株式ポジションのリスクは高いということである。合理的な投資家が株式に対して高い期待リターンを要求するのはそのためだ。

　株式には投資家の興味をそそる多くの魅力的な特徴がある。まず、株主と企業経営陣の利害が一致していることが挙げられる。このため外部の株式保有者に対して、コーポレートアクションが株主と企業経営陣の双方にとって利益になるという安心感を与える。一般に株式は予想外のインフレ上昇に対して保護してくれる。ただし、短期的にはその保護もまったく当てにならない。そして、株式は広範囲にわたる取引量の多い流動性の高い市場で取引されるため、投資家に幅広い機会を提供してくれる。株式投資はほかの投資を評価するときの基準になるため、株式投資については徹底した議論が必要だ。

株式のリスクプレミアム

　株式などのリスク資産は、安全資産である債券に比べて価格変動リスクが高いが、リスクが高い分、投資家は安全資産を上回るリターンを期待する。これを株式のリスクプレミアムという。これは投資の世界において最も重要な変数の1つだ。期待リスクプレミアムは将来的な統計量で、不確実性の高いものだ。明日がどうなるのかについてのヒントを得るために、思慮深い投資家は過去を調べる。

　イェール大学マネジメントスクールの教授であるロジャー・イボッ

トソンは、今では幅広く使われている資本市場の統計量を導き出した。
これは株式と債券のリターンの差を78年分集計したもので、その数値
は年間5％になる（イボットソン・アソシエーツ著「Stocks, Bonds,
Bills, and Inflation 2004 Yearbook」［Chicago : Ibbotson Associates,
2003］：28）。また、ウォートン校の教授であるジェレミー・シーゲル
の200年に及ぶデータによれば、リスクプレミアムは年間で3.4％であ
る（ジェレミー・シーゲル著『株式投資』［日経BP社］）。厳密な数
値はともかくとして、ヒストリカルリスクプレミアムによれば、株式
所有者は債券所有者よりも高いリターンを得たことが分かる（イボッ
トソンとシーゲルの株式と債券のリターンデータの15〜17ページを参
照）。

　アセットアロケーションにおいてはリスクプレミアムの大きさは極
めて重要だ。歴史は良いガイドラインを提供してはくれるが、慎重な
投資家は過去の結果を扱うときには十分注意する。フィリップ・ジョ
リオンとウィリアム・ゲッツマンによるサバイバルバイアスの研究は、
アメリカ株式市場の特異性を示している。彼らは75年にわたる39市場
を調査した。それによれば、「市場の大崩壊は私たちのサンプルのほ
ぼすべての市場を苦しめたが、アメリカを含むいくつかの市場は例外
だ」（ウィリアム・N・ゲッツマンとフィリップ・ジョリオン著「A
Century of Global Stock Markets」、NBER Working Paper Series,
Working Paper 5901 ［National Bureau of Economic Research,
1997］：16）。

　19世紀から20世紀にかけてのアメリカ株式市場はほぼ途切れること
はなく、素晴らしい成果を上げた。ジョリオンとゲッツマンによれば、
アメリカ市場は1921年から1996年まで実質的に年間4.3％上昇した。
これに対して、そのほかの国の多くは経済的・軍事的混沌を経験した
ため、実質的上昇のメジアンは年間わずか0.8％だった。思慮深い市
場関係者はアメリカ株式市場の例外的な経験をもっと幅広い視点でと

らえようとするが、説得力のある説明はできない。

　投資家がアメリカ市場の歴史を信頼の置けるものとして受け入れたとしても、過去を将来のガイドラインにすることには疑問がある。過去200年にわたる株式市場のパフォーマンスを考えてみよう。リターンの構成要素は配当、インフレ、配当の実質成長、市場評価の上昇だ。2003年４月のロバート・アーノットの研究論文「配当と３人の小人（Dividends and the Three Dwarfs）」によれば、株式の長期リターンを構成する最大の要素が配当である。アーノットが調査した200年における株式の7.9％の年次トータルリターンのうち、５％が配当によるものである。インフレによるものは1.4％、配当の実質成長によるものは0.8％、市場評価の上昇によるものは0.6％である。ヒストリカルリターンに対する配当の圧倒的比重は、株式は成長第一で、収入は二の次という世間一般の通念に反する、とアーノットは指摘する（ロバート・アーノット著「Dividends and the Three Dwarfs」、Financial Analysts Journal 59, no.2［2003］：4）。

　アーノットは自身が行った歴史的観察から将来に対する推論を導き出した。彼は次のように結論づけている――「2003年４月に配当利回りが２％を下回れば、配当の実質成長が加速するか、株価が上昇しないかぎり、将来は過去とはまったく異なるものになり、利益もはるかに減少する」。1965年から2002年まで配当の実質成長はほとんど見られないことから、将来も配当成長によって株式リターンが向上する見込みはないとアーノットは言う。では、配当の実質成長に代わるものとして、企業収益が上昇してバリエーションが上がり、将来的に株価が上昇することは期待できるだろうか。これもポートフォリオを構築するうえでは当てにはならない。

　過去のリターンから将来のリターンを推測することは、過去の評価の変動は将来的にも持続することを暗示的に仮定するものだ。アメリカ株式市場のケースでは、過去が将来のガイドラインになることを期

待するということは、配当が前例のない成長率を見せるか、あるいは企業収益がこれまで以上に上昇することを期待するのと同じだ。そうした予測に依存する投資家は、企業の基本的な収益力に依存するだけでなく、株式市場が企業の利益を継続的に上昇させる意志があることにも依存していることになる。

これは非論理的に思えるかもしれないが、1999年に出版された強気相場を描いた人気の本は、株式価値は上昇し続けるという考え方を支持するものだった。つまり、株式のリスクプレミアムはゼロということである。長期的には株式は債券を常にアウトパフォームするという考え方を拡張した『ダウ36000（Dow 36,000 : The New Strategy for Profiting from the Coming Rise in the Stock Market）』で、著者のジェームズ・グラスマンとケビン・ハセットは、株式にはもはや債券以上のリスクはない、と結論づけている（ジェームズ・K・グラスマンとケビン・A・ハセット著『Dow 36,000: The New Strategy for Profiting from the Coming Rise in the Stock Market』[New York Random House, 1999]）。著者が見落としているのは、株式と債券の間に存在する本来的な違いであって、株式には債券よりも大きなリスクが内在するのである。著者はアメリカ以外の市場も考慮していない。アメリカ以外の国では株式市場は消滅することもあり、長期株式投資からは必ず素晴らしい結果がもたらされるということについては疑問がある。もっと重要な問題は、著者は20年、あるいは30年というスパンで投資する投資家の数を過大評価し、株式市場が低迷したときに初志貫徹できない投資家の数を過小評価していることだろう。

金融理論と資本市場の歴史は、リスクプレミアムという概念を分析するうえでの基礎と実用的な基礎を提供してくれる。リスク資産から優れたリターンが得られるという期待がなければ、金融の世界は崩壊するだろう。リスクの高い株式から高い期待リターンが得られなければ、市場参加者が株式を買う理由などない。例えば、株式と債券の期

待リターンが同じ世界では、合理的な投資家はリスクが低くて同じ期待リターンが得られる債券を選ぶだろう。同じ期待リターンでリスクの高い株式を買う投資家などいない。リスクプレミアムは、資本市場が効果的に機能するために必要なものなのである。

　期待リスクプレミアムは市場が機能するためには不可欠なものだが、ジョリオンとゲッツマンはサバイバルバイアスがリスクプレミアムの大きさに与える影響を強調する。アーノットによる株式リターンと歴史的トレンドの分析によれば、株式リターンの債券リターンに対する優位性は弱まっている。リスクプレミアムは将来的にどうなるかは分からないが、賢明な投資家は過去とは違う将来に対して準備している。分散こそが、アセットクラスの期待特性の予測誤差から私たちを守ってくれる最大のツールなのである。

株価とインフレ

　株式は私たちを物価インフレから長期的に守ってくれる傾向がある。株価を理解するときに重要な概念がある。ノーベル賞受賞者のジェームズ・トービンが提唱した「トービンのq」がそれで、これは株式市場で評価された企業価値を資本の再取得価格で割った値で表される。トービンは、均衡した状態ではq＝1であることが望ましいと言う。再取得価格が市場価値を上回るとき（q＜1）、資産を実体経済よりも株式市場で買ったほうが安くつく。逆に、市場価格が再取得価格を上回るとき（q＞1）、会社を作って株式を市場で売りに出すことで利益が得られる。合理的な市場では、企業資産の市場における価値と同じ資産の現実世界における再取得価格とは一致するのは明らかだ。

　価格インフレによって企業資産の再取得価格が上昇するかぎり、インフレは株価の上昇に反映される。もしインフレが株価の上昇に反映されなければ、上昇した再取得価格は市場価値を上回り、投資家は本

質的価値以下の価格でその会社の株式を買うことができる。株価が価格インフレを反映しないかぎり、その上場企業の株式は格安で買えることになる。

　このように株価とインフレとの間には理論的に明確な関係があるが、インフレが株価に反映された時期とされなかった時期がある。1970年代は物価上昇が株価に反映されなかった典型的な時期だ。1973年と1974年、インフレは購買力を37％も減少させ、株価はこの2年で22％も低下した。そのため株式投資家はインフレ調整ベースで51％もの損失を出し、ダブルパンチを食らった。株価が下がり、インフレが上昇するとき、株価には短期的には物価インフレが反映されない。

　ジェレミー・シーゲルは、「株式は長期的に見れば優れたインフレヘッジ」になるが、短期的には物価上昇に対して弱いヘッジにしかならない、と言う（シーゲル著『株式投資』）。おそらく、インフレと株価が長期的に正の関係を持つのは、市場参加者が資産を実体経済で調達するコストと金融市場で調達するコストを天秤にかけるという合理的な振る舞いに由来するのではないだろうか。そして、インフレと株価が短期的に負の関係を持つのは、投資家が将来のキャッシュフローをインフレの上昇に対して調整することなく、将来のキャッシュフローに適用する割引率を上げるという、不測のインフレに対する投資家の非合理的な振る舞いに由来するのではないだろうか。資本市場の歴史はシーゲルの考えを裏付けるものだが、株価のインフレに対する短期的な反応と長期的な反応の違いには矛盾がある。長期の時間は一連の短期の時間からなるものなので、株式が長期的には物価上昇の優れたヘッジになり、短期的には優れたヘッジにならないことを理論的に説明することはできない。いずれにしても、インフレヘッジを求める投資家は株式以外の証券も保有する必要がある。

利害の一致

　株式は投資家の目標達成を手助けする多くの特徴を持つ。一般に企業経営陣と株主の利害は一致するが、これは株式投資家にとっては良い兆候だ。多くの場合、会社の上級管理職は株主価値が上がれば利益を得る。株主価値の上昇は、経営陣も投資家も同じように望むことだ。例えば、企業経営陣は企業収益が上昇すると報酬の上昇という形で間接的に利益を得て、投資家は株価の上昇という形で直接的に利益を得る。

　残念ながら、上場企業の場合、株主による企業の所有権と経営陣による管理とは分離されているため、株主・経営陣問題（経営陣が株主の費用で利益を得る）が発生する。株主と経営陣の間で最もよく発生する利害の対立は、経営陣に対する報酬の取り決めである。大した実績も上げない経営陣に対して高い報酬と便益が与えられるのだ。大企業は中小企業よりも経営陣の報酬パッケージは良い傾向があるため、経営陣は企業規模が収益性に与える影響など考慮せずに、高い個人的利益を得るためだけに企業の成長を推進することもある。

　経営陣は企業の業績を犠牲にして個人的な選好を満足させるために資金を流用することもある。美術品の収集、ビジネス用ジェット機、豪勢なオフィス、社宅は正当な企業の目標を犠牲にして、シニアマネジャーに恩恵を与えることが多い。ワールドコムのCEO（最高経営責任者）であるバーナード・エバーズが４億ドルを超える個人ローンを会社に肩代わりさせていた話や、タイコ・インターナショナルのCEOであるデニス・コズロウスキーが6000ドルのシャワーカーテンの購入を含め、６億ドルの会社資産を個人の目的に流用していた話などを聞くと、投資家は怒りに身を震わせる。合法的か非合法かとは関係なしに、経営陣に対する巨額の金銭的・非金銭的報酬は、株主のポケットから直接支払われるのである。

　巨大スキャンダルはすでに起訴されたCEOだけに限ったわけではない。合法的に私腹を肥やした人々もいる。GE（ジェネラル・エレクトリック）の元CEOであるジャック・ウェルチは、個人的特権のぎっしり詰まった天文学的な退職金を得たことでもらいすぎと非難された。個人的特権は、会社が買った1500万ドルのアパートの永久使用権、会社のボーイング737ジェット、ヘリコプター、車の使用権と彼と彼の妻用の運転手を含め多岐にわたった。彼の在職中に支払われた巨額のお金は彼の退職後の生活を支えるには不十分であることを心配した会社は、「トップスポーツイベントとオペラのチケット」や「ワイン、花、コック、家政婦など快適な暮らしを送るために必要なもの」など、元CEOのニーズに応じて提供した（2002年9月10日のウォール・ストリート・ジャーナルの社説「Jack's Booty」）。企業寄りのウォール・ストリート・ジャーナルの社説といえども、ウェルチの退職金を「裕福な企業のお遊び」と書いたほどだ（レスリー・ウェインとアレックス・クチンスキー著「Tarnished Image Places Welch in Unlikely Company」、New York Times, 2002年9月16日）。

　エバーズ、コズロウスキー、ウェルチの例で示される過剰な報酬は氷山の一角にすぎない。もっと深刻な問題は、ニューヨーク連邦準備銀行総裁のウィリアム・マクドノーが2002年9月のスピーチで言ったように、過去20年にわたってCEOの報酬は急激に上昇したが、それは社会政策の悪化とさらなるモラルの低下を示していることだ。取締役会は、企業が経営陣に過度の報酬を支払っていること、そして報酬はもっと道理をわきまえた水準に調整する必要があることを認識すべきである、とマクドノーは指摘する（デビッド・レオンハルト著「Reining In the Imperial C.E.O」、New York Times, 2002年9月15日）。

　株主と経営陣の利害の一致が崩れることは頻繁に発生する。これは個々の銘柄選択に含まれるリスクを意味する。だからこそ、広範にわたって分散されたポートフォリオが必要になるのである。比較的少数

の証券からなるポートフォリオを保有する投資家は、いくつかの腐っ
たリンゴが含まれていたために箱全体が腐ってしまうリスクを背負う
ことになる。すべてを含んだ市場ポートフォリオでは良貨が悪貨を駆
逐する。そのため投資家は株式市場イクスポージャーから期待する利
益を得ることができる。

企業の慈善活動

　企業の慈善活動は、企業の上級管理職の個人的な願望を満たすため
の活動と企業の合法的なビジネス目標をサポートするための意思決定
との間のグレーゾーンに含まれる。企業の慈善活動に関する決定は情
報不足に悩まされる。なぜなら、企業の慈善活動の開示は援助資金提
供者と受取人の気まぐれによるところが多いからだ。

　ニューヨーク・タイムズによれば、「慈善活動を詳細に開示する数
少ない企業の１つ」であるシティバンクのCEOの願望と会社の活動
との関係は１つのケーススタディーになっている（ステファニー・ス
トロム著「In Charity, Where does a C.E.O. End and a Company
Start?」、New York Times, 2002年９月22日）。シティグループ元会
長のサンフォード・"サンディ"・ワイルとその妻ジョアンは慈善活動
サークルでは有名人だ。コーネル大学やカーネギーホールやアルビン・
エイリー・アメリカン・ダンスシアターへの巨額の寄付者として知ら
れるワイルは小切手帳を開き、ペンを取り出す。コーネル大学はジョ
アン・アンド・サンフォード・Ｉ・ワイル医科大（サンディが会長を
務める）、カタールのジョアン・アンド・サンフォード・Ｉ・ワイル・
コーネル医科大、ジョアン・アンド・サンフォード・Ｉ・ワイル医科
大学院を自慢する。また、サンディ・ワイルは今ではワイル・リサイ
タル・ホールと呼ばれるカーネギーホールのメイン会場の１つの復旧
では大役を果たした。アルビン・エイリーの取締役会会長のジョアン・
ワイルは、舞踏団のビルの建設に1500万ドル寄付した。このビルはジ

70

ョアン・ワイル・ダンス・センターと呼ばれている。どこから見ても
ワイルの慈善活動は印象的だ。

　シティグループの企業献金はワイルの慈善事業の関心とぴったり一
致する。ニューヨーク・タイムズによると、過去40年にわたってシテ
ィグループが行った最大の献金は、1998年から2001年にかけて行われ
たコーネル大学とカーネギーホールとアルビン・エイリーの３つの施
設への献金だった。そのほとんどにワイルの名前が付されている。さ
らに、サンディ・ワイルが会長を務めるシティグループ財団は何百万
ドルという寄付金をワイルが好きな慈善事業に寄付しているとニュー
ヨーク・タイムズは報じている（ステファニー・ストロム著「In Charity,
Where does a C.E.O. End and a Company Start?」、New York Times,
2002年９月22日）。

　ワイルの慈善活動に対するシティグループの企業としての支持は、
個人的な利益と企業の義務に関して難しい問題を提起するが、92番街
Ｙ（92Y）が運営する保育園へのシティグループの企業献金にはそう
いった難しい問題はない。サンディ・ワイルは、正当化するのが難し
い好意をある従業員に提供するために、シティグループの資産を厚か
ましく使っただけである。

　1999年、サンディ・ワイルはシティグループ傘下のソロモン・スミ
ス・バーニーのリサーチアナリストのジャック・グラブマンに、「ホー
ルド」だったAT&T株の投資評価を引き上げるように働きかけ、グラ
ブマンはAT&T株の投資評価を引き上げた。これによってAT&Tか
ら投資銀行ビジネスを獲得すると同時に、AT&TのCEOでシティグ
ループの取締役でもあるマイケル・アームストロングからシティグル
ープの共同CEOのジョン・リードとの取締役会での権力闘争に力を貸
してもらえる可能性が高まる。証券アナリストとしてのキャリアを通
じて、ジャック・グラブマンのAT&Tの評価は一貫して低かったが、
彼は投資評価の引き上げと引き換えに彼の双子が保育園に入れるよう

に口添えしてもらおうと考えた。「AT&T and the 92nd Street Y」と題するサンディ・ワイル宛てのメモで、グラブマンは保育園への入園手続きについて次のように苦情を訴えた——「92番街Yの保育園に入るよりもハーバード大学に入るほうがはるかに簡単です」。これを受けてサンディ・ワイルは保育園に電話してグラブマンの子供たちが入園できるように口添えすると同時に、シティグループに92番街Yに100万ドル寄付させた（グレッチェン・モーゲンソンとパトリック・マクギーハン著「Wall St. and the Nursery School: A New York Story」、New York Times, 2002年11月14日）。これによってグラブマンの双子は保育園に無事入園することができた。AT&Tの投資評価は引き上げられたが、その代償を支払ったのは投資家たちだった。

ストックオプション

企業経営陣に報酬を与える目的としてストックオプションを使う場合、経営陣と株主の利害の間には微妙なズレが生じる。株価が上昇しているときは経営陣にとっても株主にとっても利益になるため、オプションベースの報酬制度は機能する。利害が一致しなくなるのは、株価が下落しているときだ。なぜなら、経営陣は株価の上昇から利益を得る機会を失うだけだからだ。取締役会はオプション価格をリセットして下落した株価を反映するように調整するため、経営陣はまったく痛みを感じないことも多い。株価が下落すると、単に機会を失うだけという経営陣に対して、株主は実際のお金を失う。オプションベースの報酬制度は上場企業の経営陣にとっては負けることのないゲームなのである。

典型例はマイクロソフトのケースだ。マイクロソフトはオプションを付与することで従業員を株価の下落から守っている。2000年4月、CEOのスティーブ・バルマーは、米司法省による独禁法裁判の結果を受けて、さらに4カ月で株価が44％下落することで、従業員たちの士

気が低下するという問題に直面した。従業員の士気を高めるために、バルマーは3万4000人を超える従業員に対してそのときの株価でストックオプションを付与した。彼が従業員に宛てたメールには、「ストックオプションは報酬制度において極めて重要な部分を占めます」とあった。既存のオプションは長期的に見れば価値のあるものであるとしながらも、「この新しいオプションでは従業員のみなさんはより早くリターンを得ることが可能になります」と彼は説明した（スティーブ・ローアとジョエル・ブリンクリー著「Microsoft Management Tells Workers There Will Be No Breakup」、New York Times, 2000年4月26日）。オプションの行使価格を52週の安値近くに設定することで、会社は株価の劇的な下落から従業員を効果的に守った。マイクロソフトは株主に対しては救済を行わなかった。

　1990年代、経営幹部による信頼を裏切る行為が多発したため、多くの企業はオプションベースの報酬制度の見直しを迫られた。特に2003年7月、マイクロソフトはストックオプション制度を廃止して、制限付き株式を付与する制度に移行することを発表した。非対称なオプションのペイオフとは違って、制限付き株式では経営陣と株主は利益を得るときも損をするときも一緒だ。バルマーは次のように述べた——「配当方針であれ、どれくらいのリスクをとるかであれ、従業員に株主のように考えさせるのはよいことだ」（ジェイソン・サプスフォードとケン・ブラウン著「J.P.Morgan Rolls Dice on Microsoft Options」、Wall Street Journal, 2003年7月9日）。多くの企業がマイクロソフトの例に倣えば、企業経営陣は将来的には株主に有利になるように行動するはずだ。

　株主と企業経営陣の利害は一般に一致しているとはいえ、経営陣による悪用のケースは後を絶たない。高額な報酬という直接的な形であれ、不当な特権という間接的な形であれ、経営幹部の過度な報酬は彼らに甘い汁を吸わせる。その犠牲になるのはいつも株主だ。オプショ

ンベースの報酬のケースのように、経営陣と株主の間には微妙なズレが存在することもある。株式所有者と企業経営陣との対立を減らす唯一確実な方法は、企業幹部に株式を所有させることだ。事情に精通した投資家は企業経営陣の株式保有率の高い企業を求めることが多い。

市場特性

2003年12月31日、アメリカ株式市場は資産が13兆1000億ドルを超えた。これは世界で最大の流動性の高い資本市場である。この市場では、間違った名前を付けられた感のあるウィルシャー5000（アメリカの普通株式をカバーしている株価指数）が示すように、5244を超える証券が取引されている。アメリカ株式市場は莫大な規模を持つため、株式はいくつかのカテゴリーに分けられる。典型的なカテゴリーには、時価総額（小型株、中型株、大型株）、証券のタイプ（成長株、バリュー株）、事業内容（公益事業、テクノロジー、ヘルスケアなど）などがある。全体的に見ると、配当利回りは1.5％、PER（株価収益率。株価を1株当たりの利益で割ったもの）は25.5、PBR（株価純資産倍率。株価を1株当たりの純資産［資産－負債］で割ったもの）は3.1である（データの出所はウィルシャー・アソシエーツ）。

国内株式のまとめ

アメリカの国内株式は長期投資家にとって銘柄選択の基礎になるものだ。金融理論と実践的な経験が示すように、株式は長期的には素晴らしいリターンを提供してくれる。株主と経営陣の利害は一般に一致しているため、株式の外部所有者の目的と経営幹部の願望は満たされる傾向がある。株式の所有は長中期的にはインフレヘッジになる。株式を保有することには魅力的な性質があるため、株式はポートフォリ

オにとって重要な役割を果たす。

　しかし、投資家は目標ポートフォリオを構築するのに株式に依存しすぎないように注意する必要がある。歴史はアメリカ株の魅力を誇張しすぎる傾向がある。債券や現金のリターンが株式のリターンを何年も連続して上回ることもある。例えば、1929年10月に株式市場が大暴落したあと、株式のリターンが債券と同等のリターンにまで戻すのに21年と3カ月かかった（イボットソン・アソシエーツ, 2004 Yearbook: 224, 234）。株主と経営陣の利害が対立することは頻繁に発生するし、時として長期にわたって株価が物価インフレを反映しないときもよくある。

　投資家を株式投資の欠点から守る最良の方法は、アセットクラスをよく分散させて、すべての株式を含む市場ポートフォリオのようなポートフォリオを構築することである。株式市場はインフレをヘッジする常に安定した素晴らしいリターンを常に提供してくれるわけではないし、企業経営陣は時として株主の利害にそぐわないことを行うが、株式はよく考え抜かれた長期的な投資ポートフォリオの中核をなすことに変わりはない。

米国債

　米国債を買うことは、アメリカ政府の公的債務の一部を背負うことを意味する。国債は政府が発行する十分な信用と信頼のおける政府保証債であるため魅力的な投資特性を持つ。そのため、国債の保有は債券ポートフォリオの中核をなす。

　米国債は政府が保証する十分な信用と信頼のおける債券なので、債券保有者にはデフォルトリスクはない。国債を保有するということは、元金と利息が適時に支払われることが保証されているため、夜は安心して眠ることができる。デフォルトリスクがないからといって、債券

保有者は価格変動の影響を受けないわけではない。金利が上がれば債券価格は下がる。なぜなら、新たに発行される債券に対しては上昇した金利が適用されるため、金利の低い既存の債券の魅力は低下してしまうからだ。したがって、既存の債券の価格を下げなければ購入してくれる人はいなくなる。だから債券価格は下落する。逆に、金利が下がると、債券価格は上昇する。なぜなら、高い金利の既存の債券には人気が殺到するからだ。すべてのリスク投資のなかでも米国債のリターンは低い。なぜなら、これは国債なので安全性が非常に高いからである。

金利リスク

　債券には混乱する投資家が多い。金利と債券価格が逆の関係（金利が上がれば債券価格は下がり、金利が下がれば債券価格は上がる）にあることは、投資ポートフォリオにおける債券の役割を理解するうえで非常に重要だ。しかし、調査した結果によれば、大部分の個人投資家は債券の最も基本的な特徴さえ理解していない。最も評判の高い市場関係者さえ時として間違うことがある。ニューヨーク・タイムズのビジネス欄に皮肉なネーミングの記事「債券をもっとよく理解しよう（Better Understanding of Bonds）」が掲載されたが、それには「デュレーション（金利変動による債券価格の感応度を示す指標）と債券価格は金利に連動して動く。デュレーションが7年の債券は金利が1ポイント上昇するとその価格は7％上昇する。金利が1ポイント下落すると債券価格は7％下落する」（キャロル・グールド著「Better Understanding of Bonds」、New York Times, 1995年8月27日）とある。もちろん、ニューヨーク・タイムズは価格と利回りの関係を間違って記述している。正しくは、金利が上昇すれば、債券価格は上昇するのではなく、下落する、である。高く評価され、金融知識も豊富な

ニューヨーク・タイムズの経済記者がこれなのだから、一般投資家が
間違えるのも無理はない。

　米国債投資においては、リスクは主として投資期間と関係がある。
投資期間を6カ月とする投資家は、6カ月物Tビルは無リスクだと思
う。なぜなら、満期には額面どおりに支払われることに疑問の余地は
ないからだ。投資期間を6カ月とする投資家が10年物Tノートを保有
するのはリスクが非常に高いと思う。なぜなら、金利が変動すれば、
たとえ6カ月の保有期間であっても10年物Tノートの額面も変化する
からだ。金利が上昇すれば投資家は損失を被り、金利が下落すれば思
わぬ棚ぼたにありつける。

　同様に、投資期間を10年とする投資家も6カ月物Tビルに投資すれ
ば大きなリスクに直面する。なぜなら、6カ月物Tビルは10年保有し
ようと思ったら、19回もロールオーバーしなければならないからだ。
投資家は最初の6カ月のTビルの金利しか知らない。投資家は将来の
19回のロールオーバー時の金利は知らない。したがって、不確実性は
極めて高い。投資期間と満期を一致させなければ、債券価格と金利の
変動によってポートフォリオ価値は期待の水準からそれていくことに
なる。

分散効果

　米国債はポートフォリオに一種独特な形の分散を提供してくれる。
それは、金融危機や経済危機に対して保護してくれるというものだ。
1987年10月の株式市場の大暴落でアメリカ株式市場が1日で20％を超
える下落を記録したとき、投資家たちは米国債に避難先を求めた。株
価が崖から落ちるかのように下落するなかで、米国債は大きく上昇し
た。また、1998年にアジア通貨危機、ロシア財政危機、アメリカの資
本市場危機が相次いで発生して経済危機を招いたとき、投資家は「質

への逃避」に走り、資金を安全な米国債に移した。このように危機の
ときには国債はポートフォリオを保護するという役割を果たすのであ
る。

　しかし、国債によるポートフォリオの保護は大きな代償を伴う。債
券の期待リターンは株式およびそれに類似したアセットへの投資の期
待リターンに比べるとかなり低いのだ。投資家によっては国債を持つ
ことの機会コストを利回りの高い社債を持つことで軽減しようとする
者もいる。しかし残念ながら、民間債はクレジットリスク、非流動性、
任意償還という特徴を持つ。こうした特徴によって民間債の金融危機
に対するヘッジ効果は薄れる。ポートフォリオに非常に強力な分散を
提供してくれるのは、ノンコーラブルで、デフォルトリスクがない長
期の米国債である。

　2003年12月31日現在、およそ34％の国債は政府支援機関（GSE）と
いったアメリカ財務省以外が発行する債券で占められていた（アメリ
カ財務省以外の三大債券発行者は、ジニーメイの通称で知られる全額
政府出資で設立されたアメリカ連邦政府抵当金庫、フレディマックの
通称で知られる連邦住宅抵当貸付公社［全額政府出資ではないが、政
府支援企業］、ファニーメイの通称で知られる連邦住宅抵当公庫［こ
れも全額政府出資ではないが、政府支援企業］）。多くの市場参加者は
政府支援機関によって発行された債券は政府機関債とみなす。実際に
は政府支援機関は政府保証の裏付けを持つ一方で、企業としての債務
支払い義務も持つグレーゾーンに属する組織だ。ほとんどの市場関係
者の目には政府支援機関がデフォルトに陥る可能性は非常に低いもの
の、政府支援機関債には繰り上げ償還の可能性もあり、これが債券保
有者には不利に働く。

　米国債の純粋さだけを求める投資家には気が遠くなるくらい面倒な
作業が待っている。というのは、国債の投資信託の多くには大量の政
府支援機関債が含まれているからだ。これはファンドマネジャーがた

だで何かを得るという昔ながらの投資慣行を追求することによる。つまり、ポートフォリオを追加的リスクにさらすことなく、政府支援機関債で利回りの上乗せを狙うということである。政府支援機関債の信用力の低下と政府支援機関による期日前償還という2つの可能性によって債券保有者の利害が損なわれる可能性がある。純粋なる債券イクスポージャーを求める投資家は政府支援機関債を避け、アメリカ政府保証のある米国債を選ぶ。

債券価格とインフレ

　伝統的な米国債への投資家は名目リターンだけに注目する。これが債券投資の世界をさらに複雑にする。例えば、債務者が確定債務を支払いたい場合、債務者はその分だけ借金をする。米国債のような名目金利債はこの目的にぴったり一致する。一方、退職者が一定の生活水準を維持したい場合、インフレによる物価変動を補うための十分な資金が必要になる。米国債とは違って、インフレに敏感な投資対象はこの目的に打ってつけだ。伝統的な米国債の保有者にとってインフレ率の変動は、インフレ調整後のリターンに思わぬ影響を及ぼし、予想したリターンと実際のリターンとの間に差が生じることがある。

　投資家はインフレ調整後のリターンがプラスになることを期待する。インフレ率が債券を保有し始めた当初の予想に一致すれば、予想どおりのインフレ調整後のリターンを得ることができるが、インフレ率が予想を上回った場合、定額支払いを約束する購買力は予想外のインフレによって低下し、インフレ調整後のリターンは低くなる。逆に、インフレ率が予想を下回った場合、物価インフレ率は下がるため、投資家の購買力は上昇する。インフレ予測と実際のインフレ率との差によって、債券投資家の実際のリターンは大きく変わる可能性がある。

　インフレ予測と実際のインフレ率が一致しない場合、債券はほかの

金融資産とは違った挙動をする。予期しないインフレは債券には不利に働くが、株式には有利に働く。逆に、予期しないデフレは債券には有利に働くが、株式には不利に働く。債券が株式に比べて分散に最も大きく寄与するのは、実際のインフレ率が予想とはるかに異なる場合である。

利害の一致

　米国債の投資家とアメリカ政府の利害は、社債投資家と社債発行者の利害よりもよく一致する。政府にとって債券保有者を冷遇する理由などない。国債の価値を下げる行動は、実質的にはお金を債券保有者から非債券保有者に移転することにほかならない。もしすべての国債が国内で所有されていれば、債券価値の変動によって政府は有利になることも不利になることもなく、債券保有者も有利になることも不利になることもない。お金が国民の１つのグループ（納税者または債券保有者）から別のグループ（債券保有者または納税者）に移転するだけである。万が一、政府が債券保有者を冷遇すれば、将来的に社債市場にはだれも近寄らなくなるだろう。したがって、米国債の保有者は利害の不一致を心配する必要などまったくない。

　米国債の投資家は負債管理プロセスのなかで一般に政府をニュートラルなプレーヤーととらえている。社債発行者と対峙する社債保有者とは違って、国債保有者は公正な扱いを受ける。1975年から1984年までアメリカ財務省は最後の５年間に繰り上げ償還できるとする条項付きの30年物国債を十数回発行した。繰り上げ償還条項とは債券発行者が満期前にあらかじめ決められた価格で債券を償還する権利のことを言う。経済的な動機を持つ債券発行者が繰り上げ償還を行使するのは、決められた期日前償還価格が、繰り上げ償還条例を定めないときの債券価格を下回ったときだけだ。繰り上げ償還が行使されれば、高いク

ーポンレートは受け取れなくなるため、債券発行者には有利になるが、投資家には不利になる。

　債券市場での政府の役割は特殊な性質を持つため、債券市場参加者の間では、政府は繰り上げ償還を債務管理の目的だけで行使すべきか、あるいは債券の借換発行のためだけに行使すべきかについて議論が行われた。もし政府が繰り上げ償還を債務管理の目的だけで行使すれば、それは利益をもたらすと同時にコストもかかるため、債券所有者はイディオシンクラティックリスク（個々の経済主体が直面するリスク）に直面することになる。また債券の借換発行のために行使すれば、債券所有者は経済的な損失リスクに直面することになる。

　この問題についてアメリカ財務省はどのように行動すべきかという疑問に対して、2000年1月14日に回答が示された。アメリカ財務省は、「2000年から2005年償還の米国債に関しては、2000年5月15日の額面価格で8.25％の金利で繰り上げ償還する」と発表した（「Treasury Calls 8-1/4 Percent Bonds of 2000-05」、https://www.treasurydirect.gov/news/pressroom/pressroom_com114cl.htm）。政府は金利の高い債券を繰り上げ償還することで財務費用を削減するという経済的刺激プログラムを敢行したわけである。

　そのあとの借換発行に関しては、アメリカ財務省は債券の繰り上げ償還は経済的な動機によるものであると明確に述べた。2004年1月15日、パブリック・デット・ニュースが発表した想像力に欠ける「Treasury Calls 9-1/8 Percent Bonds of 2004-09」というタイトルの記事で、政府は「これらの債券は資金調達コストを削減するために繰り上げ償還するものである。9.125％という金利は満期までの5年間における現在の資金調達コストを大幅に上回る。現在の市場状態においては、繰り上げ償還と借り換えによる利子節約はおよそ5億4400万ドルになるだろう」と述べた（公債局による2004年1月15日のプレスリリース「Treasury Calls 9-1/8 Percent Bonds of 2004-09」）。つまり、ク

ーポンが９％を超える債券の借り換えを金利３％から４％で行うことで、政府にとって支払い利子の節約ができたということである。

　政府は経済的な目的で2004年から2009年償還の米国債を9.125％で繰り上げ償還したとはいえ、政府は利子節約のために繰り上げ償還をすべきなのかを投資家が議論したという事実は、政府と債権者との異常な関係を表すものだ。事実、繰り上げ償還条項付き米国債の発行はわずか10年しか続かず、しかも国債発行全体に占める割合は少なかった。さらに、長期社債の場合、繰り上げ償還条項はもっとアグレッシブなものだったが、国債の場合、繰り上げ償還できるのは満期30年の最後の５年間に限定された。アメリカ財務省が繰り上げ償還条項付き国債の販売を中止したのは、おそらくは国債市場参加者に提供する債券の性質を向上させるのが目的だったと思われる。いずれにしても、すべての債券発行者のなかで、政府は債権者との利害の一致を最も重視する債券発行者であることは確かだ。

市場特性

　2003年12月31日現在における米国債の発行額は２兆8000億ドルに上る。そのうちの１兆8000億ドルは財務省発行で十分に信頼でき信用力が高い債券で、残りの１兆ドルは政府支援機関が発行した債券である。米国債は世界中で最も深く効率的な市場で取引されている。

　米国債の2003年末の満期利回り（債券を満期まで保有した場合のリターン）は3.4％で、平均満期は7.5年、デュレーションは5.2年である。政府支援機関発行債券の利回りは3.4％、平均満期は6.2年、デュレーションは4.3年である。

米国債のまとめ

米国債はポートフォリオに対して独特の分散を提供してくれる。それは、金融危機や予期しないデフレに対するヘッジとして機能するということである。アメリカ政府保証があり、繰り上げ償還条項がなく、デフォルトリスクもない米国長期債ほど分散力のあるアセットタイプはない。

しかし、米国債の分散力はただで手に入るわけではない。安全性の高い米国債はリスク資産に比べるとリターンは低い。リスクがないのだからこれは当然だ。米国債の保有者は物価インフレが低下すると利益を得るが、予期しないインフレ環境下では損をする。米国債のリターンは低く、インフレに対しては不利に働くため、長期投資家としては適度なアロケーションにとどめておくのがよいだろう。

インフレ連動債

1997年1月、アメリカ財務省はインフレ連動債の発行を始めた。これはTIPS（物価指数上昇率に連動する国債）で、米ドルベースの投資家にとっては重要な新たなツールになった。TIPSは元本が消費者物価指数の動きに連動するため、物価上昇から投資家を守ってくれる。TIPSのクーポンレートは発行時に固定されているが、物価変動に連動して元本が変動するため、利払い額や償還額も変動する。

満期時には、インフレ調整後の元金か当初の額面のどちらか大きいほうを満期金として受け取ることができる。また、デフレ時においては、償還時の元本が発行時の額面を下回る場合でも、額面で償還される。一般物価水準が上昇した場合、満期時に額面価格を受け取ることができる権利は発行時の最大のメリットだ。価格の上昇に伴って、インフレ率調整後の元本は増加するため、元本は額面価格を上回る。デ

フレが発生すると、額面の元本は保証されるが、元本が減少するため
利息も減少する。内包されたプットオプション性を最大限に享受した
い投資家は、常に最新の債券にロールオーバーする。

　一定の名目リターンを望む投資家にとって標準的な米国債が無リス
ク投資となるように、TIPSは一定の実質リターンを求める投資家に
とって無リスク投資となる。米国債とTIPSは発行者が同じで、デフ
ォルトリスクがなく、クーポンと元本の支払い構造が似ているため、
多くの市場関係者は標準的な米国債とTIPSを同じカテゴリーにグル
ープ分けする。実際、アメリカ財務省がTIPSの発行を始めたとき、
広く使われる債券市場インデックスの算出を行っているリーマン・ブ
ラザーズは定例発行の米国債を含むグループにTIPSを入れた。

　しかし、標準的な米国債とTIPSを同じグループに分類するのは誤
りだ。なぜなら、これら2つのタイプの債券は価格の予期しない変動
に対して基本的に異なる反応を示すからだ。予想外のインフレは、満
期まで定期的な利子の額が確定している標準的な債券投資にとっては
影響は深刻で、購買力が低下していく。これに対してTIPSの場合、
支払額が物価の上昇に合わせて調整されるため、予想外のインフレが
発生してもTIPSの保有者は高いリターンを得ることができる。予想
外のデフレは購買力を上昇させるため、標準的な債券保有者にとって
は有利になる。これに対して、デフレになると、TIPS保有者に対す
る最終的な元本の支払い額は変わらないが、定期的な利息の支払いは
減少する。したがって、TIPSは標準的な米国債と同じグループに分
類するのではなく、TIPSとして分類すべきである。

　伝統的な米国債とTIPSを比較してみると、2つの証券の決定的な
違いが明らかになる。満期が2008年2月15日で金利が5.5％の米国債と、
満期が2008年1月15日で金利が3.625％のインフレ連動債を考えてみ
よう。2003年末の標準的な米国債とインフレ連動債の満期利回りはそ
れぞれ2.8％と0.9％だ。2つの債券は信用特性は同じで満期日もほぼ

同じであるため、利回りの違いは支払い特性の違いだけによるものである。標準的な米国債とインフレ連動債との1.9％という利回りの差は、債券の満期までの期間におけるインフレの最良推定値を意味する。インフレ率が1.9％を上回れば、TIPS所有者が得をし、インフレ率が1.9％を下回れば、標準的な米国債所有者が得をする。

　外国政府のなかにもインフレ連動債を発行しているところがある。標準的な債券同様、アメリカ在住の投資家はアメリカ以外の政府が発行した国債には用心する。イギリス、カナダ、オーストラリア、フランス、およびスウェーデンはインフレ連動債を大量に発行している。外国の国債の支払いは一般にその国の通貨で行われるため、外国の国債を買ったアメリカの投資家には為替リスクがある。将来の外国のインフレ率はアメリカのインフレ率とは異なる可能性があり、また将来の為替換算率も未知であるため、アメリカ以外の政府が発行したインフレ連動債はアメリカのインフレに対するヘッジとしては役に立たない。

　アメリカの企業が発行したインフレ連動債にはまた違った問題がある。普通社債同様、インフレ連動社債にも信用リスク、非流動性、繰り上げ償還条例があるのだ。さらに、投資家は高いインフレ環境下でインフレ連動社債を持つことの意味を考えなければならない。インフレ連動社債は物価上昇に対して保護してくれるという意味ではその意義は高いが、会社が支払いに対する約束を守る可能性は極めて低い。

TIPSの価格とインフレ

　TIPSはインフレ率の変動に連動して元利金の支払いも増加するため、インフレに対する完璧なヘッジとなる。政府保証が付いているためデフォルトリスクがなく、インフレに対する完璧なヘッジとなるため、TIPSは投資家にとっては非常に強力なポートフォリオツールになる。

利害の一致

TIPSは標準的な国債と同じように、債権者と債務者の間の利害は一致する。借り手が貸し手のコストで利益を得ようとする民間の借り手・貸し手の関係とは違って、TIPSでは政府は市民と公正な取引を行うように努めている。

TIPSを推進するに当たり、アメリカ財務省はTIPSは債権者にとっても債務者にとっても利点があることを強調する。債権者の視点から見れば、TIPSはポートフォリオの分散を可能にする。債務者の視点から見れば、TIPSは財務省が資本家層を拡大し、資金調達リスクを分散することを可能にする（https://home.treasury.gov/ 「Key Initiatives」）。債務者と債権者が公平という意味では、アメリカ政府は利益を追求する民間セクターの借り手とは一線を画す。

市場特性

2003年12月31日現在のアメリカ・インフレ連動債の発行残高はわずか2010億ドルだった。1997年1月に財務省が初めてインフレ連動債を発行してから、インフレ連動債は投資家にとって分散に不可欠なツールとなった。2003年末に発表されたTIPSの名目利回りは3.4%、インフレ調整後の実質利回りは1.7%、平均満期は11.7年、デュレーションは5.9年だった。

まとめ

TIPSの発行は標準的な国債の10%程度にすぎないが、インフレに敏感なTIPSは投資家のツールボックスにぜひ加えたいものだ。アメリカ政府のお墨付きでデフォルトリスクのないTIPSはほかのインフ

レに敏感な投資対象を評価するうえでのベンチマークとなるものだ。

アメリカ以外の先進国株式市場

　アメリカ以外の先進国の株式市場への投資はアメリカ株式への投資と同じようにリターンが期待できるが、アメリカ以外への投資はアメリカ国内への投資とは2つの重要な違いがある。第一に、アメリカ以外の市場はさまざまな経済的要因に対する反応が異なるため、リターンの出方は地域ごとに異なる。第二に、アメリカ以外の市場への投資は為替変動にさらされるため、投資方程式の変数が増える。

　先進国の株式市場の期待リターンはほぼ同じだ。経済インフラや景気を動かす要因が類似し、労働力、物品、サービスが国境を越えて自由に行き来するため、先進国の株式市場に投資した場合の期待リターンは長期的には同じようなものになる。投資家の個々の国に対する好みは最近の市場パフォーマンスによって異なるが、長期的には北アメリカ、ヨーロッパ、アジアの先進国市場からは同等のリターンを期待する。

　非アメリカの株式市場のパフォーマンスをトラッキングするMSCI EAFE指数が組成された1970年からの34年間を見てみると、EAFE諸国の年間リターンは10％で、S&P500指数の年間リターンは11.3％である。アメリカ株と国際株のパフォーマンスはほぼ同じだが、アメリカ株のパフォーマンスが国際株のパフォーマンスをわずかながら上回っている。こうした市場パフォーマンスの比較はデータ集計の開始日と終了日に大きく依存するため、国内株と国際株の期待リターンはほぼ同じであると仮定して差し障りはないだろう。

　外国市場とアメリカ市場の間には相関はほとんどないため、投資家に貴重な分散機会を与えてくれる。関係者のなかには、グローバルな経済統合が進み、世界の株式市場は次第に同じような振る舞いをする

ようになったため、将来的には分散効果がなくなるのではないかと心配する者もいる。市場間の相関が高まっている証拠として、分散効果を疑問視する人は1987年の株式市場大暴落のときや1998年の経済危機のときの株式市場の動きを指摘する。どちらの場合も世界中の株式市場は同じように大きく下落した。1987年と1998年の市場の下落は短期的なもので、マーケットプレーヤーたちは一時的に流動性と質への極端な選好を見せた。しかし、多くの先進国株式市場が短期的に同じような動きを見せたあと、各国市場はその国の市場パフォーマンスを動かすその国特有の原動力に応じた動きに戻った。

　アメリカと日本の株式市場の相対的なリターンを考えてみよう。1980年代、世界の株式市場を牽引したのは日本だった。日本の株式市場の年間リターンは28.4％で、非アメリカ市場の年間リターンは16.5％、アメリカの株式市場の年間リターンは17.4％だった。日本の株式市場の異例な上昇相場が終わりに近づくころには、日本は世界最大の時価総額を誇り、規模で巨大なアメリカ市場さえ上回っていた。

　しかし、1990年代になると日本の繁栄にも陰りが見えてきた。20世紀の最後の10年で日本経済は低迷し、その10年間で世界市場は年間0.9％下落したが、これは主として日本のバブル崩壊によるものだった。この間、非アメリカ市場は年間13.5％のリターンを上げ、アメリカは年間18.2％のリターンを上げた。日本の株式市場の下落によって、日本は株式市場における支配力を失い、アメリカに大きく水をあけられた。一時、日本の時価総額はアメリカの5分の1にまで落ち込んだ。各国の株式市場の動きが大きく異なるのは明らかで、リターンも大きく異なる。これはポートフォリオの分散に効果的であることを示している。

　投資家はポートフォリオのコアアセットのリターンが絶対ベースや相対ベースで芳しくないとき、ポートフォリオを分散させようとする。例えば、1993年1月、アメリカ以外の株式市場のパフォーマンスが悪

い時期が長く続いたとき、投資信託の株式ポートフォリオに占めるアメリカ以外の市場のイクスポージャーはわずか５％だった。1993年と1994年、アメリカ以外の先進国の株式市場のトレンドが反転し、アメリカ市場を29％上回ると、投資信託の投資家はアメリカ以外の先進国の株式市場の高い相対パフォーマンスに引かれるように、1994年10月にはアメリカ以外の株式の保有率は史上最高の14％になった。わずか２年足らずでアメリカ以外の株式の保有率は３倍に膨れ上がった。しかし、パフォーマンスを追いかけての分散はコストの高いものについた。その後の４年間は連続してアメリカ市場が再びアメリカ以外の株式市場をアウトパフォームしたため、アメリカ以外の株式投資家はアメリカ株投資家に対してパフォーマンスが84ポイントも下落した。1999年１月、投資信託保有者はアメリカ以外の株式市場のパフォーマンスの低さに幻滅して、アメリカ以外の株式ポジションを40％以上も減らしたため、投資信託のアメリカ以外の株式に対するイクスポージャーは全株式投資の８％に減少した（データの出所はアメリカ投資会社協会。アメリカ以外の株式には、インターナショナル・エクイティ、エマージング・エクイティ、リージョナル・エクイティは含むが、グローバル・エクイティは含まない）。

　アメリカ以外の株式の相対パフォーマンスが上昇すると、投資信託保有者は非アメリカ株の保有率を増やし、アメリカ以外の株式のアロケーションを増やす根拠として分散を理由に挙げた。分散資産のパフォーマンスが下落すると、投資家は分散資産のアロケーションを減らしたが、悪いタイミングでそれを行った。賢明な投資家は、パフォーマンスの追っかけ戦略としてではなく、リスクを低減させるための戦略として分散を使う。きちんとした規律にのっとって、よく分散されたポートフォリオイクスポージャーを維持することで、投資家は市場の変動にかかわらず長期的な成功を手にすることができる。事実、悪いパフォーマンスを喫したあとのアセットクラスに分散投資すること

で成功の確率は高まる。いずれにしても、アメリカ以外の株式は期待
リターンを損なうことなく、ポートフォリオリスクを減らすうえでの
重要なツールとなる。

　アメリカ以外の株式への投資家は、為替リスクは海外株式投資では
避けることのできないリスクと認識している。現実的な投資家は為替
リスクは投資結果には含めない。市場預言者がたくさんのインクと紙
を使って将来の為替レートを予測しようとしても、将来の為替レート
を予測できる人などいない。賢明な投資家は為替レートなど予測しよ
うとはしない。

　市場関係者のなかには、アメリカ以外の株式の保有者は為替リスク
をヘッジすべきだと言う人もいる。しかし残念ながら、アメリカ以外
の株式マネジャーはどれくらい株を保有するかも、将来的にどれくら
いポジションを持つかも不確実なため、為替リスクをヘッジするのは
難しい。したがって、アメリカ以外の株式投資家は少なくともある程
度の為替リスクはそのアセットクラスに内蔵されているものと想定す
る。

　幸運なことに金融理論によれば、ある程度の為替イクスポージャー
はポートフォリオの分散に役立つ。外為ポジションがポートフォリオ
の４分の１以上でないかぎり、為替イクスポージャーはポートフォリ
オの全体的なリスクを低減するのに役立つ。為替イクスポージャーが
ポートフォリオの４分の１を超えれば、不要なリスクの源泉になる。

アメリカ以外の株式の価格とインフレ

　アメリカ株への投資家はインフレに関してはジレンマに直面する。
株式は長期的にはインフレに対する良いヘッジになるが、短期的には
価格の上昇との相関はない。しかし、アメリカ以外の株式への投資家
にはそういったジレンマはない。アメリカのインフレとアメリカ以外

の株式のドル建てリターンは無相関なので、アメリカ以外の株式はインフレヘッジとしては使えない。

利害の一致

アメリカの投資家と外国企業との利害の一致は、アメリカの投資家とアメリカ企業との利害の一致とほぼ同じと考えてよいだろう。一般に、株式投資家は国内株投資家だろうと外国株投資家だろうと、企業経営陣が株主の利害を第一に考えることを期待する。

エンロンやワールドコムのような企業スキャンダルはアメリカ企業のコーポレートガバナンスの欠点を浮き彫りにしたが、アメリカでは株主と企業経営陣との間の利害は一致しているという事実に変わりはない。一般論としては、アメリカ以外の国では利益を生み出すことを重視しない企業経営陣もいる。文化規範によって、労働者、お金の貸し手、もっと広くはコミュニティーを含むほかの利害関係者のニーズに対する関心が高い国もあるし、ガバナンス構造の不備によって支配株主が少数株主の資源を流用することが許される国もある。外国企業の経営陣とその株主との間の利害の一致度は低いため、これはアメリカ以外の株式の保有者にとっては不利になるが、アメリカ以外の株式を保有することで投資機会が高まるためポートフォリオに非アメリカ証券を含むメリットはある。

市場特性

2003年12月31日現在、MSCIによればアメリカ以外の先進国市場の資産は13.9兆ドルに上った。MSCIの非アメリカ先進国に含まれる22カ国の市場の時価総額は、アメリカ市場の2003年末の時価総額である13.1兆ドルにほぼ匹敵するものだった。10年以上にわたって日本のリ

ターンは低かったが、それでも資産額3.2兆ドルと非アメリカ世界を
牽引した。そのほかの大きな市場は、イギリス（2.4兆ドル）、フラン
ス（1.4兆ドル）、ドイツ（1.1兆ドル）である。ヨーロッパが非アメリ
カの62％を占め、アジアが27％、カナダが６％、オセアニアが４％を
占める。

　アメリカ以外の先進国株式市場の全体的な配当利回りは2.4％、
PERは23.5倍、PBRは２倍だった。地域的な違いもある。ヨーロッパ
の利回りは2003年末で2.8％で、これに対して日本は1.0％だった。また、
ヨーロッパのPERは20.3倍、PBRは2.1倍であるのに対して、日本の
PERは66.0倍とPBRは1.7倍だった。

アメリカ以外の先進国株式市場のまとめ

　非アメリカ市場の期待リターンはアメリカ市場の期待リターンとほ
ぼ同じなので、投資家はアメリカ以外の先進国株式市場のポジション
を持つことでポートフォリオを分散することができる。分散の最も重
要な源となるものは、アメリカ以外の株式市場のリターンの駆動力が
アメリカのリターンの駆動力と異なるという事実である。為替イクス
ポージャーもポートフォリオ分散の一翼を担うものだ。

　賢明な投資家は、良いときも悪いときも、近年のパフォーマンスと
は無関係にアメリカ以外の株式市場に投資する。市場プレーヤーは相
対リターンが高かったアメリカ以外の株式で「分散」を図る傾向があ
る。その分散戦略が国内株式市場よりも高いリターンを生み出さなけ
れば、その資産をポートフォリオから外す。常にパフォーマンスを追
いかけるプレーヤーは自国以外の株式に投資するが、これはポートフ
ォリオに二重の打撃を与えるだけで、損失は固定され、リターンは低
下する。

新興国の株式市場

　新興国市場への投資は、株式の世界ではハイリスク・ハイリターン
を意味する。新興国とは、先進国でもなく発展途上国でもなく、経済
発展が中間期の国々のことを言い、基本的リスクが非常に高い。マク
ロレベルでは全体的な経済発展と証券市場のインフラが懸念材料にな
り、ミクロレベルでは経営の質と新生企業の金儲け主義が懸念材料に
なる。

　経済の歴史を見ると、これまでにも新興国市場の例はたくさんある
が、いずれも水面下に沈んできた。「サバイバル（Survival)」という
論文で、スティーブン・ブラウン、ウィリアム・ゲッツマン、スティ
ーブン・ロスは20世紀初頭の36の証券取引所について書いている。そ
の論文によれば、36の証券取引所のうち、「半分以上が少なくとも１
回は取引が中断された時期がある……それは国有化や戦争のいずれか
によるものだ」。進歩の必然性を信じる投資家にとってさらに悲痛な
のは、1900年に開所していた36市場のうち、15市場は100年以上あと
になっても新興国市場のままに分類されていたことだ。セルビアのベ
オグラードのある１つの市場は21世紀になっても新興国市場のリスト
にも入っていない。著者は、「事実、"新興国市場"という言葉は、こ
れらの市場は失敗する可能性がある、という意味なのである」と冷や
やかに述べている（スティーブン・J・ブラウン、ウィリアム・N・
ゲッツマン、スティーブン・A・ロス著「Survival」,The Journal of
Finance 50, no.3 [1995])。

　近年になって投資家たちは増え続ける発展途上国市場への投資機会
を喜んでいる。非アメリカ市場指数の主要な算出会社であるMSCIは
1988年、メキシコ、ヨルダン、タイを含む８カ国からなる新興国市場
指数の算出を始めた。５年後にはインド、韓国、ポルトガルなどが含
まれ、指数を構成する市場は19市場に増えた。そして1998年には南ア

フリカ共和国、ロシア、多くの中央ヨーロッパ諸国が指数に加わり、指数を構成する市場は28にまで増えた。

　新興国だった国が先進国になることもある。1997年はポルトガルが、そして2001年にはギリシャが先進国入りを果たした。新興国が進歩を続けるなか、先進国の仲間入りをする国も増え続けている。

　市場関係者のなかには、経済成長と株式市場の成功を混同する人もいる。リソースの配分に関するルールが証券市場の論理の影響を受けない計画経済という極端なケースを考えてみよう。計画経済では株式会社制度は存在しないため、株価の影響を受けずに経済成長が達成される。また、市場志向型経済と呼ばれるリソースの配分があまり効率的ではないが、計画経済ほど極端ではないケースの場合でも、株主資本の提供者に対するリターンは常に低い。企業収益が企業経営陣（給与）と政府（税金）とで不相応に配分されることもあり、その結果、資本に対して十分に報いることができなくなる。例えば、中国の非効率な国営企業の公募証券の保有者などが良い例だ。正しく機能している経済では、価格とリターンは金融市場の論理を反映するように調整される。新興国市場経済のすべてが正しく機能しているわけではない。株式市場投資で利益を得るためには、利益の出る企業が必要だ。なぜなら、投資家は企業収益の分け前にあずかるからである。そういった意味では、新興国市場の投資家にはミクロ経済リスクが伴うと言えよう。新興国市場だけではなくほかのどの国も同じように、経済が成長しているからと言って、必ずしも株式市場が成功するわけではない。

　立法者、規制当局、企業経営者たちがゲームのルールを学び始めたばかりの新興国では、市場インフラの開発はのろのろとしたペースで進む。アメリカで保護されることに慣れた投資家は新興市場をうとましく感じるようになる。証券取引法の質は良かったり悪かったり、規制の施行は満足がいったりいかなかったり、そして経営陣の株主利害に対する忠誠心はないも同然だ。つまり、買い手が危険を一手に背負

うということだ。

　政府の政策は投資家の利益にとって有害なこともあり、時として劇的な形で現れることもある。1998年のアジア危機の最中、マレーシアはリンギット（マレーシア通貨）の兌換を規制し、外国の投資家が資本を本国に送還することを禁じた。マレーシアの資本規制に対するこの態度を見て、MSCIは新興国市場指数からマレーシアを外した。マレーシアがMSCI指数に入れられたのは、1999年の終わりに資本規制を中止してからだった。

　新興国市場では企業の行動は時としてアメリカ開拓時代の西部のそれに似ている。ある市場関係者は、株式投資家は経営陣が重窃盗罪を働くロシア企業に投資し、経営陣がコソ泥を働くような会社には忠誠を尽くす必要はないとアドバイスした。一見矛盾したアドバイスのように思えるが、このアドバイスの根底にあるのは、自社に価値を見いだした経営陣は企業からすべてのお金を盗み取ろうとし、自社にほとんど価値を見いださない経営陣はちびりちびりと盗みを働くという考え方だ。

利害の一致

　新興国市場では経営陣と投資家の利害は一致しない。これは重大なリスク要素の1つであり、そのため投資家たちは新興国の株式市場に投資するときには高いリターンを求める。投資家たちが投資しているのは法規制の枠組みが出来上がっていない不確実性の高い国であり、賢明な投資家ならリターンの上乗せを要求して当然だろう。

　新興国の政府は、時として株主と経営陣の利害を対立させることがある。株式の所有権と議決権を操作することで、2つのクラスの株式所有者が生まれることがあり、これは外国人投資家にとっては問題となる。資本規制が敷かれることはあまり頻繁にはないとはいえ、資本

規制が敷かれると外国人投資家は資金を自由に移転できなくなる。新興国市場における政府規制は外国人投資家の利害を損なう可能性を秘めているのだ。

また別の例として、企業経営陣が株主の利益を優先して行動しないという問題がある。特にアジア諸国でよく見られる問題は、ファミリー企業が外部の少数株主を犠牲にして一族の望みを満足させるというものだ。透明性の欠如は問題をさらに複雑にする。外部投資家はインサイダー取引を発見・解決するのに必要な情報を得ることができないことが多い。

新興国市場が成熟し、グローバルな資本市場が自由化されるにつれ、利害の不一致という構造問題は減少しつつあるとはいえ、合理的な投資家は法規制の枠組みが理想的とは言えない新興国市場に投資するときにはリターンの大きな上乗せを要求することが多い。

市場特性

2003年12月31日現在、MSCIの集計によれば、新興国市場の株式は2.8兆ドルに上る。台湾は3640億ドルで韓国は2940億ドルだが、これは時価総額で言えば先進国市場の中間に位置する。もっと小さな市場のベネズエラは40億ドルでスリランカは30億ドルだ。新興国市場にはこのほかにもいろいろな国が存在する。地域別では、アジアが新興国株式市場の54％を占め、ラテンアメリカは19％、アフリカと中東は18％、ヨーロッパは9％だ。

新興国市場の評価は2003年末にはアメリカの評価を上回った（少なくとも価値を求める投資家にとっては）。配当利回りはアメリカの1.5％に対して2.3％だった。また、PERは15倍、PBRは1.9倍と、これはアメリカ水準よりも低い。

新興国の株式市場のまとめ

　新興国市場への投資家は、投資リスクが非常に高いため大きな期待リターンを要求する。データの存在する期間においては、投資家は高いリスクに対する補償は得られなかった。世界銀行の国際金融公社が新興国市場の株式リターンを集計し始めた1985年から2003年12月まで、IFCグローバル複合指数による新興国市場の株式リターンは年間で9.8％で、これに対してS&P500は13.3％、MSCI EAFE指数は11％だった。新興国市場のリターンが先進国市場のリターンに及ばないということは、新興国市場の投資家が先進国市場の投資家に比べると超過リターンを得ることなく、高いリスクを受け入れていることを示している。新興国市場の投資家は、将来的には事態が改善されることを期待している。

　マクロ経済的にもミクロ経済的にも不安材料があるため、新興国株式市場は高いリスクに応じた高いリターンを約束しているが、投資ポートフォリオのリスク・リターン特性を向上させるためには、新興国市場の株式には控えめに配分したほうがよいだろう。

不動産

　商用オフィスビル、共同住宅、産業用倉庫施設、小売店舗といった不動産への投資は、メリットとリスクの両方が付き物だ。高品質の不動産を所有してそれを長期的に賃貸すれば、大きなキャッシュフローが期待できる。資産価値の大部分は比較的予測可能なキャッシュフローによるものなので、高いキャッシュフローが持続できれば評価も安定する。一方、賃貸契約の期限が近づくと、不動産所有者は契約更新リスクに直面するため、投資家は短期的な価額の変動に直面することになる。極端な例としてテナントを持たない不動産の場合、評価は将

来の賃貸活動に100%依存するため、投機的な雰囲気を帯びてくる。

　不動産は債券と株式の特徴を備え持つ。賃借人は賃借人と賃貸人との間で交わされた賃貸契約の規定どおりに定期的に支払いを行う契約上の義務がある（債券の特徴）。長期的なリース債務を負った不動産は主として債券に似た特徴を持つ。一方、物件ごとの価額は今空いているスペースの賃貸や、将来的に空きが出る可能性があることに関係する（株式の特徴）。テナントを持たない不動産や短期的なテナントを持つ不動産は、主として株式に似た特徴を持つ。

　不動産投資の基本は、立地が良く、空室リスクのない高品質の不動産に投資することだ。高品質の不動産であれば賃貸した物件から定期的に賃貸料が入ってくるし、それほど間を空けずに空室は埋まる。運営の巧拙に左右される要素の大きな不動産はコア投資の基準を満たすことはできない。なぜなら、投資の結果は運営特性によって決まってくるからだ。したがって、こうした投資は株式に似た投資になる。更地、ゼロからの開発、ホテルへの投資は、コア不動産の定義からは外れる。なぜなら、これらの投資は運営上の専門知識がなければキャッシュフローを生み出すことはできないからだ。

リスク・リターン特性

　不動産のリスク・リターンは債券と株式の中間に位置する。不動産は債券のように賃貸収入があり、株式のように物件固有の価額があるため、投資家は不動産投資からは債券市場からのリターンと株式市場からのリターンの中間的なリターンを期待する。イボットソン・アソシエーツの過去78年間のデータを見ると、株式の年間リターンは10.4%、国債の年間リターンは5.4%である一方で、不動産のリターンは7.9%である（債券のリターンをおよそ2.5%上回る）。

　市場リターンの短期データを見ると、不動産のリスク・リターン特

性は債券と株式の中間であることが裏付けられる。1978年から2003年までのおよそ四半世紀にわたる市場性不動産証券の指数のリターンは年間12％で、S&P500の年間リターンである13.5％と米中期国債の年間リターンである8.7％の中間である（データの出所は、ブルームバーグ、リーマンライブ、全米不動産投資信託協会）。資本市場の歴史を見ると、不動産の期待相対リターンは株式と債券の中間であることが裏付けられる。

　不動産の評価はほかの多くのリスク資産の評価に比べると、それほど難しいものではない。均衡状態にある市場の場合、市場価値の重要な決め手となるのが既存の資産の再取得価格である。事実、不動産市場ほどトービンのq（資産の市場価値の再取得価格に対する比率）が有効な市場はない。不動産資産の市場価値が再取得価格を上回れば、似たような不動産の開発は経済的に意味がある。こういった状況では、新たに建設した建物のコストに対する比率として表した直接利回りは、価値の高い既存資産の直接利回りを上回るのは明らかだ。したがって、高利回りの新しい建物を建設したほうがよいということになる。逆に、再取得価格が市場価値を上回れば、新しい建物を建てても経済的に意味はない。こういった状況では、コストに対する直接利回りは価値の低い既存資産の直接利回りを下回る。こういった場合は合理的な投資家なら新しい建物を建てる代わりに既存の不動産を買う。したがって、市場価値は再取得価格に近づく。

　トービンのqは、不動産市場では特に役立つ。なぜなら、再取得価格が簡単に測定できるからだ。株式市場では、トービンのqは個々の会社や幅広い市場セクターだけでなく、株式市場全体を評価する際のヒントにはなるが、今日の複雑で広範囲にわたる企業体の再取得価格を決定するのは気の遠くなるような話だ。これに対して、郊外の小売商店街や商業地区のオフィスの建造コストを見積もるのははるかに簡単だ。事実、知識の豊富な投資家は、不動産を取得するとき、資産の

複製コストを査定し、再取得価格を割り引いて投資基準を満たすかど
うかを判断する。

公募の不動産投資と私募の不動産投資

　不動産投資は、公募と私募の両方で多くの投資ビークルを提供する
という点でほかの投資とは大きく異なる。不動産の公募と私募との違
いは、実質的なものではなく形式だけの違いにすぎない。公募にせよ
私募にせよ、不動産投資家は不動産を所有することでメリットもあれ
ばデメリットもある。

　多くの不動産投資家の間では今、少し変わった投資ビークルが人気
を集めている。それはREIT（リート）と呼ばれる不動産投資信託で、
これは通常の企業体とは異なり、少なくとも利益の90％を出資者に配
当し、その収入の少なくとも75％を賃貸料と抵当と資産の売却から得
ているかぎり、所得税はかからない（全米不動産投資信託協会の
「Forming and Operating a Real Estate Investment Trust」、http://
www.nareit.com/aboutreits/formingaREIT.cfm）。REITはパススル
ー課税という特徴を持つ。つまり、ファンドへの課税はスルーして、
利益配分を受けた出資者のみに課税されるということだ。REITは公
募形式と私募形式がある。

　公募にせよ、私募にせよ、投資家は不動産資産を所有することに変
わりはないが、上場市場で取引される証券の価格は公正価値から逸脱
することが多い。公募の不動産証券に特化したリサーチを行っている
信頼のおけるリサーチ会社であるグリーン・ストリート・アドバイザ
ーズは、市場価格と公正価値との相違を日々測定している。その結果
は短期投資家を不安にさせる内容だ。1990年の一時期、グリーン・ス
トリートの推定によれば、不動産証券の市場価格は公正価値よりも36
％以上も低かった。1993年には株式市場が反転し、不動産証券の市場

価格は公正価値よりも28％高くなった。市場価格と公正価値のいたち
ごっこはそれ以降も続く。1994年後半には市場価格は公正価値よりも
9％低くなり、1997年には市場価格は公正価値よりも33％以上も高く
なった。1990年代の終わり、不動産市場は低迷（ほかの市場は栄華を
きわめた）し、市場価格は公正価値よりも20％以上も低くなり、2000
年初期もこの水準で推移した。そのあと非不動産市場が弱気相場に突
入する一方で、不動産市場は強気相場になり、2004年初期には市場価
格は公正価値を22％以上も上回った。公募証券の市場価格と公正価値
は大きく変動したため、公募不動産と私募不動産のリターンの相関は
低下した（グリーン・ストリート・アドバイザーズの「REIT Share
Price Premiums to Green Street NAV Estimates」、http://www.
greenstreetadvisors.com/premnav.html)。

　市場価格と公正価値の乖離は短期投資家には不利に働く。不動産を
購入するときには高く買わなければならない可能性がある一方で、売
るときには安くしか売れないこともあるからだ。この場合、保有期間
中のリターンは低下することになる。これに対して、長期投資家にと
って市場価格と公正価値との乖離はほとんど問題にはならない。なぜ
なら、長期的に保有していれば、市場価格と公正価値との関係は単な
るノイズにすぎないからだ。慎重な投資家は、市場価格が公正価格か
ら乖離するときはドルコスト平均法を使って仕掛け・手仕舞いを行う。

　1978年から2003年までの公募不動産投資と私募不動産投資のリター
ンを比較してみよう。全米不動産投資信託協会（NAREIT）のオール・
REIT指数（All REIT Index）で測定した市場性不動産証券のこの間
のリターンは、年間12％だった。アメリカ不動産投資受託者協会
（NCREIF）のNPI（National Property Index）で測定した私募不動産
投資のリターンは年間9.3％だった。NPIを構成するアセットはレバレ
ッジがかかっていないため、リスク調整ベースではリターンは適度な
レバレッジのかかったREITのリターンとほぼ同じである。いずれに

しても、公募と私募の不動産投資のリターンは米中期国債のリターンである年間8.7％を上回り、S&P500指数で測定した株式市場のリターンである年間13.5％を下回った。公募と私募の不動産の相関は低いが、長期的なリターンはほぼ同じで、資本市場の予測と一致している。

　例外はあるものの、個人投資家にとって公募の不動産証券は一般に比較的高品質の不動産資産の低コストのイクスポージャーを提供してくれる。一方、一部の例外を除き、私募のリテール不動産パートナーシップは不快なほど高いコストがかかるため、個人投資家には公正なリターンを得るチャンスはない。

ウェルズの私募REIT

　ウェルズ・キャピタルは個人投資家向けでは最大の私募不動産投資プログラムの１つを運用している。2003年12月現在、このプログラムの投資家数は11万7000人を超え、運用資産は47億ドルだった。今、新たな投資に78億ドルの募集をかけている（PRニュースワイヤーの「Wells Real Estate Fund Launches New Wells REIT II Offering of Up to $7.76 Billion」、2003年12月２日）。ウェルズ・キャピタルのREITは同社とブローカーに対しては富が保証されているが、個人投資家に対しては富は保証されていない。

　問題は募集過程で発生した。2002年７月26日の募集では、ウェルズ・インベストメント・サービスは空室率の低い良質のオフィスや産業用不動産に投資するREITで30億ドルの資金調達を目指していた。不動産市場という比較的単純なセグメントへの投資プログラムであるにもかかわらず、ウェルズ・キャピタルは３層構造の手数料体系を敷いた。強欲のあまり見境がつかなくなってしまったのである。カテゴリー１は投資の組成・募集費用、カテゴリー２は土地の取得・開発費用、カテゴリー３は資産の管理・処分費用だった。

　ウェルズの募集手数料は常識外れなものだった。販売手数料は全募

集金額の７％、ディーラーマネジャーの手数料は全募集金額の2.5％、組成・募集費用は全募集金額の３％だった。つまり、彼らは12.5％もの投資家のお金を自分たちの費用のために使ったのである。投資家が出資した１ドルが不動産購入に充てられる前に、ウェルズ投資証券会社とウェルズ・キャピタルは投資家の30億ドルの出資金のうち３億7500万ドルものお金を費用に充てたわけである。

　ウェルズはアグレッシブなインセンティブを使ってREITを売る。引受手数料のかなりの部分はウェルズの商品を売ってくれる賃貸仲介業者の手に渡る。お金は社内の営業部隊に自由に流れる。最初の１カ月で１億ドル調達したあと、マネジャーはしわの寄った100ドル紙幣を従業員に分け与えた。２億ドル調達を達成した最初の月には、200枚の１ドル紙幣の束を分け与えて祝った。しかし、ウェルズにとってはこれでは物足りなかった。営業部隊にモチベーションを与えるのに金銭的な報酬では不十分だと言わんばかりに、ウェルズ・インベストメント・サービスはブローカーとブローカーの顧客のために豪華なパーティーを開き、食事、旅行、娯楽を提供した。いわゆるアリゾナ州スコッツデールとフロリダのアメリア島での「教育とデューディリジェンスのための会議」とは、ソックホップ（1950年代風の音楽や服装をして行うダンスパーティー）とビーチパーティーにほかならなかった。あまり人付き合いを好まない人には無料ゴルフを提供した。南北戦争時の要塞で開催されたディナーパーティーには、コスプレで着飾った南北戦争の英雄が現れ、花火、横笛とドラムの演奏、スカイダイビング、大砲の再現などが行われた。規制当局は、これらの会議を全米証券業協会規則に違反する「豪華なイベント」と位置付けた（Financial Advisor Magazine,「Frontline News」、http://financialadvisormagazine.com/articles/nov_2003_frontline.html）。NASD（米証券業界の規制や認可を行っている機関）はウェルズ投資証券会社とレオ・ウェルズを厳しく非難した。投資家にとって不幸だったのは、資金調達がそのまま継

続されたことである。

　費用を差し引かれた投資家の出資金が不動産に投資されると、ウェルズ・キャピタルは次の段階に進んで投資家から土地の取得・開発費を取った。「将来取得する可能性のある不動産の調査と評価」のための土地の取得とアドバイス料は、全募集金額の3％（9000万ドル）に上った（ウェルズ投資証券会社の「Prospectus for Wells Real Estate Investment Trust, Inc.」、2002年7月26日：50）。3％の土地取得費では足らないとでも言わんばかりに、土地取得費はさらに0.5％上乗せされ、総額で1億500万ドルに増えた。カテゴリー3に到達するまでに、ウェルズ・キャピタルとその関係者は投資家のお金を16％も消費し、出資金の残りはわずか84％だった。30億ドルの募集金額のうち、4億8000万ドルは不動産の投資には使われなかった。

　ウェルズが不動産を購入してからも手数料での荒稼ぎは続く。今度はウェルズ・マネジメントが不動産管理・リース料と題して総収益の4.5％もの手数料を取った。また、新たに建設された不動産のリース関連費として別料金を課すこともあった。もちろん、不動産を売るときには再び手数料がかかり、販売契約代金の3％がウェルズ・キャピタルに入る。最終的にポートフォリオを解約するときは、個人販売にせよ市場売買にせよ、ウェルズ・キャピタルはリターン基準を満たしたあと、10％の利益配当を得る。

　ウェルズが取得する不動産は比較的管理が簡単であるにもかかわらず、管理手数料はそのシンプルさの割には高いように思える。ウェルズが購入する不動産は「ハイグレードな商用オフィスと産業ビル」で、「建設から5年未満、同社の信用基準を満たす大手企業によるテナントで埋まっているか、建設前にリース契約が行われている建物」が中心だ（ウェルズ投資証券会社の「Prospectus for Wells Real Estate Investment Trust, Inc.」、2002年7月26日：59）。またウェルズはリース契約が長い不動産を購入する傾向がある。2002年7月の目論見書の

レントロール（不動産の賃貸借の状況を一覧にした表）を見ると、84％を超えるリースの満期は2008年以降になっていた。良質なテナントを持ち、しかもリース契約の長い新築の商用不動産を管理することほど簡単なことはないだろう。ウェルズ・マネジメントの日々の資産管理は高い手数料を要求するほどのものだろうか。

　ウェルズREITの目論見書には、同社がターゲットとする不動産は「トリプルネット」リース物件であると書かれている。トリプルネットとは、家主が受け取る賃貸料は税金、経常費用、資本変動を差し引いたあとの賃貸料という意味だ。つまり、賃借人が賃借にかかるすべてのコストを負担し、家主の仕事は小切手を換金することくらいだ。業界関係者のなかには、ウェルズの4.5％の不動産管理とリース手数料は「完全なる搾取」であると言う人もいる。ウェルズ・マネジメントは投資家が投資成果を得る前からお金を巻き上げているのである。

　会社がこうした莫大な手数料を得ても、投資家にあこぎな仕打ちをする役割の従業員、ファンドディレクター、賃貸仲介業者はそれほど恩恵を受けていないように思える。その代わりにウェルズ・キャピタルはオプションやワラントという形で従業員、ファンドディレクター、賃貸仲介業者に報奨金を与える。これらのデリバティブは行使されれば、投資家の株式保有分は希薄化される。これらのデリバティブを最も享受するのは賃貸仲介業者だ。賃貸仲介業者は募集金額の2％（600万株）のコールオプションで投資家の株式保有分を希薄化する。その次が従業員で、彼らは75万株の「授権株式および遺留分」を買うことができる。最後に恩恵を受けるのは独立したディレクターで、彼らはワラントやオプションの対象になる60万株を取得することができる。引受手数料、不動産取得費、管理費、処分費用を含め、ウェルズ不動産は至るところで利益を得て、投資家は何千もの切り傷を負って死ぬという構図だ。

　投資家は投資する前から手数料を課せられる。不動産を取得すると

き、保有している間、そして売るときにも手数料を取られる。目もく
らむばかりの手数料の受取人について混乱が生じないように、目論見
書にはウェルズ不動産ファンドの100%はレオ・F・ウェルズの所有
であり、したがってウェルズ・マネジメントの100%、ウェルズ投資
証券会社の100%、ウェルズ・キャピタルの100%の所有者もレオ・F・
ウェルズであると書かれている（ウェルズ投資証券会社の「Prospectus
for Wells Real Estate Investment Trust, Inc.」、2002年7月26日：13）。
しかし、投資家を一見安心させるように思えるこの構造には恐ろしい
ほどの利害の対立が含まれている。

　利害の対立は株式募集から始まる。目論見書には、「ウェルズ投資
証券会社は……ウェルズ・キャピタルの子会社なので、証券募集に関
連してウェルズ・キャピタルと無関係の独立した引受人が行ったデュ
ーディリジェンスに関する調査を利用することはできない」と書かれ
ている（ウェルズ投資証券会社の「Prospectus for Wells Real Estate
Investment Trust, Inc.」、2002年7月26日：21）。ウォール街のデュー
ディリジェンスは、よくても投資家に対して証券募集の引受人が募集
書類を完全で正確に作成したという安心感しか与えない。独立した実
体によってアームズレングスルールにのっとって行われたデューディ
リジェンスは投資家に利益をもたらすが、デューディリジェンス対象
となる会社を崇拝する関係者が行ったデューディリジェンスはだれに
も利益をもたらさない。独立したデューディリジェンスの欠如によっ
て募集条件はとんでもないものになってしまう。

　利害の対立は不動産の取得と管理、および売却の段階でも続く。ウ
ェルズ・キャピタルは「購入した不動産の質にかかわらず」、不動産
の購入・売却で手数料を受け取り、ウェルズ・マネジメントは「提供
したサービス……の質にかかわらず」手数料を受け取る。目論見書に
は、「ウェルズ・キャピタルとその子会社とのどういった取引にも利
害の対立は内在する」と明確に書かれている（ウェルズ投資証券会社

の「Prospectus for Wells Real Estate Investment Trust, Inc.」、2002
年7月26日：57）。ウェルズ・キャピタルとウェルズ・マネジメント
の高い手数料に対する欲求は、公正な扱いを望む投資家とは真っ向か
ら対立するものである。

　ウェルズの内部関係者による株式の高い保有率は、ウェルズREIT
の経営陣と投資家との大きな対立を緩和させるかもしれない。会社の
首脳陣が大量の株式を保有していれば、彼らは株主の利益を最大限に
考えて行動する傾向がある。なぜなら、彼らもまた株主だからだ。
2002年7月26日付の目論見書の53ページにある株式保有状況表によれ
ば、ウェルズREITの社長で、ウェルズ・マネジメントの社長で、ウ
ェルズ投資証券会社の社長でもあるレオ・F・ウェルズの保有株式の
総数は698株（1株6980ドル）で、レオ・ウェルズの何百万ドルとも
言われる個人利益のうち、彼が果敢に推し進めた不動産投資ビークル
からの利益はほとんどなかった。

　ウェルズ投資証券会社のウェルズREITに関する目論見書には基本
的に矛盾した多くの利害の対立が正直に開示されているが、売上金の
使用に関する募集書類の詳細はウソで塗り固められているように思え
る。まず「私たちはこの募集から取得した売上金の少なくとも84％は
不動産の取得に使用するつもりで、残りの売上金は手数料と費用の支
払いに充てるつもりだ」から始まり、「……これらの手数料と費用の
支払いによってあなたがたの投資した資本が減少することはない。あ
なたがたが投資した資本額は1株10ドルで、配当利回りは1株10ドル
の投資に基づく」とある（ウェルズ投資証券会社の「Prospectus for
Wells Real Estate Investment Trust, Inc.」、2002年7月26日：6）。ウ
ェルズ投資証券会社は、投資家の出資額と正味の株価の差を実際より
も少なく記述しているが、目論見書を注意深く読まなければだれも気
づかないだろう。おそらく投資家は目論見書の表紙に書かれた太字の
警告にだけは注意するだろう――「SEC（証券取引委員会）、ニュー

ヨーク州司法長官、ほかの州の証券規制当局はこれらの証券を承認することも否定することもなく、この目論見書が真実を述べているか完全なものかを決定することもない。これとは逆の内容のいかなる表明も犯罪となる」（ウェルズ投資証券会社の「Prospectus for Wells Real Estate Investment Trust, Inc.」、2002年7月26日）。

もしウェルズREITが不動産業界で小さな存在なら、「ほとんど無害で、それほど不快な存在ではない」と関係者は言うかもしれない。しかし、2003年にはウェルズREITは26億ドルもの不動産を購入した。これは不動産市場におけるほかのどの投資家よりも多かった。ウェルズREITが唯一の腐ったリンゴなら、それが例外的なものであることで、全体としては規則のあることを示せると関係者は言うかもしれない。しかし実際には、手数料ではインランドウェスタンリテールREITがウェルズをかろうじて上回った。ウェルズの16％に対して、インランドは16.5％の前払い手数料を課して金メダルを獲得した（2003年9月15日のインランド・ウェスタン・リテール・リアル・エステート・トラストの目論見書: 46）。インランドは2003年には前払い手数料では勝利したが、不動産の取得では銀メダルにとどまった。インランドが購入した不動産は25億ドルで、わずか1億ドルだけウェルズに負けた（テリー・プリスティン著「Commercial Real Estate; So-Called Private REIT's Are Gaining Ground, and Their Share of Critics」、New York Times, 2004年8月4日）。不動産の世界では大きな手数料を課す私募REITが主要プレーヤーなのである。

強欲な私募REITは不動産に最高金額を支払うことで食欲を満たす。ウェルズは不動産を高額で入札するため、ほかの会社はその不動産をウェルズが欲しがっていることを知ると立ち去る。合理的な買い手なら、必要以上のお金を払うウェルズと競おうとはしない。その結果、投資家は高い手数料を支払い、投資見込みは最悪という二重の屈辱を味わうことになる。商用不動産の主役は強烈な悪役を気取っているか

のようだ。

TIAAプライベート・リアルエステート・アカウント

ウェルズ・キャピタルの私募REITと対照的なのが、TIAAとして
知られる米教職員保険年金連合会が提供する私募不動産投資ビークル
だ。2002年12月31日現在、リアルエステート・アカウントに37億ドル
の運用資産を持つTIAAは、個人に不動産の直接所有権を提供する主
力機関だ。TIAAの不動産ポートフォリオの投資戦略はウェルズ
REITのそれに似ているが、ウェルズREITよりも分散され、流動性
があり、手数料ははるかに安く、利害の対立も少ない（TIAA-CREF,
College Retirement Equities Fund Prospectus, 2003年5月1日: 27）。

TIAAが投資しているのはオフィス、産業用不動産、住宅用物件、
商業施設だ。ウェルズは管理がそれほど必要ではないオフィス物件を
中心に保有しているが、TIAAはいろいろな種類の不動産を買うこと
で、投資家にバランスの取れたポートフォリオを提供する。限定的な
株式償還と将来的な株式公開や資産の売却に依存するウェルズとは対
照的に、TIAAリアルエステート・アカウントは日々の流動性を提供
する。

最も重要なのは、TIAAの手数料が安いことだ。TIAAに直接投資
した人にはウェルズREITが課すような法外な組成・募集手数料はか
からない。TIAAでは投資家が投資したお金はすべて不動産投資に向
けられる。ウェルズREITでは不動産取得・開発手数料として3.5％か
かるのに対して、TIAAの2004年中ごろの投資管理、運用その他にか
かる手数料はわずか0.6％だった。ウェルズREITとTIAAの不動産管
理とリースに対する扱いはまったく異なる。ウェルズは完全子会社に
日々の運用を行わせるため、大きな利害の対立が発生する。これに対
してTIAAは現地の不動産管理会社に不動産管理を行わせるため、競
争の激しい環境のなかでも公平な契約交渉を行うことができる。つま

り、TIAAでは安いコストで素晴らしいサービスを受けることができるということである。TIAAは売却手数料も取らず、利益配分を得ることもない。そしてTIAAはワラントやオプションの発行によって受益者の利益を希薄化することもない。ウェルズREITの取引構造とは違って、TIAAの投資家には成功のチャンスがある。

公募不動産証券

公募証券の世界は私募パートナーシップのあいまいな世界に比べると分かりやすい。公募にせよ私募にせよ、不動産へのイクスポージャーを得ることに変わりはないため、投資家は上場株式の高い透明性と高い流動性を求める理由を考える必要がある。

不動産証券へのイクスポージャーを求める投資家にとっての出発点は、市場に連動する指数を買うことである。パッシブなポートフォリオは市場に連動したリターンが得られるため、アクティブ運用に付き物のスリッページ（正であれ負であれ）を避けることができる。インデックス運用には制約はあるとはいえ、運用会社はそれぞれ特徴がある。

個人投資家のためのインデックス運用で知られるバンガードは、幅広い市場をトラッキングすることにかけては業界一だ。トラッキングエラーが低いだけでなく、手数料も安い。バンガードのほかの指数連動商品と同じように、バンガードREITインデックスファンドも目標市場への良質で低コストのイクスポージャーを提供している。

バンガードREITインデックスファンドには、販売手数料と購入手数料と販促・マーケティング費用はかからない。マーケットタイミングを阻止するために、１年未満の保有株に対しては解約手数料が１％かかり、これはファンドに支払われる。2003年の年間ファンド運営手数料は、管理手数料が0.25％で、そのほかの費用は0.02％だった。基本費用はこのわずか0.27％だけで、これで目的にかなった良質の投資

プログラムを実行してくれるのだ（バンガードグループ，Vanguard REIT Index Fund Investor Shares Prospectus, 2003年11月25日：3）。

　すべての会社がバンガードのように低コストで良質なサービスを提供してくれるとは限らない。ウェルズの不動産ファンドファミリーはレオ・F・ウェルズの指導の下、ウェルズS&P REITインデックスファンドでは3つのシェアクラスを発行している。ウェルズのクラスA、クラスB、クラスCのシェアクラスの手数料体系は複雑で、人々の信用を無視したものだ。ウェルズの投資家は、購入時に手数料を支払うか、条件付き後払い販売手数料と呼ばれる、売却時に保有期間に応じて課せられる手数料を支払うかを選ばなければならない。また、運用費として管理手数料、販促・マーケティング手数料などの費用がかかる（ウェルズ・リアル・エステート・ファンド，Wells STP REIT Index Fund Prospectus, 2003年11月25日：3）。

　ウェルズS&P REITインデックスファンドの投資家は、購入時に手数料をたくさん支払い、売却時にもたくさん支払うか、購入時には払わずに売却時に極めて高い手数料を支払うかのいずれかだ。例えば、最大手数料が4％のクラスAの株式の場合、運用手数料として年間1.38％かかり、後払い手数料が最大で5％のクラスBの株式の場合、年間2.17％かかる。

　ウェルズ・アセット・マネジメントは管理費として0.5％徴収するが、資産の管理さえしていないことを考えると、ウェルズに支払った手数料は悪意的としか言いようがない。ウェルズは運用をライデックス・グローバル・アドバイザーズに外注している。その手数料はポートフォリオサイズによって異なるが、資産の0.1％から0.2％だ。ウェルズはタダで何かを得るという概念を芸術の域にまで高めている。

　REITインデックスファンドに1万ドル投資した場合のウェルズとバンガードの費用負担を比較してみよう。3年間で、ウェルズのクラスAシェアの投資家がウェルズに支払う手数料の総額は819ドル、ク

ラスＢシェアの投資家は979ドル、クラスＣシェアの投資家は685ドルだ。これに対して、バンガードの投資家が支払う総手数料はわずか87ドルだ。３年でウェルズの投資家の資産は6.9％から9.8％が手数料に消えるということである。これに対してバンガードの投資家の資産に対する手数料の比率は0.9％を下回る。

ウェルズ不動産ファンドファミリーは、S&P REIT インデックスに連動するリターンを期待する投資家から恐ろしいほど高額の手数料を取る。レオ・F・ウェルズと彼の取り巻き連中は、悪名高いウェルズ私募REITと同じくらい投資家にとって不利な代替物を作った。投資で成功したければ、金融アドバイザーの甘い言葉には注意が必要だ。

不動産価格とインフレ

再取得コストと市場価値の間には強力な関係があり、これはインフレとの相関が高いという非常に魅力的な不動産投資特性へとつながる。不動産資産を作るのに使われる労働力と材料費はインフレとともに上昇するため、不動産の再取得コストはインフレと密接な関係がある。再取得コストは一般的な物価変動に連動して変動するが、市場価値のインフレ変動に対する反応率は資産のリース構造によって違ってくる。例えば、賃貸額が一定で長期のリース物件は短期的にはインフレとの相関はほとんどない。リース契約が満期に近づいたときだけ、インフレは資産価値に影響を及ぼす。これとは逆に、短期リース物件はインフレの影響を受けやすい。リース物件によっては、インフレによる費用の上昇を賃借人に負担させたり、商業用物件の場合は売り上げの一定比率を賃貸人が受け取ることが契約書に明記されている場合もある。こういったインフレ反応型リースの場合、資産価値がインフレとともに上昇する。

評価分析とインフレ感応度における再取得コストの重要性は、市場

における需要と供給の均衡状態によって異なる。不動産の供給が需要
に追いつかない場合、価格は再取得コストやインフレとの期待される
関係ではなく、需要と供給の不均衡の影響を受ける。1980年代後半、
商業用不動産を持ちたい投資家の増加と、不動産開発に対する連邦税
の軽減とによって、商業用オフィスビルの供給過剰が発生した。不動
産市場の供給過剰によって多くの貯蓄金融機関で住宅ローンが焦げつ
き、サブプライム問題へと発展した。レントロールは良くないが高品
質の物件が再取得コストに対して大きな割引価格で取引された。価格
は供給と需要の不均衡の影響を受け、インフレに対するトラッキング
能力を失った。市場が需要と供給の適度な均衡状態になければ、投資
家は不動産価格のインフレに対する反応を評価することができなくな
る。しかし、市場が均衡状態にあれば、一般的な物価変動に対する感
応度は不動産の魅力的な特徴になる。

利害の一致

　公募REITの場合も、ほかの上場株式と同様、利害が一致しない場
合があるが、一般に、市場性の株式と同様、公募REITでは株主と経
営陣の利害はほとんどの場合は一致する。

　私募不動産ビークルの世界では実にさまざまな投資構造が存在する。
TIAAの私募不動産ファンドは投資家に考えられないほど公正な取引
を提供するが、ウェルズ・キャピタルの私募REITはこの対極にあり、
投資家が確実に失敗するような契約条件だ。私募REITがめったにな
いほど公平な取引条件でないかぎり、公募による不動産イクスポージ
ャーを取るのが最も理にかなっている。

市場特性

　不動産投資家は私募市場と公募市場で大きな投資機会を見いだすことができる。2003年12月31日現在、全米不動産投資信託協会によると、不動産証券の資産は総額で2302億ドルに上る。REITの配当利回りは5.7％で、公正価値を17.5％上回る価格で取引されている。

　2003年12月31日現在におけるNCREIFナショナル・プロパティ・インデックスの非レバレッジ型不動産資産の総額は1324億ドルだった。非上場不動産の配当利回りは8％で、これは10年物米国債の利回りである3.8％を大きく上回る。

不動産のまとめ

　不動産のリスクとリターンは高リスクの株式と低リスクの債券との中間である。期待される投資特性が株式と債券の中間にある不動産投資は、基本的な特徴も株式と債券の中間にある。不動産はインフレ感応度が高いため、ポートフォリオに強力な分散を提供してくれる。

　不動産投資家は公募投資ビークルと私募投資ビークルのどちらかを選ぶことができる。公募投資でも私募投資でも賢明な代替投資はあるが、注意深い投資家は手数料構造に注目し、基本的なパッシブ運用の公募REITファンドよりもパフォーマンスの高いものを選ぶ。

本章のまとめ

　投資家はよく分散された株式重視のポートフォリオの構築に必要なツールを、アメリカ株式、アメリカ以外の先進国株式、新興国株式、米国債、インフレ連動債、不動産といったコアアセットクラスのなかから選ぶ。ポートフォリオリターンの中心をなすものがアメリカ株と

アメリカ以外の株、および脇役的存在としての不動産だ。通常の債券とインフレ連動債はポートフォリオを分散させるのに役立ち、この場合も不動産は脇役的な役割を果たす。コアアセットクラスを組み合わせてポートフォリオをよく分散させ、コアアセットクラスのポジションを決めるのに幅広い資産を含むインデックスを作成するときのようなアプローチを使うことで、投資を成功させるための強力な基礎を築くことができる。

　基本的で価値があり、ほかとは違った特徴を持つポートフォリオを構築するとき、コアアセットクラスが目指すのは市場リターンだ。市場要因によってリターンが決まるアセットクラスに投資することで、投資家はさまざまなアセットクラスが長期にわたって期待されたリターンを生み出すという高い自信を得ることができる。優れたアクティブ運用に依存しリターンが生み出されるようなアセットクラスを避けることで、期待するパフォーマンスと実際のパフォーマンスとの間に差が発生するというリスクを劇的に減らすことができる。

　コアアセットクラスは奥行きが深く幅広い市場でトレードされているため、ウォール街の企業がこぞって関与したがる。その結果生まれる競争によって市場の透明性と効率性は高まる。つまり、投資家は公正な条件で取引できるということである。

　投資家はコアアセットクラスをポートフォリオにどれくらい含まなければならないかを決めたあと、目標を達成させるためのポートフォリオの枠組みにそれらを組み込む。資産をポートフォリオに低リスクで期待リターンが高くなるように組み込めば、あとは良い結果を待つだけだ。

第3章

ポートフォリオの構築 Portfolio Construction

　金融資産のポートフォリオの構築は科学であり、アートでもある。効率的でコスト効果の良い方法でコアアセットクラスをポートフォリオに組み込むには、どうすればよいかを基本的な投資原理を使って解く部分が科学的側面であり、アセットアロケーション（資産配分）のプロセスに常識に基づいて個々の特徴を組み込む部分がアート的側面だ。長期的なポートフォリオの目標を決めるのに科学とアートに十分な時間とエネルギーを注ぎ込むことで、証券市場特有の荒れ狂う逆行のなかでも長期にわたって安定した経路を維持することができる。

　長期投資家にとって重要な客観的原理が分散と株式重視の考え方である。分散はリターン・リスク特性が向上するというフリーランチを提供してくれるものであり、株式重視の考え方は大きな富の蓄積を約束してくれるものである。

　個人的選好はポートフォリオの意思決定において重要な主観的役割を担う。投資家が一定のポートフォリオの構成を心から好きにならなければ、失敗は目に見えている。軽率にポジションを取れば、優柔不断な投資家は浮き足立って頻繁に資産を入れ替えるはめになり、コストは高くなる。個人的なリスク選好に合ったアセットアロケーションの目標を設定することで、投資の成功率は高まる。

　ポートフォリオを構築するときには、個人の事情を考慮する必要が

ある。居住用不動産や株式非上場企業（小さな会社）の株式のような非金融資産がある場合、その投資家の望むポートフォリオの構成に影響を及ぼす。住宅ローンや個人的ローンといった金融負債がある場合、アセットアロケーションの決定、特に債券の保有に影響を及ぼす。賢明な投資家は金融資産のアロケーションを決めるとき、個人の持つ資産と負債全体を考慮したうえで決定する。

　たぐいまれな専門知識を持っている投資家は、そのスキルを市場を打ち負かすことを狙ったアクティブ運用に生かすことで高いリターンを生み出すことができる。もし投資家が素晴らしい投資を選択できる明確なエッジを持っていれば、特殊なスキルを持っている分野により多くのアセットを配分することができる。しかし残念ながら、本物の投資スキルはそれほど簡単に証明できるものではないため、たぐいまれな専門知識があったとしても特定のアセットクラスに過剰なイクスポージャーをとるようなことをするべきではない。

　投資ポートフォリオを構築するうえで最も影響を与える変数の1つが投資期間だ。短期負債を支払うためのお金が欲しい投資家は、確実に価値があり、即時換金可能な流動性のある投資対象を必要とするため、高品質のマネーマーケット商品を買う。これに対して、豊富な資金があり、短期的なニーズがない投資家は、価値の変動とより大きな流動性を楽しむことができる。したがって、彼らが買うのはリターンの高い株式およびそれに類した商品だ。

　幸いにも、投資期間にかかわる問題は、最適でよく分散された長期的な株式重視のポートフォリオの性質を変えることなく、効果的に解決することが可能だ。長期投資家は主として長期的なポートフォリオを所有すればよい。短期投資家はポートフォリオのなかの長期投資を減らして、現金ポジションを増やせばよい。短期投資家が主として所有するのがマネーマーケット商品だ。投資期間が変動したときは、リスクの高い長期ポートフォリオとリスクの低いマネーマーケットポー

トフォリオの比率を変えればよい。

　投資プロセスで最も重要なのは、基本的な投資原理を応用するという科学的側面と投資家のニーズと選好を満たすアート的側面を反映した、首尾一貫したポートフォリオ目標を設定することである。よく考え抜いたうえで設定した、個人の好みに合うアセットアロケーション目標は、成功する投資プログラムを作成するうえでの強力な基盤となる。

ポートフォリオ構築の科学的側面

　基本的な金融原理によれば、長期投資ポートフォリオはよく分散し、株式を重視する必要がある。分散に関しては、各アセットクラスにはそれぞれ十分な影響力を持つが、影響力があまりにも大きくなりすぎないようなウエートを配分する必要がある。株式重視の考え方に関しては、期待リターンが高いアセットクラスがポートフォリオの大部分を占めるようにアセットクラスを選ぶ必要がある。

　ポートフォリオを構築するには、まずは6つのコアアセットクラスを使ってポートフォリオを分散することから始める。これが第1ステップだ。各アセットクラスが十分な影響力を持つためには各アセットクラスのウエートは少なくとも5％から10％にすることが必要だ。また、どのアセットクラスにも過大な影響力を持たせないようにするためには、最大ウエートを25％から30％にする。分散の基本的な数学を使って各アセットクラスのパラメーターを決める。

　第2ステップは株式重視の考え方の具現化だ。株式重視の条件を充足するためには、国内株式、外国の先進国株式、新興国株式、不動産といった期待リターンが高いアセットクラスに高いウエートで投資する必要がある。株式ポジションのリターン生成力によって、長期投資ポートフォリオのリターンは向上する。

　予期しないインフレやデフレに遭遇すると期待リターンはあきらめ
なければならないときもある。こんなときに役に立つのが、インフレ
連動債や不動産だ。インフレ連動債は確実にインフレから守ってくれ、
不動産はある程度インフレから守ってくれる。アメリカ株式は長期的
には（ジョン・メイナード・ケインズは有名な言葉を残している――
「長期的に見れば、われわれはみな死ぬ」［ジョン・メイナード・ケイ
ンズ，『貨幣改革論』］）、ポートフォリオに対してインフレヘッジとし
て働くが、短期的にはインフレヘッジにはならない。

　デフレや金融危機のときに役立つのが、繰り上げ償還条項のない信
頼の置ける長期米国債だ。普通の国債は最も強力なデフレヘッジにな
るが、元本の利回りが保証されている TIPS（物価指数上昇率に連動
する国債）もデフレヘッジとして有効だ。金融危機に陥ると、投資家
は極端に安全な投資を好むようになる。これまでの質への逃避の時期
には、米国債は不安な投資家の需要が高まったため、価格は上昇した。
これに対し、ほかの証券は下落した。

　分散と株式重視の考え方を数値的・機能的に満たすポートフォリオ
アロケーションはたくさんある。**表3.1**は投資家が参考にできるポー
トフォリオのアセットクラスの組み合わせを示したものだ。このポー
トフォリオはアメリカ株式、アメリカ以外の株式、不動産といった期
待リターンの高いアセットの割合が70%なので、株式重視の条件はパ
スする。また、それぞれのアセットクラスのイクスポージャーが最小
で5%から最大で30%なので、分散の統計学的条件もクリアする。

　機能面に目を移すと、インフレ連動債に15%、不動産に20%投資し
ているので、この参照ポートフォリオはインフレヘッジとして機能す
る。また、アメリカの債券に30%投資しているので、金融危機のとき
は安心だ。普通の米国債が15%（さらに名目元本の利回りが保証され
るインフレ連動債が15%）なので、これはデフレヘッジとしても機能
する。この参照ポートフォリオは株式重視、数値的分散、機能的分散

表3.1　よく分散された株式重視のポートフォリオは投資を成功に導くための
フレームワークを与えてくれる

アセットクラス	政策目標
アメリカ株式	30%
アメリカ以外の先進国株式	15%
新興国株式	5%
不動産	20%
米国債	15%
米インフレ連動債	15%

の条件をすべて満たすアロケーションになっている。

個人の好みにフィットさせるアート的側面

　個人の好み、個人的な事情、個人の能力はポートフォリオの構築に
大きく影響する。合理的な投資家はポートフォリオを選択するとき、
リスク選好を重視する。そうすることで、必ず発生する難局に遭遇し
てもアセットアロケーションを維持でき、期待したとおりのリスク・
リターン特性を得ることができる。また、非金融資産と負債（個人的
な事情）がポートフォリオの構成に影響を与えるため、ポートフォリ
オの意思決定をするときはさまざまな要素を考慮する必要がある。個
人の能力はポートフォリオの意思決定では時折役立つことがある。例
えば、投資に関する専門知識を持ったたぐいまれな投資家はそのエッ
ジを最大限に使ってポートフォリオを構築することができる。

　効果的で頑丈なポートフォリオの構築において最も重要なのが個人
的な選好だ。もし投資家が目標ポートフォリオの有効性を信じること
ができなければ、失望が待っているだけだ。基本的な投資原理を受け
入れ、個人的なリスク選好を明確に知り、その原理とリスク選好を一

致させることから得られる深い理解があってこそ、ポートフォリオの有効性を信じることができるのだ。

　個人的な選好はアセットアロケーションに重大な影響を与える。インフレヘッジをより確実にしたい投資家はインフレ連動債のアロケーションを増やし、金融危機の影響を受けたくない投資家は米国債のイクスポージャーを増やし、新興国市場を信じていない投資家は新興国市場への投資は控える。このようによく考え抜かれたポートフォリオというものは個人の選好を映し出す鏡と言ってもよい。

　個人の選好をポートフォリオの意思決定に織り込むことで、事前にあまり好きではないアセットクラスへのイクスポージャーを制限したにもかかわらず、あとになって逆の行動を取るといった非生産的な行動から投資家は守られる。新興国市場に懐疑的な人でも、新興国株式へのアロケーションをしぶしぶ受け入れることもある。よく分散されたポートフォリオは発展途上国市場へのイクスポージャーを含むべきだといった話をどこかで読んだからだ。トラブルの最初の兆候として、新興国株式の価格が下落すると、彼らは経済的にあまり発展していない国へのイクスポージャーリスクに過剰に反応し、ポジションをすぐさま手仕舞う。このように信念がなく、不安にかられた投資家は高く買って、安く売ることになるため、ポートフォリオのリターンは結果的に著しく低下する。

　個人の事情もポートフォリオアロケーションに影響を及ぼす。賢明な投資家は、金融資産のアセットアロケーションを決めるとき、非金融資産のイクスポージャーのサイズと特徴を考慮する。非金融資産も金融資産も資産価値に影響を及ぼす要因に対しては同じように反応することが多い。金融資産と特徴が似た非金融資産を保有している場合、合理的な投資家なら共通のリスクファクターにさらされすぎないようにするために金融資産へのイクスポージャーを減らす。

　個人のバランスシート上では、居住用不動産と株式非上場の小さな

会社の株式が非金融資産に当たる。自宅を所有していれば、アパートなどを借りる場合の賃貸コストの変動の影響を受けることはない。インフレの影響を受ける住宅コストは家計の大きな部分を占めるため、自宅を持っている人は投資ポートフォリオのなかでインフレヘッジアセットのアロケーションを減らすことができる。個人が小さな会社を保有している場合、それは株式に類した性質を持つため、金融資産の株式ポジションは低くしたほうがよい。投資家は自分の財政事情を広い視野で見るべきである。

　金融負債と非金融負債はポートフォリオの意思決定にさらなる影響を及ぼす。個人の金融負債の大部分を占めるのが住宅ローンと個人ローンである。ポートフォリオの観点から言えば、負債は負のアセットだ。つまり、個人の貸し出し（債券やMMF［マネーマーケットファンド］の所有）は個人の借金によって相殺されるということである。事実、富の最大化を求める個人は負債の税引き後コストと債券の税引き後リターンを比較し、負債コストが債券のリターンを上回れば、債券ポジションを解消してローンの支払いに充てる。合理的な投資家は負債ポジションを考慮したうえでアセットアロケーションを行う。

　たぐいまれな専門知識はポートフォリオの意思決定に使えることがある。もし投資家が本当に市場を打ち負かすほどのスキルを持っているのなら、素晴らしいリターンを生み出すその能力によって、特定の投資媒体の魅力は増す。アクティブ運用によってリターンを増やせるのであれば、その投資家が優れたスキルを持つアセットクラスの目標アロケーションは増やしたほうがよい。

　しかし、特殊な投資スキルを持っている人は極めてまれだ。投資信託業界の悲しいストーリーはこの好例だ。プロが運用した何千というファンドは市場と同じようなリターンさえ出せないでいる。報酬が高く特別の訓練を受けて大きな支援を受けた投資のプロが失敗するのに、パートタイムで投資を行い金融教育もろくに受けていない資金不足の

個人がどうして成功することができるだろうか。

　個人が成功することをむやみに信じたがるのは、自分たちの限界を認識していないからである。イェール大学の経済学者であるロバート・シラーは、「人間は自信過剰になる傾向があり、これが投資家に強気の意見を述べさせ、早まった決断に急がせる」と言う（ロバート・シラー著『投機バブル――根拠なき熱狂』［ダイヤモンド社］）。自信過剰は、不十分な分散、あまりにも熱心な銘柄選択、非生産的なマーケットタイミングなど、投資家の多くの間違いを引き起こす。多くの場合、さまざまなアセットクラスや個々の証券のリターン予測に対する間違った自信は間違ったアセットアロケーションを生み、証券のアクティブなトレードへと導く。そのためコストは上昇し、リスクも高まり、リターンは低下する。投資家の真のスキルがリスク調整済み超過リターンを生み出すことはほとんどない。

　先を見越した投資家はアセットアロケーションを行うとき、予想される金融環境の変化を考慮する。例えば、株式のみで構成されたポートフォリオを相続する個人は、相続財産に暗に株式が含まれていることを認識し、ほかのアセットへのアロケーションを増やす。生命保険金を受け取るということは確定利付き資産の保有を意味するため、ポートフォリオにおける債券の配分は減らす。将来は雲に覆われて不確実ではあるが、予想される財政事情の変化を考えることでより良い判断を下すことが可能になる。

　金融資産のアロケーションを考えるときには、より良い判断が行えるように個人の選好、個人の事情、個人のスキルを考慮することが重要だ。個人の選好に基づいてポートフォリオアロケーションを調整することで、良いときも悪いときも、各アセットクラスのイクスポージャーを維持できる可能性は高まる。個人の事情を考慮することで、資産と負債をぴったり合わせるような金融資産のイクスポージャーをとることが可能になる。さらに個人の投資スキルを現実的に見積もるこ

とで、ポートフォリオを構築するうえで実質本位の基本的なアプロー
チを取ることができる。カスタムメードのポートフォリオは汎用的な
ポートフォリオよりも大きな満足感を得ることができる。

投資期間

　投資プログラムを組み立てるとき、成功する投資家は投資期間に注
意する。ポートフォリオの保有期間と投資結果を判断する期間は、ポ
ートフォリオにとって適切なリスク度を決めるうえで、また投資戦略
で成功する可能性を評価するうえで非常に重要な要素だ。投資期間は
特にアセットアロケーションの意思決定に大きな影響を及ぼす。

　アセットアロケーションはファンドにどのくらいの期間投資するか
によって違ってくる。例えば、大学進学費用貯蓄プランは、その子供
の年齢によって大きく違ってくる。別々に見ていくと、２歳児の場合
はハイリスク・ハイリターンのポートフォリオを構築し、高校３年生
の場合は低ボラティリティで流動性の高いアセットに投資するのがよ
い。投資期間が長い場合、子供が小さい場合は高い投資リスクをとる
ことができ、そのため大きな長期リターンが得られる可能性は高まる。
これに対して、ティーンエイジャーはすぐに学費を支払うことができ
るように銀行に現金を置いておく必要がある。

　アセットアロケーターは、子供の学費のための貯蓄や家の頭金を貯
めるための投資に比べると、目標があいまいな案件を扱うことが多い。
例えば、定年退職者は今、物を購入するための比較的安定した資金の
流れと、将来的な支出に対するアセットの成長とのバランスを取りた
いと思うだろう。さらに、ほとんどの投資家は投資した資金で複数の
目標を達成したいと思うだろう。若い人々は家を買うために貯金し、
子供の学費を払い、退職後の資金を貯めることを同時に行うだろう。
複数の目標を達成するためには、将来の金銭の流れに対するスケジュ

ールを決める必要があるため、投資期間を決める。さまざまなニーズ
や要望を整理すれば、投資期間はおのずとはっきりしてくる。

　適切な投資リスクの度合いは資金が必要になるまでの期間によって
決まる。1～2年未満の場合、銀行預金やMMFや短期債券ファンド
が妥当だろう。信用リスクを避け管理費用を低く抑えることで、短期
投資問題は解決することができる。

　資金が必要になるまでの期間が8年から10年、またはそれ以上の場
合、もっと面白くてもっとリターンの高い投資が可能だ。長期投資を
成功させるには、株式重視の分散されたアセットアロケーションがよ
い。リスクアセットで構成されたポートフォリオには基本的なリスク
や金融リスクが内在されているが、これを受け入れることで長期投資
家はより高いリターンを期待することができる。

　投資期間が中間的な投資家、つまり、投資期間が2年から8年の投
資家は、リスクの高い長期投資とリスクの低い短期投資とを組み合わ
せるのがよい。長期投資家はリスクアセットのみからなるポートフォ
リオから始めて、投資期間が短くなるにつれて、高リスクアセットか
ら低リスクアセットへと移行していく。資金が必要になるまでの期間
が1～2年になったら、ポートフォリオには低リスクのポジションだ
けが残るようにする。高リスクポートフォリオの性質は変える必要は
なく、リスクアセットの比率を変えるだけでよい。

　賢明な投資家は高リスクの長期ポートフォリオから低リスクの短期
ポートフォリオに資金を移行するとき、税金を最小限にするように細
心の注意を払う。税法は投資の意思決定を複雑にするが、出発点とし
ては課税対象の長期アセットから低リスクのポートフォリオに移行す
ることを考えるのが良く、それによって課税が繰り延べられてタック
スシェルターになる。さまざまな投資口座からアセットを移行したと
きの税効果は絶えず変化するため、富を最大化することを考える投資
家はこのことに常に留意し、現在そして将来の課税額を最小化するよ

図3.1　保有期間が短くなるにつれてリスクは減少する

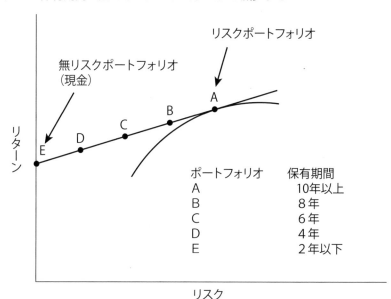

うに努める。

　全体的なリスクイクスポージャーをコントロールするためにリスクのあるポートフォリオと無リスクアセットを組み合わせるという常識的なアプローチは、金融理論によって裏付けられている。**図3.1**に示した期待投資リスクとリターンのグラフを見てみよう。曲線は効率的フロンティアを示している。効率的フロンティアとは、同じリターンであればリスクが最も小さく、同じリスクであればリターンが最も大きい効率的な組み合わせを結んだ曲線のことをいう。直線は無リスクアセット（E点）と効率的フロンティア上の接点ポートフォリオ（A点）を結んだ資本市場線を示している。賢明な投資家は、株式ポートフォリオと無リスクアセットを組み合わせることで最適なポートフォリオを組もうとする。つまり、資本市場線上での投資を考えるという

ことである。

　長期投資家は**図3.1**のＡ点に示されたリスクアセットからなる分散
されたポートフォリオを保有するだろう。投資家の投資保有期間が10
年から８年になると、投資家はリスクポートフォリオの25％を売って
現金にする。保有期間が６年になると、再びリスクポートフォリオの
25％を売って現金にする。保有期間が４年になると、現金が75％、リ
スクアセットが25％になる。そして保有期間が２年になると、すべて
のアセットは現金になる。投資期間が短くなるにつれて、リスクアセ
ットの保有は減少していくことに注意しよう。しかし、リスクポート
フォリオの特性は変わらない。リスクアセットと無リスクアセットの
比率が変化するだけである。保有期間が短くなる問題に対して金融理
論はエレガントな解を示してくれる。

　図3.1に示したリスクが変化するポートフォリオのパターンの変化
は説明のための実例として示したにすぎない。個人的な選好と個人の
リスク許容量を含むと、アセットアロケーションの標準的なアプロー
チでは対応できなくなる。投資家によって微妙な違いはあるものの、
投資の期間はアセットアロケーションを決めるうえで非常に重要な役
割を果たす。

本章のまとめ

　効率的な投資家は投資ポートフォリオを構築するとき、長期目標を
達成できるように科学とアートの両方からアプローチする。客観的フ
ァクター（科学的側面）には、分散の原理と株式重視の考え方に従う
ことが含まれる。分散で重要なのは、大きすぎず小さすぎないという
数学的条件と、予期しない経済状況の変化に対して保護してくれると
いう機能的条件を満たすことである。株式重視の考え方においては、
大部分のアセットが高い期待リターンを生み出すことが要求される。

　一方、主観的ファクター（アート的側面）にはポートフォリオを個人の事情、個人の選好、投資家のスキルに合うように調整することが含まれる。投資家の性質に合ったリスクポートフォリオを作成することは投資を成功させるうえで不可欠だ。

　投資期間が短くなるにつれ、リスクポートフォリオの構成は変えないで、リスクポートフォリオの一部を無リスク現金と置き換えることで全体的なリスク水準を下げることができる。現金ポジションを増やすことで、リスクは低下し流動性は高まるため、当面の間の支出は賄うことができる。

　アセットアロケーションは合理的な投資家のツールボックスにはなくてはならない最も強力なツールだ。分散と株式重視の基本原理を使って、投資家の性質とリスク選好に合ったポートフォリオを構築することで、素晴らしい投資結果は約束されたも同然だ。

第4章 非コアアセットクラス Non-Core Asset Classes

　非コアアセットクラスは、コアアセットクラスの3つの条件——①ポートフォリオに価値のある明確な違いを生む基本的な特徴をもたらす、②アクティブな銘柄選択によってではなく市場全体が生成するリターンを狙う、③幅広い投資可能な市場から選ばれる——のうち、少なくとも1つは満たさない。最初の2つの基準のうちの1つを満たさない投資ビークルを選んでも、ポートフォリオのパフォーマンスを損なうことはないが、3番目の基準を満たさない戦略を追求すれば（つまり、狭くて浅い投資不可能なニッチ市場に投資するということ）、投資家は当然の報いを受けることになる。

　ポートフォリオにおいて、あまり重要な役割を果たさない市場の大部分を占めるのが債券オルタナティブだ。デフォルトリスクがなく、繰り上げ償還条項のない信頼の置ける米国債は投資家ポートフォリオのなかで重要な役割を果たすが、投資適格社債、高利回り債、外債、資産担保証券には魅力的な特徴はないため、よく構築されたポートフォリオに含めることには異論がある。債券オルタナティブの短所、特にそれらのオルタナティブが債券アセットクラスの投資目的とどういった関係があるのかを理解することは、ポートフォリオを構築するうえで極めて重要だ。

　受容できるリスク調整済みリターンを生み出すために高度なアクテ

ィブ運用（銘柄選択）を必要とするアセットクラスは、十分な資金と高品質のアクティブ運用プログラムを追求するという不屈の精神を持つ一握りの投資家のポートフォリオにのみ含むべきアセットクラスだ。優れたヘッジファンド、ベンチャーキャピタル、LBO（レバレッジドバイアウト）への投資は、普通の投資家にとってはハードルが高い。知識の豊富な投資家でもアクティブ運用で市場を打ち負かすような結果を一貫して出すのは非常に難しい。主としてアクティブ運用で成功を狙う場合、マネジャーの選択を誤るとポートフォリオ資産は甚大なリスクにさらされることになる。

　外部の専門家の助言に基づいて、例えば、ファンドオブファンズを通して、あるいは有償のアドバイザーを通してオルタナティブ投資マネジャーを選ぶという一見魅力的な戦略は、精査に耐え得るものではない。残念ながら、専門家と思える仲介者を利用することは投資家と投資活動の間にフィルターを置くことに等しい。投資家がその仲介者の投資戦略を理解できなければ、その仲介者が成功したのか失敗したのか、あるいはその投資プログラムが成功したのか失敗したのかを評価する手立てはない。投資家はポートフォリオアロケーションにどんな投資が含まれているのかをじかに理解する必要がある。

　非コアアセットクラスは代替投資のかなりの部分を占め、おそらくは投資関連のメディア報道で主として報道されるのも非コアアセットクラスだろう。普通の投資家は原証券や戦略のメリットを考えることなく、幅広いビークルに投資してしまうことがあまりにも多い。トレンドを追いかける投資家は、約束は守るというカクテルパーティー上での口約束だけでアクティブ運用オルタナティブに投資するが、その約束が守られることはほとんどない。賢明な投資家は非コアアセットクラスになど投資はしない。

アメリカの社債

　社債とは、企業が投資家から必要資金を調達するために発行する債券のことをいう。つまり、社債の保有者は会社にお金を貸しているということである。企業の資本構成のなかで、債務証券は出資者持分よりもランクは上だ。そのため、会社の債券は会社の株式よりも基本的なリスクは低い。債券は株式よりもリスクが低いため、当然ながら、債券投資家は株式投資家よりも期待できるリターンは少ない。残念なことに、投資家にとって社債には魅力的とは言えないいろいろな特徴がある。例えば、信用リスク、非流動性、繰り上げ償還条項などがそうだ。たとえ社債投資家がこうした魅力のない特徴に対して公正な補償を受けたとしても、賢明な投資家なら、債券を保有することで得られる基本的な投資分散のメリットは信用リスクと繰り上げ償還条項によって損なわれることが分かるはずだ。

信用リスク

　債券の発行体の財務状況の悪化などによって、その債券がデフォルト（利払いの遅延や元本の一部または全部が返済されない状態）に陥る可能性を信用リスクという。スタンダード・アンド・プアーズやムーディーズ・インベスターズ・サービスといった格付け会社は、債券の信用力や元本・利息の支払いが償還まで発行時の約束どおりなされる可能性と確実性に基づいて債券を格付けする。債券発行者の支払い能力を査定するとき最も重要なのは、自己資本に大きな余裕があり債務を支払える能力があることと、債務返済を行うために十分なキャッシュフローがあることである。信用のある債券発行者に付与される投資適格格付けはトリプルＡ（最高位）からトリプルＢまである。「ジャンクボンド」と呼ばれる高利回り債の格付けはダブルＢ以下のこと

が多い。格付けの低い債券ほど信用リスクは高く、株式のような特徴を持つ。

ムーディーズは、「最高品質で投資リスクが最も少なく、金利が確実に支払われ、元本も確実に償還される」債券をトリプルAとしている。「どの基準から見ても高品質」の債券はダブルA、「好ましい投資特性を持つ」債券はシングルAだ。投資適格格付けの一番下の格付けはトリプルBで、「今のところは十分に安全だが、傑出した投資特性に欠ける」債券はトリプルBに格付けされる(マリー・ネルソン著「Debt Ratings」, Moody's Investors Service, 2003年7月23日)。トリプルBの債券の特徴の記述にはあいまいな部分があるが、投資適格債についての説明は詳細だ。

社債投資家の観点から言えば、トリプルAの債券は信用の質はそれ以上上がることはなく、下落するしかない。時には投資適格債の範囲内で信用の質がどんどん低下することもあれば、中国の水責めのように長期にわたって信用が低下し、ジャンクボンド格付けに格下げされることもある。トリプルAの債券はその格付けを維持することもあるが、格付けが上がることはない。

IBMが社債を発行することになった経緯をここで説明する。同社は1970年代の終わりまで長期社債を発行することはなかった。それまでは常に余剰資金があったからだ。外部からの資金調達の必要性を感じたIBMは1979年の秋、10億ドルの社債を発行した。当時としては史上最大の社債発行額だった。IBMの社債はトリプルAの格付けを取得し、発行価格も極めて強気の価格水準だったため、米国債に対する上乗せ金利が縮小し、投資家の観点から言えば、繰り上げ償還コストや減債基金コストのリスクは不当に低く評価されることになった。債券投資家はIBMの社債を希少価値があると言い、このためIBMは内包するオプション調整ベースで米国債の金利以下の金利で資金を調達することができた。信用の点では、今がトリプルAなのでこれ以上

上がることはなく、下がる以外にない。それから14年後、IBMのシニア債はシングルＡに格下げされ、格付け機関が14年前に付与した格付けも、投資家のIBM社債に対する初期の情熱も見る影はなかった。

　債券投資家は、1960年代と1970年代は急成長し現金を生み出すIBMの社債を買う機会すらなかったが、1980年代と1990年代は巨額の現金を必要とするIBMの社債を買う機会が生まれた。しかし、IBMの事業が成熟し、外部からの資金調達の必要性が上昇するにつれ、IBMの信用の質は低下していった。

　IBMの信用はゆっくりと低下していったが、信用が急激に低下した例を見てみよう。2002年４月初め、ワールドコムのシニア債のムーディーズの格付けはシングルＡで、この電気通信会社の社債の格付けは完璧に投資適格だった。しかし、４月23日、顧客からの需要の低下と会計問題が表面化したため、ムーディーズは同社をジャンクの格付けよりも１ランク上のトリプルＢに格下げした。それからおよそ２週間後、バーナード・エバーズCEO（最高経営責任者）の辞任を受けて、５月９日にムーディーズは同社をジャンク水準のダブルＢに格下げした。ブルームバーグによれば、同社は「ジャンクに落ちた最大の債務者」という不名誉なレッテルを貼られた（「WorldCom's Credit Rating Sliced to Junk by Moody's」, Bloomberg、2002年５月９日）。

　ワールドコムの債権者のとまどいをよそに、同社の格付けはあれよあれよという間に下がっていった。６月20日、利息支払いの遅れにより、ムーディーズはワールドコムのシニア債の格付けをシングルＢに格下げした。１週間後、「極めて投機性が高い」としてシングルＣに格下げした。そして翌月中旬の７月15日、同社の230億ドル分の債券がデフォルトに陥った。そして７月21日、同社は破産申請した。これは史上最大の倒産だった。裁判所に申請した資産の保全額は1000億ドルを超えていた。

　ワールドコムはわずか３カ月足らずで、利息と元本の十分な支払い

能力を持つシングルＡ企業から倒産企業へとなった。債券の保有者は、ワールドコムの倒産という大惨劇によって、ムーディーズの言う「空前絶後のデフォルト」のなかで何十億ドルもの価値が失われるのをただ黙って見ているしかなかった（シャロン・オーとデビッド・Ｔ・ハミルトン著「Moody's Dollar Volume-Weighted Default Rates」、Moody's Investors Service、2003年３月）。

　ワールドコムの死のスパイラルもいよいよ終わりを迎える。2008年５月償還の6.75％のシニア債は、ムーディーズが格下げを発表する１週間前の価格82.34から、倒産後には12.50に下落した。株式の保有者はもっと悲惨だった。格下げの１週間前から倒産日までの間に、株価は5.98ドルから14セントに大暴落した。最高値からの暴落を見ると、株式投資家が債券投資家よりもはるかに大きな苦境に立たされたのは明らかだ。シニア債は2002年８月８日に104.07で高値を付けてから、破産宣告のときには88％下落した。しかし、株価は1999年６月21日に61.99ドルを付けた最高値水準から、倒産日には99.8％も下落した。

　証券別に見てみると、債券保有者よりも株式保有者のほうが痛手を被ったのは明らかだ。これは債券よりも株式のほうがリスクが高いという考え方に一致する。しかし、皮肉なことに、債券保有者よりも株式保有者のほうがワールドコムの崩壊から立ち直るのは早かった。これは一見矛盾しているように思えるが、株式ポートフォリオには、１つの証券に誘発された逆境の衝撃を吸収する優れた能力があるのだ。個々の株式は株価が２倍、３倍、４倍、あるいはそれ以上に上昇する可能性があるため、株式ポートフォリオは多くのポジションを持つことで、１つのポジションが負けポジションになっても、それをほかのポジションで補うことができる。これに対して、元々が高格付けの債券は価格がその後大きく上昇する可能性は低い。ネガティブスキューのリターン分布を持つ債券は債券投資家に大きな打撃を与えるのである。

　20年以上かかって支払い能力が徐々に低下していったIBMと、信用格付けが一気に崩壊したワールドコムのケースは、社債市場の幅広いトレンドを反映したものだ。近年では、社債の格上げよりも格下げのほうがはるかに多いため、債券投資家は逆風に対抗できるように管理する必要がある。2003年7月30日までの20年間、ムーディーズは3412社の社債を格上げし、5955社の社債を格下げした。この10年だけを見てみても、格上げされた債券が3兆4000億ドルなのに対して、格下げされた債券は4兆5000億ドルに上る（データの出所はムーディーズ）。

　信用格付けが全体的に低下しているのは、1つにはこの20年でアメリカ企業全体でレバレッジが上昇してきたことが挙げられる。1983年6月30日、S&P500に含まれる企業の負債比率は0.46で、これは株主資本1ドル当たりの負債が46セントであることを意味する。レバレッジの人気が高まった1993年6月30日、負債比率は0.94に達した。そして2003年6月30日にはS&P500の負債比率は1.37にまで上昇した。つまり、負債が株主資本を40％近くも上回ったということである。企業の借り入れが増えると、企業への資金貸し出し人の安全性は低下する。

　20年にわたる金利の低下は高まるレバレッジ比率の衝撃を和らげ、借り入れをさらにやりやすくした。米10年物国債利回りは1983年6月には10.9％だったのが、1993年6月には6.0％に下がり、2003年6月には3.3％に下がり、債務の元利払いの額は著しく減少した。債務の元利払いに充てられるキャッシュフローと企業の支払利息の比率を考えてみよう。1983年6月30日現在におけるS&P500に含まれる企業の比率は、支払金利1ドルに対してキャッシュフローは3.90ドルだった。10年後、キャッシュフロー負担倍率は3.90ドルのままだった。これは高まるレバレッジのネガティブな効果が金利低下のポジティブな効果で相殺されたことを意味する。2003年6月30日には比率は、支払い金利1ドルに対してキャッシュフローは6.25ドルに上昇した。これは劇

的な改善だ。固定費に対してキャッシュフローが増加するにつれ、債券保有者の安全性はそれに比例して上昇したのは明らかだ。

しかし、バランスシートと損益計算書は別のことを語っている。過去20年、負債比率は著しく上昇した。これは企業の信用が低下したことを意味する。一方でキャッシュフロー負担倍率は同じ20年で大きく改善したが、これは企業財務の健全性が向上したことを意味する。しかし、この間、格付け会社が格下げした企業が格上げした企業を大きく上回ったのはなぜかという疑問はうやむやのままだ。

社債を発行する企業の特性を見ると、格下げが格上げを上回った理由が分かるかもしれない。一般に社債発行体は成熟企業からなる。比較的若く急成長している会社は、社債を発行するケースは少ない。なぜなら、そういった会社は外部から資金調達する必要がないからだ。債券投資家はマイクロソフトの債券を買うことはできない。なぜならマイクロソフトは資金調達のために債券市場に参入する必要はないからだ。しかし、フォードモーターの債券は買うことはできる。なぜなら、フォードは外部からの巨額の資金調達を必要とするからだ。社債発行体グループに現金を生み出す急成長企業が含まれず、現金を消費する成熟企業のみが含まれれば、債券投資家は信用力の向上よりも信用力の低下を見ることになるだろう。原因はどうであれ、将来に対するガイドとして歴史をひもとけば、債券投資家は会社の信用力については良いニュースよりも悪いニュースを多く聞くことになりそうだ。

流動性

世界で最も深く流動性の高い市場で取引されている米国債に比べると、社債の流動性は低い。投資家は社債を最初の売り出しで買うとそのまま持ち続けるバイ・アンド・ホールド戦略を取るため、社債は市場で流通する傾向が低いからだ。

　しかし、債券投資家は流動性を非常に重視する。米国債と民間輸出
金融会社（PEFCO）の社債を比較してみよう。どちらの債券もアメ
リカ政府の保証付きだが、米国債よりも流動性の低い民間輸出金融会
社の社債は国債よりも年間0.6％も高い利回りを生み出す価格で取引
されている。この利回りの違いは市場が流動性に置く価値によるもの
だ。ほとんどの社債の流動性は国債よりも民間輸出金融会社の流動性
に近い。つまり、社債発行者は流動性の低さを補うために大きな利回
りプレミアムを支払っているのである。

　流動性の高い市場では頻繁に売買する戦略を取ることができる。こ
れに対して、長期投資家は高いリターンと引き換えに流動性の欠如を
喜んで受け入れる。流動性は長期投資家にはあまり役に立たないが、
社債保有者は国債に対するイールドスプレッドは信用リスク、流動性
リスク、繰り上げ償還リスクを十分に補ってくれるのだろうかと不安
だ。

繰り上げ償還（コーラビリティ）

　繰り上げ償還は社債投資家にとっては特にイラ立つ問題だ。会社は
繰り上げ償還条項付き社債を発行することが多い。繰り上げ償還条項
とは、社債発行者に対して一定期間が経過したら満期前に一定価格で
債券を繰り上げ償還することを容認する条項だ。金利が下がったら、
会社は市場金利よりも高い既存の社債を繰り上げ償還して、安い金利
で資金調達し直し、債務の元利支払いを減らす。

　社債保有者は、「表が出ればあなたの勝ち、裏が出れば私の負け」（い
ずれにしても私は負ける）状態にある。金利が下がれば、社債は一定
価格で繰り上げ償還されるので、高いクーポンの社債を手放さなけれ
ばならない。逆に金利が上がれば、低いクーポンの社債を保有してい
ることになり、値洗いで損失が発生する。このように繰り上げ償還条

項付き社債は非対称性を持つため、金利が上がっても下がっても債券発行者に有利に働く。

　社債の繰り上げ償還条項に内在する非対称性を考えると、市場パワーと債券発行者の洗練度に対する疑問が湧いてくる。なぜ社債は繰り上げ償還条項付きのものが多いのだろうか。なぜ払い戻し選択権条項はないのだろうか（プットオプションとは、商品を将来のある期日までに特定の価格で売る権利をいう。債券の発行時にプットオプション［払い戻し選択権条項］が含まれている場合、債券の購入者は契約書に明記された期日までに債券を発行者に売る［払い戻す］権利を持つ）。金利が上がって債券価格が下落すれば、投資家は価値の低くなった債券をその発行者に一定の価格で払い戻したくなるだろう。社債の非対称性は、債券発行者が専門知識に欠ける債券購入者よりも市場への精通度が高いことに原因があるのは明らかだ。

　実際のところ、債券市場は質も市場への精通度においても、株式アナリストよりも数段低いアナリストを引きつける。といっても、債券アナリストの仕事が株式アナリストの仕事よりも楽という意味ではない。債券アナリストの仕事は間違いなく株式アナリストの仕事よりも複雑だ。社債投資家は債券市場の複雑さを理解するだけでなく、株式の評価に含まれるあらゆる問題に精通する必要がある。自己資本の余裕を理解することは、会社が債務の元利を支払う能力があるかどうかを評価するうえで極めて重要なので、債券アナリストは会社の株価を徹底的に調査する必要がある。皮肉にも、債券アナリストの報酬よりも株式アナリストの報酬のほうがはるかに高いので、人材は株式分析という簡単な仕事へと流れてしまう。

ネガティブスキューを持つリターン分布

　社債投資家は社債発行者に比べるとハンディがあることが分かった

が、問題はそのハンディだけではない。社債リターンの期待分布はネガティブスキューを持っているのだ。債券を持つことの最大のメリットは、債券を満期まで保有すれば、金利支払いと元本の償還を受けることができることだ。最悪なのは、社債がデフォルトに陥って元利を回収できなくなることだ。限定的なメリットと無限のデメリットという非対称性は、投資家にとって不利なリターン分布を生み出す。

　保有期間が短くなると、同じ分布問題が発生する。元本が満期に償還される（あるいは会社が繰り上げ償還条項を行使することで満期前に繰り上げ償還される）ことでリターン上昇の可能性は限定されてしまう。予定された償還日が近づくにつれて、減衰効果は高まる。信用度が低下した場合、そういった減衰効果はもはやない。会社の業績予想が悪化すれば、債券購入者は債券のリスクが高まったことで高いリターンを要求するため、債券価格は下落する。デフォルトという最悪のケースの場合、元利の支払いを受けることはできない。債券を満期まで保有しても、満期前に償還されても、社債投資家はメリットは限定的で、デメリットは無限、そしてリターン分布がネガティブスキューを持つという望ましくない問題を抱える。

　投資家が望むのはポジティブスキューを持ったリターン分布だ。アクティブな株式投資家は、資産価値を簡単に確認できるため下落リスクが限定的で、業務の改善によって上昇の可能性が大きなポジションを重視する。ポジティブスキューを持つリターン分布では、大きな利益が得られる可能性が高いため、資本は保全される可能性が高い。つまり、投資リターンの分布がポジティブスキューを持つということは、ネガティブスキューを持つ投資リターン分布よりもはるかに良いということである。ここでもまた社債投資家は不利な立場に立たされることになる。

利害の一致

　株式保有者と債券保有者の利害は大きく異なる。株式保有者は、会社の債務が減少すれば有利になり、会社の資金調達コストが増えれば不利になる。会社の経営陣が株主の利害を重視するかぎり、債券保有者は注意が必要だ。

　企業体の企業価値を考えてみよう。アナリストは会社の価値をバランスシートの左側または右側を算出して評価する。バランスシートの左側に記載されているのは評価が難しい物理的資産だ。フォードが所有するいろいろな施設の公正な市場価値はいくらなのか。どんなに勤勉なアナリストでも、バランスシートの左側を算出するのに必要な資産ごとの目録を調べるのにはたじろいでしまう。

　バランスシートの右側に記載されている項目の一つが評価が簡単な負債だ。企業の負債（有利子負債）の市場価値と株主資本の市場価値を合わせたものが、その企業の企業価値だ。企業価値とは、投資家がその企業を丸々買うときに支払う価格と考えればよいだろう。すべての株式を市場価格で買い、すべての発行済み債券とほかの債務を市場価格で買えば、その会社を丸々所有することができる（社債は消える）。

　企業の有利子負債と株主資本の説明からすると、企業の価値は企業の資本構成とは無関係ということになる（基本的なコーポレートファイナンスの原理）。投資家はその資本構成を使って会社が行ったことを帳消しにしたり、会社がやらなかったことを行う力があるため、会社の企業価値は資金調達とは独立していなければならない。例えば、投資家は社債を買うことでその会社の借り入れを消滅させ、レバレッジ比率をゼロにすることができる。逆に、投資家は会社の株を買うために借り入れすることで、これまでなかったレバレッジポジションを会社に生み出すこともできる。投資家は会社の行動とは無関係にレバレッジを取り消すことも生み出すこともできるため、企業価値は会社

の資本構成とは無関係でなければならない（もし会社が信用度が高い
ため、あるいは節税のために、簡単に資金調達できる場合、企業の価
値はバランスシートの負債を増やすことで上昇する）。

　企業価値の説明を見ると、株式保有者と債券保有者の利害が明確な
トレードオフ関係にあるのが分かる。企業価値は債券価値と株主価値
を合計したものに拠っている。会社所有者が債券保有者のポジション
の価値を減らせば、株主保有者にとっては有利に働く。債券保有者が
損失を出せば、株式保有者は儲かるわけである。

　一般に会社経営陣の利害は株式投資家の利害と一致し、債券保有者
の利害とは対立する。経営陣に頼っていては資金の貸し手の利害は守
れないことを認識した債券投資家は複雑な契約書を作成する。これは
債券発行者が債券保有者のニーズに応えるようにするためのものだ。
しかし残念ながら、契約書は会社の行動を債券保有者にとって望まし
い方法で実行させるには不十分なものであることが多い。特に債券保
有者の望みが経営陣の経済的利益に反するときはなおさらだ。

　時として債券保有者から株式保有者への富の移転が劇的な形で発生
することもある。LBO（対象企業の資産を担保とした借入金による
買収）やレバレッジドリキャピタライゼーション（借入金による資本
再編成）が行われると、企業の負債レベルは大幅に上昇する。負債レ
ベルの上昇によって既存の貸し手のリスクは高まり、既存の負債ポジ
ションの価値は減少する。1989年のKKR（コールバーグ・クラビス・
ロバーツ）によるRJRナビスコの買収では、負債レベルが急増して
債券保有者たちは大きな痛手を負った。RJRナビスコの買収合戦によ
ってRJRナビスコの株価は不条理なまでに上昇し、それと同時に負
債額も上昇した。買収前のRJRナビスコの負債は120億ドルほどだっ
たが、買収後は350億ドルに上昇した。資本構成の劇的な変化によって、
債券保有者はおよそ10億ドルの損失を被り、株式保有者は100億ドル
の棚ぼた利益を得た。

　経営陣はもっと巧妙な手を使って債券保有者に不利益をもたらすこともある。できるかぎり安価に、しかもできるかぎり柔軟な条件で資金を借り入れることで、経営陣は債券保有者を不利な状況に追い込む。経営陣は借り入れ金利を低くするだけでなく、経営陣にとって有利な価格での繰り上げ償還条項を含めたり、経営陣にとって魅力的な構造の減債基金条項を含めることもある。繰り上げ償還条項が行使されると、債券保有者は損をし、株式保有者は得をする。会社は、債券保有者の利益を損なうような行動を取ることができるような条件を含め、経営陣に幅広い運用を許容する契約条件を交渉しようとするかもしれない。

　債券保有者を不利にする経営陣の行動を抑止させるものは、債券発行による資金調達市場へのアクセスを持ち続けたいという会社の願望である。債券保有者を不利にするような行動を繰り返し行っていれば、有利な条件で資金を借り入れることは一時的にできなくなるかもしれない。しかし、LBOやレバレッジドリキャピタライゼーションといった債券保有者の怒りを増大させる可能性の高い取引はそれほど頻繁に発生するわけではないため、会社が再び市場に参入するころには市場の記憶は薄れている。債券保有者からお金を盗み取る経営陣のもっと巧妙な行動は注目を浴びることはほとんどない。債券保有者は経営陣と対立することで、立場は悪くなる可能性が高い。

市場特性

　2003年12月31日現在、投資適格社債の市場価値は1兆8000億ドルで、満期までの利回りは4.5％だが、将来的に信用度が変化すれば利回りも変化する可能性がある。平均満期とデュレーションはそれぞれ9.7年と5.9年である（データの出所はリーマン・ブラザーズ）。

アメリカの社債のまとめ

　多くの投資家が社債を買うのは、国債よりも高い利回りが得られることを期待してのことだ。つまり、ただで何かが得られるからである。デフォルトリスクのない国債よりも十分に高い利回りを得ることができて、信用リスク、非流動性、繰り上げ償還リスクを補うことができるのであれば、社債をポートフォリオに含めてもよいかもしれない。しかし残念ながら、通常は社債の不利な特徴に対する補償は得られないことが多い。結局、信用リスク、非流動性、繰り上げ償還リスクが債券保有者にとって不利に働けば、超過リターンは幻想でしかなく、社債投資家にとって社債は何の価値もない。

　経営陣の利害が債券投資家の目標よりも株式投資家の願望により近いものであれば、社債投資家は不利になる。さらに、リターン分布がネガティブスキューを持つことも債券投資家には不利に働く。これは、利益が出る可能性が限定的であるのに対し、損失を被る可能性は無限大であることを意味する。

　債券は安全な逃避先としての性質を持つため、よく分散されたポートフォリオに債券を含めることには妥当性がある。しかし残念ながら、緊迫した状況下においては、信用リスクや繰り上げ償還条項によって、社債は金融危機やデフレからポートフォリオを守ることはできない。経済状況が悪化しているとき、会社が契約上の義務を守る可能性は低くなるため、債券価格は下落する。質への逃避やデフレによって金利が低下すると、繰り上げ償還条項は価値を増すため、会社は債券保有者からクーポンの高い債券を償還する可能性が高まる。社債には信用リスクや繰り上げ償還リスクによって金融危機や経済危機のときにはポートフォリオを守ることはできないという特徴があるため、賢明な投資家は社債に投資することはない。

　投資家が社債に内在するいろいろなリスクに対して十分な補償が得

られなかったことは、ヒストリカルリターンを見れば一目瞭然だ。リーマン・ブラザーズによって発表された2003年12月31日までの10年間の年次リターンは、米国債が6.7%、投資適格社債は7.4%だった。指数の市場特性の違いや期間によるマーケットリターンに対する影響によって完璧な比較ではないとはいえ、年間リターンの差がわずか0.7%では、社債投資家はデフォルトリスク、非流動性、繰り上げ償還条項に対して十分な補償は得られない。米国債のほうがはるかにマシだ。

高利回り債

　高利回り債は、格付けが投資適格を下回り、優良基準を満たさない社債で、ジャンクボンドという。格付けが最も高いジャンクボンド（高利回り債の別名）でも格付けはダブルB格以下で、ムーディーズでは「投機的要素あり」と表現され、将来的な保証はない。これ以降は、「望ましい投資としての性質に欠ける」シングルBの債券、「不安定な要素がある」トリプルC、「極めて投機的」なダブルC、「投資基準を満たさない」シングルCと続く（ネルソン著「Debt Rating」）。

　高利回り債は、ハイグレード社債の望ましくない特徴を集約したような特徴を持つ。ジャンクボンドの信用リスクは投資適格債のリスク水準をはるかに上回る。また、非流動性が高く、格付けが最も低い債券の取引は完全予約制だ。繰り上げ償還条項は、ジャンクボンド保有者にとっては、「表が出ればあなたの勝ち、裏が出れば私の負け」（いずれにしても私は負ける）という意味だ。しかも、繰り上げ償還は予期しないときに行われる。

　投資適格債の保有者もジャンクボンドの保有者も、金利が下がったときに繰り上げ償還される可能性が高い。金利が下がると、債券発行者は債券保有者に決められた価格を支払って債券を償還し、低い金利で債券を再発行する。つまり、ハイグレード債とジャンクボンドの保

有者はいずれも、金利によって引き起こされる繰り上げ償還リスクがあるということである。

　ジャンクボンドの保有者は金利が下がると繰り上げ償還される可能性があるため、信用格付けの向上から利益を得る機会を奪われてしまう。ジャンクボンド購入者がジャンクボンドを購入する目的は、将来の展望が明るい会社に投資することである。将来の展望が明るければ、債券の元利の支払い能力は向上し、格付け会社の格付けは上昇するため、債券価格は上昇する。信用格付けが上昇しても、債券が一定価格で償還されるとジャンクボンドの投資家にとってはメリットはなく、株式保有者が債券保有者を犠牲にして利益を得ることになる。

PCA

　2009年4月1日償還のPCA（パッケージング・コーポレーション・オブ・アメリカ）のシリーズB9.625％シニア劣後債に投資した投資家の運命を振り返ってみよう。1999年4月の株式上場時に、負債比率の高い段ボールと段ボール箱の製造メーカーによって発行された社債のクーポンレートは満期が同じTノートよりおよそ500ベーシスポイント高く、格付けはシングルBだった。ムーディーズによれば、シングルBの格付けは、「元利が支払われたり、長期にわたって契約書のほかの条件が守られるという保証は低い」とされている（ネルソン著「Debt Ratings」）。この債券の購入者は、将来的な展望が明るく、契約条件が守られる確率が高いことを願って、この債券を購入したのは明らかだ。おそらく投資家は、将来的に会社のファンダメンタルズが改善されるか、債券市場が強気相場になるか、あるいはその両方を予見したのだろう。

　2009年4月満期のPCA9.625は5300億ドル以上を売り上げ、プライベートエクイティ投資会社であるマディソン・ディアボーンによるテ

ネコ（PCAは1995年にテネコ・パッケージングに社名を変更）の包装事業のLBOのための資金調達に貢献した。そのLBOは負債比率が高かったため、格付けがシングルBだったのは当然である。1999年の第2四半期に債券を発行したとき、PCAの純負債は16億ドルで、負債比率は4.9倍だった。

　2000年1月、PCAは20年続いた強気相場の天井近くでIPO（新規株式公開）で株式を売り出した。引き受け会社はゴールドマン・サックスで、4625万株が1株12ドルで売り出され、その総額は5億5500万ドルだった。債券保有者はどうかと言うと、2009年4月満期のPCA9.625の格付けはシングルBのままで、価格もほぼ額面価格のままだった。

　IPOから間もなく、待望の信用格付けの格上げが始まった。2000年の第2四半期には純負債は13億ドルに減少し、負債比率も2.2倍に改善された。2000年4月、ムーディーズはシニア劣後債の格付けをシングルBの最下位であるシングルB3から、シングルBの中間位であるシングルB2に格上げした。2000年9月にはもっと良いニュースが続く。2009年4月満期のPCA9.625がシングルBの最上位であるB1に格上げされたのだ。シニア劣後債の信用度はわずか18カ月で飛躍的に向上した。

　PCAの財政状況は勢いに乗り続けた。2001年の第3四半期にはPCAは多額の負債を返し、借り入れを7億5100万ドルにまで減らし、負債比率も1.1倍にまで改善された。ムーディーズも改善を認め、シニア劣後債の格付けを中間位のダブルBに格上げした。シングルBの「低い保証」から、ダブルBの「中位の格付けで、不確定要素がある」へと格上げされたのである。

　2003年の第2四半期には、債券保有者を取り巻く環境は2000年1月よりも良くなった。その間、純負債は12億9200万ドルから6億700万ドルにまで減少し、負債比率は2.4倍から0.9倍に改善された。信用の

ファンダメンタルズもPCAのジャンクボンド投資家に劇的に有利に
なった。

　2009年満期のPCA9.625は、会社が負債を返したことで残りの負債
の信用格付けが向上しただけでなく、金利の劇的な低下によって価格
が上昇した。2000年1月には、10年物国債の金利は6.7％だったが、
2003年6月には利回りはおよそ半分の3.3％に下落した。一方、債券
市場の上昇と信用格付けの向上によって、PCA9.625の価格は2000年
初期にはほとんど額面価格だったのが、2003年6月にはおよそ108に
上昇した。

　債券保有者にとって残念なことは、2009年4月償還のPCA9.625の
繰り上げ償還条項によって債券価格の上昇の可能性が低くなったこと
だった。2004年4月1日、PCAは繰り上げ償還条項を行使して発行
済み債券を事前に決められた104.81で償還した。信用格付けが改善さ
れ、金利が下がったことで、PCAが債券を繰り上げ償還して、低い
金利で再資金調達したのは明らかだった。2003年の中ごろに債券を評
価した投資家は、2004年のエイプリルフールの日に債券が104.81で確
実に償還されることは分かっていたので、債券の購入を制限した。

　実際には2009年4月償還のPCA9.625の保有者は債券を手放すのに
2004年4月まで待つ必要はなかった。2003年6月23日、PCAは110.24
での公開買い付けを発表したからだ。これは公開買い付け前の市場価
格より2ポイント以上も高い価格だった。会社が2004年4月1日に
104.81で償還するよりも、2003年7月21日に110.24で買い取ることを
選んだのは、信用格付けが向上し、市場金利が下がったことで、会社
は債券をそのまま放っておくのは高すぎると判断したからだ。99.3％
の債券保有者が公開買い付けに応じたので、この公開買い付けは成功
に終わった。

　その後、PCAは2009年4月償還のPCA9.625の償還のために新たな
債券を発行した。金利は5年物が4.5％、10年物が5.9％だった。クー

ポンが劇的に低下したため、PCAは最初の債券の残りの期間におけ
る金利支払いを何千万ドルも節約することができた。新たに発行され
た債券には繰り上げ償還条項は付けられなかった。なぜなら、ジャン
クボンド保有者たちが、そういった条項を付けるのは不条理だと反対
したからだ。

　投資家の観点から言えば、公開買い付けに応じればリターンを最大
化することができる。債券のクーポン、公開買い付け価格、繰り上げ
償還価格から計算すると、もし投資家が繰り上げ償還日まで債券を保
有すれば、期待リターンは同じ満期の国債よりわずか60〜65ベーシス
ポイント高くなるだけだ。したがって、2009年償還のPCA9.625の保
有者は公開買い付けに応じざるを得なかったのである。

　繰り上げ償還条項はPCAのシニア劣後債保有者には高いものにつ
くことが分かった。2003年6月、この劣後債は108.2から108.6の狭い
レンジで取引され、平均価格はおよそ108.4だった。金利が下がり、
PCAの信用格付けが上昇したことを考えれば、もしPCA9.625に繰り
上げ償還条項が付いていなければ価格は125を超えていただろう。一
定価格での繰り上げ償還条項はジャンクボンド保有者の利益を大きく
減らしたのである。

　PCA9.625の繰り上げ償還条項によって価格の上昇は大きく制限さ
れたものの、債券保有者は保有期間の間に大きなリターンを得ること
ができた。信用格付けの向上と低金利とに支えられて、ジャンクボン
ド保有者はPCAが新規上場した2000年1月28日から公開買い付けが
完了した2003年7月21日までに49.2％のリターンを上げた。ジャンク
ボンド投資家にとってこれ以上ない成果だった。

　PCAのジャンクボンドのリターンは、似たような代替投資のリタ
ーンと比べてどうだったのだろうか。驚いたことに、同じ満期のTノ
ートの保有期間におけるリターンは45.8％だった。国債には繰り上げ
償還条項はないため、投資家は債券市場の強気相場からフルに利益を

得ることができたはずであるにもかかわらず、ジャンクボンドのリターンよりも低かったのだ。しかし、3年半の間にわずか3.4％のプレミアムでは、高い信用リスクを補償するには不十分である。リスク調整済みリターンで見ると、国債のほうがPCA9.625をはるかに上回っていた。

　PCA株の保有者は厳しい状況に直面した。債券市場が強気相場だったのに対して、株式市場は弱気相場だったのだ。株式市場最大のバブルのピーク近くで行われたPCAのIPOから、公開買い付け日までの間に、S&P500は累積で24.3％下落した。しかし、下落相場中だった株式市場のトレンドをよそに、PCAの株価は、2000年1月のIPO価格の12ドルから2003年7月21日には18.05ドルに上昇した。これは保有期間のリターンが50.4％であることを意味する。株式保有者にとっては最悪で、債券保有者にとっては最良の時期であるにもかかわらず、勝利したのはPCA株の保有者たちだった。

　今にして思えば、PCAの株式保有者が得た素晴らしいリターンは予測できた。ジャンクボンドの信用格付けの改善によって、会社の固定負債を支える担保余力が増加した。また株価が上昇することで、債務負債を支える力が向上した。信用格付けが向上すると株価も上昇するのが一般的で、投資家は、上昇可能性が限定的な債券を保有するよりも、無限の上昇可能性を持った株式を保有するほうが成功する確率は高い。

　信用格付けが下落した場合、ジャンクボンド投資家が株式投資家に対して有利になることはほとんどない。2009年4月償還のPCA9.625が1999年に発売されたとき、格付けはシングルBの最下位で、「契約条件が守られる可能性は低い」という危うい状況だった。信用格付けの格下げは債券保有者にとっても、株式保有者にとっても痛手になる。

　ジャンクボンド投資家が勝つことはない。ファンダメンタルズが向上すると、株式リターンが債券リターンを上回る。金利が下がれば、

繰り上げ償還条項のない債券のリスク調整済みリターンは上昇する。ファンダメンタルズが悪くなると、ジャンクボンド投資家も株式投資家も痛手を被る。知識が豊富な投資家は、勝つ見込みのない高利回り債になど投資はしない。

利害の一致

　ジャンクボンド保有者は投資適格債保有者よりもはるかに厳しい利害の対立問題に直面する。発行時には投資適格に格付けされていたが、そのあと投資適格未満に格下げされたジャンクボンド（堕ちた天使）の場合、信用度が低下すると株式価値も低下する。会社が経済的に困窮すると、経営陣は株式価値の低下を防ごうとする。このとき経営陣は収益を増加させ、コストを削減する。株式価値を改善するために経営陣ができる１つの手段が支払金利を減らすか、債務負担を減らすことである。したがって、堕ちた天使の保有者の利害は経営陣の利害と真っ向から対立する。

　新たに発行されたジャンクボンド、特にLBOやレバレッジドリキャピタライゼーションの資金調達に使われるジャンクボンドの場合、保有者はモチベーションがはるかに高い敵対者と化した経営陣と対立することになる。高度な知識を持った株式に明るい金融エンジニアたちはさまざまなツールを駆使して、株式価値を大幅にしかも急激に増大させるという問題に取り掛かる。金融エンジニアたちは負債コストを最小化しようとする。負債コストが最小化されれば、それは債券保有者たちのリターンの減少となって現れる。

市場特性

　2003年12月31日現在の高利回り社債の市場価値は5500億ドルだった。

満期までの利回りは7.9％で、平均満期は8.2年、平均デュレーション
は4.8年だった。

高利回り債のまとめ

　投資家がハイグレードな社債を選ばない要因はいろいろあるが、な
かでも信用リスクの増大、非流動性の上昇、繰り上げ償還条項は、高
いリスク調整済みリターンを求める債券投資家にとっては三大脅威で
ある。さらにジャンクボンドによる資金調達は比較的コストが高くつ
くため、これは株価を重視する企業経営陣に、株式保有者の立場を向
上させるために債券の価値を下げさせるインセンティブを与えること
になる。

　金融危機やデフレに対する保護手段としては、ジャンクボンドは投
資適格債に比べるとあまり役に立たない。利回りの上昇を約束してく
れる要素――信用リスク、非流動性、繰り上げ償還条項――は、金融
危機のときには、ジャンクボンドのポートフォリオに対する保護機能
を弱めてしまうため、ジャンクボンド保有者にとって不利に働く。

　ジャンクボンド投資家の最近の経験を考えると、負債比率の高い会
社の社債に投資することはあまり勧められない。2003年12月31日まで
の10年間におけるリーマン・ブラザーズ・アメリカ高利回り社債指数
によれば、高利回り社債の年間リターンは5.9％だった。これに対して、
米国債のリターンは6.7％、投資適格社債のリターンは7.4％だった。
これらの指数は構造的に異なる（最も大きな違いはデュレーション）
ため、完全な比較は難しいが、ジャンクボンド投資家はリターンは少
なくリスクは大きいことは明白だ。

免税債

　条件を満たしている政府機関は免税債を発行することができる。免税債保有者が得る利息には連邦税がかからない。居住者によっては、免税債の州税や地方税が非課税になることもある。例えば、ニューヨーク市が発行した債券はニューヨーク市在住者に対してトリプルの免税——ニューヨーク市、ニューヨーク州、連邦政府の所得税が免除される——が適用されるが、ニューヨーク市が発行した債券を保有するコネチカット在住者は連邦税が免除されるだけだ。免税債の発行者はアメリカの自治体だけではないが、市場参加者は免税債のことを地方債と呼ぶことがある。

　一見すると、免税債は確定利付資産を課税口座（特殊な税特性によって課税が減少したり、なくなったりする）に入れて、もっと税金の高い資産のために税繰延口座を空けておくことを可能にするように思える。しかし残念ながら、信用リスクや繰り上げ償還条項の問題があるため、免税債は投資家にとってはそれほど魅力的ではない。

　免税債と社債には共通の特徴がある。債券の発行者と購入者の力関係の釣り合いがとれていないのである。知識のある借り手があまり知識のない貸し手と取引するとき、借り手が有利になる。ウォール街の銀行家は勝つほうの味方につき、強いプレーヤーに有利になるように取引を進める。借り手は、借り手が元利の支払いを期日どおりに完全に行わないというリスクに対して十分な補償にはならないような金利水準で債券を発行する。借り手が発行する債券には、費用の安い繰り上げ償還条項が付けられる。この条項によって借り手は債券を買い戻し、もっと安い金利で資金調達することができる。貸し手には、金利が上がったときに彼らを保護してくれるような、繰り上げ償還条項に匹敵するような条項はない。ウォール街は取引条件を設定するとき、債券発行者を満足させるような取引条件を設定する。これで新たなビ

表4.1　非課税の長期投資家はリターンが高い（%）

満期までの期間	課税利回り	税引き後利回り	非課税利回り	非課税利回りの アドバンテージ
3カ月	1.9	1.2	1.2	0.0
1年	2.5	1.6	1.5	−0.1
5年	3.8	2.5	2.7	0.2
10年	4.7	3.1	3.6	0.6
30年	5.5	3.6	4.6	1.1

注＝課税利回りはトリプルＡ格の社債の利回り。税引き後利回りは課税利回りに35%の限界税率
　　を適用したときの利回り。非課税利回りはトリプルＡ格の一般財源債の利回り
出所＝ブルームバーグ（2004年9月6日）

ジネスチャンスを得ようというわけだ。

　個人投資家の多くは免税債を直接売買する。免税債の流通市場は著しく透明性に欠けるため、ウォール街は免税債のトレードでは不当に有利な立場に立つことができる。免税債に投資する注意深い投資家は、直接トレードしたときの1回だけの大きなコストと、投資信託に投資したときの運用費を天秤にかけて、2つの悪のうち邪悪さが少ないほうを選んで投資する。

税引き前利回りと税引き後利回り

　市場メカニズムによって、課税債と免税債の税引き後利回りはほぼ同じだ。市場が効率的に動けば、税区分に適用される最高税率（限界税率）が課税債と免税債の利回りの違いを決定するうえで重要な役割を果たす。

　均衡化メカニズムが最も効果的に機能するのは短期債の満期に対してだ。なぜなら、近い将来はそれほど不確実ではないからだ。2004年9月初期の3カ月物金利を考えてみよう。**表4.1**に示したように、ハ

イグレード社債を保有している投資家の課税ベースでの利回りは1.9
％で、ハイグレードな一般財源債を保有している投資家の免税ベース
での利回りは1.2％だ。短期課税債を保有している（そして35％の限
界税率で税金を支払う）投資家の税引き後の利回りは1.2％であるこ
とに注目しよう（税引き後の利回り＝課税利回り1.9％×［1.0－0.35］。
0.35は税率）。課税対象の投資家の税引き後の利回りは1.2％で、免税
投資家の利回りも1.2％で同じである。これは、このケースの場合は、
短期マネーマーケットがうまく機能していることを示している。

　満期までの期間が長くなると、均衡化メカニズムはあまりうまく機
能しなくなる。30年物の非課税利回りは、税引き後利回りを1ポイン
ト上回っていることに注目しよう。課税利回りと非課税利回りの関係
は、信用問題や流動性問題などのいろいろな要素によって複雑になる。
表4.1は、課税・非課税ともに、トリプルA格の債券の利回りを示し
ているが、トリプルA格の地方債とトリプルA格の社債のデフォルト
リスクは違うはずだ。免税債は極めて流動性の低い市場で取引されて
いるため、投資家は流動性の低さを補うために高い利回りを要求して
くる。デフォルトリスクとトレードのしやすさの違いによって、長期
課税利回りと長期非課税利回りは同一条件での比較はできない。

　満期までが長期の免税債の最大の問題は、将来の税率と免税がいつ
まで続くのかが分からないことである。税率が変われば、地方債の免
税価値も違ってくる。税率が下がれば免税価値は減少し、税率が上が
れば免税価値は増加する。もし議会によって免税に限度が設けられた
り、免税措置が中止されれば、地方債の価値は下がるだろう。長期非
課税利回りが予想外に高いのは、立法上の不確実性によるものだ。

　一般化には例外が付き物だが、時として市場原理が短期利回りで機
能しないことがある。バンガードが募集したMMF（マネーマーケッ
トファンド）の利回りを考えてみよう（**表4.2**を参照）。2004年9月、
非課税マネーファンドの利回りは課税ファンドの利回りと同じだった。

表4.2　バンガードの課税対象のマネーマーケットファンドの投資家にと
　　　　ってのビッグチャンス

ファンド	課税・非課税	2004/9/3現在の 利回り（%）	2004/8/31までの 1年間の利回り（%）
バンガードのプライムマ ネーマーケットファンド	課税	1.2	0.8
バンガードの非課税マネ ーマーケットファンド	非課税	1.2	0.9

出所＝バンガード

税率区分が最高税率の投資家は非課税ファンドを選べば、税引き後ベースでは0.4％程度リターンは上昇しただろう。9月初旬の利回りは課税対象の投資家には取り逃がすには惜しいほどの機会だった。2004年8月31日までの1年間においては、バンガードの非課税ファンドの利回りは0.9％だった。これは課税ファンドの利回りの0.8％よりも高い。もちろん投資家は免税のアドバンテージを考えるまでもなく、免税では高い利回りを得ることができる。しかしごくまれに、市場は効率的市場仮説の支持者を混乱させて、楽をしてお金を手に入れる機会を提供することもある。

　課税債と免税債の税引き後リターンはほぼ同じなので、免税債を持つことの最大のメリットは、非確定利付資産のために課税繰延口座の枠を空けておけることだ。非確定利付資産を課税繰延口座に入れることで短期的な経済メリットはあるが、短期利益は長期ポートフォリオの特徴を犠牲にして得られるものだ。コアアセットの国債の代わりに免税債を用いることで、債券ポートフォリオには繰り上げ償還リスクと信用リスクが含まれるようになるため、確定利付債の分散力は低下してしまう。

コールオプション特性のプレミアム評価

　知識のない地方債の購入者は、内包される一定価格でのコールオプション特性による不利を補うための利回りプレミアムについてあまりにもわずかしか要求していない。コールオプション特性についての包括的データはないが、トリプルA格の免税債の発行者が入手できるコールオプション特性のプレミアムだけを取り上げても、地方債投資家の不利な点が見えてくる。

　2004年7月の終わり、トリプルA格の30年物のコール条項の付かない免税債の発行にかかったコストは4.8％だった。コール条項の付かない債券の場合、債券発行者は将来的に金利がどうなろうと、決められた利息を30年間にわたって毎年支払う義務がある。債券の発行から5年後に額面価格で繰り上げ償還できるコール条項が付くと、借り入れコストは5％に上昇する。つまり、コール条項のコストは、コール条項の付かない利回りとコール条項の付いた利回りの差の0.2％ということである。わずか0.2％の利回りプレミアムを支払うことで、債券発行者は一定価格で債券を買い戻す権利を得ることができ、金利が下がったときは低い金利で新たに債券を発行して資金調達することができるのだ。

　利回りで考えた場合のコールオプション特性のプレミアムコストの0.2％は取るに足りないほど小さなものに思えるが、30年（債券の満期）という期間で見ると大きなものになる。利回りの差をドルで考えると、コールオプション特性の市場価値は債券の募集価格の3.6％に相当する。

　コールオプション特性のプレミアムを算出するモデルにはいろいろなものがある。現実世界を反映しない学術モデルとは違って、証券市場ではオプション価格付けモデルが重要な役割を果たす。マーケットメーカーやマーケットプレーヤーはオプション関連のポジションの公正価値を算出するのにオプション価格付けモデルを使い、モデルによ

表4.3　地方債のコールオプションの市場価値は理論価値を下回る──仮
想的なトリプルＡ格の30年物債（％）

コールオプションを 行使できない期間	市場価値	ブラック・ダーマン・ トイ・モデル	リーマン・ブラザーズ・ モデル
5年	3.6	5.0	6.3
10年	2.2	3.9	4.3

注＝データの出所はリーマン・ブラザーズ。ブラック・ダーマン・トイ・モデルはブルームバー
　グのソフトウェアで算出。リーマン・ブラザーズ・モデルは会社独自の評価モデルで算出。
　算出日は2004年7月

って算出した公正価値を使って売買の判断を下す。

　コールオプション特性の推定コストと理論価値を比べてみると、借
り手のほうが貸し手よりも有利なことが分かる。額面で償還される5
年物コールオプション特性の価値は、ブルームバーグモデルで計算す
ると、募集価格の5％で、発行者の推定コストを1.4％上回る。言い
換えれば、ブルームバーグによれば、債券保有者は債券発行者に対し
て債券価格の1.4％に相当する額を援助しているということである。
リーマン・ブラザーズモデルでは額面で償還される5年物コールオプ
ション特性の価値は募集価格の6.3％だ。これは借り手のコストを2.7
％上回ることを意味する。表4.3に示したように、額面で償還される
5年物コールオプション特性と10年物コールオプション特性のいずれ
も、オプション価値は発行者のコストをかなり上回る。理論価値と市
場価値（発行者のコスト）の違いを見ると、発行者に有利なことが分
かる。

　オプションの価値をある一点だけで判断しても、オプションのミス
プライスの十分な証拠にはならないが、理論価値と市場価値の差は、
証券の売り手と買い手のパワーのアンバランスに常に一致する。地方
債の投資家はコールの価格付け競争では常に負ける運命にある。

トレードコスト

　地方債の投資は、投資家が免税債を直接的に売買しようとするとき
に大きな問題となる。個人投資家が直接的に保有している地方債は発
行済み地方債の1兆9000億ドルのうちおよそ3分の1だ。つまり、市
場構造の問題が多くのプレーヤーに影響を及ぼしているということに
なる（アーロン・ルッチェッティ著「Bond Investors May Unlock
More Information: Rule-Making Group is Expected to Require Price
Reporting of Minus 15 Minutes After Trade」、ウォール・ストリー
ト・ジャーナル、2004年2月11日）。個人投資家の利害を損なう可能
性があることに鑑み、アメリカ政府は免税債市場の規制枠組みを作成
した。

　1975年に投資家を保護するために議会で承認されて発足した地方債
規則制定委員会（MSRB）は、地方債の発行と取引を監視する組織だ
（ローレンス・ハリスとマイケル・S・ピウアー著「Municipal Bond
Liquidity」［2004年2月13日］、https://papers.ssrn.com/sol3/papers.
cfm?abstract_id=503062：6）。しかし、実態はと言えば、地方債規則
制定委員会はディーラーにやさしく、投資家には厳しい監視を行って
いる。地方債規則制定委員会のメンバーを見れば、ウォール街寄りな
のは明らかだ。ウォール・ストリート・ジャーナルによれば、2004年
の初期においては15人のメンバーのうち10人が銀行や証券会社で働い
ていた。ニワトリ小屋をキツネに見張らせているような体制では、地
方債の投資家は暗闇に押し込められているのは明らかだ。

　免税債の世界での大きな問題の1つは、情報入手が平等ではないこ
とだ。個人投資家はウォール街の機関投資家に比べると情報入手の点
で著しく不利な立場にある。2004年の終わりまで、一般投資家は債券
情報を1日遅れでしか入手できなかった（ローレンス・ハリスとマイ
ケル・S・ピウアー著「Municipal Bond Liquidity」［2004年2月13日］

: 53, 「地方債規則制定委員会は現在、リアルタイムの取引報告普及システムの導入を検討している。導入は2005年1月の予定」。これが個人投資家にとってメリットがあるものかどうかは不明だ。第一に、個人投資家は情報にアクセスできないという問題がある。今現在入手可能な1日遅れの情報でも本当に限られた人しか入手できない。第二に、ディーラーは広いスプレッドを維持するために不透明な市場での取引を維持し続けたいため、データを広範にわたって普及させることを阻止する可能性がある）。ディーラーたちがリアルタイムで情報を入手できるのに対して、リアルタイムで情報を入手できないスモールトレーダーは不利になる。

　市場の不透明さはディーラーには大きな利益をもたらすが、個人投資家にとってはコストは高いものにつく。2人のSEC（証券取引委員会）の経済学者の研究によれば、税金面で利点のある地方債をトレードしている一般投資家は、証券価格の2％という「実効スプレッド」を支払っている（アーロン・ルッチェッティ著「Muni Bonds Can Cost More to Trade than Stocks」、ウォール・ストリート・ジャーナル、2004年2月12日）。彼らは次のように指摘する──「リスクの高い株式をトレードするのはリスクの低い債券をトレードするよりもコストは高くつくことを考えると、地方債のスプレッドが株式の平均スプレッドを上回るのは驚きだ」。地方債ディーラーの有罪とも言えるような強欲さのなかで、小さなトレードは大きなトレードよりもサイズに比例してコストは高くつくため、サイズとコストの関係は完全に逆転してしまう。経済学者の結論は拍子抜けするほどシンプルなものだ──「これは債券市場の価格の透明性の欠如によるものだ。大手機関投資家は地方債の価値というものをよく知っているが、スモールトレーダーたちは知らない（ハリスとピウアー著「Municipal Bond Liquidity」: 1）。地方債のマーケットメーカーはスモールトレーダーたちの脆弱さを食い物にしているのだ。賢明な投資家ならウォール街

のシャークたちとの戦いは避けるだろう。

利害の一致

免税債の投資家は、国債ではない債券の保有者と同じ利害の不一致問題を抱えている。理論価値に比べて市場価値の安い債券は、借り手を潤すだけで、貸し手はとんでもなく大きなリスクを抱えることになる。ウォール街の詐欺師たちは、IPOのときもそのあとの取引においても世間一般の人々を食い物にする。慎重な投資家は地方債を買うときには十分な注意を払う。

市場特性

2003年12月31日現在、地方債の市場価値は9230億ドルに上った。満期までの利回りは4.1％で、平均満期は13.8年、平均デュレーションは8.1年だった。

免税債のまとめ

免税債は、金利収入に対して連邦税、場合によって、州税も免除になるため、課税対象の投資家にとっては大きな魅力だ。しかし、将来の税率の不確実性、信用リスク、コール条項の行使可能性、トレードコストの問題などによって、免税債の利用は著しく減少している。

満期までの期間が短い場合、こういったネガティブな要素は投資家にとってはそれほど問題にはならない。例えば、非課税MMFの場合、原証券の満期が短いので、租税体系に関する不安や信用リスクに関する問題はほとんどない。マネーマーケット商品にはコール条項はなく、比較的効率的で透明な市場で取引される。短期の非課税のMMFはそ

れほど深刻に考える必要はないだろう。

　これに対して、満期までの期間が長期になると、免税債の問題は増える。限界税率の変動と信用度の変化によって、長期免税債の価値は高くなることもあれば、低くなることもある。また、コール条項と不透明な取引体制は一般に期待リターンを減少させる。長期免税証券の税務上の優遇措置は、コール条項がなくデフォルトリスクもない国債のポートフォリオの保護効果を犠牲にして得られるものである。

資産担保証券

　資産担保証券とは、債券保有者に支払うためのキャッシュフローを生み出すさまざまな資産を担保にして発行される確定利付商品のことをいう。資産担保証券の担保として最もよく用いられる資産は住宅ローンだが、銀行はクレジットカード債権、商用リース債権、自動車ローンなどの資産も担保として用いる。

　資産担保証券の取引の共通点は、金融構造が非常に高度であることである。資産担保証券は資産をバランスシートから分離し、結果として低コストで資金調達したいという証券発行者が主体となるため、その購入者は恐ろしい敵と対立することになる。

　住宅ローンなどの不動産を担保とする証券——住宅所有者からのローンの支払いが証券保有者に渡る金融商品——の場合、投資家は金利の変動に左右される。金利が下がると、住宅保有者はローンを借り換えることができる。金利の高いローンを解消できることは借り手にとっては有利だが、不動産担保証券の保有者にとっては高い金利支払いを受け取ることができなくなるため不利になる。同様に、金利が上がると、住宅保有者は元本と金利の支払いを最小限にしようとする。不動産担保証券の保有者は、低金利環境ではリターンの高い資産を失い、高金利環境ではリターンの低い資産を保有することになる。

　投資家が長期を望むときに短期化し、短期を望むときに長期化する証券を引き受ける代わりに、不動産担保証券の保有者はリターンに対してプレミアムを受け取る。そのプレミアムで不動産担保証券に含まれる複雑なオプションのすべてが補償されるかどうかは難しい問題だ。ウォール街のロケットサイエンティストたちは、不動産担保証券の公正価値を算出するのに複雑なコンピューターモデルを用いる。モデルによって正確な公正価値が算出できるときもあれば、できないときもある。金融エンジニアでさえオプション価格を正確に計算できないのに、一般投資家ができるはずがない。

　オプションの公正価値は信用リスクよりも評価が難しい。信用リスクのある確定利付証券の場合、賢明な投資家はリターンの一部は信用の格下げやデフォルトによって失われるかもしれないことを知っているため、債券の利回りを見るときは疑ってかかる。複雑なオプションの確定利付証券の場合、既定のリターンがオプションコストを調整するためにどれくらい割り引かれるのか、投資家は見当もつかない。事実、多くのプロたちも確定利付オプションのダイナミズムは理解できていない。

パイパー・キャピタルのワース・ブランジェン

　有名なケースとしては、1990年代初期、パイパー・キャピタル（ミネアポリス）の債券スペシャリストのワース・ブランジェンが不動産担保証券マネジャーとして一世を風靡したケースが挙げられる。1990年代初期の輝かしい実績で、ブランジェンは個人投資家と機関投資家から多くの資金を集めた。

　ブランジェンが運用していたのはパイパー・ジャフレー・アメリカ政府証券ファンド（AGF）だった。これは個人投資家向けの不動産担保債券投資グループに含まれるファンドの1つだ。債券市場の強気相

場と金利に敏感なポートフォリオという追い風を受けて、1993年12月
31日までの5年間におけるこのファンドの年間リターンは19.3%で、ソ
ロモン・ブラザーズ・モーゲージ指数の年間リターンである11.2%を
大幅に上回った。チャートトップのリターンを上げたブランジェンは、
「ビジョンを持って先導的な働きをした人物」としてモーニングスター
のポートフォリオ・マネジャー・オブ・ザ・イヤーで2位に輝いた（ア
ンドリュー・バリー著「Paying the Piper」, Barron's Chicopee 74,
no.15 [1994]）。

　公式の記録によれば、ブランジェンの機関の分離口座の顧客の1人
がフロリダ州だった。フロリダ州は、本来保守的な運用が求められて
いる運用基金においてパフォーマンスの悪いマネジャーは切り捨てて、
市場を打ち負かすマネジャーに鞍替えするという、強引な投資戦略を
推し進めていた。しかも、運用資金は少なかった。ブランジェンの敏
腕な運用によって、1994年1月にはフロリダ州のブランジェンの口座
は4億3000万ドルを超えるまでに増大した。これはライバル会社の2
倍以上の額だった（バリー著「Paying the Piper」, Barron's Chicopee）。

　ブランジェンは自分の戦略を次のように説明した——「私たちは、
金利は30年物債よりも高いが、平均の満期がわずか3年から5年の政
府機関の債券を買う」（ジェフリー・M・レイダーマンとゲイリー・
ワイス著「The Yield Game」、ビジネス・ウィーク、1993年12月6日）。
ブランジェンの言う「債券」には、強気相場を見込んだモーゲージと
モーゲージ・デリバティブが含まれていた。にもかかわらず、ブラン
ジェンの労せずに利益を得るという投資アプローチの説明を受け入れ
る人々がいた。ブランジェンの運用するファンドは1994年初期まで上
昇した。

　債券投資家にとって不運だったのは、債券の上昇相場が1993年の秋
に天井を付けたことだった。10年物国債の利回りは5.3%という26年
来の最安値を記録した。それから数カ月後の1994年5月には、債券価

格は大暴落して利回りは7.4％に下落した。ウォール・ストリート・ジャーナルは春のメルトダウンを次のように記述した——「モーゲージ・デリバティブの大流血によって、投資家もディーラーもわれさきへと出口に殺到しているため、新しい死傷者が次々と出ている。これは価格の下落と需要の枯渇という悪循環を生んでいる」（ローラ・ジェレスキー著「Mortgage Derivatives Claim Victims Big and Small」、ウォール・ストリート・ジャーナル、1994年4月20日）。債券ポートフォリオを揺さぶった弱気相場を前に、ブランジェンのアプローチも無力と化した。

　1994年の1年で、パイパー・ジャフレー・アメリカ政府証券ファンドの個人投資家の損失はおよそ29％に上った。これに対して、ソロモン・ブラザーズ・モーゲージ指数の損失は1.4％にとどまった。1月から9月にかけて、フロリダ州は9000万ドルもの損失を被った。少ない運用資産だったのに、これはフロリダ州にとっては受け入れがたい結果だった。最悪のリターンにイラ立ったフロリダ州はブランジェンの口座から1億2000万ドルを引き上げることを発表した。個人投資家も機関投資家も同じような被害を被った。

　債券市場の大暴落を受けて、ブランジェンは戦略を転向した。ブランジェンは金利が上昇したときは、逆変動利付債や元本ストリップ債のようなボラティリティの高いデリバティブに大量に投資した。そのため、彼のファンドは、戦略の説明では短期証券だと言っていたものが、30年物の長期債券のような動きになっていたのである（バリー著「Paying the Piper」）。金利上昇環境で金利に非常に敏感だったことがブランジェンの投資家たちを破滅に導いたのである。

　モーニングスターをして「ビジョンを持った」と言わしめたブランジェンは自分の戦略のリスクを理解していなかった。これは彼の上司も同じだった。フロリダ州の洗練された機関投資家と言われた人々も、彼の戦略のリスクに気づかなかった。投資信託のコンサルティング・

評価会社であるモーニングスターも彼の戦略のリスクに気づかなかった。モーゲージ関連の証券の理解や評価は複雑なので、モーゲージ商品に含まれる有害なオプションへのイクスポージャーは避けたほうがよいだろう。

　ポートフォリオの観点から言えば、不動産担保証券に内包されたオプション特性は、債券をデフレや金融危機に対するヘッジとして使いたい投資家にとっては不利になる。住宅保有者が持っている繰り上げ返済オプションは社債のコール条項と同じような機能を持つ。デフレや金融危機によって金利が下がれば、不動産担保証券の保有者は損失を出すだけでなく、コール条項の行使を誘発した状況から身を守ることもできない。金利が下がって得をするのは借り手だけである。

利害の一致

　資産担保証券の保有者は、市場性証券の世界で最も洗練された金融エンジニアと対立することになる。新たに考え出された資産担保証券の発行者は、コストの安い債券を発行するという会社の目的を達成するために複雑な構造を使う。したがって、資産担保証券の投資家は低いリターンになることを見込んでおくべきである。また、資産担保証券は複雑で不透明性が高い。したがって、投資家は投資ポジションの本質的な特徴を理解することができない。極端な場合、資産担保証券はルーブ・ゴールドバーグが考案した連鎖反応する機械的装置のような性質を持つため、投資家のポートフォリオは大きなダメージを受ける可能性がある。

市場特性

　2003年12月31日現在の資産担保証券の市場価値は1380億ドルで、満

期までの利回りは3.2%、平均満期は3.1年、平均デュレーションは2.7
年だった（データの出所はリーマン・ブラザーズ）。

資産担保証券のまとめ

　資産担保証券の組成には高度な金融工学が使われる。一般的な経験
則によれば、ウォール街が複雑なものを作るほど、投資家はより速く
より遠くに走らなければならない。時には複雑な証券の作成者や発行
者でも、その証券がさまざまな状況下でどのような挙動をするかを理
解していないこともある。プロが理解できないものを、プロではない
者がどうして理解できるだろうか。

　モーゲージ担保証券は政府支援企業の裏付けを持つ（政府支援機関
債）ため、投資家は安全確実でリスクの少ない証券だと認識している。
しかし、これは2つの点で間違っている。1つは、信用リスクが市場
参加者が思っている以上に高いことだ。もう1つは、政府支援機関債
ということで投資家は自己満足に陥り、理解が困難な内包されたオプ
ションのイクスポージャーに重大なリスクが隠されてしまうという点
だ。投資家は注意が必要だ。

　ほかの形態の確定利付債と同様、資産担保証券の発行者は低コスト
での資金調達が目的だ。発行者が低コストで資金調達できるというこ
とは、裏を返せば、投資家にとってはリターンが低くなることを意味
する。低い期待リターンと複雑な構造を考え併せると、投資家の利益
は損なわれて当然だ。

　確定利付証券市場のほかの分野と同じように、資産担保証券の投資
家は信用リスクとコール条項リスクに見合った十分な報酬を得ている
とは思えない。2003年12月31日までの10年間におけるリーマン・ブラ
ザーズ資産担保証券指数の年間リターンは7.2%で、リーマン・ブラ
ザーズ米国債指数の7.5%を下回っていた。もちろん債券指数のリタ

ーンの比較では、指数の構成の違いまでは勘案されないが、過去10年を見ると資産担保債の投資家はリスク調整済み超過リターンという点では後れを取っていることは否めない。

外債（アメリカ以外の国の債券）

外貨建て債券市場は米ドル建て債券市場の時価総額を少し下回る程度で、規模としてはかなり大きい。市場規模は大きいが、外債はアメリカの投資家にとってはほとんど役に立たない。

満期と信用度が同じ米ドル建て債券と外貨建て債券を考えてみよう。金融事情は国によって異なるため、これら2つの債券は金利は異なるはずだ。異なる金利、異なる経済情勢、異なる国なのだから、投資結果も違うだろうと投資家は考えるだろう。しかし、投資家が期待した元利金を受け取るために先物市場で十分な外貨を売ることで各外債のキャッシュフローをヘッジすると、米ドル建て債券の米ドルキャッシュフローは、米ドルヘッジの外貨建て債券の米ドルキャッシュフローと完璧に一致する。つまり、ヘッジしていない外債は、米ドル債に為替イクスポージャーを加算したものに等しいということである。

為替自体は期待リターンは生み出さない。マーケットプレーヤーによっては、いわゆるマクロ戦略の一環として為替レートの方向を予測しようという人もいる。外債の投資信託は、投機ビークルとして機能する場合もある。しかし、通貨へのトップダウンの投資（まずマクロな視点で分析し、そのあとミクロな視点に移っていく）は信頼の置ける超過リターンの源にはならない。なぜなら、経済状況に影響を及ぼすファクター（特に金利）を正確に予測するのは難しいからだ。賢明な投資家なら通貨への投機は避けるのが普通だ。

ポートフォリオの観点から言えば、為替イクスポージャーはさらなる分散を推進するものとして役立つかもしれない。期待リターンは生

まないにしても、通貨の動きとほかのアセットクラスの動きとの間には相関はないため、ポートフォリオリスクを減らすことができる。しかし、為替イクスポージャーは、外債ポジションを通してではなくて、高いリターンを生み出すアセットクラス（特に外国株）を通して取るべきである。

外貨のポジション自体は期待リターンは生み出さないため、外債の投資家は米ドル債のリターンと同じ程度のリターンを期待する。しかし、ヘッジしていない外債は金融危機やデフレに対しては米国債と同じようには守ってくれない。市場が打撃を受けたとき、アメリカの投資家は為替レートが外債ポジションにどんな影響を及ぼすかは分からない。為替レートの影響が分からないため、投資家たちはヘッジしていない外債イクスポージャーを避けて、アメリカの債券による分散効果のほうを選ぶことになる。

利害の一致

国債保有者は政府による公正な扱いを期待する。社債発行者と社債債権者の間にある本来的な敵対関係とは違って、政府が国民に不利益を与える理由などない。投資家が、主として発行国の市民が保有している外貨建て債券を買えば、同様の利害の一致は投資家にとって有利に働くはずだ。

しかし、外債の保有者がその国以外の人の場合、利害は一致しなくなる。もし政治情勢の変化によって契約上の義務が保証されなくなると、外債のその国以外の保有者は問題のある社債の保有者よりも悪い結果を得ることになる。国際的な政治情勢が絡んでくると、外債保有者は被害を被る。

市場特性

　2003年12月31日現在の外貨建て債券の市場価値は９兆1000億ドルに上り、そのうちの６兆1000億ドルは外国政府が発行したもので、１兆3000億ドルは投資適格社債だった。外貨建て高利回り社債の発行額はわずか740億ドルだった。これは市場が比較的未成熟であることを示している。

　外貨建て国債の満期までの利回りは2.5％で、平均満期は7.3年、デュレーションは5.6年だった。これに対して、外貨建て投資適格社債の利回りは3.5％で、平均満期は６年、平均デュレーションは3.8年だった。

外債のまとめ

　外貨建て債券は、アメリカの債券と同じく期待リターンは低いが、アメリカの債券の持つポートフォリオの分散効果はない。フルヘッジの外債は米国債とほぼ同じ効果を持つ（ただし、複雑さが増し、ヘッジによるコストが増大するというデメリットがある）。ヘッジしていない外債は、米国債に望ましくない為替イクスポージャーを加えたものに等しい。外貨建て債券はよく構築された投資ポートフォリオでは出番はない。

ヘッジファンド

　ヘッジファンドはさまざまな投資戦略を使う。その戦略はイベントドリブンからレラティブバリュー、マクロ戦略、債券アービトラージと多岐にわたるため、ヘッジファンドの投資家はいろいろな選択肢から投資を選ぶことが可能だ。運用戦略には大きな違いがあるものの、

法体系（リミテッドパートナーシップ）、手数料構造（基本的な運用手数料＋成功報酬）、アクティブ投資に依存するという共通点を持つ。

　伝統的な株式や債券との相関を避けることを目的とした投資アプローチの場合、投資家は投資リターンを生み出すのにアクティブ運用スキルに頼るしかない。そうした絶対リターン型戦略は、市場状態にかかわらず正のリターンを生み出すことを目指す戦略だ。マーケットイクスポージャーがなく、スキルがなければ、投資家はマネーマーケットリターンしか得ることはできない。しかし、高い管理手数料と大きな成功報酬を支払っている投資家は、マネーマーケットリターンを上回るリターンを期待するのは明らかだ。絶対リターン型ヘッジファンドへの投資が意味を持つのは、投資家が優れたアクティブ運用スキルを持つマネジャーを見つけることができたときだけだ。

　これに対して、伝統的な市場性アセットクラスに投資する投資家の場合、基本的に原アセットクラスから生み出されるリターンを目指すが、アクティブ運用口座の場合は、銘柄選択によってリターンが増減することもある。例えば、アメリカ株の場合、マネジャーのスキルがなくても、単に市場に投資するだけで多かれ少なかれ市場パフォーマンスと同程度のリターンを期待することができる。しかし、絶対リターン型投資ではそういった市場の力によってリターンが左右されることはない。

　ヘッジファンド投資で成功するためには、ファンドマネジャーに課される高額の手数料に負けないくらいの十分なスキルを持ったアクティブマネジャーを見つける必要がある。伝統的なアセットクラスでは、アクティブ運用のほとんどは市場リターンを上回ることができないことが、金融理論からも現実世界の経験からも分かっている。平均的に投資家は発生した取引手数料と支払った運用手数料の分だけ損をする。複数の戦略を用いるヘッジファンドマネジャーは、一般的な証券のアクティブ運用の特徴であるネガティブサムのクローズドシステムモデ

ルを単に応用することはないが、マーケットイクスポージャーを避けるマネジャーは、優れた投資選択スキルがなければマネーマーケットリターンに甘んじるしかない。マネーマネジメント業界全体にも言えることだが、ヘッジファンドの世界では、一貫して優れたマネーマネジャーはそれほど簡単に見つかるわけではない。ヘッジファンドのアクティブマネジャーが一般的な証券のアクティブマネジャーと同程度のパフォーマンスしか上げられなければ、ヘッジファンドの投資家は手数料が高いために失敗する可能性は高い。

サバイバルバイアス

　ヘッジファンドの過去のパフォーマンスの統計を見ても、投資の世界で比較的新しいこの分野の特徴はあまりよく見えてこない。サバイバルバイアスはヒストリカルリターンデータの収集においてよく見られる問題だ。パフォーマンスの悪いヘッジファンドはパフォーマンスの良いヘッジファンドよりも倒産する確率が高い。これは事実なのだが、業績分析からは過去に倒産した企業の業績は削除されることが多い。そのためマネジャーのリターンデータは誇張されたものになってしまう。これをサバイバルバイアスと言う。一般的な証券という確立された世界では、サバイバルバイアスは数値化できるとは言え、重大な問題となる。まだ確立されていないヘッジファンド投資の世界では、サバイバルバイアスは証券の世界よりもはるかに重大な問題を生み出す。

　データベースマネジャーが倒産した会社の業績を含めた場合でも、リターン履歴は完璧とは言えない。ほとんどのデータはヘッジファンドの自己報告によるデータに依存するため、データの信憑性はヘッジファンドの誠実さに依存することになる。ビジネスに何が何でもとどまろうと悪戦苦闘している経営難のヘッジファンドは、日々の危機管

理に追われ、第三者のデータベースプロバイダーへの結果報告は二の次になる。

　かつてLTCM（ロング・ターム・キャピタル・マネジメント）という有名なヘッジファンドがあった。このヘッジファンドは世界の金融システムを崩壊の瀬戸際に導いた。ニューヨーク・タイムズによれば、ヘッジファンドデータ提供者として有名なトレモント・キャピタル・マネジメントのデータベースには、LTCMのパフォーマンスデータは会社が倒産するおよそ1年前の1997年10月までのデータしか含まれていなかった。

　LTCMの創立から倒産の1年前まで（1994年3月〜1997年10月）の投資家に対するリターンは年間32.4％で、これは驚くべき数字だ。LTCMの初期の数字によってヘッジファンド業界の全体的な数字がつり上げられたのは明らかだ。LTCMが結果報告をやめた1997年10月から、1998年10月の倒産までのリターン（リターンと呼ぶことができるのなら）は−91.8％だった。この甚大な損失はトレモントのデータの宝庫のなかのどこにも出てこない。

　トレモントが報告した年間32.4％のリターンとLTCMの実際のリターンである−27％との大きな差は、認識と現実との大きなギャップを生むものだ。LTCMの内部崩壊を統計から削除することで業界のヒストリカルリターンはつり上げられ、投資家のヘッジファンド投資の実体に対する判断を誤らせた。

　ヘッジファンドのリターンの統計学的記述にはサバイバルバイアスと関係はあるが、まったく異なる採用バイアスが内在する。1990年代にヘッジファンドの人気が高まると、パフォーマンスの良いファンドのみが競争を勝ち抜いて市場関係者から注目され、投資家からのお金も集まった。パフォーマンスの悪いファンドは世に知られることもなく消えた。高いリターンを誇るファンドには大金が集まり称賛され、彼らはコンサルタントを操作し、報告されたリターンを都合よく説明

した。時には、数字の管理者は新たに発見された素晴らしいパフォーマンスの過去の結果を統計に加え、過去のパフォーマンスデータを実際よりも良く見せるという操作を行った。こうしてヘッジファンドのパフォーマンスの一般向け報告書は、業界全体でヘッジファンド市場の実体を誇張して報告するものとなった。

　初期のヘッジファンドの勝者の輝かしい実績は、多くの投資家にヘッジファンドは常に年間20％のリターンを上げているのだと思わせた。彼らがこう思ったのは、収集が困難な包括的データを注意深く見ることなく、人目を引く成功と不十分な構造のデータベースの表面的な分析を軽率に信じてしまったためである。

規律のあるロング・ショート投資

　本当に自律的なリターンを生み出そうとするヘッジファンドマネジャーは控えめな目標を立てるのが普通だ。買いポジションと売りポジションを等分に含むポートフォリオを持ったファンドマネジャーを考えてみよう。市場の観点から言えば、買いと売りは互いに埋め合わせる関係にある。上昇相場では、売りで出た損失は買いで出た利益で相殺され、下落相場では、買いで出た損失は売りで出た利益で相殺される。バランスのとれたロング・ショート投資を行えば、市場の上下動とは無関係でいられる。

　規律のあるロング・ショート投資家にとって重要なリターン源となるのが銘柄の選択だ。割安な銘柄からなる買いポジションと割高な銘柄からなる売りポジションを構築することができれば、そのマネジャーのポートフォリオは買いオンリーのマネジャーの銘柄選定力の２倍のパワーを持つことになる。

　ロング・ショート戦略のマネジャーにとって２番目のリターン源は売りポジションを建てることで得られる日歩の利益だ。空売りはこう

して現金収入を生み出し、その額はマネーマーケット金利にほぼ等しい。日歩による利益によってロング・ショートの投資家のリターンは確かに増えるが、日歩による利益はロング・ショート投資戦略を正当化できるほど十分なものではない。マネーマーケットリターンを求めるのなら、MMF（マネーマーケットファンド）を買ったほうがもっと直接的でコストも安く低いリスクで現金を手にすることができる。

ロング・ショートのファンドマネジャーが上位4分位に相当する買いオンリーのアメリカ株マネジャーと同等の銘柄選択スキルを持っていると仮定しよう。2003年12月31日までの10年間にわたってアクティブマネジャーを集計した広く使われる統計によれば、マネジャーの上位4分位の年間リターンは市場を2.3％上回っていた（マネジャーに関するデータの出所はラッセル・メロン・アナリティカル・サービス。相対パフォーマンスの測定に使われるパッシブベンチマークとしてはラッセル3000を使用）。もしロング・ショート戦略のマネジャーがポートフォリオの買いおよび売りのそれぞれの側で上位4分位のリターンを生み出すとすると、銘柄選択によって生み出されるリターンは、4.6％になる。しかし、巧妙な銘柄選択による期待リターンの大きさは2桁リターンには程遠い。

銘柄選択からの数値に（売りによる利益を反映した）短期金利を加えたものがロング・ショート投資の総リターンだ。2003年12月31日までの10年間にわたる平均短期金利は年間4.1％だった。上位4分位の銘柄選択リターンの4.6％に、マネーマーケットリターンを加えると、手数料差し引き前のトータルリターンは8.7％になる。

手数料はヘッジファンド投資家には大きな負担になる。1％の管理手数料に、20％の成功報酬を加えると、トータルリターンから2.5％が差し引かれる計算になり、投資家の純リターンは6.2％になる（トータルリターンの8.7％から管理手数料の1％を差し引くと7.7％になり、そこから20％の成功報酬［0.2×7.7＝1.5］を差し引くと、純リターン

は6.2％になる）。アクティブ運用による銘柄選択が成功（上位４分位の成果で判断）したとしても、ロング・ショートのヘッジファンド投資家の純リターンは、マネーマーケットリターンをわずかに上回るだけだ。

　マネジャーの銘柄選択スキルが月並みだと、結果は推して知るべしである。株式マネジャーのパフォーマンスのメジアンを見てみよう。2003年12月31日までの10年間において、アメリカ株式アクティブマネジャーのトータルリターンのメジアンは年間でマーケットリターンをわずか1.2％上回る程度でしかなかった。アクティブマネジャーのリターンのメジアンを２倍にすると2.4％で、これは銘柄選択によるリターンだ。これに現金リターンの4.1％を足すと、トータルリターンは6.5％だ。これから手数料を差し引くと純リターンは4.4％になる。これは単に現金を持っているときのリターンと変わらない。

　最後に、アンダーパフォームしたマネジャーのリターンを見てみよう。2003年12月31日までの10年間において、第３四分位のアクティブマネジャーの手数料差し引き前のリターンは市場リターンと同じだった。アクティブ運用のリターンがなければ、ロング・ショート投資家のリターンは直接利回りの4.1％だけである。手数料を差し引くと純リターンは2.5％になり、直接利回りを下回ってしまう。パフォーマンスの悪いアクティブマネジャーの下では惨めな結果が待っているだけである。

　平均的な投資結果や平均以下の投資結果は投資家に痛みを与えるが、投資マネジャーはどういった場合でも大きな利益を手にいれることができる。パフォーマンスにかかわらず、マネジャーには１％の管理手数料が手に入る。これは伝統的な買いオンリーのマネーマネジャーの平均的な報酬だ。運用資産額ベースの手数料を含めると、第１四分位のマネジャーの報酬は2.5％で、投資家にしてみれば１桁のリターンにしては大きな手数料負担だ。銘柄選択スキルに対するトータル手数

料のメジアンは2.1％だ。投資家の純リターンが直接利回りを下回る
場合でも、マネジャーは大きな報酬を得る。第3四分位のマネジャー
でもトータル手数料は1.6％だ。パフォーマンスの悪いマネジャーで
もこれだけの手数料が手に入るのだ。

　バランスの取れたロング・ショートの株式マネジメントの例を見て
みると、アクティブマネジメントが絶対リターン型投資で果たす重要
な役割が見えてくる。事実、優れたアクティブ運用がなければ、投資
家には低いリターンしかもたらされない。ロング・ショートの株式マ
ネジャーは、ヘッジファンド投資家が納得する手数料構造を正当化す
るためには、常に第1四分位のリターンを上回るリターンを上げなけ
ればならない。残念ながら、腕の良い投資マネジャーを見つけて雇う
ためのお金は、普通の個人投資家が持っているお金をはるかに上回る。
アクティブ運用に依存しなければならないことと、手数料が高いこと
を考え併せると、ロング・ショートの投資戦略を投資家のポートフォ
リオに含むのはあまりお勧めできない。

市場リスクを持つヘッジファンド

　規律あるロング・ショート戦略以外の戦略を採用するヘッジファン
ドの話はもっと複雑だ。こうしたヘッジファンドを評価するためには、
ファンドを2つに分類する必要がある。市場リスクを避けるファンド
と市場リスクを受け入れるファンドだ。市場リスクを避けるファンド
の場合、投資家はマネーマーケットレベルのリターンしか期待できな
い。市場リスクをとりたがらない投資家は基本的に現金のリターンし
か得ることはできないという議論は、ロング・ショートのマネジャー
のパフォーマンス分析のところで実証済みだ。つまり、資産をシステ
マティックな市場リスクにさらさないヘッジファンド戦略は、現金の
リターンを上回る総リターンを上げるには高いアクティブ運用リター

ンを達成せざるを得ないということである。

　ヘッジファンド戦略の多くは資産をさまざまなタイプのシステマティックリスクにさらす。おそらく常に市場要因にさらされる最悪の例は、プライベートパートナーシップを設立し、それをヘッジファンドと呼び、20％の成功報酬を取る買いオンリーのマネジャーだろう。この場合、マネジャーは市場リターンの20％を受け取る。これはマネジャーのコントロールが及ばないファクターに対する手数料としては非常に高い。

　公正な手数料構造では、マネジャーがコントロール下にある変数を操作して付加価値を与えることで、マネジャーに報酬が与えられる。買いオンリーで全額をアメリカ株式に投資するファンドの場合、大型アメリカ株マネジャーの場合はS&P500、外国株スペシャリストの場合はEAFEといった市場ベンチマークを20％上回るリターンを手にする。規律あるロング・ショート株式ファンドの場合は、マネジャーは短期マネーマーケットリターンを20％上回るリターンを手にする。適切なベンチマークを上回る利益の一部を手にするマネジャーの場合、マネジャーが得る利益は価値を付与することに対する報酬だ。しかし残念ながら、ヘッジファンドの場合、資本を払い戻したあとの利益の一部をマネジャーに支払うのが普通だ。つまり、収益がゼロのこともある。市場感応型ヘッジファンドの場合、ハードルレート（最低限必要とされる利回り）がなければ、マネジャーはマーケットイクスポージャーによって生み出される利益の一部を受け取ることになる。通常のヘッジファンドの手数料体系によって課される大きな手数料を考えると、市場感応型ヘッジファンド投資はあまりお勧めできない。

　市場感応型ヘッジファンドのリターンは、どんなに洗練された投資家でも評価できるものではない。市場要因による追い風や向かい風の影響を、銘柄選択スキル（あるいはスキルの欠如）による影響から切り離して考えることはできない。特に、マネジャーが頻繁に市場イク

スポージャーを調整するときはなおさらだ。市場感応型ヘッジファンドを調べることで得られる投資家の洞察とは無関係に、業界標準の取引構造では投資マネジャーは市場アクションによって生成されるリターンの一部を受け取る。これはマネジャーのコントロールの及ばない利益に対する不相応な報酬だ。

利害の一致

　ヘッジファンドの仕組みのなかで投資家によって支払われる成功報酬は、マネジャーにオプションを生み出す。これは受益者の利益を脅かすものだ。ヘッジファンドが利益を出した場合、その利益のかなりの部分がマネジャーのものになる。逆にヘッジファンドが損失を出した場合、そのあおりを受けるのは投資家だけだ。こうした成功報酬構造の非対称性はファンドマネジャーにとって有利なのは明らかだ。
　投資家とともにマネジャーも投資する場合、インセンティブ報酬のオプションの脅威は完全になくなるわけではないが、多少は減少する。ヘッジファンドのパフォーマンスが良いとき、マネジャーは投資と成功報酬の両方から利益を得ることができる。ファンドが損失を出したとき、マネジャーも投資家と痛みを共有する。このように運用資金を共同で出し合えば、マネジャーと受益者の利害の不一致は大幅に減少する。

市場特性

　2003年12月31日現在、ヘッジファンド業界にはおよそ6000のヘッジファンドが存在し、8000億ドルを超える株式資本を支配している（ケビン・ミラビレとローズマリー・レイクマン著『Observation on the Rapid Growth of the Hedge Fund Industry』〔Barclays Capital,

2004]：2)。ヘッジファンドの多くは大きなレバレッジを使うため、実際のバイイングパワーは保有している株式資本を上回る。アセットクラスの1つであるヘッジファンドは、独立した証券の組を表すものではない。ヘッジファンドは株式や債券といったアセットクラスに分散投資して高い運用収入を追求するものである。

ヘッジファンドのまとめ

　ヘッジファンドは、制約のほとんどない優れたマネジャーに資金を預ければ、一般的な証券のアップスイングやダウンスイングにかかわらず、素晴らしいリターンを約束してくれると信じる投資家にとっては魅力的だ。確かに、多くの洗練された機関投資家の体験を見てみると、低リスクでほかの資産と相関のない高いリターンを上げ、ポートフォリオに貴重な分散をもたらすヘッジファンド戦略もあることが分かる。もちろん、ヘッジファンド投資で成功する投資家は、質の高いマネジャーを探してお金を運用してもらうのに桁外れに巨額なお金を使うのは言うまでもない。

　本当にスキルのある投資マネジャーを探すのは難しいし、高額な手数料も厄介な問題だ。これに加え、ヘッジファンドの手数料構造はオプションに似たペイオフ構造を持ち、これによって利害の不一致が発生するという問題もある。投資家とマネジャーの利害が一致するのは、ヘッジファンドマネジャーが巨額の個人資産を投資家と共同投資しているときだけである。

　ヘッジファンドの選択を思い付きで行えば落胆することになるだろう。ヘッジファンド投資は、マネジャーの評価に莫大なお金をかける洗練された投資家だけの世界だ。ヘッジファンドのリターンは多くの市場参加者にとって魅力的に映るが、本当に優れたアクティブマネジャーを見つけることができなければ悲惨な現実が待ち受けているだけ

だ。優れた銘柄選定スキルがなければ、マーケットイクスポージャーを避ける投資戦略はマネーマーケットと同程度の期待リターンしか生まない。ヘッジファンドの高額な手数料体系は、それでなくても低い現金のリターンを許容不可能なレベルにまで侵食する。リスク調整後はなおさら低下する。ヘッジファンドの投資家がリスク調整済み超過リターンを期待するのはほぼ不可能と言ってよい。

LBO

　LBO（レバレッジドバイアウト。対象企業の資産を担保とした借入金による買収）投資とは、バランスシート上の大きな借り入れ資金を使って、成熟企業を所有しようとするプライベートな投資スキームである。負債水準が高いため、利益が出たときは大きな利益になるが、逆に利益が出なかったときは大きな損失になると言った具合に、リターンの変動は大きい。LBO投資はスポンサーが価値を付加する活動をしなければ、そのリスクは増大するだけである。

　一般にリスクの上昇は高いものにつく。LBOパートナーシップには、多額の管理手数料（出資金の1.5％〜2.5％）、大きな成功報酬（通常20％）、そのほかのいろいろな取引手数料やモニタリング料がかかる。LBOファンドのジェネラルパートナー（無限責任パートナー）は、単なる金融工学だけをやっているのではなくて、価値を創造する特殊なスキルも提供しているのだと主張する。経営にかかわるLBOパートナーシップによって付加される価値は、場合によっては、LBOファンドの手数料体系によって課される重い負担を克服できるかもしれないが、総体的にはLBO投資は上場市場での投資には対抗できない。LBO取引における高いリスクと非流動性が著しく欠如しているという欠点の調整後は、上場株式のほうが明らかに有利だ。

アクティブ運用とLBOファンド

プライベートエクイティの世界では、アクティブ運用による銘柄選択が成功してこそ投資は成功する。パッシブ投資を含む国内株式や債券のようなアセットクラスでは、投資家は市場を買うことができる。つまり、株式のインデックスファンドを保有することで、投資家はコスト効率の高い信頼の置ける方法で市場リターンを得ることができるということである。非効率なプライベートエクイティの世界では、投資可能なインデックスが存在しないため、投資家は市場を買うことはできない。たとえLBOインデックスが存在したとしても、過去のパフォーマンスを基にすれば、インデックス並みのリターンでは高いリスク調整済みリターンを求める投資家を満足させることはできないだろう。事実、プライベートエクイティの流動性の欠如と高いリスクを十分に補えるリターンを生み出すことができるのは第1四分位あるいは第1十分位のファンドだけである。本当に優れたファンド選定スキル（あるいはものすごい幸運）を持っていない投資家は、プライベートエクイティ投資には手を出すべきではない。

これはLBO業界の歴史を見れば明らかだ。2003年6月30日までの20年間で、投資コンサルタントのケンブリッジアソシエーツがトラッキングした304のLBOファンドの平均プールドリターンは11.5％だった（データの出所はケンブリッジアソシエーツが独自開発したオンラインBenchmark Calculator）。同時期のS&P500のリターンは12.2％だった。LBO投資家たちは大きなリスクを背負い、高い手数料を支払った割にはリターンは低かった。これでは成功した投資とは言えない。

LBOパートナーシップの投資家たちの過去20年におけるリスク調整済みリターンはひどいものだった。非上場企業のLBOと上場企業の間の大きな違いは、オーナーシップの性質（非上場か上場か）と資

本構成の性質（借り入れが多いか、それほど多くないか）なので、出発点としてはLBOのリターンと市場リターンを比較するのがよいだろう。しかし、リスクが高く借入金の多いLBOポジションは高いリターンを生み出すのが当然なのに低いリターンしか生み出さないので、賢明な投資家はLBO投資を敬遠するだろう。リスク調整ベースでは上場株式のほうが圧倒的に有利だ。

イェール大学財団の調べによると、LBOのリスクを補うには追加的リターンが必要だということが分かった。1987年から1998年までに行われた542件のLBOを調査した結果、総リターンは年間48％で、同じ時期に同じサイズでS&P500に投資した場合のリターンを17％上回っていた（LBOの調査に使われたサンプルには極端なサバイバルバイアスが含まれている。使われたデータは、イェール大学を投資家として引き込みたい企業がイェール大学財団に提供した募集要項からのものだ。言うまでもなく、業績の良い企業のみが資金集めのためにイェール大学の勧誘にやってきた）。表面的にはLBOのリターンのほうが大差で株式のリターンを上回っている。しかし、管理手数料やジェネラルパートナーの利益配当で調整すると、LBOのリターンは推定で年間36％になる。これでも株式のリターンを上回っている。

LBOはその性質上、借入金水準が市場水準よりも高いため、LBOファンドと株式の比較は同一条件での比較にはならない。公正な比較を行うためには、仮想的な上場市場投資にLBOを適用した場合の影響を考える必要がある。S&P500に同じ時期に同じサイズで同じレバレッジを使って投資した場合のリターンは、年間86％という驚くべき数字を示した。リスク調整ベースでは、株式のリターンは年間50％もLBOのリターンを上回ったのである。

近年になってLBO企業は少ない借入金でLBOする傾向が見られるようになった。この傾向が続き、LBOファンドがヒストリカルなパフォーマンスを維持できれば、株式の調整済みリターンとLBOのリ

ターンの差は縮まるはずだ。とはいえ、LBO投資を正当化するため
には株式リターンをはるかに上回るリターンを生み出す必要がある。

　LBOマネジャーが高いリスク調整済みリターンを生み出すことが
できない1つの原因が不当な料金体系である。通常、LBOの投資家
は投資会社のパートナーに利益の20％を支払う。インセンティブ報酬
は投資家の資本コストを勘案していないため、LBOパートナーは長
期株式投資家の背中に吹く順風によって生み出された利益の20％を取
る。もちろん、市場水準よりも高いレバレッジを使った取引では、投
資家の資本コストはレバレッジの度合いに比例して上昇する。LBO
マネジャーは企業のバランスシート上の負債を増やすことで得られる
わずかな報酬しか本来得る権利はない。LBOパートナーシップのス
ポンサーに利益の20％を支払うということは、ファンドの投資家は、
ファンドマネジャーのコントロールの及ばない、ファンドマネジャー
が稼いだ利益ではない負債による市場利益のかなりの部分をファンド
マネジャーに提供していることになる。LBOファンドの大部分は、
不当な料金体系を克服する十分な価値は生み出していないのが実情だ。

　リターンが低いという業界全体の問題のもう1つの原因としては、
大きなファンドのインセンティブの不一致が挙げられる。LBO会社
は一般に適度な大きさの運用資産から始め、最終的には運用資産を何
千万ドル、何億ドルと増やしていく。管理手数料で経常経費を賄い、
インセンティブ手数料は優れたパフォーマンスに対して与えられる。
成功するLBOファンドはファンドサイズを確実に増やしていく。例
えば、ファンド1の2億5000万ドルからファンド2の5億ドル、ファ
ンド3の10億ドル、ファンド4は20億ドルとファンドの数字が上がる
たびにファンドサイズは増えていく。ファンドサイズが増えても、資
産の比率として支払われる管理手数料の比率は一定のままだが、手数
料収入の金額は劇的に増えていく。報酬体系を変えれば、ジェネラル
パートナーのモチベーションも変わる。

　新しい小さなファンドのパートナーは投資リターンを生み出すことに集中する。手数料は運営コストに回されるので、富を構築するためには投資リターンが大きくなければならない。大きなリターンは大きな成功報酬につながるだけではなく、リターンが大きくなればジェネラルパートナーはもっと大きな資金を調達することができる。

　結果的には、ファンドサイズが増えれば、手数料収入が大きなプロフィットセンターになる。手数料収入が増えれば、ジェネラルパートナーの行動は変化し、会社のフランチャイズを守り、年金に似た手数料の流れを維持することに集中して取り組むようになる。大きなLBOファンドはリスクの低い取引を望み、借入金も低く抑える。大きなパートナーはより多くの時間を費やして、資金源と手数料源としてのリミテッドパートナー（有限責任パートナー）の開拓に乗り出す。そのため投資活動がおろそかになり、リターンも低下する。

　過去のリターンデータを見ると、大きなファンドほどリターンは低いことが分かる。2003年6月30日までの20年間で、ケンブリッジアソシエーツのデータは、委託資金が10億ドルを超えるLBOファンドの年間リターンは6％で、LBO業界全体の年間リターンの11.5％を下回っているが、S&P500の年間リターンの12.2％も下回っている。これに対して、委託資金が10億ドルを下回るファンドの年間リターンは17.8％と、委託資金が10億ドルを超えるファンドの年間リターンを大幅に上回っている（データの出所はケンブリッジアソシエーツが独自開発したオンラインBenchmark Calculator）。

　軽率な市場関係者は、LBO投資を成功させるための鍵は小さなLBOファンドに投資することだと浅はかな考えに陥る。確かに小さなファンドはジェネラルパートナーとパッシブな資金提供者の利害は一致するが、小さなファンドに投資するだけでは満足のいく結果は得られない。

　なぜなら、第一に、小さなLBOファンドのリターンを高いリスク

で調整すれば、超過リターンは消える。小さなLBOファンドは高い
オペレーショナルリスクを抱える小さな企業に投資することが多い。
高い金融リスクに高いオペレーショナルリスクが加われば、小さな
LBOファンドに投資した投資家としては非常に高いリスク調整済み
リターンが必要になる。小さなLBOファンドへの投資はリスクが高く、
非流動性も高いため、投資家はこうしたリスクに対して十分に補償さ
れなければならない。

　第二に、ヒストリカルパフォーマンスだけを見て小さなLBOファ
ンドに投資する投資家は、バックミラーを見て投資しているようなも
のだ。リスク調整済みではないにしても、絶対リターンが高ければそ
れは資金を引き寄せる。市場参加者は小さなLBOファンドは大きな
LBOファンドをアウトパフォームすると結論づけるため、市場では
中規模のLBOを追求する多数のパートナーシップが生まれる。そう
なれば、かつては存在した超過リターンは新たな資金と新たな参加者
の流入によって脅かされることになる。超過リターン源を排除しよう
とする市場の力には注意が必要だ。

利害の一致

　LBOでは企業経営陣と資金提供者の利害は一致している。バラン
スシート上の借入金が多ければ、企業経営陣は資産を効率的に運用し
て、キャッシュフローを生み出して債務を返済することにエネルギー
を注ぐ。株主に不親切な企業特典に対する誘惑は、デフォルトの恐怖
や利益配当という聖杯を考えると企業経営陣にとっては魅力的とは言
えない。LBOは経営者と投資家の利害を一致させるのに役立つ。

　しかし、一方でLBOパートナーシップへの投資家は、スポンサー
が成功報酬を受け取るというスキームの投資家が直面するのと同じ問
題に直面することになる。利益配分契約は、ファンド運営者にとって

は有利で、資金提供者にとっては不利になる。成功報酬の不均衡をなくすためには、LBOパートナーシップのスポンサーは多額の自己投資をする必要がある。これは利益と損失の対称性を生み出し、利害の一致に大いに役立つ。

　高い管理手数料は大きなLBOファンドにとっては特に大きな問題で、ジェネラルパートナーとリミテッドパートナーを分裂させることになる。取引が成功裏に完了したときにファンドが課す取引手数料は、ファンドマネジャーが資金を提供してくれるパートナーを犠牲にして金持ちになるためのとんでもない代物だ。なぜ取引手数料が課されるのかは、思慮深い投資家なら不思議に思うはずだ。管理手数料で運営経費を賄い、成功報酬が魅力的なインセンティブ報酬を与えるのなら、取引手数料はどんな役割を担っているのだろうか。事実、LBOファンド、特に多額の手数料を課す大きなファンドは、ファンドマネジャーと投資家との利害が一致しない代表例なのである。

市場特性

　2003年12月31日現在、アメリカのLBO業界が支配する資本はおよそ2300億ドルで、そのうちのおよそ60%は会社に投資され、残りは投資家によって委託され引き出されていない資金である。2003年末現在、アメリカで活動しているLBOパートナーシップは400を超える（ケンブリッジアソシエーツが収集したデータに基づく推定値。運用資産は、パートナーシップ全部を合わせた現在の純資産額に、引き出されていない資金を足し合わせたもの。データはアメリカ市場のみのデータ）。

LBOのまとめ

　LBOファンドは片手間に投資している投資家にとってはあまりお

勧めとは言えない。LBOの対象となる企業への投資は、上場市場投資とはバランスシート上のリスクも流動性も異なる。LBOは多額の借入金をして、流動性は低いため、投資家に対してはハイリターンという形での補償が必要になる。プライベートエクイティの投資家にとって不幸なのは、この数十年にわたってLBOファンドは、同等の株式に比べるとリスク調整前でさえ低いリターンしか生み出していないという点だ。

　LBO投資家にとって足かせとなるのが高い手数料だ。年間管理手数料だけでなく、LBOファンドは利益からかなりの取り分を要求する。通常は、総利益の5分の1である。管理手数料とインセンティブ報酬に加え、LBOマネジャーは取引手数料も課してくる。豊かな報酬体系はLBOマネジャーにとってはごちそうだが、投資家はおこぼれに預かるのがせいぜいだ。

　優れたアクティブ運用に依存するほかの投資形態と同じように、賢明な投資家はLBOパートナーシップには懐疑的だ。第1四分位または第1十分位のマネジャーを雇うための知見がなければ、発生するリスクを補うだけのリターンは得られない。

ベンチャーキャピタル

　ベンチャーキャピタルは、スタートアップ企業に資金と会社構築スキルを提供し、その企業を利益の出る企業にするための投資会社のことを言う。ベンチャーキャピタルパートナーシップへの資金提供者には、資本主義体制を支えているという自負、ベンチャーキャピタル業界の有名人を取り囲むきらびやかな世界に触れることができる、起業家の投資活動によって生み出される利益の一部を受け取ることができるといった数々の魅力がある。

　ベンチャーキャピタルへの投資の魅力の1つは、個々の投資がオプ

ションに似た特徴を持つことだ。総損失が総投資額を上回ることはないようにすればよいのだ。利益が出れば投資した資金は何倍にもなって返ってくる。損失が限定的で利益は青天井という特徴はポジティブスキューを持つリターン分布を生むため、投資家にとっては魅力的だ。

　しかし、ベンチャーキャピタルは現実をはるかに超える良いことばかりを言ってくるので、注意が必要だ。かなりの長期にわたって、ベンチャーキャピタルのリターンは株式リターンとほとんど変わらない。つまり、資金提供者はスタートアップ企業への投資に内在する大きなリスクを補償するリターンは得られないということである。

　こうした陰鬱な歴史はともかくとして、ベンチャーパートナーシップへの長期投資家は逆淘汰という問題に直面する。大手ベンチャー会社は一般に新たな投資家は受け入れず、既存の資金提供者間の能力に応じた出資割り当てさえも受け付けない。新たな出資源からの資金を受け入れるベンチャー会社は、投資機会としてはあまり魅力的とは言えない。

　1990年代終わりのハイテクバブル以前は、ベンチャーパートナーシップへの投資家は発生するリスクを補えるほど十分なリターンは得られなかった。数年だけ続いた栄光の時代には、インターネットの熱狂者によってベンチャー投資家には大きな富がもたらされた。しかし、バブルに踊らされた非上場のハイテク会社への投資によって、ベンチャー投資家には予期しない問題が降りかかる。投資家の見境のない要求を受けて、ベンチャーファンドは管理手数料を大幅に値上げし、利益の取り分も上げたのである。ハイテクバブルの崩壊によってハイテク企業の評価が下がったあとも、ベンチャーキャピタルパートナーシップは新しく作り出した投資家に不親切な条項を維持したため、パートナーシップ投資の成功はより一層困難なものになった。

　ベンチャーキャピタルパートナーシップへの投資にはスタートアップ企業を支えるという魅力はあるものの、資金を提供する投資家は高

いリスクを補えるだけの高いリターンを得ることはない。投資家が高いリスクを補うのに十分なリターンを得ることができるのは、第1四分位あるいは第1十分位のリターンを生み出したときだけである。

ベンチャーキャピタルの大きな魅力

　1995年9月、フランス生まれのイラン人移民のピエール・オミダイアは、オンラインオークションサイトを立ち上げた。最初はガールフレンドがペッツ入れのコレクションを売るためのサイトとしてスタートした。1996年にはビジネスを拡張して堅実な利益を出すまでになっていたが、オミダイアは外部の援助を求めることを決めた。創設した当初は小さな会社だったが、創設から2年後、ベンチマークキャピタルというベンチャーキャピタルに投資させ、取締役を迎え入れた。これが今のeベイだ。創設から間もないシリコンバレーのベンチャー会社はオミダイアのeベイに670万ドル投資し、eベイの時価総額は2000万ドルになった。

　ベンチマークが投資したあと、eベイは瞬く間に成長した。これはメグ・ホイットマン率いる新たな経営チームの手腕の賜物だ。1998年9月にIPOを果たし、会社の価値は7億ドルに上昇し、やがて黄金期を迎える。eベイのIPOは投資家の関心を呼び、IPO価格だったのはつかの間で、株価は18ドルからわずか1日で47ドルに上昇した。これは市場の歴史のなかでわずか1日で株価が急上昇した5番目に大きなケースだった（ランダル・E・ストロス著『eボーイズ──ベンチャーキャピタル成功物語』［日本経済新聞社］）。1998年9月23日の取引終了時のeベイの時価総額は20億ドルを超えていた。ベンチマークの670万ドルの投資は4億ドル以上に膨れ上がった。670万ドルが1年足らずで60倍以上に増大したわけである。

　eベイの飛行船はまだ旅を始めてもいなかった。1999年4月には株

価は175ドルに上昇し、市場価値は210億ドルになった。巨額の利益の
分け前を確定するために、ベンチマークキャピタルは取り分のポジショ
ンを同社のリミテッドパートナーに配分した。ベンチマークの670
万ドルの投資が67億ドルになったわけだから、投資倍率は1000倍とい
うわけだ。人々はeベイを、「シリコンバレーで最高のパフォーマン
スを上げたベンチャー投資」と呼んだ（ランダル・E・ストロス著『e
ボーイズ──ベンチャーキャピタル成功物語』［日本経済新聞社]）。

　一発屋とは違って、eベイは成長を続け、インターネット企業の旗
手となった。2002年7月22日、時価総額が157億ドルを突破し、eベ
イはS&P500の仲間入りを果たした。ランキングは104位で、これは
南北戦争時代に操業を開始したノースカロライナを拠点とする金融会
社のBB&Tコーポレーションを1つ上回る位置付けだ。2003年12月
の最後の取引日にはeベイの時価総額は410億ドルで最高値を記録した。
これはベンチマークキャピタルの初期投資額の6000倍以上に相当する。

　だれもが大金持ちになった。eベイの創設者であるピエール・オミ
ダイアは想像を超える富を築いた。メグ・ホイットマンもeベイのほ
かの経営陣や従業員とともに多額の報酬を受け取った。ベンチャーキ
ャピタリストとその出資者も大きな投資利益を得た。一般株主も株式
保有期間にわたって大きなリターンを得た。その元を生み出したのは
ベンチャーキャピタルだった。

　eベイはベンチャーキャピタルの世界のほかの成功者とは一線を画
するが、シスコ、ジェネンテック、アマゾン、スターバックス、イン
テルといった会社も、事業家や投資家に対して莫大な利益を生み出し
た。アットホームやエキサイトといった失敗したスタートアップ企業
も、企業価値が数十億から数百億にまで膨れ上がったあと奈落に沈む
前に出資者に莫大な利益をもたらした。

ベンチャーキャピタルの厳しい現実

　投資家にとって残念なことに、ベンチャーキャピタルの大成功によって得られる利益は、業界全体で受容可能なリターンにはほど遠い。ベンチャーの投資家は長期間にわたり、高いリスクに対して市場リターン以上のリターンを受け取るには至っていない。ベンチャーキャピタルは口ではうまいことを言うが、その約束は守られていないわけである。

　ベンチャーキャピタルのリターンは、最大の投機バブルのピークのときでさえ、投資家にとってはがっかりさせられるものでしかなかった。権威ある2001インベストメント・ベンチマーク・リポートでベンチャーエコノミクスは次のように述べている──「2000年12月31日までの20年にわたるおよそ950のベンチャーキャピタルファンドのリターンは19.6％だった」。これは絶対リターンベースでは20年間にわたって年間20％のリターンを生み出したことになるわけだから、非常に高水準のリターンだ。

　しかし、同じ期間に同じサイズでS&P500に投資したとしたらどうだっただろう。株式のリターンは年間20.2％で、これはベンチャーキャピタル全体のリターンを上回る。大型普通株に投資した投資家は、もっと低いリスクで大きなリターンを得ることができたということである。

　ベンチャーキャピタル業界の擁護者は、もっと短い期間で検証することを望んでいるかもしれない。そうすればバブルの影響が結果に大きく反映されたはずだと。ベンチャーエコノミクスのサンプルの10年にわたるリターンは年間29.4％で、普通株リターンの年間23％を上回っている。おそらく普通株リターンを上回る6.4％分は、スタートアップ企業に投資したときの高いリスクを補うには十分かもしれないが、この6.4％の増分はハイテクバブルのおかげでしかない。

　バブル期以前の1996年までの10年分のリターンを検証してみよう。この10年のベンチャーエコノミクスのファンドサンプルのリターンは年間15.2％で、年間14.9％の市場リターンを上回っている。1996年12月31日までの10年間は、2000年12月31日までの10年間よりも、ベンチャーキャピタルの相対リターンを生む力をもっと適正に査定できるはずだ。1990年代終わりの投機バブルの影響を受けた投資分野のうち、最も大きな影響を受けたのはベンチャーキャピタルだ。ベンチャーキャピタル全体のリターンが市場リターンに等しければ、ベンチャー投資家のリターンはリスク調整ベースでは見る影もない。

　未上場のスタートアップ企業の投資家は上場大型株の投資家よりも大きなリスクに直面するだろうという直観による結論はともかくとして、リスクの差をもっと厳密に定義するのは難しい。しかし、ベンチャーの投資家が高いリスク調整済みリターンを得るためには、第1四分位あるいは第1十分位のリターンを達成する必要があるとだけ言えば十分だろう。

フランチャイズ企業

　ベンチャーキャピタルパートナーシップのヒエラルキーの一番上には、比較的少数のベンチャー企業が鎮座する。8社から10社のこれらの企業は比較的低位の企業に比べると大きなエッジを持っている。トップクラスのベンチャーキャピタリストは、多くの取引案件を持ち、交渉を有利に進めることができ、資本市場へもアクセスしやすい。簡単に言えば、事業家や投資銀行といったベンチャーキャピタルプロセスへの参加者は、こうした少数の「フランチャイズ企業」と取引することを好むということである。

　資本市場のほかの分野では、資金源の素性はベンチャーキャピタルの世界ほど問題にはならない。例えば、債券市場を考えてみよう。国

債や社債発行者は債券保有者の素性を気にするだろうか。株式市場は
どうだろう。上場企業の経営陣は株式保有者の素性を気にするだろう
か。企業支配権の変更が議論されているといった異常な状況において
は、証券発行者は債券保有者の素性は気にするかもしれないが、名前、
階層、証券保有者のシリアルナンバーまでは気にしない。実物資産市
場はどうだろう。オフィス用不動産の運用管理者、油井の運用管理者、
森林不動産の管理人はその所有者の素性を気にするだろうか。投資購
入者の資金源など、資産運用人にとってはどうでもよいことなのであ
る。

　これに対して、ベンチャーキャピタルの支援を受けた企業の経営者
は、資金源を大いに気にする。開業資金を求める事業家の大部分は、
トップクラスの企業からの資金調達は成功確率を高めると信じて、強
力なフランチャイズを持つベンチャー企業からの資金調達を希望する。
フランチャイズベンチャー企業のジェネラルパートナーはたぐいまれ
なグループからなり、彼らは並外れた判断力と無類の企業構築スキル
を持っている。スタートアップ企業は、フランチャイズベンチャーキ
ャピタリストの集積された英知や太いパイプやなかなか手に入らない
投資に関する知識を手にすることができるのだ。思考力のある事業家
は、選んだベンチャーキャピタリストとの取引を取り付けるために、
了解のうえで、自社に対する低い価格評価を快く受け入れる。ベンチ
ャーキャピタルエリートと手を結ぶことができれば、投資の成功が次
なる投資の成功を生むという好循環を生む。

　ベンチャー投資への新たな参入者は、月並みなポートフォリオを持
つ長期投資家と同じように、ベンチャー業界特有の問題に直面してい
る。トップクラスのベンチャーキャピタルパートナーシップは運用資
産を制限しており、トップクラスのパートナーシップで今現在新しい
投資家を受け入れているところはない。その結果、アウトサイダーは
アウトサイダーのままでいるしかなく、新たな参入者やポートフォリ

オのアップグレードを望む投資家が選択できる余地は限られているのが実情だ。

　ベンチャー市場への新たな参入者は、参入可能なベンチャー企業が大きなリターンを生み出す見込みがあるかどうかを考える必要がある。長年にわたって操業を続けてきた比較的大きなパフォーマンスの高い多くのファンドは除外されるため、リターンが良くないのは明らかだ。大多数の投資家の選択肢からはトップクラスのベンチャー企業は外されるため、リターン予測は相応の下方修正が必要になる。これまで市場性株式リターンと同程度のリターンを生成してきた業界では、適度な下方修正でも問題となることがある。ベンチャーエリートにアクセスできないことは、将来的にベンチャー投資家を目指す人にとって最後のとどめを刺すようなものである。

利害の一致

　ベンチャーファンドがジェネラルパートナーに対してオプションのようなペイオフを提供するというインセンティブ報酬制度は、LBOファンドやヘッジファンドと同じである。ジェネラルパートナーによる高水準の自己投資は、投資家との利害を一致させる確実な方法であり、ジェネラルパートナーの損益に対する態度に対称性を生む。残念ながら、ベンチャーの世界においては、ジェネラルパートナーの自己投資は例外であって、ルールではない。しかし、興味深いのは、かなりの数のベンチャーキャピタルエリートたちが多額の個人資金をリミテッドパートナーと共同投資していることだ。

　投資が成功すると、ファンドスポンサーは取引条項をジェネラルパートナーに有利になるように変える。その好例が1990年代終わりのハイテクバブルだ。投資家の大きな需要を受けて、ベンチャー企業はバブル期には、わずか10年前の資金調達の10倍近くの資金を調達し、フ

ァンドサイズは1990年代には1億ドルから1億5000万ドルだったのが、2000年代には10億ドルから15億ドルにまで拡大した。ファンドサイズの増大に伴って、手数料収入も増えた。スタッフの人数も増えたが、それを上回る手数料収入が入ってきた。資産ベースの収入の大幅な増加によって、手数料は経常経費を賄うものから収入を生み出すものへと変わった。

　リミテッドパートナーを苦しめたのは、ベンチャーパートナーシップがテクノロジーに対する投資家の関心が高まったのを利用して、ファンドの利益の取り分を増やそうとしたことだ。ハイテクバブル以前は、ベンチャー企業ははっきりとしたヒエラルキーのなかで事業を行い、それによってほとんどの会社が20％の利益配当を得ることができた。一握りの優れた企業は25％の利益配当を得た。業界のドンと言われるクライナー・パーキンス・コーフィールド・アンド・バイヤーズに至っては、30％もの利益配当を得た。エリート企業は大きな利益を創出し、利益配分を増やすことで二重に稼いだ。

　ハイテクバブルのときは強欲がはびこった。ベンチャーキャピタル投資への無限の需要によって、普通の企業でも20％から25％の成功報酬を手にし、優良企業は25％から30％の成功報酬を手にした。クライナー・パーキンスは利益配分を40％に、あるいは50％にでも増やそうと思えば増やせたが、その寛大さによって利益配分を30％に維持した。クライナー・パーキンスのジェネラルパートナーは自分たちには市場パワーがあることは分かっていたが、寄付基金投資家としての使命を果たすために利益配分を30％に維持することを決定した。

　取引条項をジェネラルパートナーに有利になるように曲げる機会を得たベンチャーキャピタリストだったが、価値を付加するという業界の月並みな慣行をよそに、彼らは冷静に対応した。バブルのあと、多くの企業はファンドサイズを合理的な水準にまで減らし、過度な手数料のネガティブな影響を減らした。しかし、成功報酬を減らしたファ

ンドはない。ベンチャー投資のリターンはバブル後は大きく低下したが、成功報酬は上昇し続けているように思える。

市場特性

2003年12月31日現在、アメリカのベンチャーキャピタル業界が支配している資本は1350億ドルで、そのうちのおよそ50％は企業に投資され、残りは投資家に委託されてまだ引き出されていないものである。2003年末現在においてはアメリカで活動しているベンチャーパートナーシップは1300を超える（これはケンブリッジアソシエーツが収集したデータに基づく推定値。運用資産は、パートナーシップ全部を合わせた現在の純資産額に、引き出されていない資金を足し合わせたもの。データはアメリカ市場のみのデータ）。

ベンチャーキャピタルのまとめ

ベンチャーキャピタル投資は市場参加者にとって魅力的だ。それは資本主義の原動力に参加できるという誇りが持て、スタートアップ企業の成功を後押しして大きな投資リターンが得られるからだ。eベイの例で見たように、ベンチャー投資はあっと驚くようなリターンが手に入ることもある。

しかし、eベイの成功例は例外であって、普通のベンチャー投資のリターンはこううまくはいかないことが多い。全体的にはベンチャー投資家は市場性株式のリターンと同程度のリターンしか得られない。リスク調整後のベンチャーキャピタルのリターンはとても満足できるようなものではない。

非上場企業のファイナンスの世界に新しく参入する人は、ほかのアセットクラスにおける投資の成功を阻害する障害とはまた別の障害に

直面する。それはトップクラスのベンチャーパートナーシップは新規参入者を受け入れないことだ。彼らは取引を有利に進め、事業家や資本市場にたやすくアクセス可能だ。ベンチャーキャピタルエリート集団から排除されることは、長きにわたって成功してきたリミテッドパートナーにとっては不利になる。

　ベンチャーキャピタルへの資金提供者は低いリスク調整済みリターンしか得ることはできない。賢明な個人投資家はほかの分野で機会を探したほうがよいだろう。

本章のまとめ

　非コアアセットクラスは、一見、魅力的に見えるが、実際にはパフォーマンスの低い投資しか提供してくれない。債券の多くは、デフォルトリスクのない信頼の置ける米国債の分散力ほどの分散力はない。信用リスク、コール条項、非流動性、為替リスクといった要素は、投資適格社債、高利回り債、外国債、資産担保証券の魅力を限定的なものにする。リターンを生み出すためには基本的にアクティブ運用による銘柄選択に依存している投資もある。ヘッジファンド、LBOパートナーシップ、ベンチャーキャピタルパートナーシップが成功するのは、ずば抜けて才能のある、あるいはものすごくラッキーなマネジャーが運用しているときだけである。優れたアクティブマネジャーを見つけるのは非常に難しいため、賢明な投資家は、市場を打ち負かす戦略からリターンを生み出すようなアセットクラスは避けたほうが無難だ。

　非コアアセットクラスは投資スペクトルのかなりの部分を占める。ブローカーは平凡な国債よりも高い手数料を取れる債券ファンドを積極的に売る。テレビのおしゃべりな語り手たちは代替的アセットクラスの魅力を延々としゃべり続ける。ウォール街は投資家が非効率的市

場にアクセスするようなビークルを勧めてくる。広く宣伝されている
非コア投資を無視し、静かで効率的なコア投資を選ぶには、投資家に
は絶対的な自信が必要だ。

第 2 部

マーケットタイミング

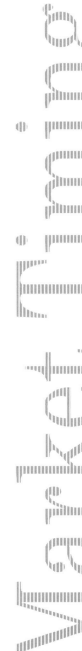

はじめに

　マーケットタイミングとは、明確な長期アセットアロケーション（資産配分）目標に対して、短期的な投資をすることを意味する。マーケットタイミングで投資をする人は、将来的にパフォーマンスが悪いと思われるアセットクラスのウエートは減らし、パフォーマンスが良いと思われるアセットクラスのウエートを増やし、戦術的な手段を講じてポートフォリオリターンの向上を図る。

　アクティブなマーケットタイミング採用者は失敗するのが普通だ。なぜなら、マーケットタイミングでは比較的少数の、分散できないポジションを取る必要があるからだ。タイミングを決めるには、さまざまなアセットクラスを評価する必要があるため、短期的なアセットアロケーターは途方もなく多くの変数を見る目を養う必要がある。マーケットタイミング採用者が正しい判断を下してハンディキャップを乗り越えたとしても、気まぐれな市場は短期的には評価の不一致を解決してはくれないだろう。賢明な投資家はマーケットタイミングの泥沼にははまらないようにするのが一番だ。

　マーケットタイミングに関してはあまりデータがないため実態ははっきりしないが、素晴らしい投資環境に身を置く機関投資家はマーケットタイミングを重視していないようだ。それほど良いとは言えない投資環境にいる個人投資家はポートフォリオのアセットアロケーション目標を明確に定めることすらできない。明確に定めた目標がなければ、マーケットタイミングという概念を明確に定義することは不可能だ。

　あるデータによれば、個人投資家は市場の上下動とともに変動するパッシブなアセットアロケーションを採用している。もっと心配なのは、多くの個人投資家は、好パフォーマンスの追っかけという最終的

には高値で買わされ安値で売らされる非生産的なことをやっている。昨日の勝者を買い、昨日の敗者を売れば、明日のパフォーマンスは確実に悪くなる。

　合理的な投資プログラムの第一歩は、強気相場で買うことをやめ、弱気相場で売ることをやめることである。第5章の「好パフォーマンスの追っかけ」では、投資家たちにコンセンサス指向ではあるが非生産的な行動をとらせてしまう環境要素について説明する。合理的な投資家は、コンセンサスには従わず、不人気な銘柄を買い、人気の銘柄を売ることで長期ポートフォリオ目標に合わせてリバランスを行う。第6章の「リバランス」では、アセットアロケーションの目標に忠実に従うことの重要性について議論する。さらに、多くの投資家はリバランスを行わないという実態についても考える。

第**5**章　好パフォーマンスの追っかけ
Chasing Performance

　優れたアクティブマネジャーを選ぶとき、最も洗練された市場参加者は、その会社の経営陣の質と誠実さ、投資哲学、マネジャーが意思決定を下すときに徹底して規律にのっとって判断を下しているかどうかに基づいて決める。しかし、一般的には知識のある投資家でも、市場を打ち負かすヒストリカルパフォーマンスを持つファンドを保有することで安心感を求めることが多い。マネジャー選定のすべての基準をクリアしたあとは、多くの投資家は最近のパフォーマンスが高かったことを重視しすぎる傾向がある。

　それほど洗練されていない投資家は、複雑で時間がかかるため基本的なポートフォリオ特性や投資のマネジメントスタイルは考えない。それで手っ取り早くヒストリカルパフォーマンスだけを見る。パフォーマンスの高いファンドを追っかけ、何年かパフォーマンスの低いときはあったものの、うまく運用されたファンドを無視すれば、将来的には落胆することになる。

　スキルはあるにはあるが、市場の非効率性の強力な力を克服するほどのスキルは持っていないマネジャーが多数派を占める環境では、勝者と敗者を分けるのに重要な役割を果たすのがランダムさだ。今のところは、アクティブマネジメントゲームをプレーするのにかかる高いコストは置いておこう。ゲームが終わったあと、運用資産の半分は市

場を打ち負かし、残りの半分は市場を下回る。特定のマネジャーによる特定の銘柄に対する賭けは、ほかのアクティブマネジャーによる同じ銘柄に対する賭けと相殺され、最終的にはどちらかが勝ち、どちらかが負ける。勝者の利益と敗者の損失は同じ額になる。投資家の仕事は、ただラッキーなだけの投資信託のマネジャーとスキルを持つマネジャーを見分けることである。

　良い投資結果は強い追い風を受けたからで、悪い投資結果は強い向かい風を受けたからと言われるように、投資結果を決定する要素としてはマネジャーの能力よりもそのときどきの投資環境が重要視されることが多い。過去のパフォーマンスのみを重視すれば、人気市場の劣悪なマネジャーにつかまり、不人気市場のスキルを持ったマネジャーを見逃すことになる。経験豊富な投資家は、本当に才能のあるマネジャーを見つけたら、マネジャーのポートフォリオが市場要因によって一時的に落ち込んでも資金を提供し続ける。そうすることで、長期的に成功するチャンスは増える。一方、投資信託の投資家は、人気で幸運なマネジャーを追いかけることで失敗を増幅させる。彼らはピーク近くで買うので、相対パフォーマンス（おそらく絶対パフォーマンスも）はひどいものだ。

　平均回帰という言葉は聞いたことがあると思うが、これは金融の世界では最も強力な概念の１つだ。これは幸運が反転する傾向があることを言う。人気銘柄や人気のファンドは投資コミュニティーの関心を引く。投資家、ファンドマネジャー、リサーチアナリスト、投資銀行、金融ジャーナリスト、テレビに出てくるお偉い評論家方は、時間、エネルギー、関心を今流行っているものに振り向ける。勢いの良い華やかな成功は利益と評判を生む。価格が上昇すれば、さらなるお金を呼び寄せ、お金が呼び寄せられれば価格はさらに上昇する。

　自己強化プロセスは短期投機家が一時的にトレンドフォローから利益を得ることを可能にする。トレンドフォロワー——モメンタムプレ

ーヤーとも呼ばれる──はファンダメンタルズを無視し、価格の上昇のみに注目する投資家だ。投機マネーが市場に入ってくると価格は上昇し、さらなる資金を呼び寄せる。かくして投機家は簡単にお金を儲けることができる。

　急上昇しているセクターに資金が集まると、その結果として価格は上昇し、価格の上昇はトレンド終焉の種をまく。過大評価された株価によって売りが拡大し、トレンドフォロワーからの資金供給が枯渇すると、投機バブルは終わる。この話のポイントは、株の供給の増加に関係がある。過剰な株価上昇に反応した会社は、株価の上昇による利益を確定する傾向がある。株価が企業資産の公正価値以上に上昇すると、企業財務担当者は株式を発行して、事業の金銭的価値を高めようとする。投機熱によって株価が合理的水準を超えると、賢い企業財務担当者は新たな株式を発行する。市場の観点から言えば、企業が株式を発行して供給が増加すると、需要は満たされる。株式の供給が増加しなければ、需要によって株価はさらに上昇しただろう。

　株価が上昇すると、企業の市場価値は資産の再調達価格を上回るため、投資銀行は同じ業界に新会社を立ち上げることをもちかける。株式市場が企業資産を再調達コストよりも高く評価するのを見て、事業家はウォール街と組んで喜んで新しい事業を立ち上げる。人気の企業に非常に近い企業が現れると、本来なら人気の企業に行くはずだった資金は人気の企業に近い企業に流れる。その結果、そのセクターの全体的な将来的リターンは低下する。

　トレンドフォローの問題点は、トレンドが続いている間だけ機能するという点だ。無情な市場の力によってトレンドが反転すると、投機家は急いで出口に向かうため、機敏な人を除いては悲惨な結果が待ち受けている。モメンタムプレーヤーはファンダメンタルズをしっかり調べることなくゲームに参加するので、価格の上昇と下落の境目となる変曲点を見つけることはできない。

インターネットバブルに流れ込んだ投資信託資金

　インターネットバブルは、パフォーマンスを追っかけた投資家が経験したジェットコースター相場の典型例だ。最初は大きな利益が出たが、それはすぐに損失に変わった。振り返ると、インターネット企業の株価の上昇は、多くの場合、しっかりとしたビジネス展望に基づくものではなかった。無知な市場参加者と冷ややかなウォール街の銀行家が株価を押し上げ、ゲームはその価格の勢いのなかで進行した。

　インターネットバブルのきっかけとなったのはネットスケープのIPO（新規株式公開）だった。同社のIPOが近づくと、ウォール街では株価と発行株数の話でもちきりになった。IPOでのネットスケープの想定価格は14ドルだったが、1995年8月8日の公募価格はその2倍の28ドルになった。売り出し株数は500万株だった。上場初日の寄り付きは71ドルで、その日は58.25ドルで引けた。ウォール街には莫大な手数料が入り、インサイダー（会社関係者）は何億ドルもの価値の株式を保有し、投資家はイージーマネーを手にした。こうしてバブルは始まった。

　1997年の初めにはテクノロジー株は多くの市場プレーヤーの心をとらえ、多くのお金を吸い寄せると同時に、マスコミにも注目された。バブル期にトップパフォーマンスを示したファンドを調べてみると、投資家の行動が見えてくる。バブル期の株価上昇時に人気の高パフォーマンスのファンドに流れ込んだお金に対するリターンから算出される純損益は、パフォーマンスを追っかけた揚げ句の果てについて、あまりよく知られていないストーリーを語ってくれる。そのストーリーは、バブルの崩壊とともに冷酷なファンドからはお金が引き上げられたという話で締めくくられている。これは富を破壊するトレンドフォローの衝撃を示すものだ。

　投資信託の資産水準の年間データとパフォーマンスの四半期ごとの

表5.1　トップ10の投資信託の波乱に満ちたリターン

ファンド	年間リターン（％）			リターン倍率		
	1997–1999	2000–2002	1997–2002	1997–1999	2000–2002	1997–2002
キネティックス・インターネット	119.4	–30.5	23.5	10.56	0.34	3.55
マンダー・ネットネット	92.3	–49.1	–1.1	7.11	0.13	0.94
ピムコRCMグローバル・テクノロジー	79.6	–32.3	10.3	5.79	0.31	1.80
クレジットスイス・グローバル・テクノロジー	78.3	–35.4	7.3	5.67	0.27	1.53
モルガン・スタンレー・テクノロジー	76.6	–40.5	2.5	5.50	0.21	1.16
アメリンド・テクノロジー	74.1	–50.7	–7.4	5.28	0.12	0.63
ピムコPERイノベーション	66.5	–43.2	–2.8	4.61	0.18	0.85
WWWインターネット	66.1	–52.8	–11.4	4.58	0.11	0.48
PBHGテクノロジー＆コミュニケーションズ	64.8	–50.4	–9.6	4.48	0.12	0.55
フィデリティ・セレクト・テクノロジー	64.6	–34.1	4.2	4.46	0.29	1.28
算術平均	78.2	–41.9	1.5	5.80	0.21	1.27

注＝年間リターンの算術平均とリターン倍率の算術平均は一致しない

データを見ると、1999年12月31日までの3年間はテクノロジー株は上昇し、それ以降の3年間では下落していることは明白だ。1999年12月31日までの3年間における勝者は目もくらむようなリターンを上げている。これには119.4％の年間リターンを上げたキネティックス・インターネット・ファンドを筆頭に、無名のマンダー・ネットネット・ファンドとWWWインターネット・ファンド、有名なモルガン・スタンレー・インターナショナル・テクノロジー・ファンド、クレジットスイス・グローバル・テクノロジー・ファンドが含まれる。**表5.1**に示したように、トップ10のファンドは他の追随を許さないほどのリターンを上げている。投資信託の巨人であるフィデリティ・セレクト・

テクノロジー・ファンドもトップ10のファンドの末席に名を連ね、3年間で年間64.6%のリターンを上げ、投資家の当初資産はおよそ4.5倍に膨れ上がった。

　これらのテクノロジーファンドグループは1997年のスタート時にはまあまあのリターンで、モーニングスターの1997年のデータバンクによれば、平均のパフォーマンスはおよそ9000の投資信託の真ん中辺りに位置していた。しかし、1998年と1999年に大幅にリターンを伸ばし、パフォーマンスチャートを独占した。1998年には平均ランキングはトップの2％になり、そして1999年にはトップ1％にまで躍り出た。パフォーマンスチャートによれば、1997年から1999年までの3年間はこれらのグループはトップパーセンタイルを占めた。

　しかし、1999年12月31日以降の3年間はリストは劇的に変わった。1999年の勝者はすべてがパフォーマンスチャートの第4四分位へと転落した。テクノロジー株への追い風が向かい風へと変わったからだ。2000年には、以前に人気だったファンドの平均ランキングは第96パーセンタイルに落ちた。翌年は人気のファンドの平均ランキングは第94パーセンタイルと前年と大差はなかった。2002年末の平均ランキングも第95パーセンタイルと振るわなかった。3年間の栄光のあとには3年間の挫折が待ち受けていた。

　1997年の初めにテクノロジーファンドに投資した幸運な投資家には大きなリターンがもたらされた。1999年12月31日までの3年間のトップ10のテクノロジーファンドの平均リターン倍率は初期投資額の5.8倍で、複利年次リターンは78%を超えた。

　ところが、そのあとの3年間はその前の3年の鏡像とも言えるものだった。2002年12月31日までの3年間では、かつてトップのパフォーマンスを誇ったテクノロジーファンドを保有していた投資家は、初期投資の79%を失い、平均年次リターンは－42%だった。1997年1月1日から2002年12月31日までの6年間で見ると、平均複利年次リターン

はわずか1.5％だった。

　かろうじて１桁の年次リターンを得るのに投資家は恐ろしいほどの
リスクをとったわけだが、市場関係者は「害がなかったのだからセー
フだ」と言うかもしれない。しかし、その間の投資家の資金の流出入
を調べてみると話は違ってくる（投資損益については付録１を参照）。

　トップのパフォーマンスを示したキネティックス・インターネット・
ファンドへの資金の流入を考えてみよう。1997年初め、ファンドの運
用資産はおよそ10万ドルだった。1997年のリターンは13％と、投資家
の資金を引き寄せるには不十分だった。初期のインターネット熱は投
機家に196％のリターンをもたらし、運用資産は一気に2200万ドルに
まで膨れ上がった。テクノロジー株が人気を呼び、1999年には216％
というリターンを上げたため、キネティックス・インターネット・フ
ァンドには恐ろしいほどの資金が流入し、1999年12月31日には運用資
産は50倍以上の12億ドルにまで膨張した。好パフォーマンスの追っか
けは大きな資産を最大リスクにさらしたのである。

　ほかのファンドも同じようなものだった。投資家の水晶玉は曇って
いた。のちにトップ10のテクノロジーファンドとなるファンドの総運
用資産は1997年の初めには13億ドルにすぎなかった。テクノロジーブ
ームが市場プレーヤーの関心を引き始めた1997年の終わりでも、トッ
プ10のテクノロジーファンドの運用資産は15億ドルだった。ところが、
1998年に平均リターンが81％になると、その年の運用資産はトータル
で25億ドルにまで増加した。ブームが終わるまで投資家の行動には大
きな変化は見られなかった。ブームの終わりの1999年に182％のリタ
ーンを上げると、投資家の資金がなだれこみ、トップ10のテクノロジ
ーファンドの運用資産は1999年の終わりには206億ドルに達した。

　株価が上昇した当初、ファンドの運用資産の増加は投資パフォーマ
ンスで説明できた。**表5.2**を見ると分かるように、1997年のファンド
の運用資産の増加は１億1400万ドルで、そのうちの84％は投資利益か

**表5.2　ハイテクバブルでは投資家たちは好パフォーマンスを追っかけた
　　　　──トップ10のテクノロジーファンドのキャッシュフローと投資
　　　　利益（単位＝100万ドル）**

年	平均リターン （％）	期初純資産 （A）	投資家からの 資金流入（B）	投資損益 （C）	期末純資産 （A＋B＋C）
1997	14.4	1,343	18	96	1,457
1998	81.0	1,457	116	954	2,527
1999	182.3	2,527	7,740	10,284	20,552
2000	−40.8	20,552	6,263	−11,497	15,318
2001	−40.6	15,318	−1,134	−6,378	7,805
2002	−42.0	7,805	−669	−3,330	3,807
平均		1,343	12,334	−9,870	3,807

注＝データは1999年12月31日までの３年間にわたるパフォーマンスに基づくトップ10のテクノロ
　　ジー投資信託のデータ。投資家からの資金の流入と投資パフォーマンスの計算については付
　　録１を参照

らのもので、1998年には運用資金はおよそ11億ドル増加したが、その
うちの89％は投資利益からのものだった。1999年には投資家からの資
金は急激に増えて（総資産の38％）、その年、一般投資家の熱狂はフ
ァンド資産を前年比で８倍以上に膨れ上がらせた。

　その次の３年間は遅れてやってきた人々にとっては聞くも涙の物語
だ。2000年３月に市場は天井に達し、そこからテクノロジー投資家の
災難は始まった。投資リターンはいきなり−40.8％とマイナスになり、
推定115億ドルの投資家のお金が消え、前の３年間の利益は吹き飛んだ。
押し目で買うことに慣れていた投資家はテクノロジーファンドに資金
を投入し続け、崩壊の縁にあるファンドに63億ドルものお金を注いだ。

　2001年にはまた新たな展開が待っていた。株価の下落に飽き飽きし
た投資家たちがファンドから資金を引き上げ始めたのである。運用資
産の75億ドルの減少のうち、64億ドルはひどい損失によるもので、投
資家の資金の引き上げは11億ドル（運用資産の減少額の15％）に上っ

た。

　最終年の2002年には、投資家は6億6900万ドルをファンドから引き上げ、運用損失は33億ドルに上った。トップ10のテクノロジーファンドの運用資産はわずか38億ドルで、ピーク時（2000年春）の266億ドルの15％を下回るまでに減少した。

　トップ10のテクノロジーファンドへの投資家の資金の流出入を見ると、タイミング悪く遅れて参入した人々と同じくタイミング悪く遅れて出て行った人々のパターンが見えてくる。1997年1月1日、投資家からの資金は13億ドルからスタートし、6年にわたって123億ドルの資金を投入したので、トータルで136億ドル投資したことになる。純投資損失によって投資家の99億ドルのお金が消えた。これは投資家資金の72％を上回る。トップ10のテクノロジーファンドに投資した投資家の富は大きな音を立てて崩れ去ったのである。

　ひどい投資パフォーマンスはさることながら、最初は人気だったのにのちに冷え込んだテクノロジーファンドが投資家に与えた痛みはそれ以上のものだった。ファンドマネジャーは銘柄入れ替えを繰り返し、大きなキャピタルゲインを確定した。6年間にわたってトップ10のテクノロジーファンドからは投資家にトータルで33億ドルのキャピタルゲインが分配されたため、投資家には巨額の税金がかかった。屈辱的な損失にもかかわらず、連邦政府への納税によって多くの投資家は痛手を被った。

　キャピタルゲインの分配が行われたのは、ほとんどがハイテクバブルがピークを迎えた1999年と2000年だった。キャピタルゲインは2001年には大きく落ち込み、2002年には消失したが、これは驚くに当たらない。バブルが崩壊するとテクノロジーファンドのポートフォリオは大きく低下したが、キャピタルロスの分配を宣言するファンドはなかった。投資信託の税法の非対称性が投資家に不利に働いたのは明らかだ。投資信託のポートフォリオマネジャーが確定した利益は株主に分

配しなければならないため、株主には納税義務が発生する。これに対して、ファンドマネジャーが確定した損失は現在と将来の利益を補うためだけに使われ、株主には分配されない。利益と損失の非対称的な課税構造は、投資家にキャピタルゲインはすぐに認識することを強要し、キャピタルロスの使用は先延ばしにされるか使用機会はまったくないため、投資家にとっては非常に不利だ。

　トップ10のテクノロジーファンドの公表されたリターンを調べてみると、1997年から2002年までの6年間における平均リターンは1.5％と書かれている。期間で見た上っ面だけのリターンを見ても、投資家の深刻な損失は見えてこない。好パフォーマンスの追っかけプレーヤーは高値で買って、安値で売ったため、投資資金のおよそ72％はバブル崩壊後には消失した。そのうえ、過度にアクティブなファンドマネジャーが運用した投資家資金のおよそ24％は税の支払いに消えた。ハイテクバブルは投資家にとって有害以外の何物でもなかった。

　おそらくは最も多くの資金を引き寄せ、最も多くの損失を生んだのはベストのパフォーマンスを示したファンドだったと思われる。トップ10のパフォーマンスだったファンドに対して、純資産総額の大きい10大テクノロジーファンドはどうだったのだろうか。1997年初め、最高の数字を生むと思われた10大ファンドはどれ1つとして、その後のトップ10のリストには登場しなかった。この時期の初めには10大ファンドの運用資産は159億ドルで、前半の3年間の強気相場でのリターンは年間平均で47％だった。そして後半の3年間の弱気相場でのパフォーマンスは−33％だった。6年にわたる平均パフォーマンスは年率0.1％だった。

　10大ファンドの場合もキャッシュフロー分析は富の崩壊を物語るものだ。投資家資金の293億ドルは114億ドルの累積損失を生み出した。これは全投資額の39％に相当する。10大ファンドのひどいパフォーマンスによる価値の崩壊は、トップ10のパフォーマンスを示したものほ

表5.3　投資家の富を崩壊させたテクノロジーファンド（1997〜2002年）

	投資家から の資金の流 入（100万ド ル）	投資損失 （100万ドル）	投資損失(%)	利益の分配 （100万ドル）	投資資金に 対する利益 分配の割合 （%）
トップ10のファンドの パフォーマンス（1999 年12月31日現在）	13,677	9,870	72	3,331	24
10大ファンドのパフォ ーマンス（1996年12 月31日現在）	29,287	11,383	39	21,339	73

注＝その年の前半3分の1における利益分配は前年末の発行済み株式に対するもので、その年の
中間3分の1における利益分配は前年末と現在年年末の平均発行済み株式に対するもので、
その年の後半3分の1における利益配分は現在年年末の発行済み株式に対するもの

どひどくはなかったが、10大ファンドの投資家はトップ10のパフォー
マンスのファンドに投資した投資家よりも課税額は多かった。6年間
にわたるキャピタルゲインの分配は全投資額の73％にも及んだからだ。

　10大ファンドのバブル的な強気相場はトップ10のパフォーマンスを
示したものよりも早く始まった。株式の強気相場で長年にわたって活
動してきたため、10大テクノロジーファンドの投資家にはすでに大き
な含み税が発生していた。1997年が始まったとき、10大ファンドには
すでに32億ドルの含み益が発生していた。これは運用資産の20％を上
回る。10大テクノロジーファンドを買った投資家は、税が発生するポ
ジションを買ったことになり、これは将来的な富の創造を損なうもの
であることは明らかだった。

　トップ10のファンドの話は、10大ファンドの話とは程度が違うだけ
である。トップ10のファンドは、1996年の終わりに運用を開始したた
め、含み益のないファンドが3つ含まれていたが、非分配利益はトー
タルで1億9000万ドルに及んだ。これは資産の14％を上回る。

　1990年代の終わりにテクノロジー指向の投資信託を買った投資家の

ほぼ全員が、隠れた納税義務を負うことになり、これによって将来的な痛みを背負うことになった。ファンドマネジャーは含み益と、投資信託業界特有の熱狂によってそのあとに発生したほかの利益も実現化した。10大ファンドの投資家の損失はトップ10のファンドの投資家の痛みに比べれば小さかったとはいえ、10大ファンドの投資家にはトップ10のファンドの投資家よりも大きな税負担がのしかかったため、痛みは拡大した。

　投資信託の世界では、昨日の勝者は明日の敗者に変わる傾向がある。テクノロジーファンドの期間で見た上っ面だけの結果を見れば、バブルの崩壊は初期の利益を損失に変えただけだが、投資家のキャッシュフローをよく調べてみると話はまったく違ってくる。昨日の勝者を追っかけ、今日の敗者を避けることで、テクノロジー系の投資信託を買った投資家は何十億ドルというお金を失った。高値で買って、安値で売ることは、投資の成功にとっては最悪の公式なのである。

メリルリンチ・インターネット・ストラテジーズ・ファンド

　好パフォーマンスの追っかけの話には、個人の話、投資家の話、会社の話、ファンドの話がたくさんある。ハイテクバブルで最も悲惨な話の１つが、アメリカの中流階級にとって最大のブローカーであるメリルリンチの話だ。

　ほかの投資銀行がテクノロジー関連の株から驚くほどのリターンを上げているのをサイドラインから見ていたメリルリンチは、1999年２月、花形のインターネットアナリストのヘンリー・ブロジェットを雇い、ハイテクバブルの熱狂に参入することを決めた。ブロジェットは本当は作家になりたかったが、その望みは初めての短編を書き上げるまでもなく消え去った。CIBCオッペンハイマーからメリルリンチに

やってきた彼は、オッペンハイマーではアマゾンの極端に自己実現予言的な予想を繰り広げていた（トーマス・E・ウェバー著「All Star Analysts 1999 Survey: Internet」、ウォール・ストリート・ジャーナル、1999年6月29日）。ブロジェットはアマゾンの株価が400ドルになるという予想を次のように説明した――「私は、『上昇の余地は大いにある。価格目標は聞かないでくれ』と言っていたんだ。でもアマゾンの株価はまるで爆発するかのように上昇した」（デビッド・ストレルトフィールド著「Analyst With A Knack for Shaking Up Net Stocks」、ワシントン・ポスト、2000年4月2日）。ブロジェットが自らも認めるとっぴな価格目標を発表した3週間後、アマゾンの株価は400ドル水準を突破した（ラビン・マリー＆フランクLLP, ニューヨーク, Class Action Complaint for Violations of Federal Securities Law, 2003年4月: 12。CIBCオッペンハイマーのブロジェットがアマゾンの株価目標を400ドルと発表すると、メリルリンチのインターネットトップアナリストのジョナサン・コーエンはアマゾンの株価は50ドルと予測した。1999年1月にコーエンはメリルリンチを去り、その1カ月後、ブロジェットが後釜に座った）。

　ブロジェットの証券分析手法は新しい時代の基準に沿ったものだった。ブロジェットによれば、「時には評価はあまり詳しく見ないほうがよい場合もある。ぼんやりと『大きな未来』を見るのだ」（ジーン・リー著「Net Stock Frenzy」、フォーチュン、1999年2月1日号）。テレビのおしゃべりたちがCNBCの放送時間の取り合いをしている一方で、大衆に対する株式の提供者であるメリルリンチはテクノロジー株の扱いを強化していった。

　ウォール・ストリート・ジャーナルによれば、メリルリンチの資産運用部門はインターネット銘柄の熱狂に遅れてやってきた。なぜなら、会社の保守的な経営幹部が最初はテクノロジーブームを一時のきまぐれだと思っていたからだ（トム・ラウリセラ著「Merrill's Web Fund to Log Off after Brief Life」、ウォール・ストリート・ジャーナル、2001年5月4日）。事実、2000年1月、メリルリンチのバリュー株ファンドと債券投資信託においては、流入するお金よりも流出するお金のほうが12億ドルも多かった。強気相場の狂乱のピークでの考えられないような失敗だった（「Merrill Internet Fund Attracts $1.1 Bln, Closes Mutual Funds」、ブルームバーグ、2000年3月27日）。投機ブームを無視することで、会社内部には大きな内部圧力が生まれた。メリルリンチのブローカー集団は保守的な経営陣と対立し、ハイオク型のインターネットファンドを設立するように要求した。市場がピークということもあり、経営幹部はブローカーの要求に屈した。

　2000年3月、メリルリンチはメリルリンチ・インターネット・ストラテジーズ・ファンドを立ち上げた。これは、主としてインターネット株への投資を通して信託財産の長期的な成長を目指すものだった。投資対象が幅広いためファンドから除外される銘柄はほとんどなかったが、会社が特に集中的に投資したのは純粋なインターネット会社という極端にリスクの高い分野だったのは、投資家たちには明らかだった。テクノロジー初心者が分かりやすいように、募集要項にはインターネット、ワールドワイドウェブ、イントラネットといった用語が説明されただけでなく、株主手数料、ファンドの年間管理手数料、運用手数料、販売関連サービス手数料、口座維持費などの基本的な金融用語も説明された。

　インターネットファンドの立ち上げに当たっては、メリルリンチは募集を通常の5週間ではなく2週間で完了させた（パトリック・マクギーハン著「Investing: Funds Watch: Trying to Energize an Internet Portfolio」、ニューヨーク・タイムズ、2000年3月5日）。募集期間が短かったにもかかわらず、ファンドの発売は大きな注目を浴びた。1万4000人を超えるブローカーに放送された3月初期の会議には、ベストセラー作家であるマイケル・ルイス、メリルリンチのアナ

リストであるヘンリー・ブロジェット、メリルリンチのグローバルア
セットマネジメントのヘッドであるジェフリー・ピークが登場した。
ファンドマネジャーのポール・ミークスはサンフランシスコのイベン
トでマイクをつかみ、「準備はいいか！」と大声で叫んだと伝えられ
ている（ラウリセラ著「Brief Life」）。ニューヨーク・タイムズは次
のように報じた──「華やかなファンファーレは、新しいファンドが
メリルリンチにとって華やかな門出になることを示しているが、メリ
ルリンチのファンドマネジャーたちにとってはバリュー投資家として
の評判を落とすことになりかねない」（パトリック・マクギーハン著
「Trying to Energize an Internet Portfolio」）。

　メリルリンチは投資家に手数料体系がそれぞれに異なる４つのタイ
プの株式を提供した。投資家は購入時に手数料を支払うか、手数料後
払い方式にするかを選択できた。その間には毎年恐ろしいほどの管理
手数料がかかる。事実、目論見書には適切な仮説のもと、３年間の手
数料は資産の7.7％から10.4％と書かれていた。どこにでもあるような
投資信託の管理手数料に莫大なお金がかかるのである（メリルリンチ
の Prospectus for Merrill Lynch Internet Strategies Fund, 2000年３
月14日。手数料は、投資額が１万ドルで、年間リターンが５％という
想定の下で計算されている。クラスＡとクラスＤの株式には5.25％と
いう最大販売時手数料がかかり、クラスＢとクラスＣの株式はそれぞ
れ４％と１％の最大後払い手数料がかかる。さらに、すべてのクラス
の株式に１％の管理手数料がかかり、クラスＢとクラスＣの株式には
１％の販売関連サービス費［12b-1］、クラスＤの株式には0.25％の販
売関連サービス費［12b-1］がかかる。またすべてのクラスの株式に
はそのほかの費用として0.27％かかる。メリルリンチ・インターネット・
ストラテジーズ・ファンドの投資家は不愉快で奇怪な前払手数料と理
不尽な経常費用を支払わなければならない）。

　メリルリンチのインターネットファンドは華々しいデビューを飾り、

会社のブローカーに支払われる莫大なインセンティブ手数料とハイテク関連の株に対する一般大衆の飽くことを知らない欲求とが相まって、募集には大勢の人が大挙して押し寄せた。2000年3月22日、ファンドは運用資金10億ドルで運用を開始した。募集額が大きかったため、メリルリンチには何千万ドルという販売手数料が入り、さらに莫大な継続手数料収入も約束された。

　今にして思えば、ファンドの管理手数料など投資家にとって取るに足りない不安材料でしかなかった。メリルリンチのインターネットファンドの運用が開始されるとほぼ同時に、ハイテクバブルは崩壊した。ファンド開始時には現金が過剰に保有されていた——スタートアップファンドの特徴——が、インターネットファンドはひどいパフォーマンスを喫した。

　運用開始から1年余りあとの2001年3月31日、インターネットファンドの損失は資産の76％に上った。これには販売手数料は入っていない。購入時手数料は最大で5.25％だった。ひどいパフォーマンスに加え、この手数料が追加されたのでは投資家としてはたまったものではない。

　恐ろしいほど低い絶対リターンに加え、相対リターンもひどいものだった。インターネットファンドはナスダックを14ポイントもアンダーパフォームし、メリルリンチのカスタムテクノロジーベンチマークを9ポイントもアンダーパフォームした。

　初年の惨敗を精査した取締役会は2001年4月30日、インターネットファンドを解散し、インターネットファンドほどパフォーマンスがひどくなかったグローバル・テクノロジー・ファンドに統合することを決定した。取締役会は統合を決めた理由として、スケールメリット、ポートフォリオ管理の柔軟性の向上、分散の向上を挙げた。取締役会が言わなかった理由には、資産をメリルリンチの保護の下に置くこと、継続的な手数料の取得、屈辱的なインターネットファンドの業績を隠すことが含まれていた。

　2001年10月５日、インターネットファンドは解散した。2000年春に
華々しいデビューを飾ってから、2001年の秋に静かに姿を消すまで、
投資家が被った損失は投資資金の81％で、それはおよそ９億ドルにも
なった。投資家に害を及ぼしたにもかかわらず、メリルリンチはおよ
そ4500万ドルの手数料を投資家から徴収した。

　投資家にとって不幸だったのは、グローバル・テクノロジー・ファ
ンドのスケールメリットも柔軟性の向上も、投資家のリターンの向上
には役立たなかったことである。統合から2002年末まで、投資家はさ
らに32％の損失を被り、ファンドの運用開始からの投資家のリターン
は−87％だった。

　メリルリンチのインターネット関連株に特化した投資信託の時期を
誤った募集は投資家に大きな教訓を残した。行きすぎた投機という性
質上、投資家の莫大な額のお金は株価が最高値のときに投資された。
もちろん、ピーク価格は以前は懐疑的だった市場参加者が敗北を認め、
パーティーに参加した結果として発生したものである。保守的なメリ
ルリンチは完璧なる敗北者だった。ある有名なシリコンバレーのベン
チャーキャピタリストは、「メリルリンチは気ままで、いざというと
きに頼りにならない流れ者のようなものだ。トレンドがピークを迎え
る直前に新しいオフィスを開設し、そのあと小さな自転車に乗ってで
きるだけ早く町から逃げ出すのだ」と言った。賢明な投資家なら現実
離れしたけばけばしい投機家やメリルリンチのような中道の会社がど
んなに勧めてきても、一時的な投機機会には手を出してはならない。

投資信託の広告

　今日の耳寄り情報と題して、投資家をあの手この手で誘ってくる広
告は山のようにある。強気相場の時代、テレビやラジオではお偉い先
生方が次々と登場して株式投資を絶賛した。新聞では急上昇する株式

市場のヒーローたちが紹介された。慎重な考えは、強気のコメンテーターにネタを与えるもの以外はほとんど注目されなかった。懐疑主義者の出る幕などなかった。

　強気相場の喧騒をさらにあおったのが投資信託の広告だ。ウォール・ストリート・ジャーナルは四半期ごとにファンド関連の記事、パフォーマンス統計、そして広告を載せる。ブームのときとブームが崩壊してからではウォール・ストリート・ジャーナルの「Mutual Funds Quarterly Review」欄の内容は変わったが、これを調べて見ると、投資家の意思決定に影響を与える微妙な力のことが分かってくる。

　株価がピークを迎えると、誇大広告もピークを迎えた。2000年3月の第1週にウォール・ストリート・ジャーナルに掲載された広告を見てみよう。丸々1ページを使って掲載された雄牛の写真の対面ページには、インターネット関連株の投機を勧めるメリルリンチの広告が掲載された。「私たちがなぜ教授の先生方に選ばれるのか、お分かりだろうか？」と言ったのはアライアンス・キャピタルだ。ドレスナーRCMは、「テクノロジー革命にいち早く参加しよう！」と促した。示唆に富む発言で知られるバン・カンペンの広告では、同社の成長株ファンドを推奨するのに歴史的な暗喩が用いられた——「昔、人々は星を頼りに航海した。今でもそうしている人々がいる」。アメリカンセンチュリーが、多くのアグレッシブな株式ファンドの販売を促進するのに使ったキャッチフレーズは、「持っているのならにっこり笑おう。持っていないのなら、すぐに電話を」だった。

　それから2年後、投資家の記憶から笑顔が消えてからしばらくたったとき、広告のトーンは大きく変わった。ロードアベット社の宣伝文句は、「安定」の旗印の下、「規律に従った評価プロセスと規律」と、規律という言葉を繰り返したやや冗長的なものに変わった。TIAA-CREF（米教職員保険年金連合会・大学退職株式基金）は、「不安定な市場に対する解決策」として「しっかりとした基礎」を提唱した。

表5.4　ウォール・ストリート・ジャーナルの「Mutual Funds Quarterly Review」欄のなかで株式を勧めるファンド会社の広告に占める割合

	1997	1998	1999	2000	2001	2002	2003
ページ数	38	48	46	48	40	36	34
広告に使われたページの割合	45	44	43	40	29	22	16
証券広告のなかで株式広告が占める割合	86	92	97	100	79	79	50
全広告のなかでイメージ広告が占める割合	42	36	26	34	25	61	64
全広告のなかでパフォーマンス広告が占める割合	44	44	61	56	28	26	36

出所＝毎年4月の第1週に発行されるウォール・ストリート・ジャーナルの「Mutual Funds Quarterly Review」欄の第1四半期のデータ

宣伝される商品も変わった。アグレッシブな成長株ファンドは鳴りを潜め、地方債ファンド、利回り保証年金、国債ファンドに取って変わられた。

　投資信託の広告が投資家の選択に影響を及ぼしたという点では、強気相場のメッセージはタイミングが悪かったことが分かる。株価がピークに達したとき、ファンド提供者は最もアグレッシブな株式ファンドを投資家に勧めた。たとえ投信会社が宣伝したファンドを売ることができなくても、どのページにも強気相場を熱心に奨励する文句がちりばめられ、熱狂した雰囲気が作り上げられていった。風に乗ることが利益につながるのだと言わんばかりに、投資家は資産を暴風のなかに投資することを勧められた。

　ウォール・ストリート・ジャーナルの「Mutual Funds Quarterly Review」欄を分析してみると、投資信託業界からのアドバイスはタイミングが悪かったことが分かる。強気相場が拡大すると、ウォール・ストリート・ジャーナルの投資信託欄の大きさも拡大した。「Mutual Funds Quarterly Review」欄は1997年の第1四半期には38ページだ

ったのが、1998年、1999年、2000年の第１四半期には46ページから48
ページに増大した。バブル崩壊後に株価が下落すると、同欄は2001年
の初めには40ページに減少し、2002年には36ページ、2003年には34ペ
ージに減少した（**表5.4**を参照）。

　株価の上下動に伴って、「Mutual Funds Quarterly Review」欄の
性質も変わった。強気相場の時代は全ページの40％から45％を占めて
いた投資信託の広告も、株価が下落するとページ数を大きく減らし、
2001年には29％、2002年には22％、2003年には16％と減少していった。
投資するのに不適切な時期には広告量は次第に増え、株式市場が投資
に打ってつけの時期には大幅に減少した。

　投資信託の広告量の変化に伴って、広告の内容も変わった。特定の
アセットクラスを強調する広告では、株価が上昇すると株式ファンド
の広告が増えた。1997年の初めには「Mutual Funds Quarterly
Review」欄のアセットクラス別広告では86％が株式ファンドによっ
て占められ、債券ファンドの広告はわずか14％しかなかった。株式フ
ァンドの広告は1997年の86％から、1998年には92％、1999年には97％
と増加し、2000年初期のバブルのピーク時には100％を占めるまでに
なっていた。2000年４月の同欄では、投資信託の広告で債券ファンド
への投資を勧める広告は１つもなかった。

　株式のパフォーマンスが落ち込み、債券のパフォーマンスが良くな
ると、投資信託会社は顧客を混乱させる準備に取りかかった。2001年
と2002年、株式ファンドの広告はアセットクラス別広告の79％に減少
し、2003年には50％に減少した。株価が下落し、債券価格が上昇する
と、投資信託業界のバックミラーには債券市場が映るようになり、投
資家に路線変更させた。

　一般に投資信託会社は過去のパフォーマンスを基に商品を勧めてく
るが、活気のある市場では最近の結果が重要になる。市場が活気にあ
ふれていた1999年と2000年においては投資信託の広告の半分以上がパ

フォーマンス統計量を引き合いに出していたが、バブルが去った2001年と2002年の広告で過去の投資結果を引き合いに出していたのは30％に満たなかった。

　弱気相場になってパフォーマンスについて言及されなくなると、イメージ広告が増加した。2002年と2003年の初期になって好材料がなくなると、広告スペースの60％以上が会社を誇大広告するのに使われた。オッペンハイマーファンドの2003年4月の募集広告を見てみよう。

　　今日、投資家が信じられるものは何か。今は投資家の忍耐力と信念が試されるときだ。多くの人々が求めているのは不確かな世界のなかでの確かさだ。私たちはすべての疑問に答えることはできない。それはだれでも同じだろう。でも、私たちには時の試練に耐え、私たちを導き続けてくれる信念がある。その信念を分かち合おうではないか。私たちはアメリカという国を信じている。アメリカの国民は強く、組織も強靭で、考え方にも強さがある。私たちは歴史を信じている。過去100年の間には戦争があり、不況があり、弱気相場もあった。しかし、そのあとには必ず回復し成長を遂げてきた。そして、私たちは投資の基本原理を信じている。投資で重要なのは、長期目標、分散、そしてプロのアドバイスだ。これほど簡単なことがあろうか。これは紛れもない事実だ。良いときも、悪いときも、投資の基本原理を忘れてはならない（「オッペンハイマーファンドの広告」ウォール・ストリート・ジャーナル2003年4月7日付け）。

　もちろん、1999年4月の強気相場のときは、オッペンハイマーは丸々1ページを使ってメーンストリート・グロース・アンド・インカム・ファンドを宣伝した。そこにはボクシングのグローブがS&P500をベルトで強打している絵が描かれてあった。今や売れるような利益の出

るファンドはないため、オッペンハイマーはパンチを引っ込め、広告
では人を気持ちよくさせる漠然とした当たり障りのないことしか書い
ていない。

ウォール・ストリート・ジャーナルの「Mutual Funds Quarterly
Review」欄のどこを見ても、一般投資家を間違った方向に導くよう
なことしか書かれていない。機会の魅力が減れば、メッセージの重み
は増す。株式が最も注目されるのは、株価がピークのときだけだ。債
券が投資家ポートフォリオにとって最も役立つことが分かったとして
も、債券を宣伝する広告などない。投資信託業界の宣伝の倒錯度は、
10点満点の10点だ。

チャールズ・シュワブの強気相場時の広告

2000年4月、チャールズ・シュワブは、チャールズ・シュワブの投
資信託マーケットプレースで購入可能なミューチュアル・ファンド・
ワンソース・セレクト・リスト・ファンドを派手に宣伝した。この宣
伝広告の主人公は、魅力的なクライアントのレイラニと、チャールズ・
シュワブのハンサムな投資スペシャリストだった。ウォール・ストリ
ート・ジャーナルでレイラニは何ページにもわたって大げさにしゃべ
りまくった——「このディスカウントブローカーは、私が自分で投資
を管理しているという気持ちにさせてくれるし、自分のニーズに合っ
た投資信託ポートフォリオを構築できるし、自分にとって最もスマー
トなアプローチを見つけるのを手助けしてくれる」。8ページにわた
る宣伝は次のように締めくくられていた。「チャールズ・シュワブは
レイラニが投資で自信を持てるように後押しした。私たちはきっとあ
なたのお役にも立てるはずだ」（「チャールズ・シュワブの広告」ウォ
ール・ストリート・ジャーナル2000年4月10日付け）。

宣伝でリストアップされた14のファンド（**表5.5**）は、レイラニの「ま

表5.5 レイラニのそこそこのポートフォリオの最悪のパフォーマンス

投資信託	セクター	2000年3月31日までの前年のパフォーマンス（%）	2000年3月31日からの翌年のパフォーマンス（%）
アメリカン・センチュリー・インターナショナル	外国株	69.7	−32.8
マリスコ・フォーカス・ファンド	大型グロース	38.2	−33.3
インベスコ・グロース・アンド・インカム・ファンド	大型グロース	42.7	−43.5
ドレイファス・エマージング・リーダーズ・ファンド	小型グロース	54.0	−15.8
サフェコ・ノースウエスト・ファンド	中型ブレンド	69.2	−35.4
モンゴメリー・グローバル・ロング・ショート・ファンド	国際	125.7	−41.6
ルーミス-セイルズ・インターナショナル・エクイティ・ファンド	外国株	104.4	−42.1
ストロング・エンタープライズ・ファンド	中型グロース	178.9	−51.3
バーガー・インフォメーション・テクノロジー・ファンド	特殊	173.5	−63.6
クレジットスイス・グローバル・テレコミュニケーションズ・ファンド	特殊	138.3	−54.9
スカダー・インターナショナル・ファンド	外国株	51.6	−31.2
フェデレーテッド・インターナショナル・スモール・カンパニー・ファンド	外国株	123.4	−48.3
リバティ・ヤング・インベスター	大型グロース	32.8	−28.8
ニューバーガー・バーマン・ミレニアム・ファンド	中型グロース	161.9	−55.9
レイラニのポートフォリオの算術平均		97.5	−41.3
S&P500		17.8	−21.7

出所＝モーニングスター（チャールズシュワブの広告から），ウォールストリートジャーナル，
2000年4月10日

あまあ」のポートフォリオのために選んだ「トップのパフォーマンスを示す投資信託」だ。敏感な投資家にアピールするように、ファンドの名前にはエンタープライズ・ファンド、エマージング・リーダーズ・ファンド、ヤング・インベスター・ファンド、ミレニアム・ファンドといった言葉が躍る。ファンドを運用する会社には、アメリカンセンチュリー、ドレイファス、ウォーバーグ・ピンカス、スカダー、フェ

デレーテッドといった投資信託業界の有力者が名を連ねる。

これら14のファンドの過去のパフォーマンスは非常に印象的なものだった。そのなかでもストロング・エンタープライズ・ファンドの直近1年間のリターンは178.9％と群を抜き、僅差でバーガー・インフォメーション・テクノロジー・ファンド（173.5％）がストロングを追いかける展開だ。パフォーマンスが悪かったのはマリスコ・フォーカス・ファンド（38.2％）とリバティ・ヤング・インベスター・ファンド（32.8％）で、マリスコはリバティをかろうじて上回ることで最下位は免れている。

どのファンドの過去のリターンも市場リターン（S&P500）を上回っている。これら14ファンドの平均リターンは97.5％で、市場を80ポイントも上回っている。もしポールがレイラニに1999年の初めにこれらのファンドに投資することを勧めていれば、レイラニは大金を稼ぐことができただろう。

残念ながら、ポールのレイラニへのアドバイスは遅きに失した。チャールズ・シュワブの広告が出てから1年後、14ファンドのいずれも大きな損失を出した。損失はドレイファスの15.8％からバーガーの63.6％までさまざまだった。各ファンドの損失はドレイファスを除いて市場を大きく上回った。14ファンドの平均損失は41.3％で、S&P500の損失である21.7％を大きく上回った。

レイラニの自信も知性も短命に終わった。ポールがレイラニにトップのパフォーマンスを示した投資信託から選ぶ機会を与えたとき、ポールは過去のパフォーマンスを重視するという典型的な過ちを犯した（「チャールズ・シュワブの広告」ウォール・ストリート・ジャーナル2000年4月10日付け）。将来の有望な勝者を特定するのに、チャールズ・シュワブは分析ツールを使わずに、過去の勝者を勧めるという楽な道を取ったのだ。その結果、チャールズ・シュワブの提示した投資機会は投資家のポートフォリオに大きな損害を与えた。

　これら14ファンドによる市場を上回る損失は、チャールズ・シュワブの投資スペシャリストがポートフォリオ構築を誤ったことを示している。3つのファンドは低リスク、3つのファンドは中くらいのリスク、2つのファンドは高リスク（そのほかの6つのファンドはリスクを特定できず）というチャールズ・シュワブの分類によれば、3つの低リスクのファンドによって2つの高リスクのファンドのリターンの変動は相殺されるため、これら14ファンドを組み合わせれば全体的なリターンは中くらいのリスクでおさまるはずだった。しかし実際には、損失が市場よりも少なかったのはドレイファス・エマージング・リーダーズ・ファンドだけだった。そのほかの13ファンドは市場を上回るリスクで、損失は市場を大きく上回った。これはチャールズ・シュワブがファンドのリスク評価を誤ったことを示している。チャールズ・シュワブはこの誤りを認め、2000年4月の広告で推奨したファンドに対する確信を失った。チャールズ・シュワブの2003年4月のミューチュアル・ファンド・ワンソース・セレクト・リストには、3年前にウォール・ストリート・ジャーナルで特集された14ファンドはどれ1つとして入っていなかった。

　アメリカ株式ファンドのマネジメントスタイルを見ると、チャールズ・シュワブには強気相場に対するバイアスがあったのは明らかだ。8つのアメリカ・ファンドのうちの5つはグロースファンドで、1つはテクノロジーファンドだった。いろいろなものを組み合わせたファンドは2つしかなかった。バリュースタイルのファンドは1つもなかった。チャールズ・シュワブがかつてないほどに上昇する株式市場に依存しすぎていたのは明らかだ。

　レイラニのポートフォリオのグロースファンドのパフォーマンスはどれもこれも似たようなもので、アメリカ株式ファンドマネジャーを複数雇った効果はまったくなかった。3つの大型グロースファンド（マリスコ、インベスコ、リバティ）とテクノロジーファンド（バーガー）

では10大保有株の重複が見られた。3つのファンドがシスコシステムズ株を保有し、2つのファンドがマイクロソフト、オラクル、EMC、バリタスソフトウェア、ホームデポ株を保有していた。アメリカの小型株と中型株ファンドもマイクロソフト、インテル、アプライドマイクロサーキット株を保有していた。つまり、多くの推奨ファンドは不必要に多くの銘柄を重複して保有していたということである。

大型外国株ファンド（アメリカンセンチュリー・インターナショナル・グロース・ファンド、ルーミス・セイルズ・インターナショナル・ファンド、スカダー・インターナショナル・ファンド）の10大保有株を調べてみると、大型アメリカ株ファンドと同様、分散の欠如が見られた。各ファンドの最大ポジションはバブル期の申し子とも言えるボーダフォンとノキアで、3つのファンドのうち2つのファンドのトップ10保有株には、ノーテル、エリクソン、サムソン、シーメンス、ビベンディが含まれていた。

テレコミュニケーションズファンドはアメリカ以外の株のイクスポージャーを増やした。クレディスイス・グローバル・テレコミュニケーションズ・ファンドの10大保有株にはボーダフォンとエリクソンが含まれるが、すでに大きなこれらのポジションへのイクスポージャーを増やし、またクレディスイスのNTTドコモのポジションは、スカダーの10大保有株と重複している（さらに、アメリカ国内株のインベスコもノキアを保有しており、これで4つのファンドが10大ポジションとしてノキアを保有していることになり、ボーダフォンのトータルポジションに等しい）。このようにポートフォリオの保有株をざっと調べてみるだけで、これらの海外投資信託を選んだ理由に疑問を投じざるを得ない。ポートフォリオが似通っている大型国際株ファンドはバブル崩壊のなかで並んでしぼんでいった。

リスクの評価とスタイルの重複の問題とは別に、チャールズ・シュワブはアセットタイプの十分な分散を図らなかった。チャールズ・シ

ュワブはプラス面として5つの非アメリカ株ファンドに注目する。こ
れは非相関リターンの源泉となる投資のはずだった。ところが、ポー
ルは非相関のアメリカ国外ファンドを特定することができなかっただ
けでなく、アメリカファンドと非相関のアメリカ国外ファンドも特定
することができなかった。アメリカの成長ポートフォリオのリターン
の源泉は、シスコ、マイクロソフト、オラクルといった銘柄だった。
アメリカの人気の銘柄とヨーロッパの強気相場の申し子であるボーダ
フォン、ノキア、エリクソンを組み合わせたことで、レイラニのポー
トフォリオはリスクを分散することができなかった。

　レイラニがウォール・ストリート・ジャーナルの広告を飾った翌年、
アメリカ株の暴落（シスコは79.6％、マイクロソフトは48.6％、オラ
クルは61.7％）と同じく、ボーダフォン（44.4％）、ノキア（50.3％）、
エリクソン（70％）といったアメリカ以外の株も軒並み暴落した。投
資スタイルの類似性によって、景気の良かった会社は同時にクラッシ
ュし、アメリカ国外ファンドがレイラニのポートフォリオを分散させ
る機会は失われたのである。

　もっと広い視点で見ると、レイラニのポートフォリオの失敗はこれ
だけではなかった。ポートフォリオは株式ファンドだけで構築された。
ポールはアセットタイプをもっと分散させて投資することを勧めるこ
とを怠ったのだ。広告では、債券、不動産投資信託、インフレ連動債、
新興国市場の株式といったポートフォリオを分散させるためのアセッ
トが無視された。中程度のリスクを持つポートフォリオは成長株だけ
で構築すべきではない。

　ファンドの選定からポートフォリオ全般に至るまで、レイラニのポ
ートフォリオは何から何まで間違っていた。個々のファンドのリスク
特性の誤った評価に始まり、ポールはレイラニの保有ファンドとして
不適切なファンドを選んだ。さらに、アメリカファンドもアメリカ国
外ファンドもグロースファンドばかりで、ポートフォリオを分散させ

ることができなかった。そして、アセットクラスの分散を無視することで、ポールはいろいろな市場要因に対応できないようなポートフォリオを構築してしまったのである。

チャールズ・シュワブはレイラニに効果的なポートフォリオを構築するツールを提供できなかったのである。彼女の心の負担を軽くするのではなくて（「チャールズ・シュワブの広告」ウォール・ストリート・ジャーナル2000年4月10日付け）、チャールズ・シュワブは彼女の財布を軽くしたのである。推奨ファンドのセレクトリストは、広い選択肢を提供したわけではなく、顧客に適切なリスク特性を提供したわけでもなく、顧客の投資目標を満足させることはできなかった。

2000年4月に市場が最高潮に達したときのチャールズ・シュワブの派手な宣伝話には続きがある。2003年のなかごろ、チャールズ・シュワブは投資家と投資額を切り離すという戦略に変更した。宣伝に出てくる顔ぶれも変わった。レイラニに変わって、にこやかで眼鏡の似合う50代のパット（チャールズ・シュワブの投資家）が起用された。ハンサムなチャールズ・シュワブの投資スペシャリストのポールは完全に姿を消した。おそらく彼はチャールズ・シュワブの人員削減計画で仕事を失ったのだろう。

2003年6月6日のウォール・ストリート・ジャーナルの広告には、「チャールズ・シュワブは、株式だけでなく債券にも投資することでバランスの取れたポートフォリオ構築のお手伝いをします」と書かれていた（「チャールズ・シュワブの広告」ウォール・ストリート・ジャーナル2003年6月6日付け）。チャールズ・シュワブはなぜ方針を変えたのだろうか。2003年3月から2003年5月まで、債券市場のリターンが株式市場のリターンを68.7ポイントも上回ることをチャールズ・シュワブは知っていたのだろうか。その間、債券は36％のリターンを上げる一方で、株式リターンは－32.7％だった。2002年には投資家が株式の投資信託から270億ドルを超える資金を引き上げ、債券投資信託

に1400億ドルを超える資金を投資したことをチャールズ・シュワブは知り、そのおこぼれに預かりたいと思ったのだろうか。

　腹黒いチャールズ・シュワブは、「私たちのアドバイスはお客様のニーズに従って提供するものであり、けっして手数料のためではありません」と主張した（「チャールズ・シュワブの広告」ウォール・ストリート・ジャーナル2003年6月6日付け）が、チャールズ・シュワブは一般市民にサービスを提供するどころか、投資信託市場から大きな利益を得ているのだ。チャールズ・シュワブはミューチュアルファンド・ワンソースを手数料無料と謳っているが、2003年6月のフォーブスは、「ジャナス・トゥエンティ・ファンドをチャールズ・シュワブを介して買う人と、直接ジャナスから買う人は年間経費率として同じ0.83％を取られるが、チャールズ・シュワブは仲介手数料としてファンドベンダーから秘密の手数料を受け取っている。これらの手数料がファンドの経費率を押し上げているのは明らかだ」と書いた（ニール・ウェインバーグ著「Holier than Wham?」、フォーブス、2003年6月23日号）。2003年5月5日のウォール・ストリート・ジャーナルは、「チャールズ・シュワブの手数料は資産の0.4％で、各ファンド口座から年間20ドルをせしめている」と伝えた。

　チャールズ・シュワブの手数料体系は投資家の選択肢を制限するのに役立つ。2003年初め、チャールズ・シュワブは最大の投資信託を除くファンドの手数料を引き上げた。手数料の引き上げによって、この国随一の運用会社の1つであるサウスイースタン・アセット・マネジメントがチャールズ・シュワブとの契約を解除した。サウスイースタンはチャールズ・シュワブの手数料の値上げを「手数料を二重取りする過度なシステム」と言った（カレン・ダマト著「Longleaf Leaves Schwab」、ウォール・ストリート・ジャーナル2003年5月2日付け）。数少ない優秀なアクティブ運用会社の1社を募集リストから削減したチャールズ・シュワブは、顧客のニーズよりも利益を重視する会社に

なった。

　魅力的なレイラニと丸々と太ったパットへのチャールズ・シュワブのアドバイスは、読者たちに過去に業績の良かった証券への投資を促した。グロース株ファンドのパフォーマンスは、2002年4月のレイラニが登場する広告以前の投資家を魅了した。債券のパフォーマンス（絶対パフォーマンスと株式に対する相対パフォーマンスの両方）は、パットが登場したチャールズ・シュワブの2003年6月の広告以前の投資家にはせめてもの救いだった。過去を振り返るというチャールズ・シュワブの性質は、自慢の「モーニングスターで4つ星と5つ星を獲得した債券ファンド」（シュワブの広告、2003年6月6日）にも反映された。実は、モーニングスターもバックワード分析のみを使った格付けシステムにすぎなかった。過去のパフォーマンスの良かったアセットタイプと投資信託を強調することで、投資家に高値で買って、安値で売ることを奨励する。これは富を失う最高のレシピだ。

パフォーマンスの都合の良い提示方法

　投資信託会社は悪いパフォーマンスを隠すのにさまざまなごまかしを使う。例えば、パフォーマンスの悪いファンドをほかのファンドと統合して消滅させるといった極端なものから、もっと巧妙な操作テクニックまでいろいろだ。大きな投資信託会社が一握りのファンドを目立たせようとするとき、彼らは必ずパフォーマンスの良いファンドを目立たせて、パフォーマンスの悪いファンドは隠す。5年の実績が素晴らしく良くて、10年の実績がそこそこの場合、投資信託会社は高い実績を広告で大々的に自慢し、低い実績は募集の目論見書の隅のほうに小さく書く。データを作為的に選んで提示することで投資信託の募集を一見魅力的に見せかける。こうして世間知らずの投資家はまんまとだまされる。

　ジャナスは投資家たちに全知全能のイメージを与えるために、２つ
の顔を描いたミステリアスなアイコンを使っている。アグレッシブな
グロース投資信託を集めたジャナスは1990年代のイケイケ時代にはほ
ぼ完璧だった。シスコ、マイクロソフト、ノキアを保有することで、
ジャナスのパフォーマンスは毎年市場平均を大幅に上回った。素晴ら
しい投資結果はさらに多くの資金を引きつけ、運用資産は1995年末に
は310億ドルだったものが、1999年末には2500億ドルに膨れ上がった。
メディアが伝えたところによると、2000年初めには運用資産は3000億
ドルを超えていた。

　ジャナスのアイコンには２つの顔が描かれているが、ジャナスの躍
進は強気相場での利益のみに支えられていた。2000年初めに株式市場
が下落し始めると、ジャナスの大型グロース株への集中投資と各種会
社による不正行為の発覚で、投資家は危機に陥れられた。サンマイク
ロシステムとGE（ジェネラル・エレクトリック）の株価下落による
損失と、タイコとエンロンの不正行為による株価の下落がジャナスに
暗い影を落とした。ジャナスは巨額の損失を被っただけでなく、プラ
イドも喪失した。今ではよく知られた話だが、パフォーマンスの悪化
と投資家の資金の引き上げとによって、運用資産はピーク時には3000
億ドルを超えていたが、2002年末には1220億ドルにまで減少した。

　1999年のジャナスの年末のリポートでは、ジャナスはいろいろなパ
フォーンマンスの数字を提示していた。極め付きは手数料込みの３年
間のローリングリターン（基準日から一定期間投資を行った場合のリ
ターンを年率化したもの）だった。例えば、ジャナスのパフォーマン
スが最も良いアグレッシブ・グロース・ファンドの1999年12月31日ま
での３年間におけるローリングリターンは54.5％だった。

　2000年は暗い年で、アグレッシブ・グロース・ファンドは24.6％も
下落したが、直近３年のリターンはプラスだった。投資家たちは３年
間のリターンが年間28.7％だったことに安心感を抱いた。

　2001年になっても陰鬱さは続き、アグレッシブ・グロース・ファンドは29％下落し、市場平均（S&P500）の11.9％の下落を大きく上回った。ファンド始まって以来、直近3年のリターンがマイナスに転じた（年間－1.7％）。大きなマイナスではなかったため、その数値はいつもどおり、2001年の年末のリポートには提示された。

　弱気相場も3年目に入り、ジャナスのパフォーマンス不振は続いた。2002年、アグレッシブ・グロース・ファンドはさらに26.8％下落し、再びS&P500の下落（22.1％）を上回った。直近3年のリターンも年間－26.8％と悲惨な結果となった（3年にわたって年間26.8％の損失を出したということは、1ドルが29セントになったということ）。

　悲惨な結果に直面した会社は問題解決に向けて創造的な方法を思いつく。2002年の年末のリポートでは急遽、直近5年のリターンを記載することにしたのだ。アグレッシブ・グロース・ファンドの直近5年のリターンは年間2.1％と、直近3年の弱気相場におけるリターンである年間－26.8％よりはるかによく見えた。

　投資家は良いパフォーマンスを追いかけ、悪いパフォーマンスは無視する。これを認識したジャナスは、印象の悪い弱気相場の数字をどう表示すべきか迷った。3年間の数字から5年間の数字に変えたことで、会社は負の数字を正の数字と置き換え、悪い相対リターンを良い相対リターンと置き換えた。しかし、5年のリターンを表示することでリポートは分かりにくいものになった。投資家に一貫したデータを提示する代わりに、ジャナスは悲惨なパフォーマンスを隠すために、数字を都合良く変えて提示したのである。

モーニングスターの格付け

　バイアスのかかっていない客観的な投資アドバイスを受けられる投資家はほとんどいない。ブローカーは手数料の高い商品を勧めてくる。

投資会社は話題の投資信託の募集に参加することをしつこく勧めてくる。時には金融商品の最も倫理的な提供者でさえ、顧客にとって最良のルートとサービス提供者にとって最も利益になるルートとを混同することもある。あちこちにはびこるいかさま師にとって、どちらのルートだろうが知ったことではない。

　対立が多発する荒れ地のなかに立っているのが、一見独立しているように見えるモーニングスターだ。シカゴを拠点とするコンサルタント会社のモーニングスターが４つのアセット——アメリカ株、アメリカ国外の株、課税債、地方債——に対する５段階のランク付けシステムを開発したのは1985年のことである。５段階の格付けは、ファンドを星１つ（最低ランク）から星５つ（最高ランク）で評価する方法である。

　長年の間にランク付けするアセットの数は増え、ランク付けの方法も変わったが、５つの星の数で評価するという構造は変わっていない。1996年にはランク付けするアセットの数は当初の４つから44に増え、規模（小型、中型、大型）、スタイル（バリューとグロース）、セクター（テクノロジーと天然資源）、地理的位置（ヨーロッパ、日本、ラテンアメリカ）、証券タイプ（転換社債、国際債、高利回り債）による分類も加わった。2002年７月には、アセットの数は48に増え、ファンドのランク付けの計算方法も高度化された。2003年５月にはアセットの数は11増え、全部で59になった。

　投資家はモーニングスターの格付けに注目する。1999年から2003年まで、４つ星と５つ星のファンドへの資金流入は投資信託全体に対して平均で106％だった。格付けのないファンドへの資金流入が全体の44％なので、トップの格付けのファンドと格付けのないファンドの合計資金流入は150％ということになる。星３つ、星２つ、星１つのファンドは流出した資金のほうが多く、その額は正味フローの50％に及ぶ（データの出所はファイナンス・リサーチ・コーポレーション）。

表5.6　モーニングスターが付けた星５つと星４つのファンドが投資信託の資金流入を独占する――ランキング別正味フロー（単位＝10億ドル）

星の数	1999	2000	2001	2002	2003	5年平均
0	50	134	97	74	58	83
1	−25	−8	−13	−16	−13	−15
2	−30	−32	−36	−40	−37	−35
3	−46	−95	−34	−45	−1	−44
4	11	55	27	43	85	44
5	281	158	86	115	129	154
合計	241	211	127	130	223	186

注＝星のないファンドは実績が３年未満のためモーニングスターに格付けされていないファンド
出所＝ファイナンシャル・リサーチ・コーポレーション

　モーニングスターの格付けの影響が色濃いところを見ると、星に憧れる投資家たちはモーニングスターの格付けを奴隷のように信じていることがうかがえる。表5.6を見ると分かるように、投資家たちは星５つと星４つのファンドには大金を注ぎ込み、星３つ、星２つ、星１つのファンドからは大金を引き上げている。1999年から2003年まで、星５つと星４つのファンドには一貫して資金が流入し、星３つ、星２つ、星１つのファンドからは一貫して資金が流出している。経験よりも期待に重点を置く投資家たちは、星のないファンド（実績が３年に満たないファンド）にも資金を注ぎ込んでいる。このようにモーニングスターの格付けは投資家の資金の流出入に影響を与えるため、星５つと星４つのファンドには将来的にますます資金が流入し、星３つ、星２つ、星１つのファンドからは資金の流出が予想される。

　投資家たちは投資の意思決定をするうえでの何らかの指針を探していた。そこに登場したのがモーニングスターの格付けシステムである。しかし残念ながら、モーニングスターの格付けシステムは絶望的なほ

どに単純であるため、投資家には何の役にも立たない。モーニングスターの格付けシステムでは、ヒストリカルリターンからリスクを差し引いた数字を基に星を与えていく。最初、モーニングスターはリスクを「90日Tビルに対するアンダーパフォーマンス」と定義していた。モーニングスターによれば、「ファンドのリターンが毎月このベンチマークを上回れば、そのファンドは無リスクとみなされた」（https://www.morningstar.com/「General FAQ」、2004年11月7日）。経験の浅いファイナンスの学生でも、株式のイクスポージャーを持つファンドを無リスクだとは言わないだろう。明らかに欠陥のあるモーニングスターのシステムは、過去のパフォーマンスだけに注目し、定量的測定値だけを取り入れ、基本的に質の悪いリスクを使ったところに失敗の原因がある。

　バブル期のテクノロジーファンドに対するモーニングスターの格付けを考えてみよう。1997年、テクノロジーファンドの平均格付けは星の数が2.1個だった。これはファンドの低位3分の1をかろうじて上回っていたことを意味する。投資信託のふるい分けに格付けを用いる投資家は、低い格付けのファンドには興味を持たないのは明らかだ。テクノロジー株が急騰した1999年、テクノロジーファンドの格付けは星の数が4.7に跳ね上がり、トップに迫る勢いだった。事実、1999年末には90％のテクノロジーファンドが星5つを獲得した（イアン・マクドナルド著「Mutual-Fund Ratings Come Under Fire : Those Five-Star Funds Don't Necessarily Outperform their Lower-Rating Peers」、ウォール・ストリート・ジャーナル2003年1月15日付け）。高い格付けによって投資家は大量の資金を割高な銘柄に投じた。2001年、バブル崩壊が始まると、テクノロジーファンドの平均格付けは星の数2.4個になり、再び平均以下に下落した（大統領経済諮問委員会「Economic Report of the President」: 102）。モーニングスターのテクノロジー系の投資信託に対する格付けは、あまのじゃくなものだった。

　モーニングスターは極めて率直に、「リターンの変動の大きなファンドは、たとえ今成功していたとしても、損失を出すことがある。インターネットファンドはその好例だ。インターネットファンドは何カ月にもわたってＴビルをアウトパフォームしたため、1999年は下落リスクはほとんどなかったが、そのあとの年は大きな損失を出した」（https://www.morningstar.com/　2004年11月7日）。安く買って高く売りたいと思う投資家に対して同社のシステムは間違った指針を提供したことを、モーニングスターは認識していたのである。

　2002年7月、テクノロジーファンドの格付けで明らかになった問題点を改善するために、モーニングスターは格付けシステムを2カ所変更した。変更点その1は、ファンドを小さなカテゴリーに分類して、カテゴリー内で格付けする。これは高いパフォーマンスを示す特定の種のファンド群が大きなカテゴリーの上位を独占することがないようにするためだ（大きなカテゴリーによる格付けは中止された）。新しいシステムでは、星5つのテクノロジーファンドは、投資信託母集団のなかのテクノロジーファンド集合の上位10％のファンドに限定され、星5つの不動産ファンドは、不動産ファンド集合のなかの上位10％のファンドに限定された。もちろん、およそ60のニッチに格付けを与えることは格付けの価値を一般用途用に格下げすることになる。変更点その2は、リスクの計算方法を、特に損失に重点を置いた「ファンドのパフォーマンスの変動」に変えた。新しいリスク指標は会社が始まって以来17年間使ってきた単純なリスク計算に比べると改善されたかに見えたが、モーニングスターのリスクペナルティの計算方法が「機密」であるため、評価することはできない。

　モーニングスターは、過去のパフォーマンスに関する情報は、将来的に優れたパフォーマンスを模索するうえでほとんど役に立たないことを認識していないため、会社が定期的に格付けシステムを変更しても成功は期待できない。ニッチファンドのサブグループを大きな母集

団から常に排除しても、そんなことは無益でしかない。新しく作成したサブグループのトップには必ず二流ファンドの新たなグループが躍り出る。そのため、モーニングスターは望ましくないと思う予想外の強いパフォーマンスを示すファンドをそのスターシステムから再び排除しなければならない。過去の数字だけを見ることで、格付けシステムは将来的にパフォーマンスが向上すると思われるファンドではなくて、過去のパフォーマンスが良かったファンドを選び出す。持続的な熱意にあふれながらも、ずっと絶望に苦しんできた市場では、モーニングスターの過去だけを評価するパフォーマンス測度は、未来が重要な投資家には無意味なのである。

　しかし、モーニングスターは投資家に少なくとも１つ役に立つサービスを提供している。当初販売手数料やそのほかの手数料を差し引いたリターンを計算することで、格付けシステムは効率経営で、株主にやさしい、手数料なしか手数料の安いファンドを推奨する。コストの重要性に注目させることで、間接的ではあってもモーニングスターは顧客に対して良いことをしているように見えるが、残念ながら、今日の低コストのファンドを推奨するというサービスは、昨日の勝者を推奨するという危害に比べると大した違いはない。

　大々的に宣伝されるモーニングスターの格付けシステムは、過去のパフォーマンスを重視するという投資家の不幸な傾向を増長させるものでしかない。純粋に統計学に基づいて過去のパフォーマンスを計算しても、優れたマネジャーを探すうえではまったく役に立たない。しかし、今でもモーニングスターの５つ星と４つ星のファンドは投資家マネーを引き付けてやまない。モーニングスターの星の数による格付けシステムは、1990年代終わりの株式市場の地獄絵の炎に油を注いだだけで、投資家をそのあと起きる下落から救うことはできなかった。賢明な投資家ならモーニングスターの無益な格付けシステムになど目もくれないだろう。

本章のまとめ

　環境の変化は投資家たちをほとんど例外なく投資の失敗へと導く。株式市場がピークのときは株が宣伝で強引に売られ、ポートフォリオの分散効果のある債券はほとんど宣伝されなかった。株式市場が大暴落したあとは、メディアはバランスの取れたポートフォリオを構築するためには債券を保有するのが良いと、債券のメリットを大々的に宣伝した。これは、昨日の勝者を保有し、昨日の敗者は無視することを勧めるメッセージにほかならない。

　どんなに名高い市場関係者も過去の投資結果を重視する傾向がある。モーニングスター自慢の星の数による格付けシステムも、ファンドを過去のパフォーマンスに基づいて格付けする。しかし、モーニングスターの格付けシステムの影響は絶大で、星5つと星4つの投資信託には大金が流入する。まるで『オズの魔法使い』に出てくる小男がカーテンの陰で操作しているかのようだ。

　好パフォーマンスのものを追っかければ、投資家にとっては惨めな結果が待っているだけだ。インターネットバブルのピークの2000年3月をはさんだ前後3年間（トータルで6年間）では、成功した大きなテクノロジー系の投資信託は実質的に何の投資リターンも生み出していない。バブル時代の驚くべきリターンは、バブル崩壊後には完全に消え失せたのである。

　単に期間で見たリターンでは全体像は見えてこない。投資家は市場がピークのときにハイテクファンドに大金を注ぎ込んだ。金額加重ベースで見ると、驚くほどのお金が露と消えたことになる。テクノロジーファンドの投資家は、ファンドが利益を出していたときのキャピタルゲインの分配に対して課税されるため、投資結果は惨憺たるものだった。

　賢明な投資家は一時的な流行に流されることなく、規律を持って独

立した姿勢を貫く。規律は適切なポートフォリオ目標を慎重に設定することから始まり、そのあとは選んだポートフォリオに忠実に従う。

アセットアロケーションの目標に忠実に従うには、人気のない銘柄を買って、人気のある銘柄を売ることが求められる。つまり、主流から外れたコントラリアン（非主流派投資家）的な行為が必要であるということである。

第**6**章　　リバランス　　　　　Rebalancing

　リバランスとは、現在のポートフォリオのアセットアロケーション（資産配分）を当初設定したアセットアロケーションに近づけるように修正することをいう。市場要因によってさまざまな資産の価値が上下動するため、ポートフォリオにおけるそれらの資産へのアセットアロケーションもそれに応じて上下動する。望ましいアセットアロケーションを維持するために、投資家は相対価値の上昇した資産を売却し、相対価値の下落した資産を購入する。システマティックにリバランスしなければ、実際のポートフォリオのリスク・リターン特性は望ましいポートフォリオのリスク・リターン特性とは違ってくる。

　リバランスでは従来の考え方とは異なる行動が要求される。通常の市場状態では、システマティックにリバランスする人は勝者を減らし、敗者を増やす。これは一般的な通念に反した行動だ。極端な市場状態では、リバランスする人はその胆力が問われる。なぜなら、劇的な弱気相場では、敗者を大量に購入する必要があり、異常な強気相場では勝者を大量に売却する必要があるからだ。市場が極端な動きをすると、投資家は大胆不敵になるか臆病になるかのいずれかだ。

　ファンドへの投資資金を増やしたり、ファンドから資金を引き上げるとき、賢明な投資家ならそれがアセットアロケーションに対してどういった意味を持つのかを考える。資金を保有比率の低いアセットク

ラスに配分すれば、税務上の影響を発生させることなくポートフォリオを目標ポートフォリオに近づけることができる。同様に、保有比率の高いアセットクラスから資金を引き出すことで、ポートフォリオを目標ポートフォリオに近づけることができる。しかし、資金を引き出す場合、投資家はその取引の税効果について考えなければならない。事実、保有比率の高いアセットクラスは価格が上昇した証券を含むことが多く、それを売却すれば納税義務が発生するため、投資家は売却を躊躇する。

　納税義務のある投資家は、リバランスではさまざまな方法を使って課税対象所得を出さないようにする。例えば、慎重な投資家は保有比率の低いアセットクラスに新たな資金を投入して、ポートフォリオの比率を目標ポートフォリオの比率に近づける。状況にもよるが、証券の売却によって生じた損失は、ほかのところで生じた利益と相殺されるため、リバランスを非課税で行うことができる。あるいは、課税繰り延べ口座を使ってリバランスを行うことで納税を免れることができる。このようにリバランスでは税金関係を考えることが非常に重要になる。

　目標資産比率を維持するうえではリバランスは非常に重要だが、これをシステマティックに行う投資家はほとんどいない。TIAA-CREF（米教職員保険年金連合会・大学退職株式基金）が運用するファンドへの投資家に対する最近の調査によれば、大学関係者はポートフォリオアロケーションにあまり関心がないことが分かった。投資家の性質（大学関係者）を考えると、リバランスには驚くほど無関心だ。高い教育を受けた洗練された投資家グループがシステマティックなポートフォリオのリバランスに関心がないとすると、そのほかの投資家たちもポートフォリオアロケーションに無関心である可能性は高い。

リバランスの心理

　成功する投資戦略の中核となるのが大勢に流されないという考え方（コントラリアンの考え方）だ。しかし残念なことに、人間というものは、みんなと一緒に走ることで快感を得るので、みんなと一緒に走るということにポジティブな感情が芽生える。ミュージカル『キャバレー』のサリー・ボウルズの言葉はそれをよく示している――「だれもが勝者を愛するの。だから私を愛してくれる人はいなかった」。逆張り投資では、愛されるものを避け、愛されないものを抱きしめることが要求される。しかし、多くの人はこれと逆のことをやる。

　事実、投資の世界とは違って商売では、トレンドに従う者が褒美を与えられる。勝てる戦略を生かし、負ける戦略を殺すことで商業的な成功を手にすることができる。勝者に大量の食べ物を与える経営者は魅力的な結果を生み出し、敗者を飢えさせる経営者は貴重な資源を節約することができる。これがビジネス版ダーウィンの進化論の「成功は成功を生む」である。

　これとは逆に、投資の世界では、失敗は将来の成功の糧になる。評価の低い人気のない戦略が、高く評価された現在最も重要な戦略の予想リターンを上回ることはよくあることだ。不人気なアセットに適用されるディスカウントが予想リターンを上げる一方で、人気のアセットに適用されるプレミアムが予想リターンを下げるのである。

　多くの投資家は主流の銘柄のポジションを取ることに安心感を抱く。これは1つには、多くの人がその銘柄を保有していることに安全を感じるからだ。多数派の態度や行動はコンセンサスを形成する。少数派は主流の外にいることで心地悪さを感じる。多数派が逆張りポジションを取ったときだけ、少数派の考えが広く支持される。常に世間一般の通念に反するポジションを取るのは本当にわずかな人たちだけである。

　主流から外れたポジションを取って維持するためには、強い信念と不屈の精神が必要だ。友だちや知り合いは自分とは根本的に違う投資プログラムのことを言ってくる。メディアはいろいろな世界観を押し付ける。ブローカーは昨日の敗者の売却と、今日の有望株の購入を勧めてくる。広告は新しいパラダイムの到来をうたう。圧倒的なコンセンサスを前にしても、非主流派の考えを貫いて成功する投資家は群衆の甘い言葉に耳を貸すことはない。

　コントラリアン的なポジションを建てても、戦いの半分が終わったにすぎない。コントラリアン投資家がおじけづけば、失敗が待っているだけだ。コントラリアン投資家は最初は今月の耳寄り情報など無視する。毎月、毎四半期、毎年、耳寄り情報を聞かされると、弱腰のコントラリアン投資家はついに観念し、新時代の論法に巻き込まれる。もちろん、彼らが株を買うのは熱狂がピークに達したときだ。かくして利益を得ることなく、痛みだけを感じることになる。忍耐力がないのにコントラリアン戦法を取っても、悲惨な結果が待ち受けているだけだ。

　リバランスは非常に合理的な行動だ。市場が変動するなかで目標ポートフォリオを維持するには、相対パフォーマンスの高いものを売却し、相対パフォーマンスの低いものを購入することが求められる。つまり、規律を持ってリバランスをする人は人気なものを売り、人気ではないものを買うということである。市場が普通の動きをしているときは、リバランスは少しの勇気があれば事足りるが、市場が極端な動きをするときは、強靭な精神が必要になる。

1987年の株価大暴落後の投資家の行動

　ポートフォリオのリバランスは市場に大きなストレスがかかっているときが最も難しい。大きく下落したアセットの購入と、急上昇した

アセットの売却は、機会と危険が隣り合わせだ。安く買って高く売ることができることで機会が与えられる一方で、安くなったものがますます安くなり、高くなったものがますます高くなることで、安定を保つことができなくなり危険につながる場合もある。

　1987年10月の株式市場の大暴落は市場にストレスがかかった典型例だ。1987年10月19日、アメリカの株式市場（S&P500）は23％も下落した。空前絶後の大暴落は確率論などでは言い表せないものだった。日次のヒストリカルボラティリティに基づけば、その日の大暴落は25標準偏差に相当するイベントだった。平たく言えば、25標準偏差のイベントというのはほとんど起こり得ないことを意味する（正規分布では、1標準偏差のイベントは33％の確率で発生し、2標準偏差のイベントは5％の確率で発生し、3標準偏差のイベントは1％の確率で発生する。年間の営業日を250日とすると、8標準偏差のイベントは3兆年に1回の確率で発生する。25標準偏差のイベントが発生することなどあり得ない）。

　世界規模の未曽有の株式市場の大暴落は一般大衆の市場に対する信頼を揺るがした。市場関連の学者たちは悲観的な状況を危惧し、株式投資の未来は暗いと予測した。新聞は暗いニュースばかりを報じた（ニューヨーク・タイムズは1987年10月のあとの株価のグラフを1929年10月のあとの株価のグラフに重ね合わせて特集記事を掲載した）。世界中で弱気センチメントが漂うなか、リバランスする投資家はアセットアロケーションを目標水準に戻すために株式を買わなければならなかった。一般大衆の目には、リバランスは軽率で非合理的な行動に映ったのは言うまでもない。リバランスに必要な不屈の精神を見せる投資家などほとんどいなかった。

　1987年の株式市場大暴落前後の投資信託のアセットアロケーションのデータを見ると、個人投資家の行動がいくらか見えてくる。投資信託の総合的なアセットアロケーションを見ても、各家庭のバランスシ

ートの全体像は分からない。個人投資家は投資信託以外の資産も保有
しているため、投資信託の保有の変動はほかのアセットの保有の変動
で相殺される場合もあれば、増幅される場合もあるからだ。しかし、
投資信託のアセットアロケーションの変動を見れば、個人投資家の行
動について重要なことが分かってくる。

　株価大暴落の３週間前の1987年９月の投資信託のアセットアロケー
ションを見てみよう。投資家の株式に対する熱狂が高まり、投資信託
における株式の保有は数年来の高値（全資産の28％）に達した。株式
が強気相場にあったときはそっぽを向かれていた債券の保有は12カ月
の低値（全資産の30％）にとどまった。債券よりも不人気のMMF（マ
ネーマーケットファンド）の保有は全資産の37％で、数年前の60％か
らは大幅に下落していた。

　規律あるリバランスを行えば、大暴落後の配分と大暴落前の配分は
ほとんど同じになるはずだ。1987年９月と1987年11月の配分をざっと
比較してみると、リバランスの跡はほとんど見られない。株式の配分
が28％から22％に減少しているのは、２カ月前に比べると株式がおよ
そ25％下落したことによる。債券は株式の暴落によって上昇したため、
配分は30％から32％に上昇している。MMFは、安全な避難場所と見
られたため、配分は37％から42％に上昇している。**表6.1**に示されて
いるように、２カ月間で投資家は株式の配分を大幅に減らし、債券と
MMFの配分は増やしたことが分かる。

　投資信託の資金の流出入からもまた同じようなことが分かる。1987
年７月、株式市場の強気相場は５年目を迎え、５年間でトータルリタ
ーンはおよそ４倍になった。**表6.2**のファンドの資金の流出入データ
を見ると分かるように、株式の堅調な相場は投資家の強欲をあおった。
1987年の株式市場大暴落の半年前、投資家の強欲によって株式の投資
信託への正味フローは170億ドルを超えた。これは債券から60億ドル
以上、MMFからも70億ドル以上の資金が株式に流れたからでもある。

表6.1　投資信託投資家の1987年の株式市場大暴落に対する悪い反応（投資信託のアセットアロケーション）

	株式	債券	MMF	その他
1987年9月のアセットアロケーション	28.4%	30.4%	37.1%	4.1%
1987年11月のアセットアロケーション	21.9%	32.3%	42.1%	3.8%
1987年9月のアセットアロケーションに戻るまでにかかった時間（月数）	50	18	57	

注＝「1987年9月のアセットアロケーションに戻るまでにかかった時間（月数）」とは、1987年
　　9月のアセットアロケーションに戻るまで、投資家が株式に対して過小配分し、債券とマネ
　　ーマーケットに対して過大配分していた月数を表す
出所＝投資会社協会

表6.2　1987年の株式市場大暴落の前後で投資家は高く買い、安く売った（単位＝100万ドル）

	株式	債券	MMF
大暴落の半年前の資金の流出入	17,274	−5,916	−7,269
大暴落の半年後の資金の流出入	−10,379	−3,029	29,025

出所＝投資会社協会

大暴落のあと、風景は一変した。強欲は恐怖に変わり、株式ファンドからは100億ドルを超える資金が、そして債券ファンドからは30億ドルを超える資金が流出した。漁夫の利を得たのはMMFで、290億ドルをわずかに超える資金がMMFに流れた。投資家は大暴落前は高値で買わされ、大暴落後は安値で売らされた。これでは満足のいく結果が得られるはずはない。アセットアロケーションの数字を見ても、資金の流出入の数字を見ても、大暴落直後は投資家はリバランスしていないことは明らかだ。投資信託の株式保有者は、強気相場で買って弱気相場で売ることで大暴落を悪化させたことをデータは示している。

　1987年10月の株式市場大暴落に恐れおののいた投資家たちのリスクからの逃避によって、ポートフォリオはそれから何年にもわたって大

きなダメージを受けた。市場が崩壊したあと、投資家が株式市場に戻ってくるまでにはかなりの時間がかかった。大暴落から4年以上たってようやく投資信託の株式へのアセットアロケーションは暴落前の水準に戻った。そして、MMFへのアセットアロケーションは5年たってようやく暴落前の水準に戻った。史上最大の強気相場のなかでも、投資信託投資家たちは現金の配分が高く、株式の配分の低いポートフォリオを保有した。

インターネットバブルに対する投資家の反応

　1990年代の株式市場バブルによるインフレとデフレの間も、投資信託における投資家のアセットアロケーションはけっして褒められたものではない。強気相場の間、投資信託の投資家は債券とMMFの配分を減らして、株式の配分を増やし続けた。1993年から2000年までの期間を考えてみよう。1993年から1994年にかけて投資家たちの株式への配分は30％台で推移し、1995年から1997年までは40％台、1998年から1999年にかけては50％台で推移した。そして2000年の市場のピーク時には60％を超えた。株式への配分が増えた分、債券への配分は減少した。債券の配分は1993年には30％台だったのが、1994年から1995年にかけては20％台に落ち込み、1996年から1999年にかけては10％台、2000年3月の株式バブルのピークでは10％ぎりぎりにまで減少した。MMFへの配分も似たようなもので、1993年には30％を少し超える水準だったのが、2000年の株式バブルのピークでは20％台の低い数値にまで減少した。

　1993年から2000年にかけて投資信託の株式への配分はほぼ2倍になり、債券とMMFはおよそ半分になった。投資家は強気相場の最後のステージでは大きなリスクを抱えることになった。1つは、基本的なアセットアロケーションの観点から見ると、株式への偏りがリスク水

図6.1 バブルに翻弄された投資信託の投資家（投資信託の資産の配分）

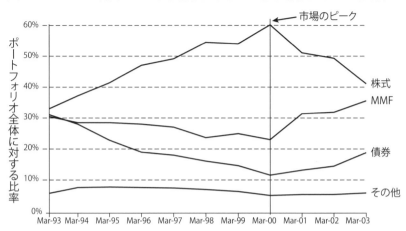

出所＝投資会社協会

準を上げた。もう１つは、評価の観点から見ると、株価の上昇が証券
レベルでの高い脆弱性を生んだ。2000年３月に市場がピークを迎えた
とき、投資家たちは最大の資産を最大のリスクにさらしていたと言え
るだろう。

　市場がピークを迎えたあと株価は下落したため、株式へのイクスポ
ージャーは劇的に減少した。2000年３月のピーク時には株式への配分
は60％を超えていたが、2003年３月には40％を少し超える程度に低下
した。その一方で、債券への配分は2000年３月の11％から2003年３月
には19％まで上昇した。MMFへの配分は2000年３月の23％から2003
年３月には一気に35％に跳ね上がった。これはこの10年余りでの最高
水準だった。株価の下落に対する投資家たちのひねくれた反応を受け
て、今や手ごろ価格になった株式への配分は下がった。**図6.1**のグラ
フはこの悲しい物語を物語っている。

　2000年３月の株式市場のピークを中心に前後３年間におけるファン

表6.3　インターネットバブル期に投資家はリバランスに失敗──アセットクラス別の投資信託への資金の流れとトータルフローに対する比率（単位＝100万ドル）

	株式	債券	MMF	その他	合計
2000年3月31日の市場の ピーク前の3年間のフロー	729,158 46%	158,000 10%	695,080 43%	21,519 1%	1,603,756
2000年3月31日の市場の ピーク後の3年間のフロー	225,859 21%	351,156 32%	484,380 44%	33,083 3%	1,094,479

出所＝投資会社協会

ドへの資金の流出入を見てみよう。まず、どのタイプの投資信託も正味フローはピーク前の3年間における1.6兆ドルから、ピーク後の3年間では1.1兆ドルに減少したことに注目しよう（**表6.3**を参照）。バブル後、投資家は投資信託を保有することに興味を失ったのは明らかだ。次に、投資家のリスク選好が劇的に変わった。強気相場の最後の3年間では株式への資金の流入は投資信託全体の46％を占め、債券はわずか10％だった。しかし、そのあとの3年間にわたる弱気相場では株式と債券は入れ替わり、債券への資金の流入は32％、株式への資金の流入は21％となった。インターネットバブル以前は投資信託の投資家は株式を積極的に高く買い、バブル後は購入を大幅に控えた。

　1990年代終わりのバブルに対する投資家の反応は、1987年の大暴落に対する反応よりも穏やかに長く続いた。5年以上にわたる強気相場のあとで発生した1987年10月の株価の大暴落に対する投資家の反応は素早かった。これは恐怖によるものだった。これに対して、2000年のあとの株価の暴落は、1980年代、1990年代と長期にわたって株価が上昇してきたあとに起こったもので、1987年のときほど劇的ではなかった。長く続いた強気相場は投資家に株式信仰を植え付けた。投資家は株価は下がれば必ず上がる、だから押し目で買えばよいことを学んで

いた。2000年３月に株式市場がピークを迎えたあとも、投資家たちは
市場に資金を注ぎ続け、株式イクスポージャーを増やすことで短期的
な利益を期待していた。しかし、何カ月たっても株価は回復せず、投
資家はついにさじを投げた。これは2002年に株式の投資信託から大金
が流出したことからうかがえる。1987年のときのような素早い反応か、
2000年初期のときのような緩やかな反応かとは無関係に、バブルと大
暴落に対する投資家の反応はポートフォリオのリターンに大きなダメ
ージを与えた。

ポートフォリオアロケーションに無関心な個人投資家

個人投資家のアセットアロケーションについては確かな数字は分か
らないため、個人投資家がどういったリバランスを行っているのかは
定かではない。投資大手のTIAA-CREFプログラムの参加者から１万
6000人を無作為に抽出した2001年の調査結果からは、彼らのアロケー
ションとリバランス戦略について意外なヒントを得ることができた（ジ
ョン・アメリクスとスティーブン・ゼルデス著「How Do Household
Portfolio Shares Vary with Age?」, Working Paper [New York:
TIAA-CREF Institute]）。ジョン・アメリクスとスティーブン・ゼル
デスが行ったこの調査では、長年にわたる参加者のアセットアロケー
ションの意思決定を調べるのに「独特なパネルデータ」（パネルデー
タとは時系列データとクロスセクションデータを合わせたデータ）を
使っている。TIFF-CREFは主として教育機関の教職員と管理者のた
めに確定拠出資産を運用している。

TIAA-CREFの投資家は高い教育を受け情報に通じた、高度な金融
知識を持つ人々だ。しかし、調査対象となった投資家でポートフォリ
オアロケーションを定期的に行っている人はほとんどいなかった。10
年間にわたって個人投資家の47％が拠出金の配分を変えておらず、21

％の人が１回だけ変更していた。つまり、10年間にわたって10人の投資家のうちおよそ７人が新たな資金の配分を最低限しか変更していなかったということである。

　既存の資産の配分も同じである。およそ73％の投資家が10年間にわたってアセットアロケーションを変えておらず、14％の人が１回だけ変更していた。つまり、10人のうち９人が10年間にわたって既存のポートフォリオのアセットアロケーションを変えていないということである。

　もちろん、TIAA-CREFへの投資は投資家のポートフォリオのほんの一部にすぎない。TIAA-CREFへの投資以外のところでリバランスが行われていた可能性はあり、そういったリバランスはアメリクスとゼルデスの調査では分からない。しかし、TIAA-CREFへの投資が課税繰り延べ対象になっていることを考えると、TIAA-CREFはリバランスの理想的な環境であり、参加者がリバランスするならTIAA-CREFでリバランスするはずだ。アメリクスとゼルデスの調査結果からは、圧倒的多数の参加者がリバランスしていないことが浮き彫りになった。

　リバランスしないということは、投資家のポートフォリオは気まぐれな市場に振り回されることを意味する。**図6.2**に示したマーティ・レイボビッツとブレット・ハモンドの論文からのデータを見ると、TIAA-CREFの投資家たちのアセットアロケーションが市場の浮き沈みのなすがままになっていることが分かる（マーティン・L・レイボビッツとP・ブレット・ハモンド著「The Changing Mosaic of Investment Patterns」、Journal of Portfolio Management 30, no.3 [Spring 2004]）。TIAA-CREFの投資家たちは1990年代初期には債券と株式におよそ50％ずつアセットアロケーションしていた。しかし、1990年代中ごろには株式市場が強気相場になったため、株式へのアセットアロケーションが増え始めた。そして1999年には債券へのアセッ

図6.2　投資家のアセットアロケーションは市場の上下動のなすがまま

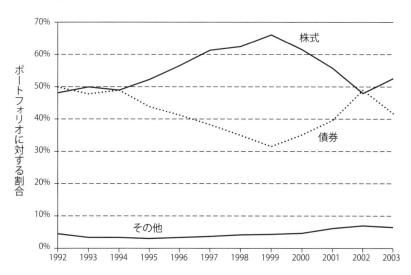

注＝データは12月31日現在の配分
出所＝マーティン・L・レイボビッツとP・ブレット・ハモンド著「The Changing Mosaic of
Investment Patterns」, Journal of Portfolio Management 30, no.3 (2004年春）

トアロケーションはおよそ30％と最低になり、株式へのアセットアロ
ケーションはおよそ65％とピークに達した。つまり、TIAA-CREFの
投資家のアセットアロケーションは市場のなすがままになっていたと
いうことである。その結果、株式市場の強気相場とともに株式イクス
ポージャーがピークに達し、投資家たちは最も危険な時期に最大の危
険にさらされていたことになる。

　弱気相場によって株式ポジションは奈落の底に落ち、TIFF-CREF
の投資家たちは大きな痛みを経験した。市場がピークを迎えたあとも、
投資家のアセットアロケーションは市場のなすがままだった。かつて
は株式への配分は債券の2倍以上だったが、1999年から2002年にかけ
て、1990年代初期の水準（株式と債券への配分がそれぞれ50％）にま
で戻った。しかし、TIAA-CREFの投資家たちは1990年代の痛い経験

からは何も学ばなかった。2003年には株式市場が再び上昇し始め、投資家たちの株式への配分は増え始めた。再びローラーコースターの旅の始まりだ。予想どおり、TIAA-CREFの投資家たちは再び市場の荒波にもまれた。

リバランスによるリターン・リスク特性の向上

市場ボラティリティが極度に高まった場合、リバランスによってポートフォリオのリターンを向上させることができる。イェール大学の経済学者であるロバート・シラーによれば、市場ボラティリティが極度に高まった場合とは、企業の決算発表や金利変動といった証券価値を動かす基本的な要素が変動したことで市場価格が必要以上に変動することをいう。株価は公正価値を中心に変動する傾向があるため、極度のボラティリティによってシステマティックにリバランスをする人は相対的に下落したとき安く買って、相対的に上昇したとき高く売ることができる。

TIAA-CREFの投資家の1992年末から2002年末までに体験したことを見てみよう。債券と株式の配分はこの期間の初めにはおよそ同等だったが、株式が強気相場になるとこの配分から大きく乖離し、2002年末には再びほぼ同等に戻った。TIAA-CREFの投資家のアセットアロケーションが市場のなすがままになったことの真偽を確かめるために、各年におけるこれらの投資家の実際の債券と株式の比率を、リバランスしないポートフォリオの比率と比べてみよう。リバランスしないポートフォリオは1992年末にはアセットアロケーションは株式49％、債券51％で、最初の配分と同じだ。調査対象となった10年の間、リバランスしないポートフォリオの各アセットクラスの配分はそれぞれのアセットクラスのパフォーマンスに従って自動的に上昇したり下落したりする。**表6.4**を見ると、実際のTIAA-CREFのアセットアロケーシ

表6.4　リバランスはマーケットサイクルのでこぼこを平滑化する

年	TIAA-CREFポートフォリオのアセットアロケーション			リバランスしないポートフォリオのアセットアロケーション			リバランスしたポートフォリオのアセットアロケーション		
	株式	債券	資産乗数	株式	債券	資産乗数	株式	債券	資産乗数
1992	49%	51%	1.00	49%	51%	1.00	49%	51%	1.00
1993	51%	49%	1.11	49%	51%	1.11	49%	51%	1.11
1994	50%	50%	1.09	50%	50%	1.09	49%	51%	1.09
1995	55%	45%	1.39	54%	46%	1.39	49%	51%	1.39
1996	58%	42%	1.57	58%	42%	1.57	49%	51%	1.55
1997	62%	38%	1.92	62%	38%	1.91	49%	51%	1.87
1998	64%	36%	2.27	65%	35%	2.26	49%	51%	2.18
1999	68%	32%	2.60	70%	30%	2.59	49%	51%	2.40
2000	64%	36%	2.52	65%	35%	2.50	49%	51%	2.44
2001	58%	42%	2.41	60%	40%	2.39	49%	51%	2.40
2002	49%	51%	2.23	52%	48%	2.19	49%	51%	2.29

注＝リバランスしないポートフォリオのアセットアロケーションとリバランスしたポートフォリオのアセットアロケーションは著者の計算
出所＝TIAA-CREF

ョンはリバランスしないアセットアロケーションとほぼ同じであることが分かる。11年のうち4年は、2つのポートフォリオの比率はまったく同じで、ほかの3年は1ポイントの差、そのほかの3年は2ポイントの差、残りの1年は3ポイントの差である。TIAA-CREFの投資家の実際のアセットアロケーションとリバランスしないポートフォリオのアセットアロケーションがほぼ同じであることから、TIAA-CREFの投資家はポートフォリオのリバランスをしていないことが分かる。

　市場のなすがままではなくて、投資家がリバランスすることにしたと仮定しよう。毎年、債券と株式のアセットアロケーションをそれぞれ51％と49％にリバランスしたことで興味深い結果が導き出される。第一は、これは最も重要なことだが、リバランスしたポートフォリオ

はアセットアロケーションの年ごとの変動が減少するということである。これによってリスク変動も減少する。第二は、リバランスしたポートフォリオはより多くの富を生み出す。市場のなすがままになる人とアクティブにリバランスする人のポートフォリオアロケーションは、1992年12月にほぼ同じアセットアロケーションからスタートし、2002年12月にほぼ同じアセットアロケーションで終了したとしても、アクティブにリバランスする人は高く売って、安く買うことができる。したがって、リターンは向上し、リスクは低下する。

　望むポートフォリオ特性を得られることがリバランスの最大の成果だ。リバランスしないポートフォリオは結果は変動するが、リバランスしたポートフォリオは結果が非常に安定している。**表6.4**を見ると分かるように、リバランスしないウサギのようなポートフォリオは資産乗数のピークが2.59倍（1999年）で、同じ時期のリバランスしたカメのようなポートフォリオの資産乗数は2.40倍だった。しかし、リバランスしないことで、リスク特性は大きく上昇した。1999年末のリバランスしないポートフォリオの株式への配分は70％で、これは弱気相場では大きな痛みとなった。資産乗数は1999年末には2.59倍だったのが、2002年末には2.19倍にまで激減している。これに対して、リバランスしたポートフォリオのダメージは少なかった。資産乗数は1999年末のピークの2.40倍から2002年末には2.29倍とそれほど下落していない。

　結局、リバランスしたポートフォリオはより安定した高いリターンを生み出した。調査対象の10年間の終わりには、リバランスしたポートフォリオの年間リターンは8.6％で、資産乗数は2.29倍だったのに対して、リバランスしないポートフォリオの年間リターンは8.2％で、資産乗数は2.19倍だった。TIAA-CREFの投資家のアセットアロケーションは年間リターンが8.4％で、資産乗数は2.23倍だった。高リターン・低リスクのポートフォリオはリバランスしたポートフォリオだった。イソップの寓話にもあるように、リバランスしたカメは規律のな

いウサギを打ち負かしたのだ。

　ボラティリティが極度に高い環境におけるリバランスによるリターンの向上は、市場のなすがままのポートフォリオとリバランスしたポートフォリオの最初と最後のアセットアロケーションがほぼ同じであることのなかに明確に現れている。TIAA-CREFの例では、ポートフォリオの最初と最後のアセットアロケーションが同じリバランスしたポートフォリオは、リバランス活動によってリスクがコントロールされ、リターンが向上することを強調するものだ。

　TIAA-CREFのアセットアロケーションとは違って、リバランスしないポートフォリオはリバランスしたポートフォリオよりも往々にして高いリターンを生み出している。期待リターンが高いアセットクラスが実際に高いリターンを生み出すと仮定して、アセットアロケーションが市場のなすがままになるポートフォリオを評価してみよう。時間の経過に伴って、高いリターンを生むアセットクラスの市場のなすがままのポートフォリオにおける比率は高まっていく。これによって、ポートフォリオのリターンは高まり、大きな富を生み出す。期待リターンが高いアセットが期待どおりのリターンを生み出すとき、リバランスしないポートフォリオは高いリターンを生み出すが、その代わりにリスクは上昇する。

　リバランスしないポートフォリオのリスク変動を受け入れることは、ポートフォリオマネジメントにおいては基本的に非合理的なアプローチだ。1999年のTIAA-CREFの投資家のアセットアロケーションに示されたように68％を株式に配分するポートフォリオに内在するリスクを投資家が受け入れるのなら、投資家はもっと早くに株式イクスポージャーをその水準にして、高いリターンを享受すべきだった。もし投資家がこのような高い株式イクスポージャーをとり、その期間にわたってリバランスしていれば、たとえ弱気相場で株価が下落したとしても、資産乗数は2.33倍になっていただろう。ポートフォリオのリスク

特性を市場の浮き沈みのなすがままにすることなど不合理でしかない。リスク特性を一定に維持した投資家は、1994年から1999年までは強気相場の価格で株式をシステマティックに売り、2002年から2002年の弱気相場では規律に従って株式を買うことで利益を得た。合理的な投資家はリバランスする投資家だ。

　リバランスを行えば、株式市場の変動によって引き起こされるポートフォリオの変動を緩和することができる。株式が債券よりも高くなると、リバランスを行う勤勉な人は株式を売って、債券を買ってアセットアロケーションを目標値に戻す。逆に、債券が株式よりも高くなると、リバランスを行う人は債券を売って、株式を買う。1990年代の強気相場では、リバランスを行う人は急上昇する株式を売って、それほど上昇しない債券を買うことが求められた。2000年に株式市場がピークを迎えると、株式を売却しなければならなかったため、1990年代の10年ではリターンは下がった。

　しかし、2002年のバブル崩壊後は、リスクコントロールによって利益がもたらされた。株式市場の弱気相場によって株式ポートフォリオの価値が下がったので、リバランスしたポートフォリオは市場のなすがままのリバランスしないポートフォリオに比べるとパフォーマンスははるかに良かった。リバランスは短期的にはコストがかかるように思えるかもしれないが、アセットアロケーションの目標値を維持することで、投資家のリスクは望ましい水準に維持され、長期的には成功を手にすることができる。

リアルタイムのリバランス

　頻繁にリバランスすることで、投資家はリスク特性を一定に維持しながら、証券価格の極度のボラティリティによってリターンを生み出す機会が得られる。また、リアルタイムのリバランスは、トレードが

市場に順応するため、コスト削減につながる。頻繁にリバランスをする人は、価格が下落した証券を買い、価格が上昇した証券を売ることで、その反対売買をするトレーダーに流動性を与える。リアルタイムのリバランスを行うのに必要な時間と資源を投じる投資家はあまりいないが、集中的なリバランスを行うメリットを調べてみると、その戦略の価値を理解できるようになるはずだ。

　イェール大学のリバランスを見てみよう。イェール大学財団には普通の投資家にはない強みがたくさんある。イェール大学財団は非課税対象であるため、利益を確定しても納税義務はないため頻繁にトレードすることが可能だ。ファンドは洗練された投資のプロチームによって毎日運用され、運用を集中的に行うために必要なスタッフサポートもある。このようにイェール大学財団は非課税対象で、投資を専門に行うスタッフがそろっているため、リアルタイムリバランスが可能なのである。

　2003年6月30日に終了する会計年度におけるイェール大学財団の投資活動を見てみると、リバランスによって莫大な利益を得たことが分かる。2003年のアメリカ株式市場（ウィルシャー5000）のトータルリターンは1.3％だった。ポートフォリオのアセットアロケーションの年間見直しを行った投資家は、国内株式の配分はあまり変えたくないと思うはずだ（ほかのアセットクラスのリターンによって国内株式の配分が大きく変わらないかぎり）。イェール大学財団の2003年度のポートフォリオのトータルリターンは8.8％だったが、これはポートフォリオのアセットアロケーションが安定し、最小のリバランスしか必要ではなかったことを示している。

　2003年度、株式市場は表面的には穏やかだったが、その下層には大きな動きが渦巻いていた。2003年度の初期、市場は崩壊した。7月のウィルシャー5000の最大ドローダウンは18％を上回った。そのあと市場は反発し、8月の終わりには7月の高値を更新し、19％も上昇した。

そのあと市場は８月のピークから再び19％を超えて下落した。10月９日にはその会計年度の底を打った。隠れたうねりは続き、11月には21％上昇し、そのあと３月にかけて再び14％下落した。大きなうねりは市場を27％も押し上げ、６月中旬にはその会計年度の高値を更新した。そこから市場は下落し、その会計年度の終わりには再び出発点に戻った。

　株式市場のボラティリティは多くのリバランス機会を与えてくれた。大きな下落と大きな上昇は、投資家に押し目で買って高値で売る機会を与えてくれた。2003年の会計年度の間、大学財団はリバランス活動を頻繁に行い大きな利益を得た。

　当然ながら、大学財団はトレード日ごとに基金の各要素の価値を見積もる。市場性アセットクラス（アメリカ株式、アメリカ以外の株式、新興市場株式、債券）が目標とするアセットアロケーション水準から逸脱すると、大学財団はアセットアロケーションを目標水準に戻すための措置を講じる。2003年の会計年度ではイェール大学財団はおよそ38億ドルに上るリバランスのトレードを行った。買いと売りはほぼ半々だった。リバランスによる純利益は2600万ドルで、これは16億ドルの国内株式ポートフォリオにおいて1.6％のリターンに相当する。

　リバランスによる利益は投資家にとっては素敵なボーナスになるが、リバランスは長期的な目標に忠実であることが重要だ。慎重に考え抜かれたポートフォリオのリバランスでは、リスクは望ましい水準に維持される。リスクをコントロールしながら利益を出す。これぞまさに不敵の組み合わせだ。

　投資ポートフォリオを毎日リバランスするだけの資金のない組織はたくさんあり、そういった個人投資家はもっとたくさんいる。しかし、リバランスの頻度にかかわらず、アセットアロケーション目標に忠実であることが、リスクをコントロールするうえでも、リターンを向上させるうえでも重要だ。思慮深い投資家はリバランス戦略をアセット

アロケーションの目標を維持するために使う。

本章のまとめ

　長期の目標に合わせてリバランスすることは、ポートフォリオマネジメントにおいて最も重要なことだ。保有比率の低くなったアセットクラスを増やし、保有比率の高くなったアセットクラスを減らす行動を取らなければ、実際のポートフォリオ特性は目標とするポートフォリオ特性から逸脱し、望ましい特性から外れたリスク・リターン特性になってしまう。慎重な投資家はリバランスを行う。

　リバランスはポートフォリオマネジメントにおいて重要なツールではあるが、賢明な投資家はリバランスの税効果に注意を払う。投資家は、課税繰り延べ口座を使ったり、資金の増分を保有比率の低いアセットクラスに振り向けたりすることで、税金を支払うことなく目標ポートフォリオを達成する。リバランスによって納税義務が発生する場合、確実な税コストと不確実な利益を天秤にかけてみる必要がある。利益の出たポジションの税金を支払わなくても済むように、アセットアロケーションを目標配分から少しだけ逸脱させることを選択する投資家も多い。

　リバランスは投資家に大衆に向かう行動を強いるものだ。リバランスでは、パフォーマンスの悪いアセットクラスを買い、パフォーマンスの良いアセットクラスを売らなければならないからだ。普通の市場状態のときは、少しばかり世間一般の通念からはそれるが、リバランサーには若干逆張り的な動きが要求される。

　市場にストレスがかかっているときは、リバランスは気を引き締めてかからなければならない。市場が崩壊すると、弱気センチメントが支配する環境で大量に買わなければならない。一方、バブルのときは、強気センチメントが支配する環境で大量に売らなければならない。異

常な市場状態のときは、リバランスには断固とした決意と不屈の精神が必要だ。

　効果的なポートフォリオマネジメントを行ううえではリバランスは非常に重要だが、投資家はリバランスには無関心であるように思える。リバランスに無関心な投資家のポートフォリオは市場の浮き沈みのなすがままになり、相対パフォーマンスの強いアセットが配分を増やし、相対パフォーマンスの弱いアセットは配分を減らす。最悪の場合、投資家は好調なパフォーマンスのものを追いかけ、不調なパフォーマンスのものを避ける。高く買って安く売る。これは投資を失敗に導くレシピでしかない。

　リバランスの第一の目的は、長期的なアセットアロケーションの目標のリスク・リターン特性に忠実に従うことだが、極度にボラティリティの高い市場ではリバランスによってリターンを上げることも可能だ。証券価格が市場のファンダメンタルズの変動以上に変動した場合、投資家は安く買って高く売ることができるため、ポートフォリオ全体のリターンは向上する。

　ポートフォリオを四半期ごと、半年ごと、１年ごとに見直すとき、賢明な投資家ならリバランスの必要性と機会を考える。リバランスが必要なのは、市場要因が変化することで配分が変わってくるからだ。税務上の損失を発生させること、課税繰り延べ口座でのトレード、キャッシュフローへの配分で機会が生まれる。ありとあらゆる機会を利用してポートフォリオの目標配分に近づけることで、投資家はポートフォリオの長期投資目標を達成することができる。

第 3 部

銘柄選択

はじめに

　個人投資家は証券ポートフォリオのアクティブ運用を成功させるための時間も資金も持ち合わせていない。株式の世界を支配するのは洗練された機関投資家たちで、彼らはリスク調整済み超過リターンを得られる珍しい株式探しに余念がない。資金の豊富な資産運用組織と戦おうとする個人投資家は、巨大な機関投資家集団にネタを提供するだけである。

　銘柄選択というゲームに参加するとき、個人投資家は絶望的なほど相手が有利な相手と戦うことになる。「相手を倒すことができない？だったら彼らに加わればいいじゃないか」というのが従来の反応だ。投資信託の投資では、個人投資家も機関投資家レベルの投資マネジメントサービスを適正価格で受けられるように、公平な戦いの場を提供してもらいたい、というのが資力の乏しい投資家の願いだ。でも、個人投資家の願いはかなわないままだ。

　投資信託業界は、市場を打ち負かすリターンを上げるという基本的なアクティブ運用の目標を常に達成できないでいる。ある学術研究によれば、10年から20年の期間にわたって投資信託の税引き前のリターンが市場リターンを下回る確率は78〜95％である。これでも控え目な数値だ。税引き後のリターンになると、確率は86〜96％に上昇する（ロバート・D・アーノット、アンドリュー・L・バーキン、ジア・イエ著「How Well Have Taxable Investors Been Served in the 1980s and 1990s?」, Journal of Portfolio Management 26, no.4［Summer 2000]）。消滅した会社の影響を無視することをサバイバルバイアスと言うが、結果はサバイバルバイアスによってゆがめられている。ウォール街によって課される販売手数料によっても成功確率は低下する。投資家は投資する投資信託を頻繁に入れ替えるが、これもまたハンデ

ィキャップを拡大する要素になる。結局は、第7章の「投資信託の市場に対するアンダーパフォーマンス」で書くように、一般投資家はアクティブ運用ゲームでは勝ち目はないのである。

　投資信託業界が魅力的な投資結果を出せないのは、受託者でありながら、自己利益の最大化を目指して行動するという矛盾を抱えているからである。受益者の利益を最大化しながら、お金儲けもする。こういった矛盾を抱えていては、スタート地点にも立てやしない。自己利益を優先するのは目に見えている。

　この対立の原因は、投資信託の投資家と投資信託の運用者の目的が異なる点にある。低い手数料、少ない税金（ポートフォリオ回転率が低い）、公平で透明な契約は投資家に有利に働き、高い手数料、高いポートフォリオ回転率（税金は高くなる）、不公平で不透明な契約は投資会社に有利に働く。

　投資家の願望とパフォーマンスの現実とのギャップの形成に大きく貢献するのが手数料だ。投資信託業界は、販売時手数料、条件付き後払い販売手数料、標準的な運用手数料、販売・マーケティング手数料、成功報酬などさまざまな手数料を徴収する。投資信託の運用会社に支払われる報酬が、投資家が市場を打ち負かすリターンを上げることを難しくするのだ。

　ポートフォリオ回転率の高さもパフォーマンスを下げる重大な要因だ。資産を頻繁に売買するときの直接コストには手数料とマーケットインパクトが含まれ、間接コストには確定したキャピタルゲインに対して支払われる税金が含まれる。課税対象口座が大半を占めるこの業界でも、ポートフォリオマネジャーは高いポートフォリオ回転率による税効果には無関心だ。これはあまり注目されないが、スキャンダルそのものだ。

　インデックスファンドの投資家もポートフォリオの回転率を考慮する必要がある。S&P500やウィルシャー5000などのしっかりとした構

造のインデックスはコストが低く、税効率が高い。一方、ラッセル1000やラッセル2000といった稚拙な構造のインデックスはコストが高く、税効率は低い。

2002年のアクティブ運用コストのメジアンは資産の2.35％で、このうちの1.5％が運用手数料で0.85％が取引コストだった。2002年の投資信託の２％プラスアルファのコストは、学術研究に示されている20年にわたる投資信託の市場に対するアンダーパフォームにほぼ匹敵する。第８章の「投資信託が失敗する明白な理由」では次のように結論づけた──「非常に効率的な証券市場において、投資信託のパフォーマンスはゲームをプレーするのにかかるコストの分だけ市場を下回っている」。

投資家にとって投資信託の失敗のすべての原因が明らかになるわけではない。密かに行われる数々の慣行によって、投資信託業界の取り分は受益者の利益を犠牲にして増加する。

ペイトゥープレー条項は、平均的な投資家の目には見えない投資家に不利な戦術の温床になる。悪徳な同盟を強固にするために、投資信託運用会社は金融サービス仲介者に手数料を支払う。これは仲介者にその投資信託の運用会社の商品を優先的に売ってもらうためのお金だ。その結果、投資家は、ブローカーにとっては利益になるが、投資家にとってはふさわしくないファンドを保有することになる。

ステイルプライス（陳腐化した価格）トレードは、モラルには欠けるが洗練されたプレーヤーから大金を引き付けるため、投資信託業界にとっては有利になる。ステイルプライストレーダー、別名マーケットタイマーは、手数料を生み出す資産を提供し、投資信託の運用会社の利益に貢献することで、投資信託のマネジャーの協力を仰ぐ。マーケットタイマーは弱小の投資家を犠牲にして稼ぐのだ。

2000年代初めに投資信託スキャンダルが発生すると、業界のスポークスマンは、このように大々的に報道されるなんて常軌を逸している

と弁解し、長い歴史を持つ投資信託投資は「スキャンダルとは無縁」
だと主張した。しかし、スポークスマンの発言はまるで見当違いだ。
実際にはステイルプライス問題は投資信託業界が始まったときから業
界にはびこってきた。問題を認識しても、規制は後手後手でしかも非
効率で、業界はやがてそれに順応していくというサイクルは、1920年
代に始まり、今日まで続いている。規制当局も利益を追求するペテン
師には太刀打ちできないのである。

　投資の世界の暗部であるソフトダラーと呼ばれるキックバックとい
ういやらしい慣習は、その名に相応しい不快な名前だ。ソフトダラー
とは、機関投資家が証券会社から通信料や電子端末の使用料などを肩
代わりしてもらう代わりに、有価証券の委託手数料を多めに支払う（通
信料や利用料を手数料のなかに含めて支払う）取引慣行のことをいう。
元々はウォール街が1975年のメーデーまで適用していた固定の取引手
数料体系を回避するのが目的だったが、資産運用会社のコストを顧客
に支払わせるための陰気な手段に変容した。SEC（証券取引委員会）
がソフトダラーを攻撃する代わりに、投資家に不利なこの慣行を行う
投資会社を守る免責事項ルールを作ったのは何とも皮肉なことだ。

　投資信託業界には、投資家の選択肢を限定し、投資家のリターンを
減少させる不透明な慣行がはびこっている。第9章の「投資信託のパ
フォーマンスを下げる隠れた要因」では、ペイトゥープレー条項、ス
テイルプライス問題、ソフトダラーといった、業界に対しては利益を
生み出し、投資家にダメージを与える慣行について説明する。

　アクティブ運用が成功することなどまったく起こりそうもないが、
一握りの投資信託会社は市場を打ち負かすリターンを生み出す態勢を
整えつつある。マネジャーに求められるのは、運用会社の利益を削っ
てでも受益者の利益を守ることである。一流で良質の資産運用会社を
見つけるに当たっては、量的な特性よりも質的な特性のほうがはるか
に重要だ。

　投資家として行動してくれるようなマネジャーを見つけられるかどうかで、アクティブマネジメントゲームを勝ち抜くことができるかどうかが決まる。顧客本位の原則は、投資信託のマネジャーに自分の利益を犠牲にして投資リターンを生み出すことを要求するため、この条件を満たす投信会社はほとんどない。利潤追求型の投資運用業界では、受託者責任を忠実に実行する人はほとんどいない。

　個人投資家には十分な資金がないため、投資信託のポートフォリオ管理をしてくれるマネジャーの質と特性を判断するのに必要な情報を入手できないことが多い。魅力的な投資信託を見つけられたとしても、資金の流入を制限する動きのなかにあって、ファンドは新たな投資家は受け付けないことも多い。第10章の「アクティブ運用ゲームで勝利するために」では、市場を打ち負かすファンドマネジャーを選ぶことがいかに難しいかについて解説する。

　オープンエンド型投資信託で証券取引所で取引されるETF（上場投資信託）は、パッシブ投資を好む投資家に取っては魅力的な代替投資になる。ETFはリアルタイムで価格付けされ、優れた税効果があるが、売買するにはブローカーを通さなければならない。ETFはインデックス関連の商品が多いため、ETF市場は従来の投資信託よりも素晴らしいビークルがそろっている。ETFの人気が高まるにつれ、ウォール街は手数料の高い機能しない商品を作るようになった。第11章の「ETF」では、ETFを取り巻く環境とETFをポートフォリオにどう組み込めばよいかについて解説する。

第7章

投資信託の市場に対する
アンダーパフォーマンス

The Performance Deficit of Mutual Funds

　投資信託は増え続ける個人投資家の貯金の受け皿として重要な役割を果たしている。投資信託に投資された個人資産の割合は、この数十年で劇的に増加した。退職後の所得を提供するという重要な役割を担う年金は、確定給付型年金プランから確定拠出型年金プランへとシフトし、これによって個人の退職金投資における意思決定の責任は高まり、投資信託は投資の世界においてますます重要な役割を果たすようになった。

　世間一般の通念によれば、個人投資家は、自分で選択した証券からなるポートフォリオを構築して洗練されたプレーヤーと闘うよりも、投資信託のアクティブ運用を行う投資のプロに資金を託すのが一番良いと考えられてきた。投資信託投資の提唱者は、同じような考えを持った投資家と資金を出し合うことで、投資信託保有者は、個人投資家には手が出ないような市場を打ち負かす投資に参加できると主張する。何千という個人口座を集めることで得られるスケールメリットは参加者全員に恩恵をもたらす。

　しかし残念ながら、世間一般の通念は投信業界の通念ではないことが分かってきた。アクティブ運用の投資信託は優れたリターンを生み出すことができないのだ。税金差し引き前のリターンでさえ、市場に連動するパッシブ運用のファンドを大きく下回る。税金差し引き後の

リターンは言うまでもなく、さらに悪い。販売手数料を差し引けば、アクティブ運用の投資信託のリターンは恐ろしいほどに低下する。そして、アクティブ運用の利益はファンド運用会社にだけもたらされ、投資家には行き渡らない。資産運用会社だけが利益を得て、投資家は損をするだけだ。

一般的な背景

　投資信託はアメリカの金融資産のかなりの部分を占めている。投資信託の業界団体である投資会社協会（Investment Company Institute）の2003年の推計によれば、投資信託は国内株式のおよそ22％を保有している。残りの78％は年金ファンド、保険会社、基金、個人が保有している。投資信託のポートフォリオの内訳は、株式が50％、MMF（マネーマーケットファンド）が28％、債券ファンドが17％、ハイブリッドファンドが6％だ。総計8126の投資信託には2億6100万の口座があり、資産額はおよそ7兆4000億ドルだ（投資会社協会の「2004 Mutual Fund Fact Book」: 1, 59, 105）。

　投資信託の資産の大部分はアクティブマネジャーによって運用されている。2003年末、リッパー社は投資信託の90％以上をアクティブ運用ファンドに分類した。パッシブ運用のコアアセットクラスファンドを加えれば、投資信託は93％を超える。

　この10年でパッシブ運用ファンドの比率は大幅に増えた。1993年のリッパー社の分類によれば、パッシブ運用ファンドはわずか2.3％にすぎなかった。1993年のパッシブ運用のコアアセットクラスファンドはわずか1.6％だった。インデックスファンドは近年増えたとはいえ、割合的には少ない。投資家にやさしいインデックスファンドに至ってはさらに少ない（**図7.1**）。

　2003年、5300万世帯の一般家庭の9100万人の個人が投資信託を保有

図7.1　コアアセットクラスインデックスファンドのシェアの伸び（単位
＝10億ドル）

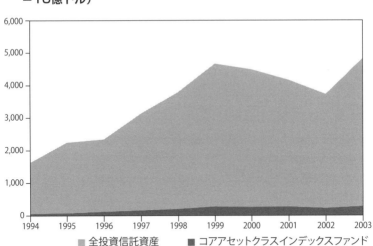

出所＝リッパー社

していた。全米のおよそ半数の一般家庭が投資信託を保有していたこ
とになる。しかし、1990年には投資信託を保有していた一般家庭はわ
ずか25％で、1980年は6％だった。これはこの20年余りで投資信託市
場は大きく拡大したことを示している（投資会社協会の「2004
Mutual Fund Fact Book」: 79-80）。投資会社協会は、投資信託の人気
が高まっているのは、「分散、プロによる運用、流動性、利便性……
手ごろな価格」によるものだと言う（投資会社協会のテリー・K・グ
レン著「ICI Chairman's Report at the 2001 ICI General Membership
Meeting」、2001年5月17日）。投資信託の資産増加の理由はどうであ
れ、ファンド保有者の劇的な増加によって、投資信託に投資された一
般家庭の金融資産の割合は増加したことは確かだ。
　FRB（連邦準備制度理事会）の資金流出入データによれば、2000
年12月31日までの20年の間に、アメリカの一般家庭の金融資産は5倍

表7.1 投資信託に投資された一般家庭の金融資産は増加している（単位＝10億ドル）

	1980	1990	2000
全金融資産	6,638	14,861	33,950
預金（MMFは除く）	1,459	2,891	3,384
全金融資産における割合	22.0	19.5	10.0
債券と株式	1,301	3,338	9,947
全金融資産における割合	19.6	22.5	29.3
投資信託とMMF	108	825	4,004
全金融資産における割合	1.6	5.6	11.8
その他の金融資産	3,771	7,808	16,616
全金融資産における割合	56.8	52.5	48.9

注＝「その他の金融資産」には担保債権、生命保険準備金、年金基金積立金、銀行の個人信託投資、個人企業の株式およびその他もろもろが含まれる
出所＝FRB

以上に増えた（**表7.1**）。一般家庭のバランスシートで投資信託の果たす役割はますます高まっている。1980年には投資信託の市場シェアは1.6％だったのが、2000年には11.8％に増加している。投資信託の市場シェアは増えてはいるが、株式と債券の直接投資のほうがはるかに多く（投資信託の増加が4兆ドルであるのに対して、直接投資の増加は8兆6000億ドル）、一般家庭の金融資産の投資先も株式と債券の直接投資のほうが投資信託への投資よりもはるかに多い（投資信託の11.8％に対し、直接投資は29.3％）。

　投資信託業界の成長において重要な役割を果たしているのが年金プランだ。2003年、投資信託は12兆ドルのアメリカ退職年金資産の22.5％を占め、残りが年金ファンド、保険会社、銀行、証券会社によって運用されていた。退職年金の5分の1以上を投資信託が運用しているということは、トレンドは確定給付型プラン（従来の年金ファンド）から確定拠出型プラン（401kと403b）に移っていることを示している。

今や退職年金資産は投資信託資産のおよそ36.4％（２兆7000億ドル）を占めるまでになった（アーノットほか著「How Well Have Taxable Investors Been Served?」: 85-86）

　この数十年、企業は確定給付型年金プランに代わって確定拠出型年金プランを推し進めてきた。従来の確定給付型年金プランでは、従業員は退職後に雇用主から定期的に年金が支払われる。年金の支払いは年金基金、支援組織（会社、非営利団体、または政府）、非政府団体の年金給付保証公社（PBGC）によって保証される。年金基金の資産は通常、プロによって運用されるためアメリカの労働者の安全は保障される。

　年金基金が積立金不足に陥った場合は、現在年金を受け取っている人も、将来的に年金を受け取る人も、支援組織のオープンクレジットで年金債権が保証される。支援組織が倒産した場合は、年金給付保証公社によって年金債権が保証される。このように確定給付型年金プランでは、分離して積み立てられた資産、プランスポンサーによる保証、年金給付保証公社による保証という３つのセーフティネットで年金債権が保証されている。

　確定給付型プランから確定拠出型プランへの移行によって、アメリカの労働者の退職後の安全性に大きな問題が発生する。確定給付型プランによる将来の義務の不確実性を避けたいということもあり、企業では確定拠出型プランを好む傾向が高まっている。確定拠出型プランの場合、企業と従業員が資金を拠出し、従業員自らが運用を行う。将来の年金がさまざまなセーフティーネットによって保証されている確定給付型プランとは違って、確定拠出型プランでは、どれくらいの掛金を積み立て、どのように運用するかによって将来の年金額が決まってくる。どんなによく考え抜いた意思決定であっても、確定拠出型プランの投資家の年金の安全性は気まぐれな市場の動きに左右されることになる。

　確定給付型プランから確定拠出型プランへの移行は比較的速かった。1981年には年金プランに加入しているおよそ90％のサラリーマンは確定給付型プランによって安全性が保証されていた。しかし、2001年には確定給付型プランの労働者の比率は40％を少し上回る程度にまで減少した。一方、確定拠出型プランの労働者は1981年の41％から2001年にはおよそ90％にまで増加した（アリシア・H・モンネル、ケビン・E・ケーヒル、ナタリア・A・ジバン著「How Has the Shift to 401［k］s Affected the Retirement Age?」, Center for Retirement Research, no.13, 2003年9月）。アメリカの労働者の定年退職後の運命はますます自らの手に委ねられるようになったのは明らかだ。

　退職後の蓄えに対する責任を個人に強いることで、深刻な問題も発生した。確定拠出型プランにはだれもが加入しているわけではない。2001年のFRBの消費者の金融調査によれば、401kプランに加入可能な人の4人に1人以上が加入していないことが分かった。加入している従業員のなかで最大拠出額を拠出している人は10％に満たなかった。転職するときは、積み立てた年金プランの資産のうち驚くほど高い比率が現金化される。資産の積み立てを新たに始めるための元金を取っておかなければ、退職後にもらえる年金はわびしいものになる。

　将来のニーズに合わせて資金を積み立てたら、それらの資金の運用が始まる。個人に投資運用サービスを提供する投資信託の役割がますます高まるなか、十分な注意が必要になる。特に、企業と政府が退職後の生活の安定に対する責任を雇用主から被雇用者にシフトすると、投資信託の資産が効果的に倫理的に運用されているのかどうか、社会全体でチェックすることが重要だ。投資家が将来のための資金をどう使うかとは無関係に、慎重な投資家は投資家と運用会社の願望の間にあるさまざまな対立に特に注意を払う。

投資信託のパフォーマンス

　ここ数十年の株式の投資信託のリターンを見ると、アクティブ運用がネガティブサムゲームになっていることに疑いの余地はない。アクティブマネジャーは全体的に、トレードコスト（マーケットインパクトとコミッション）と手数料の分だけ市場をアンダーパフォームすることを思い出そう。投資信託が全体として優れたパフォーマンスを示し、投資信託の優れたパフォーマンスがほかのマーケットプレーヤーのアンダーパフォーマンスによって相殺されるということは理論的にはあり得る。しかし、投資信託の投資家たちにとって残念なことに、アメリカの株式市場には、ファンドマネジャーたちがアクティブ運用利益を得るために利用できる十分な数の愚か者はいない。実際には、投資信託のマネジャーやそのほかの洗練された市場参加者は時価総額の大部分を支配しているため、彼らはトレードや価格設定メカニズムを牛耳っている。市場を支配するのはこうした事情に明るい機関投資家たちなので、市場を打ち負かしてやると言う投資家はアクティブマネジメントゲームをプレーするのにかかるコストの分だけ市場に負けてしまうことになる。

　株式の投資信託のリターンの調査から学んだ教訓は、ほかの証券にも当てはまる。例えば、アメリカ以外の株や債券のアクティブマネジャーも、アメリカの株式運用者と同じくネガティブサムゲームという環境のなかでプレーしている。アセットクラスはそれぞれの特徴を持つため、さまざまなアセットクラスのアンダーパフォーマンスの程度はそれぞれに異なるが、アクティブ運用の結果が絶望的だという歴史的事実と将来予想に変わりはない。

　ロバート・アーノット、アンドリュー・バーキン、ジア・イエは、1998年までの20年にわたる投資信託のリターンを調査した。結果は**表7.2**に示したとおりである。調査対象の20年にわたって平均的な投資

表7.2　見るも無残な投資信託のリターン──バンガード500インデックスのリターンとの比較

期間	税引き前のリターンのバンガードのリターンとの差（年間%）
10年	3.5
15年	4.2
20年	2.1

注＝これらのリターンにはサバイバルバイアスは含まれない。期間はすべて1998年12月31日まで
出所＝アーノットほかの論文、Journal of Portfolio Management 26, no.4 (2000)

信託は市場（バンガード500インデックスファンド）を年間2.1％アンダーパフォームしている。15年にわたるリターンは年間4.2％のアンダーパフォーム、10年にわたるリターンは年間3.5％のアンダーパフォームだ。これらの数値からは、リターンは絶望的で、投資家の期待を裏切るものであることが分かる（アーノットほか著「Taxable Investors」：89）。

　アーノットらの調査は、アクティブな投資信託の運用は避けたほうがよいという一応の証拠を与えてくれる。ほかの調査とは違って、アーノットらがアクティブ運用ファンドの成功と失敗を測定するうえでのベンチマークとして使ったのは、投資家が入手可能なものだ。バンガード500インデックスファンドのリターンにはすべての費用と手数料が含まれているため、このファンドのリターンはほかのファンドのリターンを測定するときの公平な基準となる。これに対して、そのほかの多くのリターンの比較では現実世界の運用手数料や取引コストが含まれない理論的なベンチマークの計算値を使っている。

　2.1％という年間アンダーパフォーマンスの数字の大部分は、運用手数料によるものだ。2000年の平均的な株式の投資信託の手数料は1.35％で、これに対してバンガード500インデックスファンドの手数料は0.2％を下回る（投資会社協会「2004 Mutual Fund Fact Book」：

表7.3　投資信託の投資家の貧弱な成績——税引き前のリターンのバンガ
ード500インデックスファンドとの比較（％）

期間	バンガードを上回った ファンドの比率	バンガードを上回った ときのリターンの差	バンガードを下回った ときのリターンの差
10年	14.0	1.9	−3.9
15年	5.0	1.1	−3.8
20年	22.0	1.4	−2.6

注＝これらのリターンにはサバイバルバイアスが含まれる。期間はすべて1998年12月31日まで
出所＝アーノットほかの論文、Journal of Portfolio Management 26, no.4 (2000)

25）。過去20年の手数料がほぼ同じであると仮定すると、アンダーパ
フォーマンスの半分以上は手数料の違いで説明できる。残り半分は銘
柄選択が悪かったこと、マネジャーが市場を打ち負かそうとムダなト
レードを繰り返したこと、投資家に対するさまざまなダマシが原因だ
と思われる。

　表7.3は、インデックスのリターンを上回ったファンドの比率、勝
者の平均アウトパフォーマンス、敗者の平均アンダーパフォーマンス
を示したものだ。20年間でバンガード500インデックスファンドのリ
ターンを上回ったファンドはわずか22％しかない。アクティブマネジ
ャーをもっとがっかりさせるのは、勝者の年間アウトパフォーマンス
がわずか1.4％しかないことだ。圧倒的多数（78％）の投資信託が市
場に負けている。敗者のアンダーパフォーマンスは年間2.6％で、勝
者のアウトパフォーマンスの年間1.4％をはるかに上回る。

　15年間では、インデックスのリターンを上回ったファンドの比率は
わずか5％で、アクティブマネジャーは勝つ見込みのない馬を選んだ
ようなものだ。運命のいたずらとでも言うべきか、勝てるマネジャー
を選んだラッキーな人にとって、アウトパフォーマンスが年間1.1％と、
勝つ見込みのない馬券の配当よりもはるかに低いのは悲惨だ。95％の
投資信託がパッシブ運用に負け、インデックスファンドに対するアン

ダーパフォーマンスは年間3.8％と大きい。10年間でも結果はほぼ同じで、インデックスのリターンを上回ったファンドの比率は低く、勝者のアウトパフォーマンスも小さく、敗者のアンダーパフォーマンスはアウトパフォーマンスと比べようがないくらい大きい。競馬と同じように、圧倒的多数の人が敗者になる。

税金とファンドのリターン

　課税対象の投資家は売買を繰り返す投資信託のマネジャーに当たると最悪だ。税金に敏感な投資家は、確定したキャピタルゲインに対する税金は富を破壊させるということをよく知っているため、ポートフォリオのトレードには高いハードルを設ける。**表7.4**にも示したように、過去10年ではおよそ67〜77％の投資信託資産は課税対象口座に入っていた。しかし、投資信託のマネジャーはあたかも非課税であるかのように運用していたのは明らかだ。頻繁に売買を繰り返すことはマネジャーには利益になるが、そのツケを払わされる（税金を支払うということ）のは投資家だ。これに対して、パッシブ運用のインデックスファンドには節税効果がある。アクティブ運用のファンドは税引き前のリターンも市場を下回るが、税引き後はさらに下回る。

　表7.5を見ると分かるように、1998年12月31日までの20年にわたって行われたアーノットの調査によれば、税引き前のインデックスファンドに対するアンダーパフォーマンスは年間2.1％であるのに対し、税引き後は年間2.8％だ。15年間においては税引き前のアンダーパフォーマンスは4.2％で、税引き後は5.1％とかなり高い。10年間で見ると、税引き前のアンダーパフォーマンスは3.5％で、税引き後は4.5％だ。調査対象期間の長さにかかわらず、投資信託は課税対象の投資家には好ましい結果は出していない。

　しかも、バンガード500インデックスファンドは特に税効率の良い

表7.4　ほとんどの投資信託の資産は課税対象口座

年	課税対象口座に入れられた資産の比率（%）
1992	73
1997	65
2002	67

出所＝投資会社協会

表7.5　投資信託の税引き後のリターンは最悪――税引き前リターンのバンガード500インデックスファンドのリターンとの比較

期間	バンガードとの差（年間%）
10年	−4.5
15年	−5.1
20年	−2.8

注＝これらのリターンにはサバイバルバイアスは含まれていない。期間はすべて1998年12月31日まで
出所＝アーノットほかの論文, Journal of Portfolio Management 26, no.4 (2000)

投資をしていたわけではないのに、この結果だ。バンガード500インデックスファンドは回転率が低いため、これが魅力的な税特性へとつながっているが、投資信託ももっと税金対策を講じれば税引き後リターンは向上するはずだ。例えば、課税対象の投資家は損失がある程度の大きさになったら損失を確定したり、確定した利益を使って損失を生む証券を買うことで支払う税額を減らすことができる。こういった戦略はインデックスに連動するファンドの厳密な規律に従った運用方法ではないが、パッシブ運用を中心とするポートフォリオで税効果を考慮したトレードルールをいくつか設ければ、税引き後リターンは向上するはずだ。

　バンガード500インデックスファンドも税効率においては限界はあるものの、アーノットが調査した20年にわたるこのインデックスファンドの税引き後リターンは平均的投資信託を年間2.8％も上回っている。

表7.6　税引き後はインデックスをアウトパフォームするファンドはさらに減る——税引き後のリターンのバンガード500インデックスファンドのリターンとの差（％）

期間	バンガードを上回った ファンドの比率	バンガードを上回った ときのリターンの差	バンガードを下回った ときのリターンの差
10年	9.0	1.8	−4.8
15年	4.0	0.6	−4.8
20年	14.0	1.3	−3.2

注＝これらのリターンにはサバイバルバイアスが含まれる。期間はすべて1998年12月31日まで
出所＝アーノットほかの論文、Journal of Portfolio Management 26, no.4 (2000)

表7.6にもあるように、20年にわたる期間でインデックスファンドをアウトパフォームしたファンドは14％しかなく、平均アウトパフォーマンスは年間1.3％と低い。インデックスファンドをアンダーパフォームしたファンドはアウトパフォームしたファンドよりもはるかに多く、平均アンダーパフォーマンスは税引き後で年間3.2％とかなり高い。

　15年間の税引き後の結果を見ると、悲惨としか言いようがない。税引き後ベースでインデックスをアウトパフォームしたファンドはわずか4％しかなく、平均アウトパフォーマンスは0.6％と低い。96％のファンドがインデックスをアンダーパフォームし、平均アンダーパフォーマンスは4.8％と驚愕的な数値だ。アーノットは次のように言う——「1984年にインデックスファンドと同じ額でスタートし、敗者のファンドに投資した投資家の資産は、バンガード500インデックスファンドに投資したよりもおよそ半分にしかならないということである」（アーノットほか著「Taxable Investors」：86）。勝者は少なく、利益と言ってもたかが知れているが、敗者は大金を失った。

　トレード活動の税効果を考えずに課税対象の投資信託の資産を運用することは、スキャンダルと言ってもよいくらいだ。もっともこれがスキャンダルと認識されることはほとんどないが……。課税対象の資

産を預かるまじめな受託者は、敗者を売って勝者を保有するというシンプルな戦略から逸脱してもよいのは、市場が極端な状況にあるときだけであることを認識している。投資の専門家であるフィリップ・フィッシャーは投資マネジャーの選定について次のように言った──「損失が小さいうちに素早く損切りし、利は伸ばす。そんなマネジャーには金星をあげよう。逆に、すぐに利食いするくせに、損失はだらだらと持ち続ける。そんなマネジャーに近寄るのはやめよう」（ウォーレン・バフェットとトーマス・ジャフィー著「What We Can Learn from Phil Fisher : A Talk with Philip Fisher」、ニューヨーク・タイムズ2004年4月19日付け）。圧倒的な額の課税対象資産を預かる投資信託業界は、トレード活動の税効果には無頓着で、受益者の利益についてはもっと無頓着なように思える。

本章のまとめ

アメリカの一般家庭の金融資産の投資先として、投資信託はますます重要な役割を果たすようになっている。投資信託の運用会社の手に委ねられる一般家庭の金融資産の増加に伴って、投資信託業界の構造やリターンに対する社会の関心は高まっている。

退職後の資産の場合、社会的な問題がいくつかある。退職後の資産の貯蓄や管理の責任が個人にシフトしてきたため、重大な問題も発生している。確定拠出型年金プランへの加入率を上げること、個人の投資運用手腕を向上させること、確定拠出型年金プランで投資できる投資対象を充実させることなど、問題は山積みだ。低い貯蓄率、投資運用手腕の欠如を考えると、不十分な年金収入しか手にできない可能性は高い。

金融理論によれば、アクティブ運用はネガティブサムゲームである。アクティブポートフォリオはパッシブポートフォリオに比べると、ゲ

ームをプレーするのに必要な手数料、コミッション、マーケットインパクトの分だけパフォーマンスが低い。これを裏付ける学術研究もある。アメリカの株式の投資信託を調査した2000年のロバート・アーノットの研究によれば、この20年間における投資信託のインデックスファンドに対するアンダーパフォーマンスは年間2.1％であることが分かった。およそ80％の投資信託が、市場に連動するバンガードのリターンにさえ及ばなかった。知識のある税金繰延投資家は次のように結論づける――「低コストのパッシブ運用のインデックスファンドだけに注目せよ！」。

　投資信託のマネジャーは彼らの行動が税効果にどういった影響を及ぼすかなどほとんど、あるいはまったく気にしない。税引き後のリターンが投資家にとって目も当てられないくらいひどいものになるのはそのためだ。アーノットによれば、この20年間にわたる投資信託のバンガード500インデックスファンドに対する税引き後のアンダーパフォーマンスは年間で2.8％だ。85％以上の投資信託がバンガード500インデックスファンドの税引き後リターンに及ばない。税引き後の投資信託のインデックスファンドに対するアンダーパフォーマンスは、その大きさもさることながら、大多数の投資信託投資家たちが被害を被っていることを考えると驚くべきことだ。税金に敏感な投資家たちは次のように結論づける――「回転率の低いパッシブ運用のインデックスファンドに投資せよ！」。

　アーノットの研究は気の滅入るような結果を導き出したが、投資家の現実はもっと悲惨だ。アーノットが調査対象としたのは、投資信託業界によってもたらされた被害だけである。ブローカー業界や投資家自身によってもたらされた被害は含まれていない。ウォール街のブローカーは、販売時手数料や後払い販売手数料によって稼ぐ。そのため実現したリターンはアーノットの研究結果よりも低い。投資信託の投資家の多くは、悪いファンドにだまされてもっと有望な代替投資とや

らを買わされて、投資信託の銘柄入れ替えによる課税負担を上回る税金を払わされることもよくある。ファンドの購入にかかる販売手数料と銘柄入れ替えによる税負担によって、それでなくても低いリターンはますます低くなる。アクティブ運用の投資信託の保有者はいつも負ける運命にある。

　圧倒的多数の投資信託の投資家たちは投資信託業界に苦しめられているのは明らかだ。法外な手数料、過剰なトレード、肥大化した資産といった、インデックスファンドをアンダーパフォームする要因として明らかなものもあるが、倫理にもとるキックバック制度、防御不可能な利益・損失の分配慣行といった、目には見えない要素も存在する。投資信託がインデックスファンドをアンダーパフォームする原因を調べてみると、投資家にとってはパッシブ運用のほうがはるかに有利であることが分かってくる。

第8章 投資信託が失敗する明白な理由
Obvious Sources of Mutual-Fund Failure

　ほぼすべての投資信託運用会社は、2つの対立する目的の間で揺れ動いている。これが投資信託を投資家の側に立たせることを難しくする。一方では、投資信託運用会社は投資家に対して高品質の投資マネジメントサービスを提供する責任がある。他方では、圧倒的多数の投資信託運用会社は一般株主、個人的な所有者、親会社に対して利益を生み出すために存在する。利害の対立の要因はあらゆるところに存在する。投資家は安い手数料を求め、利潤追求者は高い手数料を要求する。課税対象の投資家は回転率が低く、課税所得を繰り延べすることができる戦略を好み、利潤追求者は頻繁に売買して大きな利益を得ようとする。投資家は運用資産が限定されることで利益を得て、利潤追求者はより多くの資金を集めることで利益を得る。投資家は公平で透明な手数料体系を求め、利潤追求者は取引構造を複雑であいまいにしようとする。一言でいえば、投信会社の利益は受益者の利益を無視することで得られるのである。

　投資信託の投資家が直面する問題の根源は、エージェント（投資信託の運用会社）と投資信託の投資家との間の利害の相違にある。つまり、運用会社とエージェント問題は、手数料を徴収する運用会社がリターンを求める投資家を犠牲にして利益を得ているところにあるということである。簡単に言えば、資産を所有しているのは投資家で、エ

ージェントは投資家の利益のために働いていると見せかけて手数料を取るということである。資産の所有者は資産を運用してもらうために必ずエージェントを雇う。エージェントとはトレードを執行するためのブローカー、銘柄選択のアドバイスをしてくれるリサーチアナリスト、投資プログラムを作成してくれるファイナンシャルアドバイザー、そしてポートフォリオを管理してくれる投資信託会社などいろいろだ。

　投資家とエージェントの目的は異なる。そこで対立が生まれる。投資家は受ける金融サービスに対して、公平で競争原理によって決定された手数料を払いたいと思っている。一方、エージェントは不透明で、やったこと以上の報酬を求める。洗練された資産所有者は、利害の対立を避けて利害が一致するように、顧客本位のエージェントを雇う。

　運用手数料の場合、エージェントと投資家の目的が異なるのは明らかだ。手数料が高ければエージェントの収入は増え、投資家の資産は減少する。投資パフォーマンスが高い場合、高いリターンはエージェントに対して資産を生み出し、投資家のリターンも高くなるため、エージェントと投資家の目的は一致するように思える。しかし、表向きは目的が一致しているように見えても、エージェントが高いリターンを宣伝し、新たな資金を集めようとすると、目的は一致しなくなる。「サイズ」はパフォーマンスの敵だ。ファンドへの資金の流入は必ず将来のリターンを低減させるからだ。資金を集めるマネジャーは利益を得るが、投資家は損をする。エージェントが投資家からお金を絞り取る手段として、肥大化したポートフォリオと過剰な手数料ほど明確なものはない。

　エージェントは、利益を生成するという責務を超えて顧客の利害を満足させたり、インセンティブ構造の基本的な性質を変えるために自己投資することで、投資家の立場に身を置くことになる。自分たちの利益の最大化よりも顧客の利益を優先させる場合、エージェントは自分たちの利益よりも顧客の利益を高めるという普通とは違った路線を

取る。しかし残念ながら、金融サービスのエージェントで自己利益最大化行動という経済学の基本を否定するエージェントはほとんどいない。エージェントが投資家と共同投資する場合、エージェントも投資家になり、共同投資の度合いが高まるにつれ、エージェントの顧客本位の考え方も高まる。しかし、手数料よりもリターンを優先するエージェントなどほとんどいない。エージェントが投資家のように振る舞うという異常な環境はさておき、投資家には投資家の費用で利益を稼ぐ敵対的なエージェントに対処するという難しい問題があるのが現実だ。

　市場の仕組みのなかで、与えられたサービスに対する対価として投資家には避けられないエージェントコストがかかってくる。投資信託の手数料は投資家のリターンを低減させるとはいえ、少なくとも運用会社には必要な報酬は支払わなければならない。競争やスケールメリットといった市場要因によって基本的な金融サービスに対する手数料は減少するが、投資信託複合体は経済学の法則などものともせずに、顧客の費用負担で毎年毎年過度な手数料をせしめている。目に見える手数料以外にも、運用資産の肥大化やポートフォリオの回転に関連する目に見えないコストも発生する。賢明な投資家ならすべてのエージェントコストを調査し、できるだけ低価格で質の良い投資マネジメントを提供してくれるエージェントを探す。

投資信託の手数料

　投資信託の投資家には投資信託を購入すればさまざまな手数料がかかってくる。投資信託を買うときに払うのが株式を取得するための販売手数料だ。販売手数料は最高で8.5％で、投資の規模や保有期間の長さによって変わることもある。販売手数料のかからないファンドはノーロードファンドと呼ばれる。販売手数料がかかるか否かとは無関

係に、投資信託保有者には投資の運用サービスに対して運用会社に支払う報酬として運用手数料が必ずかかる。運用手数料のほかにも、ファンドの販促・マーケティング費用である12b-1手数料を運用会社に支払わなければならない。手数料を全部含めると、投資家のリターンはかなり減少する。注意深い投資家は投資信託の手数料体系を徹底的に調べる。

販売手数料

投資家とエージェントの利害の対立が特にはっきり表れるのが、ファンドの販促とマーケティングである。投資信託には2つのタイプがある。ロードファンドとノーロードファンドだ。販売手数料以外は、ノーロードファンドとロードファンドの違いはない。ある調査によると、ロードファンドは大きな追加的手数料の分だけノーロードファンドをアンダーパフォームする（マーク・ハルバート著「Do Funds Charge Investors for Negative Value Added?」、ニューヨーク・タイムズ2001年7月8日付け）。ブローカーはロードファンドを売ることで得られる高い販売手数料を好む。こうした事情に明るい投資家はブローカーのポケットを非生産的な手数料で肥やすことは避け、ノーロードファンドを買うことで高い期待リターンを得ることを選択する。

販売手数料は投資家のリターンにとって大きな足かせになる。マーケティング手数料である12b-1が導入される以前の1979年、販売手数料のメジアンは資産の8.5％という驚くほどの高さだった。1999年には販売手数料は4.75％にまで下がったが、それでも依然として高い。販売手数料の低下によって受益者の取り分は増えたと投資信託業界の関係者は言ったが、それはまやかしでしかなかった。その減少分は12b-1手数料に置き換えられただけだった。12b-1手数料の導入で年間手数料は毎年かさみ、長期投資家のリターンは悪化するばかりだ。販

売手数料は大きいとはいえ最初に1回支払うだけで済むため、12b-1
手数料のほうが投資家の負担は大きくなる。また、投資信託会社の多
くは条件付き後払い販売手数料を導入した。つまり、短期投資家はフ
ァンドの解約時に手数料を取られるということである。販売手数料と
マーケティング手数料を課す投資信託会社は、短期投資家にも長期投
資家にも大きな負担を強いているのである。

　ペース大学ルービンビジネススクールのマシュー・モーリーはロー
ドファンドとノーロードファンドを広範にわたって調査し、ノーロー
ドファンドのほうがリターンが高いと結論づけた。1993年から1997年
までの635のファンドのリターンを調査したモーリーは、ロードファ
ンドのひどい状況を次のように説明する——「ロードファンドグルー
プの平均販売手数料は5.14％で、そのなかで最も高かったのはエクイ
ティ・インカム・ファンドだ。最も高い販売手数料は8.5％、最も低
い販売手数料は1.5％で、大部分のロードファンドの販売手数料は4.5
％から6.49％だ」。調査対象ファンドの内訳は、334がノーロードファ
ンド、301がロードファンドだった（マシュー・モーリー著「Should
You Carry the Load? A Comprehensive Analysis of Load and No-
Load Mutual Fund Out-of-Sample Performance」, Journal of
Banking and Finance 27,no.7(2003): 1245-1271）。

　ロードファンドとノーロードファンドの以前の多くの研究とは異な
り、モーリーの研究にはパフォーマンスが悪いファンドも含まれてい
る。パフォーマンスが悪ければ、ファンドは既存の顧客を失うだけで
なく、新たな顧客を獲得することもできない。したがって、投資信託
会社はパフォーマンスの悪いファンドを解散や合併を通して消滅させ
る。当然のことながら、マーケティングに敏感なロードファンドの世
界では、ファンドの消滅率はノーロードファンドの世界よりも高い。
モーリーの調査期間中、ロードファンドは19％消滅し、ノーロードフ
ァンドは12％消滅した。いわゆるサバイバルバイアス——継続してい

るファンドは消滅したファンドよりもリターンは高い——を調整する
ことで、モーリーの調査結果は、ノーロードファンドのパフォーマン
スが年間11.8％で、ロードファンドのパフォーマンスが年間10.5％と
なって、手数料の分だけアウトパフォームするという常識的な結果に
一致した。ロードファンドのアンダーパフォーマンス（年間1.3％）は、
5年の保有期間で償却された平均販売手数料（年間1.0％）にほぼ一
致する。つまり、ノーロードファンドは、ロードファンドの高いコス
トの分だけロードファンドをアウトパフォームするということである。

運用手数料

　賢明な投資家は販売手数料は避けて通ることができるが、投資信託
のどんな所有者でも運用手数料からは逃れることはできない。投資ポ
ートフォリオを構成するアセットのカテゴリー別に見ると、2003年の
金額加重の年間経費率はMMF（マネーマーケットファンド）の0.60
％から、ワールド・エクイティ・ファンドの1.15％までの幅があり、
最も重要なジェネラル・エクイティ・ファンドの経費率は0.91％だっ
た（データの出所はリッパー社。コアアセットクラスには国内株式、
外国株式、新興市場株式、伝統的債券、インフレ連動債、不動産が含
まれる。リッパーのデータでは、外国株式と新興国株式は1つにまと
められ、債券とインフレ連動債も1つにまとめられている。不動産証
券も1つにまとめられ、個別カテゴリー別の数字は示していない。
MMFは実質的に無リスクビークルとして扱われ、保有期間が短いと
きのリスクポートフォリオのイクスポージャーを減らすのに使われる）。
投資信託の手数料はアセットクラスのリターンの多くの部分をむしば
むのである。
　リッパー社では手数料を運用手数料、非運用手数料、12b-1手数料
の3つに分類している。ジェネラル・エクイティ・ファンドの場合、「ポ

表8.1　投資信託の経費率はほぼ一定——金額加重のトータルの経費率（資産に対する比率）

年	ジェネラル・エクイティ・ファンド	ワールド・エクイティ・ファンド	課税債券ファンド	MMF	コストの加重平均
1999	0.86	1.15	0.81	0.60	0.69
2000	0.89	1.12	0.78	0.60	0.71
2001	0.92	1.13	0.76	0.61	0.70
2002	0.93	1.15	0.75	0.60	0.67
2003	0.91	1.15	0.75	0.60	0.66

注＝2003年のデータは最初のリポートが出版されたあとのアップデートを反映
出所＝リッパー社「Global Themes in the Mutual Fund Industry–2003」

ートフォリオの運用・管理」のための運用手数料は全手数料の58％で、「エージェントの移管、証券の管理、法務」などのバックオフィス費用である非運用手数料は全手数料の20％、「ファンドの販促」のための12b-1手数料は全手数料の21％である。

　ジェネラル・エクイティ・ファンドの場合、現在の0.91％に落ち着く前の近年の手数料は0.86％から0.93％だった。手数料が最も高いのはワールド・エクイティ・ファンドで、1.12％から1.15％だ。MMFは1999年から2003年まではほとんど変わらず、およそ0.60％で推移している。課税債券ファンドは0.81％から0.75％に減少している（**表8.1**を参照）。

　リッパー社の手数料に関するデータを見ると、投資信託の投資家に課される大きな手数料負担は説明が難しいことが分かる。

　金額加重の経費率は、コアアセットクラスに投資している投資信託全体では安定しているが、経費率のメジアンになると話は違ってくる。手数料のメジアンは、ファンドのサイズにかかわらずファンドを横に並べたときの真ん中のファンドによって課される手数料を示したものだ。**表8.2**を見てみよう。手数料のメジアンは、課税債券を含めすべ

表8.2　経費率のメジアンはコアアセットクラスのすべてで上昇──経費率のメジアン（資産に対する比率）

年	ジェネラル・エクイティ・ファンド	ワールド・エクイティ・ファンド	課税債券ファンド	MMF
1999	1.32	1.75	0.93	0.67
2000	1.33	1.70	0.95	0.68
2001	1.36	1.75	0.97	0.70
2002	1.42	1.80	0.97	0.70
2003	1.45	1.80	1.00	0.70

注＝2003年のデータは最初のリポートが出版されたあとのアップデートを反映
出所＝リッパー社「Global Themes in the Mutual Fund Industry–2003」

てのアセットクラスで上昇している。金額加重の経費率が安定し、メジアンの経費率が上昇しているのは、手数料の安い純資産総額が大きなファンドに集中していることを示している。この状況は市場を打ち負かすゲームをしている投資家にとっては不利になる。なぜなら、大きなファンドはほとんどがアクティブ運用だからだ。リッパー社の金額加重と均等加重のデータを見ると、投資家は近年、２つの毒の１つを飲み込んだことが分かる──手数料負担が上昇した、またはポートフォリオの規模が拡大してリターンが減少した。

　アクティブ運用の過剰なコストは、業界の平均手数料とバンガード（パッシブ運用）のコストを比較してみると明らかだ（**表8.3**を参照）。バンガードのインベスターシェアクラスの場合、年間コストは業界平均よりも安い──ジェネラル・エクイティとワールド・エクイティでは0.8％安く、地方債では0.6％、課税債券では0.5％、MMFでは0.3％安い。バンガードのアドミラルシェアクラスになると、コストはもっと安くなる。手数料が安いと当然ながら投資家にとっては有利になる。

　「安物買いの銭失い」は投資信託の世界には当てはまらない。スタンダード・アンド・プアーズによって行われた調査によると、手数料の

表8.3　コストの大幅な節約になるバンガードファンド──2003年のト
　　　ータルの経費率（資産に対する比率）

	ジェネラル・エクイティ・ファンド	ワールド・エクイティ・ファンド	課税債券ファンド	MMF
リッパー	0.91	1.15	0.75	0.60
	トータル・ストック・マーケット	トータル・インターナショナル・ストック・マーケット	トータル・ボンド・マーケット	プライム・マネーマーケット
バンガードのインベスターシェアクラス	0.20	0.36	0.22	0.32
	トータル・ストック・マーケット	トータル・インターナショナル・ストック・マーケット	トータル・ボンド・マーケット	プライム・マネーマーケット
バンガードのアドミラルシェアクラス	0.15	0.36	0.15	0.14

注＝2003年のデータは最初のリポートが出版されたあとのアップデートを反映
出所＝リッパー社「Global Themes in the Mutual Fund Industry--2003」

安いファンドは一貫して高いパフォーマンスを上げることが分かって
いる（スタンダード・アンド・プアーズの「S&P Research on Fees
Shows Cheaper Funds Continuing to Outperform Their More
Expensive Peers」、プレスリリース、2004年6月29日）。同社のデータ
ベースに含まれる1万7000を超えるファンドを調べるに当たって、リ
サーチャーはファンドを3つのサイズ（小型、中型、大型）と3つの
スタイル（バリュー、ブレンド、グロース）で分類し、さらにメジア
ンを上回る手数料とメジアンを下回る手数料のファンドに分類し、合
計で18のカテゴリーのマトリックスを作成した。サイズとスタイルの
9つのカテゴリーのうち8つのカテゴリーでは、手数料の安いファン
ドのパフォーマンスが手数料の高いファンドを上回った。10年間にお
けるアウトパフォーマンスは0.8％〜3.8％である。中型のブレンドファ
ンドのみが、手数料の高いファンドと手数料の安いファンドのパフォ

表8.4　パフォーマンスが高い手数料の安いファンド（2004年5月31日までの10年間、%）

	手数料がメジアンを上回るファンドのパフォーマンス	手数料がメジアンを下回るファンドのパフォーマンス	手数料の安いファンドの手数料の高いファンドに対するアウトパフォーマンス	手数料の安いファンドが高いファンドに比べて経費率がどれくらい低いか
大型グロース	7.2	8.9	1.7	1.1
大型ブレンド	7.9	10.0	2.1	1.1
大型バリュー	9.2	10.5	1.3	0.9
中型グロース	6.6	9.5	2.9	1.2
中型ブレンド	12.1	12.1	0.0	1.0
中型バリュー	11.0	12.2	1.2	0.9
小型グロース	6.5	10.3	3.8	1.0
小型ブレンド	10.7	11.5	0.8	1.1
小型バリュー	11.4	13.4	2.0	1.0

出所＝スタンダード・アンド・プアーズの「S&P Research on Fees Show Cheaper Funds Continuing to Outperform Their More Expensive Peers」, Press Release, 2004年6月29日

ーマンスが同じだった。S&Pのデータでは、手数料の安いファンド＝高いパフォーマンスという関係がはっきりと分かる（**表8.4**を参照）。

　手数料の高いファンドと安いファンドグループの手数料の差は年間0.9％から1.2％と比較的狭い範囲で分布している。興味深いのは、9つのカテゴリーのうち7つは、手数料の安いファンドのパフォーマンスの優位性が手数料の安いファンドの経費率の優位性を上回ることだ。つまり、手数料の安いファンドの優れたパフォーマンスは、手数料の安いファンドのコストの優位性を上回るということである。おそらくは手数料の高いファンドマネジャーの強欲さが、競争力を奪っているのだろう。

　アクティブな株式ファンドの世界では、投資家は高い手数料が低いリターンを生むという逆転現象の世界に住んでいる。アクティブ運用とパッシブ運用の両方を含む世界では、インデックスファンドはアク

ティブ運用ファンドよりもコスト面ではるかに優位だ。事情に明るい
投資家はファンドの手数料が問題であることに気づいている。

販促手数料

　1980年、SEC（証券取引委員会）はマーケティング・販促手数料を
ファンド経由で支払うことを認めた。これによって投資信託の投資家
たちは絶大なダメージを被った。ルール12b-1の下では、運用資産を
増やすための販売促進活動に対する手数料がファンドから直接差し引
かれる。資産サイズと投資パフォーマンスのトレードオフを考えてみ
よう。運用資産が増えれば、運用会社に入ってくる運用手数料は増え
る。しかし、ポートフォリオが肥大化すると、運用会社は資産をアク
ティブに運用できなくなる。12b-1手数料を支払わされる不幸な投資
家は、手数料という直接的な影響とポートフォリオサイズの肥大化と
いう間接的な影響とによってリターンが二重に減少する。

　2000年12月、SECは投資信託の手数料を調査した。その結果、
12b-1手数料はファンド保有者からファンド管理会社への資産の純粋
な移転であると述べた（証券取引委員会・投資管理部門「Report on
Mutual Fund Fees and Expenses」、Washington, DC.: GPO, 2000 :
59-60）。SECの報告書は次のように結論づけている ―― 「12b-1手数
料を採用するファンドはほかのファンドよりも費用が最大で12b-1手
数料の93％に相当する分だけ高い」（全米証券業協会［NASD］の規
制によって、投資マネジャーは最大で資産の１％までの12b-1手数料
を課すことができる）。つまり、12b-1手数料を課す投資信託の運用会
社は12b-1手数料をほぼそのまますっぽりポケットに入れることがで
きるということである。

　SECはファンドの受益者とその運用会社との間に内在する利害の
対立をはっきり認識しながらも、12b-1手数料を認め続けた。SECは、

ファンドディレクター（通常運用会社によって選ばれる）がファンド
から手数料が支払われることを容認していることにこの対立の原因が
あると認識している（証券取引委員会・投資管理部門「Report on
Mutual Fund Fees and Expenses」、Washington, DC.: GPO, 2000 :
15）。しかし、SECが承認しなければ、ファンドディレクターが12b-1
手数料ほど投資家にダメージを与えるものを容認できるはずがない。
12b-1手数料は、運用会社の利益を投資家に直接的・間接的に費用を
払わせることで増やしたいと思うファンドディレクターに規制当局が
明確に与えた免責なのである。

　運用会社に有利な規制の枠組みのなかにあるとはいえ、ファンドデ
ィレクターは12b-1を容認するために奇妙なこじつけを使った。SEC
によれば、ファンドの独立したディレクターは、12b-1プランはファ
ンドと投資家の両方にとって利益になると結論づける必要がある（証
券取引委員会・投資管理部門「Report on Mutual Fund Fees and
Expenses」、Washington, DC.: GPO, 2000 : 18）。一体、どこの世界に
ファンドの資産を肥大化させるのに基本的な運用手数料以外に手数料
を支払うことで投資家が有利になることがあるだろうか（運用資産が
十分な水準に達していない規模の小さなファンドの投資家は、資産が
流入［正味フローがプラス］すれば有利になるが、こういった状況は
非常に稀であり、ある程度の規模の投資信託が12b-1手数料を課すこ
とを正当化できるものではない）。12b-1手数料を認可したSECは恥知
らずだ。そして、それを容認したディレクターも恥知らずで、そうい
った手数料を要求する投資信託も恥知らずだ。

　投資信託の投資家にファンド会社のマーケティング活動費を支払わ
せることを妥当で公平なことだと正当化することは、どういった状況
においても理不尽だが、マーケティングが停止されたあとも投資家に
マーケティング活動費を支払わせることを正当化するのは、もっと理
不尽だ。多くの投資信託会社は新しい投資家の資金を受け付けなくな

ったあとも12b-1手数料を徴収し続けた。ウォール・ストリート・ジャーナルの2003年12月号によれば、アメリカで有名なファンドマネジメント組織の支援を受けた100を超える投資信託は、新たな投資家からの資金を受け付けなくなったあともマーケティング・販促手数料を要求し続けた（カラ・スキャネル著「Closed, but Open for Business; Mutual Funds That Prohibit New Customers Still Can Charge Fees to Cover Advertising Costs」、ウォール・ストリート・ジャーナル2003年12月16日付け）。ドレイファス、ロード・アベット、パットナム、イートン・バンスはこの薄汚い慣行を続けた会社の筆頭だ。投資信託業界が十分な規模に達するための資金集めには特別な助けが必要だというウェハーのように薄い論拠で、12b-1手数料は導入されたのである。閉鎖されたファンドに対して12b-1手数料を課すことを正当化する理論的根拠などまったくない。

　SECも販促手数料を課すというこの慣行に気づいていた。「情報を求めるいくつかの企業」にはSECはレターを送った（カラ・スキャネル著「Closed, but Open for Business; Mutual Funds That Prohibit New Customers Still Can Charge Fees to Cover Advertising Costs」、ウォール・ストリート・ジャーナル2003年12月16日付け）。SECがこういった慣行に対して罰金を設け、会社に間違いを認めさせるか否かの措置を講じるかどうかなどどうでもよい。常識で考えれば、12b-1手数料は資金を集めているファンドにのみ適用されることは言うまでもないことだ。閉鎖されたファンドに対してマーケティング費用を支払わせるファンド管理会社は、投資家を侮辱し、彼らの財布から盗みを働いているも同然だ。

　明らかにマーケティング・販促費用を投資家に支払わせるために作られた12b-1手数料は、投資家・マネジャー問題を浮き彫りにするものである。マーケティング・販促費用はファンド運用会社を潤すだけである。マーケティング・販促活動がうまくいけば運用資産は増え、

運用会社の懐にも手数料がたんまりと入る。ファンドの規模が肥大化すればパフォーマンスは損なわれ、投資家のリターンは下がる。投資信託の投資家は12b-1手数料を支払わされるうえ、リターンも下がったのではたまったものではない。

インセンティブフィー（成功報酬）

　顧客本位のファンドマネジャーは、ポートフォリオに想定されるリスクに対して高い投資リターンを生み出すことを重視する。結局、高いリスク調整済みリターンを上げることが、投資信託の受益者の目的であり、投資信託のマネジャーの受託者責任なのである。しかし、業界標準の資産ベースの手数料体系は、受益者と運用会社の利害を相反させる要因となる。

　ファンドマネジャーの報酬が資産ベースの手数料だけだとすると、運用会社にはより多くの手数料を安定的に受け取ろうという動機が生まれる。運用資産が増えれば、投資信託の手数料収入は増える。したがって、エージェントは運用資産を増やそうとする。しかし残念ながら、運用資産が増えれば、ポートフォリオのアクティブ運用は次第に難しくなり、投資家に魅力的なリターンを提供できなくなる。

　ポートフォリオマネジャーは、ファンドのパフォーマンスが上がれば資金が入ってくるし、ファンドのパフォーマンスが下がれば資金が出ていくことを認識している。十分な資金が集まると、マネジャーの態度はがらりと変わる。リスク回避型のマネジャーは既存の資産を維持することを重視するため、アクティブ運用よりも市場に近いパフォーマンスを目指すようになる。市場からあまり乖離しないようなポートフォリオを作成することで、投資信託のマネジャーは自らの雇用を維持する（しかし、投資家には月並みな投資リターンしか提供できない）。安定した所得を求めるエージェントの目的と、高いリスク調整

済みリターンを求める投資家の目的は乖離していくが、一般にこの利害の対立に勝利するのはエージェントだ。

　これに対して、パフォーマンスベースの手数料体系ではファンドマネジャーは資金を集めることよりも高いパフォーマンスを上げることで手数料が増えるため、ファンドマネジャーとファンドの投資家との利害は一致する。ほとんどのインセンティブフィー体系は資産ベースの手数料とパフォーマンスベースの手数料の組み合わせからなる。資産ベースの手数料でファンドを運営するための経費が賄われ、パフォーマンスベースの手数料が優れたリターン（ベンチマークを上回るリターン）に対して与えられるという仕組みだ。例えば、大型株のファンドマネジャーはS&P500を上回るリターンから得られた利益の10％を受け取る。こうした二重構造の手数料体系では、資産ベースの手数料で運営にかかわるコストが賄われ、ファンドの収入を安定させ、パフォーマンスベースの手数料は優れた投資リターンを生み出したマネジャーに支払われる。

　ニューメリック・インベスターズ・スモールキャップ・バリュー・ファンドは適切な構造のパフォーマンス手数料体系を採用している。2003年、ニューメリックは経費関連の手数料として0.89％を徴収したが、その内訳は運用手数料が0.45％でそのほかのコストが0.44％だった。顧客本位の原則に従う動きが高まるなか、ニューメリックは12b-1手数料は取らない。またパフォーマンス関連の手数料としてはラッセル2000バリューインデックスをアウトパフォームした１ポイントにつき0.1％を徴収している。アウトパフォーマンスが９ポイント以上のときでも最大で0.9％だ（データの出所はニューメリック・インベスターズL.P.）。投資家に対して何というフェアな扱いだろう。

　モーニングスターによれば、2003年のデータに基づけば、ニューメリックのリターンとベンチマークのリターンが同じだった場合、トータルの経費率は同じグループの平均である1.55％の３分の２を下回る

（データの出所はモーニングスター）。ファンドのパフォーマンスがベンチマークを9ポイント以上上回った場合でも、トータルの経費率は同じグループの平均を若干上回る程度だ。ニューメリックのインセンティブフィー体系がうまくいくのは、低いリターンにはペナルティを与え、高いリターンにのみ報酬を与えるシステムになっているからだ。ニューメリックとニューメリックの投資家にとって幸いなことに、ニューメリックはファンド創設から4年余りの間ずっと年間10%以上ベンチマークをアウトパフォームしてきた。ニューメリックは公正な報酬を受け取り、投資家は優れたリターンに対して公正な価格を支払っている。

　残念ながら投資信託のなかには二重取りのインセンティブフィーを課すところもある。基本手数料を下げて、そしてパフォーマンスに対するインセンティブフィーを取るのではなくて、インセンティブフィーを、それでなくても高いアセットベースの手数料以外の報酬源として使っているファンドもある。例えば、グラナム・バリュー・ファンドを見てみよう。2003年のグラナムの最低手数料は1.83%で、その内訳は12b-1手数料が0.75%、基本的運用手数料が0.50%、そのほかのコストが0.58%だった（グラナム・キャピタル・マネジメント、Granum Value Fund、2004年3月1日：4）。これに加えてインセンティブフィーとして1.5%徴収し、最大コストは3.33%にも及ぶ。モーニングスターはグラナムの手数料を「高いから常識外れ」のたぐいに属すると述べたが、これでもかなり控えめな表現だった。これではグラナムの投資家が勝利できるはずがない。グラナムの2003年の最低手数料は1.83%で、同じグループの平均である1.55%を上回っている。投資家はパフォーマンスによらず平均を上回る手数料を支払わされているのは明らかだ。このうえインセンティブフィーを取られたのでは詐欺にあったも同然だ。

　グラナムのバリュー指向のスタイルにとってS&P500は正しいベン

チマークにはならないとモーニングスターは言う。どういった状況下でも、マネジャーのパフォーマンスを測るのには正しい基準を使う必要があるが、インセンティブフィーを計算するときには正しいベンチマークを選ぶことはより一層重要になる。マネジャーのパフォーマンスを評価する適切な基準がなければ、インセンティブフィーは単に、使用されたベンチマーク（グラナムの場合、S&P500インデックスは適切なベンチマークではなかった）と正しいベンチマーク（この場合、ラッセル1000バリューインデックスが適切）との間の相関の欠如から生み出されることになる。

　インセンティブフィーの計算にクローバック制度（払い戻し制度。ファンドのパフォーマンスがベンチマークを下回った場合、過去にもらったインセンティブフィーを払い戻す。かぎ爪を持った投資家が支払った手数料をその爪で取り戻す、といったイメージ）やハイウオーターマーク方式といった投資家に有利となる方法が使われていないとき、正しいベンチマークを選ぶことは特に重要になる。クローバック制度がなければ、投資家はファンドのパフォーマンスが悪くても手数料を支払うことになる。ハイウオーターマーク方式は、インセンティブフィーを受け取ったあとのパフォーマンスが基準を下回っていた場合、運用会社はその基準までパフォーマンスを高めることが要求されることをいう。でなければ、そのあとのインセンティブフィーを受け取ることはできない。ハイウオーターマーク方式がなければ、投資家は過去の利益に対して手数料を支払い、そのあとで損失が出ても穴埋めされない。グラナム・バリュー・ファンドはクローバック制度もハイウオーターマーク方式も採用していなかった。

　不十分な構造のインセンティブフィー体系と不適切なベンチマークを使うグラナム・ファンドは投資家を犠牲にして私腹を肥やしていたというわけだ。グラナムにインセンティブフィーが導入されてから2003年10月31日までの6年間を見てみよう。不適切なベンチマークで

あるS&P500インデックスとグラナム・バリュー・ファンドの相関（76％）は、適切なベンチマークであるラッセル1000バリューインデックスとの相関（88％）よりも低かった。また予想どおり、S&P500インデックスはラッセル1000バリューインデックスよりもグラナム・バリュー・ファンドに対するボラティリティが高かった。これはS&P500とグラナムのリターンの差の標準偏差が11.7％であるのに対して、ラッセルとグラナムのリターンの差の標準偏差が10.1％だったことから分かる。S&P500とグラナムとの相関は低く、S&P500のグラナムに対する相対ボラティリティは高かった。つまり、インセンティブフィーは、グラナムの素晴らしいパフォーマンスに対して支払われたわけではなく、グラナムとS&P500のノイズ程度のリターンの差に対して支払われていたにすぎない。

　グラナムの投資家は優れているとは言い難いパフォーマンスに対してインセンティブフィーを支払っていたことになる。インセンティブフィーが採用されてから6年間の投資家のリターンは年間4.4％だった。**表8.5**を見ると分かるように、グラナム・バリュー・ファンドのリターンはラッセル1000バリューインデックスのリターンを年間で1.1％下回る。これはマネジャーに追加的報酬を支払うのに値するリターンではない。しかし、ファンドとS&P500のリターンの差の標準偏差は高く、ファンドのパフォーマンスはS&P500を上回っていた。グラナム・キャピタル・マネジメントは見せかけの優れたパフォーマンスに対して手数料を徴収していたわけである。6年のうちの4年間、グラナムは資産の0.79％から1.50％のインセンティブフィーを取り、そのうち2年間のインセンティブフィーは最大の1.50％だった。大きなインセンティブフィーのせいで、グラナムの2002会計年度（10月31日に終了）では投資家の手数料負担は資産の3.26％という高さだった。この水準の手数料を正当化できるほど市場を上回る成績を上げられるマネジャーなどほとんどいない。もちろんグラナムのマネジャーも例外ではな

表8.5　グラナム・バリュー・ファンドの投資家に勝ち目はない

期間	グラナム・バリュー・ファンドのリターン	S&P500に対する相対パフォーマンス	ラッセル1000に対する相対パフォーマンス	S&Pとラッセルのリターンの差
1998	−6.2	−28.2	−21.0	−7.2
1999	15.7	−10.0	−0.8	−9.2
2000	16.3	10.2	10.8	−0.6
2001	−3.7	21.2	8.2	13.0
2002	−6.4	8.7	3.6	5.1
2003	13.8	−7.0	−9.1	2.1
平均	4.4	0.6	−1.1	1.7

注＝データはすべてグラナム・バリュー・ファンドの会計年度に合わせて10月31日に終わる期間のデータを使用

出所＝グラナム・バリュー・ファンドの1998年次報告書11、グラナム・バリュー・ファンドの2003年次報告書14、ブルームバーグのデータ

い。しかし、グラナムは高いパフォーマンスを上げることなく、投資家が抵抗することができない法外なパフォーマンスフィーを取ることで、投資家をだましていたのである。

　グラナムの受け取るに値しない高いインセンティブフィーは、ハイウオーターマーク方式を導入せず、適切なベンチマークを使わず、クローバック制度がなかったことによるものである。ハイウオーターマーク方式を導入しないことで、グラナムには1998年のS&P500に対する28.2％の相対アンダーパフォーマンス、1999年の10.0％の相対アンダーパフォーマンスを穴埋めする義務はなかった。1998年と1999年に開けた穴を穴埋めすることなく、2000年にはインセンティブフィーを取ることができたのは、ハイウオーターマーク方式を導入していなかったからである。

　不適切なベンチマークを使ったことで投資家は２つの点で不利益を被った。６年間を通じて、グラナムは不適切なベンチマークであるS&P500に対しては相対アウトパフォーマンスを記録し、適切なベンチマークであるラッセル1000バリューインデックスに対しては相対ア

ンダーパフォーマンスを記録した。つまり、投資家は本当は出ていない利益に対してインセンティブフィーを支払っていたことになる。S&P500に対するグラナムの相対リターンはボラティリティーが高く、これが投資家の悲運を増幅させた。1998年から1999年にかけての相対アンダーパフォーマンスも2000年から2002年にかけての相対アウトパフォーマンスも、ラッセルに対してよりもS&P500に対してのほうが大きい。相対パフォーマンスのボラティリティの高さも、投資家に偽りの利益に対してインセンティブフィーを払わせる要因になった。

　クローバック制度がなかったことで、投資家は2003年の相対アンダーパフォーマンスに対するインセンティブフィーを取り戻すことはできなかった。相対パフォーマンスが良ければグラナムにとって有利になり、相対パフォーマンスが悪ければ損をするのは投資家だけだ。これは会社にとっては「表が出れば私の勝ち、裏が出ればあなたの負け」という状況を作りだす。

　2003年10月31日までの6年間にわたって、グラナム・バリュー・ファンドは存在しないパフォーマンスに対して600万ドルを超える手数料を受け取った。グラナムは正しいベンチマークのリターンを上回ることなく、6年間にわたって平均資産の5.0％を超えるインセンティブフィーを受け取ったのである。スキャンダラスなインセンティブフィーに加え、グラナムは12b-1手数料（資産の4.5％）、基本的な運用手数料（資産の3.0％）、そのほかの手数料（資産の2.6％）も受け取った。優れているとは言い難いパフォーマンスに対してグラナム・キャピタル・マネジメントが投資家から搾取した手数料は驚くほどに大きいものだった。

　公正なインセンティブフィーは投資家に利益をもたらすこともあるが、投資信託業界はパフォーマンスベースのスキームを悪用している可能性もあり、したがって投資家はインセンティブフィーに対して大きな疑問を抱いている。グラナム・バリュー・ファンドを今一度考え

てみよう。適正なベンチマークを使用していない、クローバックとハイウオーターマークを採用していない。これでは運用が成功すれば会社の収入が増え、失敗しても投資家の損失が穴埋めされることはない。ペイオフ構造の非対称性はファンドマネジャーにオプションを生み出す。ファンドマネジャーと受益者の利害が一致するのは運用が成功したときだけで、失敗したときには利害は一致しなくなる。インセンティブフィーのオプション的性質はファンドマネジャーを失敗の苦悩から擁護する一方で、成功したときには戦利品をもたらす。投資結果が良くないとき、ファンドの投資家だけが痛みに耐えなければならない（インセンティブフィー問題は、ストックオプションの発行によって会社の株主と経営陣との間に発生すると言われている利害の不一致に似ている。オプションの付与は非対称問題を生じさせるだけでなく、利害の不一致は株価が下落したあとのオプション価格の再評価によってさらに拡大する）。

販売会社

　一般に、取引にかかわる者が多いほど、投資家の手数料負担は増える。ほとんどの投資家は販売会社を通して投資信託を購入するだけでなく、販売会社を通してのファンドの購入は増えている。1992年、およそ25％の投資家は投資信託を投資信託の運用会社から直接買うことで仲介費用を支払う必要はなかった。しかし、2002年にはファンドを投資信託の運用会社から直接買う投資家は12％に減少した。つまり、無価値なものに何がしかの代価を支払う投資家が増えたということである（データの出所は投資会社協会。ジョン・D・レア著『Distribution Channels and Distribution Costs』[「投資会社協会」Vol.9, no.3, Washington, DC, 2003]：3を参照）。

　ファンドの販売で最大シェアを誇るのがブローカー業界で、1992年

と2002年のシェアはどちらも62％だった。ここでは投資家は最大の被害を被る。販売手数料、マーケティング手数料、ポートフォリオの回転はブローカーを潤すだけで、顧客は貧乏になるだけだ。エージェントと投資家の間の利害の対立は、実はブローカーと顧客の間にも存在する。さまざまなシェアクラスの複雑さに加え、販売手数料、条件付き後払い販売手数料、12b-1手数料と、ブローカーは投資家の費用でぼろ儲けする。賢明な投資家はファンドを買うときブローカーを通さないで、ファンド運用会社から直接買ってコストを抑えるほうを選ぶ。

　事業者提供退職金積立制度やファンドスーパーマーケットを通したファンドの販売は1992年の14％から、2002年には25％に増加した。事業者提供制度による課税繰り延べ口座の増加は投資家にとってはプラスに働く。なぜなら、投資家は魅力的な投資ビークルへのイクスポージャーを増やすからだ。一方、ファンドスーパーマーケットの増加は投資家にはマイナスに働く。なぜなら、ただでさえ手数料負担の大きなシステムに販売会社による手数料が加わるからだ。

　販売会社を介しての投資が増えたにもかかわらず、販売手数料がファンド購入に占める比率は昔に比べると一見下がったかに見える。しかし、古い諺にもあるように、見た目は当てにはならない。広範にわたるSECの調査によれば、1979年にはおよそ70％の投資信託の資産はロードファンドが保有していた（証券取引委員会「Mutual Fund Fees」：46-47）。これは表面的には改善され、1999年には販売手数料、または0.25％を超える12b-1手数料、または両方を取るファンドに投資された資産はおよそ50％だった（証券取引委員会「Mutual Fund Fees」：43）。この謎を解く鍵は、条件付き後払い販売手数料である。

　投資家がブローカーの巨額な販売手数料に対して抵抗するようになると、ウォール街の金融エンジニアは、投資家に気づかれない目に見えない後払い手数料とすり替えた。

　後払い手数料はファンド購入後の保有期間が一定未満のときにかか

る手数料で、通常は5年か6年に設定されている。後払い手数料はブローカーを守るための手数料だ。長期投資家からは継続的に運用手数料を取ることができる一方で、短期投資家からは解約時に一度かぎりの手数料を取ることができる。後払い販売手数料の発生や影響については信頼のおけるデータはないものの、気まぐれな投資家はファンドをころころと乗り換えるため、後払い手数料はリターンに大きな影響を及ぼすと考えてよいだろう。

さまざまな種類があるシェアクラスを選ぶに当たっては、投資家は最初に高い販売手数料を払うか、安い販売手数料＋後払い手数料を払うかの選択を迫られる。購入時に支払うにせよ、あとで支払うにせよ、投資家が投資信託の購入と販促に多額の手数料を支払うことに変わりはない。

スケールメリット

投資信託業界の本質的な特徴として、運用資産が増えるとスケールメリットによって手数料は低下するはずである。しかし、歴史を見ると規模の恩恵を受けるのはファンド運用会社のみで、投資家の運命は変わらない。投資信託の手数料を長期的視点で見てみることにしよう。SECの調査によれば、投資信託の資産に対する手数料の比率はこの20年間ほとんど変わっていない。**表8.6**を見ると分かるように、ノーロードファンドの年間手数料は1979年には資産の0.75％だったのが1999年には0.72％に減少しているが、ほとんど変わらない。ロードファンドもほとんど同じで、1979年には1.50％だったのが、1999年には1.52％とわずかに上昇しているだけだ（証券取引委員会「Mutual Fund Fees」：44。ロードファンドの計算では、販売手数料の償却期間は10年と想定している。償却期間が5年の場合、1979年のトータルコストは2.28％、1999年は1.88％になる。1979年から1999年にかけて

表8.6　運用資産が増えても手数料はほとんど変わらない

年	投資信託の運用資産総額 （10億ドル）	ノーロードファンドの手数料（資産に対する比率）	ロードファンドの手数料（資産に対する比率）
1979	51.7	0.75	1.50
1999	4,457	0.72	1.52

注＝ロードファンドの手数料は販売時手数料の償却期間として10年を想定
出所＝SECの投資信託の手数料と費用についての報告書（Washington, DC: GPO, 2000): 40-44。

販売手数料が低下しているのは、販売手数料の一部が12b-1手数料に
なったためである。12b-1手数料はファンドを保有している間は継続
的に賦課されるため長期保有者は注意が必要だ。またこの分析には条
件付き後払い販売手数料は含まれていない。この手数料は1979年には
なかったため、1999年にはファンドのコストは増加する）。

　この20年にわたって手数料はあまり変わっていないといえども、ロ
ードファンドの投資家を取り巻く環境は以前よりも透明性を欠いてき
た。ウォール街は顧客から販売手数料を下げろという圧力を受けたた
め、利口な金融エンジニアは販売手数料の一部を条件付き後払い販売
手数料と12b-1手数料で置き換えた。もし保有期間が一定未満のときは、
条件付販売手数料がかかるため、減少した販売手数料はそれによって
穴埋めされる。逆に、保有期間が長くなると、12b-1手数料がかさむ
ため（毎年賦課される）、減少した販売手数料はそれによって穴埋め
される。平均手数料は1979年の8.5％から、1999年には4.75％に減少し
たものの依然として高い。減少分は後払い手数料と12b-1手数料の収
入で賄われている。つまり投資家をだましているということである。

　投資信託の運用資産はこの20年で86倍になったのに、資産の比率で
見た手数料がほとんど変わらないのは、スケールメリットの原理に反
する。ポートフォリオ管理において最も重要で、そして最も高くつく
要素である投資管理の努力が、ポートフォリオの規模の増大に伴って

向上していないのは明らかだ。ポートフォリオマネジャーは50億ドル
を10億ドルと同じくらい簡単に投資できるし、200億ドルも100億ドル
と同じくらい簡単に投資できる（規模が大きくなればパフォーマンス
は下がるかもしれないが、規模が大きくなってもマネジャーにとって
難しいことは何もない）。ファンドの規模が大きくなれば、資産の比
率で見た手数料は下がって、ファンドマネジャーも投資家も利益を得
るはずだ。しかし実際には、手数料は下がっていない。規模による利
益は投資信託運用会社にのみもたらされるのである。

　日々のポートフォリオ管理を行うのに外部のマネーマネジャーを雇
っている投資信託会社にはスケールメリットが働いているという確か
な証拠がある。アドバイザー（投資信託会社）とサブアドバイザー（実
際に運用を行うポートフォリオ運用会社）との間の契約では報酬にブ
レークポイント・アレンジメントが採用されている。ブレークポイン
ト・アレンジメントとは、運用資産の増加に伴い運用費用が減少する
ことを言う。

　アイオワ州デモインのプリンシパル生命が組成した投資信託の１つ
であるプリンシパル・パートナーズ・ラージキャップ・バリュー・フ
ァンドのケースを見てみよう。ラージキャップ・バリュー・ファンド
を運用するプリンシパル・マネジメント・コーポレーションは実際に
は投資マネジメントサービスは行わず、「記録管理と簿記といった事
務的な仕事」だけを行っている。日々のポートフォリオ管理はアライ
アンス・キャピタル・マネジメントの子会社であるバーンスタイン・
インベストメント・リサーチ・アンド・マネジメントが行っている（プ
リンシパル生命会社「Prospectus for Principal Mutual Funds」、2004
年３月１日）。

　バーンスタインには投資家がプリンシパル生命に支払った手数料の
一部が入る。**表8.7**を見ると分かるように、2003年については、プリ
ンシパル生命のノーロードのクラスＢシェアクラスのトータルの経費

表8.7　プリンシパル・パートナーズ・ラージキャップ・バリュー・ファンドの手数料体系（ファンドの投資家はスケールメリットから何らの便益も得ることはない）

資産 （100万ドル）	運用手数料（%）			そのほかの手数料（%）		トータル費用 （%）
	バーンスタイン	プリンシパル	トータル	12b-1手数料	そのほかの費用	
10	0.600	0.150	0.750	0.910	0.850	2.510
50	0.470	0.280	0.750	0.910	0.850	2.510
100	0.385	0.365	0.750	0.910	0.850	2.510
500	0.245	0.506	0.750	0.910	0.850	2.510
1,000	0.222	0.528	0.750	0.910	0.850	2.510
5,000	0.204	0.546	0.750	0.910	0.850	2.510

注＝手数料は販売手数料を含まないクラスＢシェアクラスの手数料を示している。後払販売手数料は保有期間が７年に満たないときに適用される。数字は2003年12月31日まで
出所＝Principal Mutual Funds, Statement of Additional Information, 2004年３月１日: 44, 48

率は2.51％だった。投資家は12b-1手数料として0.91％、そのほかの費用として0.85％、運用手数料として0.75％を支払った。この手数料では投資家は満足のいくリターンは得られないのは明らかだ。

　プリンシパル生命とバーンスタインの運用手数料の構成は、マネーマネジメント業界のスケールメリットについてのヒントを与えてくれる。資産が1000万ドルを下回る場合、0.75％の運用手数料のうち、バーンスタインの取り分は0.60％で、プリンシパル生命の取り分は0.15％だ。運用資産が増えると、バーンスタインの取り分は減少し、プリンシパル生命の取り分は増える。最後のブレークポイントの２億ドルでは、0.75％の運用手数料のうち、バーンスタインの取り分は0.20％、プリンシパル生命の取り分は0.55％だ。この手数料体系には投資マネジメントビジネスにおけるスケールメリットがはっきりと示されている。実際にポートフォリオマネジメントを行うバーンスタインの手数料の取り分は0.60％から0.20％に減少する（運用資産が増えるにつれてバーンスタインの取り分は減る）。バーンスタインの仕事は資産が

増えてもまったく変わらないため、限界費用は低下して当然だ。

　プリンシパル生命の投資信託の受益者がスケールメリットから何らの利益も受けないのは不当としか言いようがない。ポートフォリオサイズにかかわらず、投資家の支払うトータル費用は2.51％で変わらない。これは、バーンスタインの運用手数料が減ると、プリンシパル生命の運用手数料が増えるからだ。資産が2億ドルを超えると、プリンシパル生命には運用手数料として0.55％と、そのほかの手数料の1.76％が入るため、トータル費用2.510％のうち2.31％をプリンシパル生命が受け取り、バーンスタインには0.20％しか入らない。運用資産が2億ドルを超えると、事務的な仕事しかしないプリンシパル生命には運用手数料として0.55％が入り、実際の運用を行っているバーンスタインには0.20％しか入らないなんて、めちゃくちゃもいいところだ。ポートフォリオサイズが大きくなるにつれ、バーンスタインの取り分は減り、プリンシパル生命の取り分は増えるという構図だ。

　プリンシパル・パートナーズ・ラージキャップ・バリュー・ファンドとバンガードUSバリュー・ファンドを比較してみよう（バンガードグループ「Prospectus for Vanguard U.S. Value Fund」、2004年1月29日：1-3）。どちらのファンドも大型株バリュー投資戦略のファンドだ。プリンシパル生命同様、バンガードもポートフォリオの運用にサブアドバイザーを雇っている。プリンシパル生命と違うのは、バンガードは投資家に公正な手数料体系を提供している点だ。2003年のプリンシパル生命のトータル手数料は2.51％だった対し、2003年9月30日に終わる年のバンガードのトータル手数料は0.63％だった。**表8.8**はバンガードとサブアドバイザーであるグランサム・メイヨ・バン・オッタルー（GMO）の取り分を含むバンガードの料金体系を示したものだ。バンガードは運用手数料もそのほかの手数料もプリンシパルを下回る。

　プリンシパル生命のバーンスタインに対する料金構成と同じように、

表8.8　投資家は公正な取引を行うことができるバンガードUSバリュー・ファンド

資産 （100万ドル）	運用手数料（%）			そのほかの手数料（%）		トータル費用 （%）
	GMO	バンガード	トータル	12b-1手数料	そのほかの費用	
10	0.225	0.385	0.610	0.000	0.020	0.630
50	0.225	0.385	0.610	0.000	0.020	0.630
100	0.225	0.385	0.610	0.000	0.020	0.630
500	0.225	0.385	0.610	0.000	0.020	0.630
1,000	0.225	0.385	0.610	0.000	0.020	0.630
5,000	0.185	0.385	0.570	0.000	0.020	0.590

注＝数字は2003年9月30日までの手数料。2003年9月30日現在、バンガードUSバリューファンドの純資産はおよそ4億7400万ドル。資産が10億ドルを超える場合の手数料は推定値。運用手数料はインセンティブフィーを含まない基本手数料を示す。インセンティブフィーを含むと、GMOの取り分は0.125％増えるまたは減る

出所＝バンガードグループのバンガードUSバリュー・ファンドの目論見書、2004年1月29日：2, 7

バンガードのGMOに対する料金構成にもスケールメリットが反映されている。資産が50億ドルを上回るとき、GMOの取り分は20％減少する。プリンシパル生命の投資家とは違って、バンガードの投資家はサブアドバイザーのGMOに支払われる手数料が減ると得をする。バンガードはメンバーファンドに「アットコスト」でサービスを提供しているため、コストの低下分は投資家には手数料の低下として反映されるからだ（バンガードグループ「Prospectus for Vanguard U.S. Value Fund」、2004年1月29日：7）。

　各ファンドではマネジャーは投資ポートフォリオを管理するうえでスケールメリットをはっきりと認識しているという証拠があるにもかかわらず、業界全体のデータを見ると、運用資産が増えても投資家の手数料負担は減らない。この矛盾の説明として考えられるのは、スケールメリットの恩恵を受けているのはファンド運用会社のみで、投資家のリターンには何らの影響を及ぼさない、というものだ。プリンシ

パル生命とバーンスタインのケースこそが業界全体にはびこる慣習であり、バンガードとGMOのケースは例外にすぎないのである。

　運用資産（スケール）が大きくなると手数料は減少しなければならないが、それはかなわぬ夢だ。このほかにも投資信託会社の暴利行為を示す証拠はある。ジョン・フリーマンとスチュワート・ブラウンの2001年春の論文では、投資信託はさまざまな巧妙な手段を使って過剰な成功報酬を取っていることが示されている。例えば、顧客本位で非利潤追求型のバンガードはアクティブ運用ファンドを運用する外部マネジャーに対する手数料は極めて低く抑えている。1999年のバンガードの手数料（通常、インセンティブ条項が含まれている）は「ファンド業界の一般的な手数料」のおよそ4分の1だった。しかし、そのほかの投資信託は年金プランと同じサービスに対しておよそ2倍の手数料を取っている証拠をフリーマンとブラウンは提示する。彼らは資産運用会社が年金プランよりもはるかに高い手数料を課していることを示す表などを提示して、次のように結論づけた──「株式年金ファンドポートフォリオの運用会社の成功報酬と株式の投資信託ポートフォリオの運用会社の成功報酬が大きく異なるのは、年金ファンドの成功報酬はアームズ・レングス原則にのっとって決められているからである」（ジョン・フリーマンとスチュワート・ブラウン著「Mutual Fund Advisory Fees : The Cost of Conflicts of Interest」, Journal of Corporation Law 26, no.3［Spring 2001］: 627-640)。

　手数料は投資信託のリターンを大幅に減少させる。リターンを最大化しようとする投資家は手数料の影響を減らすためにありとあらゆる策を講じる。例えば、販売手数料と12b-1手数料を取るファンドは買わない、無用なものに対してはお金は支払わない、管理手数料の安いファンドを買う、手数料が最も安いインデックスファンドを買うなどいろいろだ。

ポートフォリオの銘柄入れ替え

　機能不全を引き起こすさまざまな行動様式で知られる投資信託業界
において、最悪なのは頻繁なポートフォリオの銘柄入れ替えだ。2002
年、株式の投資信託ポートフォリオの加重平均回転率は、平均保有期
間が1.5年で67％という高さだった（データの出所はリッパー社。回
転率は一定の保有期間の間にどれだけポートフォリオを入れ替えるか
を示したもの。年間回転率が100％のポートフォリオは各ポジション
の平均保有期間が１年であることを意味する。つまり、１年の間に既
存ポジションをすべて入れ替えるということである。回転率が50％の
ポートフォリオは各ポジションの平均保有期間は２年、回転率が10％
の場合は各ポジションの平均保有期間は10年ということになる）。頻
繁にポートフォリオの銘柄入れ替えをすると、簡単に計算できる手数
料、計算が難しいマーケットインパクトコスト、避けることのできな
い税金といった具合に、投資家にかかる負担は大きく、投資家にとっ
てありがたいことは何一つない。頻繁なポートフォリオの銘柄入れ替
えは、戦略に一貫性がなく、受託者責任を果たしていないことを意味
する。

　パッシブインデックスファンドにせよアクティブ運用戦略にせよ、
あまりよく構成されていないファンドの場合、投資家は大切な資産を
必要以上に高い回転率にさらされることになる。インデックスファン
ドの場合、適切に構成された回転率の低いインデックスファンドを選
ぶことだ。アクティブ運用戦略の場合、市場を打ち負かしたい投資家
は回転率の低い戦略を選ぶことで成功する可能性は高まる。

　四半期ごとに市場を打ち負かしたいと思うマネジャーは大きな難題
に直面する。現在大きくミスプライスされ、かつ短期のうちにミスプ
ライスが解消されるような銘柄を見つけようとすると、選択肢は大き
く制限される。一方で想定する保有期間を長くすれば選択肢は増える

ため、勝てるポートフォリオを作成できる可能性は劇的に高まる。

　四半期ごとに勝つことにこだわれば、選択肢は数日から数カ月以内に何とかミスプライシングを解消しようとする銘柄に限定される。一般に証券価格は重要な関連情報を含んでいるため、市場は割安の銘柄を買う機会はあまり与えてくれない。短期間で公正価値になることを期待する銘柄に限定すれば、選択肢は果てしなく狭くなる。

　高い回転率はパフォーマンスの障害になる。株式の売買はマーケットインパクトを生み出し、手数料も発生するため、投資家の口座からは資金が出ていくだけだ。短期という考えに陥れば、投資家はランニングマシンに乗って次から次へと売買することを強いられる。目先のミスプライシングが解決（ポートフォリオにとっては良い場合もあるし、悪い場合もある）されれば、また別の銘柄のミスプライシングを見つけなければならない。頻繁なポートフォリオの銘柄入れ替えは高くつくし、疲れる。十分に注意しよう。

　多くの人は短期で成功することを求める。例えば、投資信託のマネジャーは毎月、毎四半期、毎年、市場をアウトパフォームしなければならないというプレッシャーにさらされる。ウォール・ストリート・ジャーナルは人気なファンドを「バッド・マーケット、グッド・ベット（Bad Market, Good Bet）」（カラ・スキャネル著「Quarterly Mutual Funds Review; Bad Market, Good Bet: Our One-Year Winner Draws a Flush」、ウォール・ストリート・ジャーナル2001年4月9日付け）といった見出しや「セコンド・クオータリー・チャンピオンシップ・フォーカス・オン・スモールキャップ・ストック・アンド・ディストレス・カンパニー（Second-Quarter Champions Focus on Small-Cap Stocks and Distressed Companies）」（クリストファー・オスターとテオ・フランシス著「Quarterly Mutual Funds Review; Second-Quarter Champions Focus on Small-Cap Stocks and Distressed Companies」、ウォール・ストリート・ジャーナル2003年7月7日付け）といった見

出しで目立つように報道するため、短期で勝利した者が注目を集める。ファンド運用会社は1ページ丸々全部を使って、大きな文字で、最近の高いパフォーマンスを自慢する。短期で勝利することはマネジャーに名誉と富をもたらす。

　しかし残念ながら、短期的な成功は一時的なものにすぎないことが多い。うまくいっているポジションは、ミスプライシングがすぐに解消されてすぐに売られ、ほかの銘柄と置き換えなければならない。短期的な勝者が増えれば、マネジャーは激しい競争にさらされる。

　保有期間を長くすれば、マネジャーにとっては投資機会が大幅に増える。保有期間を長くすれば、長期投資機会が生まれるだけでなく、ミスプライシングを見つけだす競争も減る。なぜなら短期プレーヤーがいなくなるからだ。プレーヤーが減ると、成功するチャンスは増える。

　保有期間を長くすることは投資家にとって明らかに有利なのに、なぜ長期投資をする人があまりいないのだろうか。短期で行動しなければならないというプレッシャーは人を威圧する。金融ニュース番組のキャスターはテレビのチャンネルをころころ変える人に分刻みで市場情報を届けてくれる。新聞の見出しは読者に人気のマネジャーを追いかけろと叫ぶ。ウォール街は投資家に次の四半期決算に集中しろと言う。こんな喧騒を無視できるほどの不屈の精神を持った市場参加者はほとんどいない。

　ウォール街は投資家の注意を見当違いの短期投資に振り向けるうえで重要な役割を担っている。頻繁なポートフォリオの銘柄入れ替えは大きな収益の流れを作るため、金融会社は投資家に頻繁に売買させる理由をでっち上げる。投資家の注意を四半期ごとの決算発表に向けさせるのはウォール街が一般人の犠牲の下で利益を得る彼らの大好きな方法だ。

　よく機能する市場では、株価はその会社によって生み出される将来

の配当の現在価値を反映している。つまり、評価においては会社の将来の収益力が重要になるということである。次の数カ月の収益は、株価を決める将来の収益のほんの一部を示しているにすぎない。証券の評価においては次の5年から10年の結果が重要になる。ではなぜウォール街は次の四半期の結果を過度に重視するのだろうか。

　長期予測が難しいこともその理由の1つだ。投資家が機会を評価し、遠い将来を予想しようとすれば、水晶玉はだんだん曇ってくる。人間というものは、アナリストが目先のことについては会社のIR担当者のガイダンスに沿って比較的確実な予測を立てることを要求するものだ。

　頻繁なポートフォリオの銘柄入れ替えの動機は何なのだろうか。マネジャーは高いパフォーマンスを求めるうえで、積極的に安く買って、高く売ろうとする。もしマネジャーがパフォーマンスを上げるためにアグレッシブに売買すれば、彼らは難しい競技で戦うことを選んだことになる。回転率が高いということは保有期間が短いことを意味する。短期的な価格アノマリーは投資マネジメントにとって価値あるものはほとんど何も提供してくれない。しかし、高い回転率は、ムダではあるが、四半期ごとに市場を打ち負かすことを追求するという善意の目標からである可能性もある。

　マネジャーが高いリターンを上げるために短期的なトレードを繰り返しているとしても、税引き前のリターンが高ければ最高の結果を生む。しかし、回転率の高い投資戦略では、確定された利益に対する税負担を考えると税引き後のリターンが高くなることはあり得ない。ファンド運用会社は投資活動の税効果にはあまり興味がないように思える。投資信託の宣伝部はファンドの税引き前のリターンだけを宣伝し、税引き後のリターンはファンドの募集要項の目立たないところに小さく書かれているだけだ。

　高い回転率の戦略では、課税対象の投資家が満足のいく税引き後リ

ターンを得たいと思っても、それを満足させることはできない。投資
信託の資産の大部分が課税対象口座に入っていることを考えると、頻
繁にポートフォリオの銘柄入れ替えをするマネジャーは大部分の投資
家のニーズを満たすことはできない。たとえ動機を寛大に解釈しても、
回転率の高いファンドマネジメントは失敗する。

　投資信託のマネジャーの動機を最も悪意に解釈すれば、ブローカー
からよく思われるために頻繁にトレードするということになる。頻繁
に売買するトレーダーは現在のところ、ソフトダラーとディレクテッ
ドコミッション（顧客がトレードの一部を特定のブローカーに行わせ
るように指示することで得られる手数料）のどちらかを得ている。ソ
フトダラーとディレクテッドコミッションとは、サービスと現金の形
で提供されるキックバックのことだ。ソフトダラーとディレクテッド
コミッションはファンドマネジャーを潤すが、投資家にとっては迷惑
なものでしかない。ソフトダラーやディレクテッドコミッションは将
来的にはどうなるか分からないが、投資信託は投資家の資産を使って
ウォール街の販売代理店に賄賂を送るいろいろな方法を考えだす天才
だ。投資信託の資産からウォール街にコミッションが与えられ、ウォ
ール街が投資信託の商品を販売するという事実を規制する手立てはな
い。投資信託が甘い汁を吸い、ウォール街も甘い汁を吸い、投資家だ
けが損をするという構図がこの業界にはあるのだ。

　高いポートフォリオ回転率に対し、低いポートフォリオ回転率は銘
柄の保有期間が長く、利益の確定も先延ばしにされる。状況によって
は、低い回転率の戦略は低リスクの戦略を意味し、ファンドマネジャ
ーの収益の流れを保護するという皮肉なプレーになることもある。フ
ァンドマネジャーは市場をまねたポートフォリオを作成し、小さな賭
けで目先のアウトパフォームを目指す。こうした「クローゼットイン
デックス」ポートフォリオは、ポートフォリオの大部分がベンチマー
クに酷似しているため、アクティブ運用を標榜しながらも取るべきリ

スクをとらず、ベンチマークと同じような運用成績しか上げられない。しかし、アクティブ運用をうたっているため、手数料はインデックスファンドよりも高い。運用成績はベンチマークポートフォリオとほとんど変わらないのに、手数料だけは高いので投資家にとって良いことは何もない。

　回転率の低いポートフォリオは高いリターンを生み出すための考え抜かれた戦略でもある。長い保有期間は、短期プレーヤーが利用できない非効率を利用することができるため、大きな投資機会を生み出す。本当にミスプライスされた資産は見つけるのが難しいため、長期投資家は存在するいくつかの良いアイデアだけで構成されたポートフォリオを作成しようとする。しかし、長期投資家は素早く仕掛けたり手仕舞ったりといった興奮を味わうことができないだけでなく、途中で失敗するというリスクもある。よく考え抜かれた計画的な投資であっても、短期で良い結果を出すことができなければ、損失を出したり、解雇されたりといったリスクもある。しかし、受益者の立場に立って考えてくれるのは長期ファンドマネジャーであり、彼らのほうが税効果を考えた魅力的なリターンを提供してくれる可能性は高い。

トレードコスト

　アクティブ運用のパフォーマンスが市場を下回る大きな要因の1つがトレードコストだ。証券の売買コストには、トレード執行に対してブローカーに支払うコミッションとマーケットインパクトコストが含まれる。コミッションは一つひとつの取引に対して支払われる手数料で、マーケットインパクトはマーケットメーカーが稼ぐスプレッドと取引によって発生する値動きからなる。

　SECによって義務付けられた投資信託のトレードコストの開示は、トレードコストを分かりやすいものにするというよりも混乱を招くも

のでしかない。監視が簡単なコミッションだけを報告し、監視できないマーケットインパクトを無視することで2つの問題が発生する。1つは、コミッションの影響によって、運用手数料が増加していないのにファンドの純資産価値が減少し、そのため投資リターンが低下することである。コミッションを別に報告することで、投資家は課された手数料は報告された運用手数料を超えた分はそれだけだと信じてしまう。もう1つは、コミッションはファンドによって課されるトレードコストの測定可能な部分だけを示しているということである。トレード活動によって発生するマーケットインパクトはポートフォリオの銘柄入れ替えコストを膨張させるため、ファンドのリターンをさらに下げる。監視可能なコミッションだけを報告し、監視不可能なマーケットインパクトを無視することで、SECによって義務付けられた報告は投資家を誤解させ、投資家はポートフォリオの銘柄入れ替えが投資信託のリターンに与える影響を過小評価してしまう。

　コミッションはトレードコストの目に見える部分を示しているにすぎない。リッパー社のデータ分析からは、2002年、コミッションはアクティブ運用の株式の投資信託の資産のおよそ0.2%であったことが分かった（データの出所はリッパー社）。**表8.9**に示されたように、投資信託業界にはさまざまなトレード活動が存在する。最もアクティブに運用された第1四分位の資産の加重平均回転率は152%と驚くべき高さで、これは予想保有期間が8カ月未満であることと一致する。第4四分位の資産の回転率は16%と低く、これは予想保有期間が6.25年であることと一致する。当然ながら、コミッションはトレード活動の度合いによって変化する。第1四分位の回転率が資産の0.46%を消費しているのに対し、第4四分位の回転率は資産の0.04%を消費しているにすぎない。アクティブマネジャーが支払ったコミッションは、トレード活動によって高いリターンがもたらされるかもしれないというはかない期待の下、資産が投資信託からウォール街のブローカーに

表8.9　ポートフォリオのコストを膨張させるポートフォリオの高い銘柄入れ替え率

	時価総額加重回転率（%）	予想保有期間（年）	時価総額加重コミッション（%）
第1四分位	152	0.66	0.46
第2四分位	64	1.56	0.19
第3四分位	35	2.86	0.12
第4四分位	16	6.25	0.04
ファンドの数	9,217		7,470

注＝各四分位は投資信託の資産の4分の1ずつを含む。ファンドの数が回転率とコミッションとで異なるのはファンドによってはコミッション情報を報告していないところがあるため。すべてのデータは2002年までの会計年度のデータ
出所＝リッパー社

直接移転したものにほかならない。

　マーケットインパクトは測定が簡単なコミッションに比べると数値化が難しい。一流の資金運用会社のプリンシパルであるテッド・アロンソンは、アクティブ運用されている、時価総額が上位500の銘柄からなるポートフォリオで、年間回転率が100%のポートフォリオは、コミッション以外のトレードコストはパフォーマンスをおよそ0.5%下げていると推定する（データの出所はアロンソン・ジョンソン・アンド・オルティスLP）。時価総額がこれよりも少ない株式からなるポートフォリオのパフォーマンスはこれよりもさらに低くなる。

　表8.10を見ると分かるように、時価総額が上位501〜1000の2番目グループ、上位1001〜1500の3番目グループ、上位1501〜2000の4番目グループからなるポートフォリオは、資産の1.25%から3.0%がウォール街に流れる。時価総額が上位2001〜2500の5番目グループのポートフォリオに至っては、年間回転率が100%だと仮定すると、支払うコストは年間3.57%にもなる。どの銘柄グループもマーケットインパクトはコミッションを大幅に上回っている。これからマーケットイン

表8.10 マーケットインパクトがリターンに及ぼす影響（%）

予想時価総額	予想コミッション	トータルマーケット インパクト	コスト
上位1～500銘柄	0.12	0.51	0.63
上位501～1000銘柄	0.25	1.25	1.50
上位1001～1500銘柄	0.38	2.34	2.72
上位1501～2000銘柄	0.56	3.00	3.56
上位2001～2500銘柄	0.76	3.57	4.33

注＝年間回転率が100％のアクティブ運用ポートフォリオを想定
出所＝アロンソン・ジョンソン・アンド・オルティスLP

パクトがいかに重要かが分かるはずだ。

　時価総額加重のマーケットインパクトコストを見てみよう。アロンソンの推定によれば、上位2500の銘柄のコストは全時価総額の97％以上を占めており、上位500の銘柄のコストだけで全時価総額のおよそ80％を占めている。各五分位をそれぞれの時価総額で重み付けすると、年間回転率が100％と仮定すると、年間で資産のおよそ0.8％がマーケットインパクトに消える勘定だ。推定時価総額加重コミッションの0.17％をマーケットインパクトの0.79％に加えると、トータルトレードコストは0.96％にもなる。アクティブトレーダーは逆風のなかで戦っているのである。

　アロンソンの推定トレードコストは投資信託業界のほとんどに当てはまる。リッパー社のデータによれば、2002年には株式ファンドの38％が回転率が100％を超えていた。投資信託資産のおよそ5分の2は、アロンソンが言う年に一度だけの入れ替えよりもひどい状態にある。

　投資信託業界の時価総額加重平均回転率は67％なので、市場全体のトレードコストを記述するには、アロンソンの数字（年間100％の回転率を仮定）は下方修正する必要がなる。観測された回転率を推定マーケットインパクトコストに適用すると、2002年にはマーケットイン

パクトはリターンを0.5％以上も低下させていたことになる。

　アクティブ運用ゲームをプレーするうえで取引コストは成功の大きな足かせになる。2002年の報告されたコミッションは0.2％で、推定マーケットインパクトコストは0.5％だった。つまり、トレードコストは投資信託のリターンを0.7％以上も低下させるということである（トータルトレードコストの0.73％は、アロンソンの推定マーケットインパクトコストの0.53％とリッパーが観測したコミッションの0.20％を足し合わせたもの。どちらもアロンソンの推定値を使えば、トータルトレードコストは0.64％になる）。ウォール街が勝利し、投資信託の投資家は負ける運命にある。

スタイル別戦略のトレードコスト

　グロースファンドとバリューファンドのポートフォリオ回転率の統計値は、スタイル別の運用の特徴についての先験的な前提に一致する。グロースファンドは成長株に投資する。トレーダーはすぐに満足したいがため、好ましい銘柄へのイクスポージャーを確実なものにするために即座に執行することを求める。ポートフォリオマネジャーは頻繁にポートフォリオの銘柄入れ替えをする。昨日の弱い銘柄を排除して、今日のキラキラと輝く銘柄と入れ替えるのだ。表8.11に示したように、グロースファンドのマネジャーの活発な活動によって平均回転率は97％と極めて高く、株式ファンドの平均回転率である67％を大きく上回る（データの出所はリッパー社）。グロースファンドのマネジャーは株を保有するのではない。彼らは短期間だけ株を借りるだけだ。したがって、平均保有期間は1年をちょっと上回る程度だ。

　グロースポートフォリオは回転率が高いため、当然ながらコミッションも高くなる。2002年のグロースファンドのコミッションは資産の0.28％で、一般的な株式ファンドの0.20％を大きく上回った。ポート

表8.11　コミッションでリターンが低下する高い銘柄入れ替え

ファンド	時価総額加重回転率 （%）	予想保有期間（年）	時価総額加重 コミッション（%）
アクティブ運用の 　株式ファンド	67	1.49	0.20
株式インデックス	8	12.50	0.01
グロースファンド	97	1.03	0.28
バリューファンド	43	2.33	0.16
大型グロース	102	0.98	0.25
大型バリュー	39	2.56	0.13
小型グロース	106	0.94	0.41
小型バリュー	49	2.04	0.26

注＝データは各投資信託の会計年度の終了日に終わる12カ月にわたるデータ。会計年度は2002年
　　までの会計年度
出所＝リッパー社

フォリオの回転率が高くなると、マーケットインパクトコストも上昇
する。特にグロースファンドの場合はそうだ。グロース戦略は素早い
執行を求めるため、ウォール街は彼らの望む流動性を提供する。ただ
し、そのためのコストは非常に高くなる。グロース戦略のマネジャー
は過密状態の市場で銘柄を選択し、即座に執行することを求めること
で、非常にコストの高い環境で行動していると言えよう。

　グロース戦略のマネジャーがトレードを素早く執行するのに対し、
バリュー戦略のマネジャーは計画的に動く。バリューファンドは人気
のない割安の銘柄に投資する。トレーダーは株式を慎重に集めていく。
株式の将来に絶望した投資家から株を買い集め、ゆっくりとポジショ
ンを構築していく。ポートフォリオマネジャーはじっくりと考えて売
買する。彼らは今日は醜いアヒルでも、明日は美しい白鳥になる可能
性を秘めた株を選んで買う。バリューファンドの回転率は資産の43%
で、株式ファンドの67%もグロースファンドの97%も大きく下回る。

　回転率が低いということはコミッションも低いことを意味する。2002年のバリュー株のコミッションは資産の0.16％で、株式ファンドの平均の0.20％もグロースファンドの平均の0.28％も大幅に下回った。マーケットインパクトがバリューファンドに及ぼす影響もグロースファンドに比べるとはるかに少ない。バリューファンドのトレーダーは市場をよく観察し、他人が売りたいものを買い、他人が買いたいものを売る。取引コストの面ではバリュー戦略はグロース戦略に勝る。

　取引コストではサイズが重要になる。コミッションが最大なのは小型株のグロースファンドで、資産の0.41％だ。これは大型株のグロースファンドの0.25％を大幅に上回る。バリューファンドも同じで、小型株のバリューファンドのコミッションは資産の0.26％で、大型株のバリューファンドの0.13％を上回る。つまり、小型株のポートフォリオのトレードはコストが高くつくということである。

　ポートフォリオ回転率が高く、取引コストが高いという投資信託の法則には当てはまらないものがある。それがインデックスファンドだ。2002年のインデックスファンドのポートフォリオの回転率は7.7％と適正水準で、コミッションも資産のわずか0.007％と低かった。しかし皮肉なことに、インデックスファンドのマネジャーのトレード環境は極めて厳しい。完全複製化に求められるトレードの透明性やインデックスの特徴にマッチさせるために要求される執行の迅速性によって、インデックスファンドのマーケットインパクトは上昇する。マーケットメーカーはインデックスポートフォリオのトレードがやって来ると見るや、トレードから公正な取り分以上のものを取ろうと手ぐすねを引いて待ち構える。だが、インデックスファンドトレードにとって市場環境が不利であっても、低い回転率によってインデックスファンドトレードの全体的なコストは低く抑えられる。市場に似たリターンの確実性のほうが人を惑わす市場を打ち負かすリターンよりも好まれる理由はいろいろあるが、コスト面で有利なことも理由の１つだ。

インデックスファンドのトレードコスト

インデックスファンドの世界でも回転率は問題になる。S&P500や
ウィルシャー5000のようなよく構成されたインデックスの回転率は低
く、そのためトレードコストは低く、税金面でも有利だ。ラッセル
1000やラッセル2000のようなあまりうまく構成されていないインデッ
クスの回転率は高く、そのためトレードコストや税効果は魅力的とは
言えない。

構成銘柄が固定のS&P500インデックスには、元マグロウヒルの子
会社であるスタンダード・アンド・プアーズによって選ばれた500の
銘柄が含まれている（スタンダード・アンド・プアーズの「Results
for: S&P 500」, The McGraw-Hill Companies）。インデックスに含ま
れる会社が合併、買収、倒産によって消滅したとき、インデックスの
構成は変わる。S&P500の構成銘柄から外れるときは、インデックス
のファンドマネジャーが損益を確定し、銘柄の売買コストを負う。
S&P500委員会は必要に応じて構成銘柄を調整するが、構成銘柄の数
は500で変化しない。

ウィルシャー5000はアメリカ株式市場に対するイクスポージャーは
S&P500よりも大きく、株価が存在するすべての上場株が含まれる。
ウィルシャー5000に組み込むときやその構成から外すのは、合併、買
収、倒産、スピンオフ、IPO（新規株式公開）が発生したときである。
厳格なS&P500に対して、より柔軟性のあるウィルシャー5000は複雑
な市場の日々の変化を反映しており、市場の新しい現実に対応して組
み込み銘柄を変える。

S&P500に含まれる銘柄はウィルシャー5000に含まれる5242銘柄よ
りもはるかに少ないが、表8.12に示したように、大型株からなる
S&P500は全時価総額の77％を占めている。普通株がこれほど多く含
まれているということは、統計学的観点からすれば、S&P500とウィ

表8.12　大きく異なるインデックスファンドの回転率

インデックス	組み込み銘柄数	時価総額			年間回転率（%）	
		トータル（10億ドル）	全時価総額に占める割合	加重平均（100万ドル）	2003年12月31日までの1年間	2003年12月31日までの3年間
ウィルシャー5000	5,242	13,300	100	71,500	4.7	4.6
ラッセル3000	2,948	12,800	96	56,700	9.7	12.7
ラッセル1000	991	11,700	88	61,400	10.7	15.8
S&P500	500	10,200	77	89,700	2.0	4.3
ラッセル2000	1,951	1,100	8	861	18.4	23.4
ラッセル2000グロース	1,294	753	6	876	31.1	36.4
ラッセル2000バリュー	1,284	738	6	846	30.0	33.3

注＝データは2003年12月31日現在のデータ
出所＝プルーデンシャル・ファイナンシャル・リサーチ・ベンチマーク・スタディ（2003年末）

ルシャー5000は非常によく似ていると言えよう。

　近年のS&P500とウィルシャー5000の回転率はほぼ同水準で、直近3年の回転率はそれぞれ年間4.3％と4.6％である。組み込み銘柄がきっかり500銘柄のS&P500とすべての上場株を含むウィルシャー5000は安定したインデックスであるため、毎年の銘柄の入れ替えはそれほど頻繁には行われない。

　S&P500とウィルシャー5000が組み入れ銘柄を変えるのは、市場関連のイベントが発生したときである。ある銘柄が合併、買収、倒産などによってS&P500の構成銘柄から外れたとき、委員会が選んだ銘柄と入れ替えられる。ウィルシャー5000は会社の創設や消滅には従順に従い、必要に応じて構成銘柄を変える。倒産した会社は構成銘柄から外され、現金による買収の場合は消滅会社の株主は対価を現金で受け取り、株主からは排除される。株式交換による買収の場合は買収された会社は買収した会社の100％子会社になる。株式上場の場合、ウィ

ルシャー5000のファンドマネジャーはファンドを完全複製するために、現金を調達して新たに発行された株式を取得する。スピンオフは企業が特定の部門を分離して新会社として独立させる。S&P500もウィルシャー5000もやり方は若干異なるものの、ポートフォリオ回転率は顧客本位で、極めて低い。

これに対して、ラッセル2000は構成の良くないインデックスの代表だ。ラッセル2000は毎年5月31日の終値で評価した時価総額の上位1001〜3000の2000銘柄券で構成され、その回転率は極めて高い。年に1回7月に、ラッセル指数はフランク・ラッセル社がラッセル1000には上位1000銘柄を割り当て、ラッセル2000には次の2000銘柄を割り当てて再構成される。ラッセル3000は上位3000銘柄で構成される。

ラッセルでは時価総額が大きな銘柄も、時価総額が小さな銘柄も入れ替えられる。前年に相対時価総額が大幅に上昇した銘柄はラッセル2000からラッセル1000に格上げされ、相対時価総額が大幅に下落した銘柄はラッセル1000からラッセル2000に格下げされる（あるいは、下落率が大きかった銘柄はラッセル指数全体から姿を消す）。相対時価総額が大幅に下落した銘柄はラッセル2000からは排除され、時価総額が上昇した銘柄と置き換えられる。極端に高い回転率は取引コストを不必要に上昇させ、税金も不必要に増加させる。

年に1回、ルールに基づいて行われるラッセルの透明な銘柄入れ替えによって、投資家にはまた別のコストがかかる。5月31日の時価総額の評価が近づくと、頭の回転の速いアービトラージャーは指数に新たに加わると思われる銘柄と指数から外されると思われる銘柄を目ざとく見つける。彼らは、インデックスマネジャーは新しく加わると思われる銘柄を機械的に買い、指数から外されると思われる銘柄を機械的に売ることを知っているため、新しく加わると思われる銘柄を先回りして買い、指数から外されると思われる銘柄を売る。そして7月に指数が再構成されるとき、アービトラージャーはインデックスファン

ドマネジャーに高値で買わせ、安値で売らせる。これで迷惑を被るのは投資家たちだ。

ラッセル2000の時価総額が大きなところでは、もっと複雑なアービトラージが発生する。指数の再構成による値動きはラッセル1000とラッセル2000の相対的な需要によって違ってくる。ラッセル2000の需要がラッセル1000の需要を上回ると、ラッセル2000からラッセル1000に格上げされる銘柄は価格が下落し、ラッセル1000からラッセル2000に格下げされる銘柄は価格が上昇する。逆に、ラッセル1000の需要がラッセル2000の需要を上回ると、逆の現象が発生する。いずれにしても富はアービトラージャーに移転するため、インデックスの投資家は被害を被る。

構成の悪いラッセル指数の回転率は最適水準を大幅に上回る。時価総額レンジの下端での入れ替えの多いラッセル1000の2003年12月31日までの3年間の回転率は年間15.8%だった。時価総額の下限と上限の両方での入れ替えの多いラッセル2000の同じ期間の回転率は23.4%とかなり高い。ラッセル指数の回転率は非常に高く、よい構成のS&P500やウィルシャー5000を大きく上回る。高い回転率のしわ寄せがいくのは投資家だ。

グロース株のポートフォリオとバリュー株のポートフォリオのリターンを測定したラッセルのスタイル別のベンチマークの回転率はさらに高い。ラッセルのスタイル別のインデックスはもっと広範にわたる同じサイズのラッセルインデックスよりも回転率が高いだけでなく、これらのベンチマークはベンチマークに含まれる個々の銘柄の価格変動も反映する。ラッセルのグロース株のポートフォリオもバリュー株のポートフォリオもPBR（株価純資産倍率）とPEGレシオの推定値を使って銘柄をランク付けする。株価、簿価、利益予測が毎年変化するように、ラッセルのグロース株のポートフォリオとバリュー株のポートフォリオにおける銘柄のポジションも毎年変化する。毎年行われ

るポートフォリオの再構築では、ラッセルのスタイルインデックスの回転率を上昇させるファクターは多様化する。

　ラッセル2000グロースインデックスの2003年12月31日までの3年間の年間平均回転率は36.4％で、これはラッセル2000バリューインデックスの33.3％を若干上回る。しかし、いずれのスタイルインデックスの回転率も、普通のラッセル2000の回転率である23.4％を大幅に上回ることに変わりはない。ラッセルのスタイルインデックスを選ぶパッシブな投資家はインデックス投資のメリットである安い取引コストを享受することはできない。

　ラッセルインデックスの投資ビークルとしての欠点は、パフォーマンス測定の基準となるベンチマークとしての欠点と言い換えることができる。構成が1年ごとに変化するので、アクティブマネジャーはベンチマークの変動にも対応しなければならない。マネジャーの観点から言って非常に不公平なのは、インデックスが取引コストによってパフォーマンスが下がることを考慮することなく構成を変更することだ。インデックスファンドのアービトラージャーはコスト計算が入っていないことを逆手に取って、銘柄がインデックスに組み込まれる前に価格をつり上げ、インデックスから削除される前に価格をつり下げることで、アクティブマネジャーの動きを封じ込めようとする。ラッセルインデックスはアクティブ運用の成功を測る基準としては最悪だ。

　ラッセルの手法の不手際は、ラッセル2000インデックスのリターンともっとよく構成された小型株インデックスのリターンを比較するとはっきりする。スタンダード・アンド・プアーズはよく知られたS&P500以外に、あまりよく知られていない銘柄が固定された時価総額ベースのインデックス——S&Pミッドキャップ400インデックスとS&Pスモールキャップ600インデックス——も提供している。S&Pスモールキャップ600はラッセル2000に似ている。2003年末のS&Pスモールキャップ600は600の銘柄を含み、ラッセル2000は1951の銘柄を含

表8.13　ラッセル2000より優れているS&Pスモールキャップインデックス（単位＝100万ドル）

	S&Pスモールキャップ	ラッセル2000
構成銘柄数	600	1,951
時価総額の平均（加重平均）	$1,100	$861
時価総額の範囲		
最低	$69	$14
最高	$4,900	$2,400
直近３年の回転率	9.4%	23.4%
直近10年のパフォーマンス	11.6%	9.5%

注＝データは2003年12月31日現在のデータ
出所＝プルーデンシャル・フィナンシャル・リサーチ・ベンチマーク・スタディ（2003年末）

　むといった具合に構成銘柄数は異なるが、２つのインデックスは非常によく似ている。**表8.13**に示したように、構成銘柄の時価総額規模はほとんど同じだ。プルーデンシャル・ファイナンシャル・リサーチの調べによれば、S&Pスモールキャップ600とラッセル2000の５年にわたる月々の相関は96％と非常に高い（プルーデンシャル・エクイティ・グループ，LLCの「The Year-End 2003 Benchmark Study」、2004年２月19日：135）。２つのインデックスは測定するものも非常によく似ている。

　２つのインデックスの最大の違いは、スタンダード・アンド・プアーズとラッセルのインデックスの構築方法だ。回転率の高いマーケットドリブンのラッセルに比べ、スタンダード・アンド・プアーズのインデックスは委員会によって適度な回転率で銘柄が選ばれる。2003年12月31日までの３年間におけるS&Pスモールキャップの回転率は9.4％で、ラッセル2000の23.4％の半分以下だ。

　S&Pスモールキャップとラッセル2000は構成銘柄の特徴は似ているが、パフォーマンスは大きく異なる。2003年12月31日までの10年間

のパフォーマンスは、S&Pスモールキャップが11.6％で、ラッセル2000は9.5％と大きな隔たりがある。パフォーマンスのこの大きな差は、再構成プロセスにおけるアービトラージャーの行動によるところが大きい。アービトラージャーが利益を得た分、ラッセル2000のリターンは下がっている。マネジャーはただ乗りだ。しかし、スモールキャップのマネジャーはラッセル2000を数ポイント上回らなければ、市場を打ち負かしたことにはならない。費用を負担するのはラッセル2000の投資家だ。再構築プロセス中のアービトラージはパッシブインデックスファンドの投資家にとっては死重的損失になる。もちろん、アービトラージによるアンダーパフォーマンスは、ラッセルのバカげたリバランスによる超過的トレードコストの前に発生する。賢明な投資家ならこんなめちゃくちゃなラッセルへの投資は避けるだろう。

　ジョージ・オーウェルの『動物農場』には、「すべての動物は平等である。だが一部はもっと平等だ」という下りがある。S&P500やウィルシャー5000のようなよく構成されたインデックスは市場リターンを測る有効な尺度になり、パッシブな投資家にとっては賢明な投資ビークルになるが、ラッセル2000のような稚拙な構成のインデックスは市場の歪んだ尺度にしかならず、不必要なトレードコストを生み、繰延税金の支払いを加速させる。賢明な投資家ならインデックスファンドのベンチマークの回転率を綿密に調査するはずだ。

銘柄入れ替えによる税負担

　投資家に対して多くの罪を犯している業界において、最も許しがたいのはポートフォリオの入れ替えによる税務上の影響を無視することだ。2002年、投資信託資産のおよそ67％が課税口座に入っていた。長く上昇トレンドにある市場では、頻繁にポートフォリオの銘柄入れ替えをすれば、課税対象の投資家には利益の確定によって富を崩壊させ

表8.14　税引き後リターンを減少させるポートフォリオの回転（%）

回転率	税引き前リターン	税引き後リターン
0	6.0	6.0
5	6.0	5.4
10	6.0	5.0
25	6.0	4.4
50	6.0	4.1
100	6.0	3.9

出所＝アーノットとジェフリーの論文、Journal of Portfolio Management 19, no.3 (1993): 19

　るほどの課税負担が発生する。税への感度の低い投資信託業界は投資家に大きなコストを負わせることになる。

　ロバート・ジェフリーとロバート・アーノットは1993年、回転率による税金がポートフォリオのリターンに及ぼす影響を調査し、「課税対象のポートフォリオをまるで無税であるかのように運用するという投資信託にありがちなアプローチは、無責任としか言いようがない」と結論づけた（ロバート・D・アーノットとロバート・H・ジェフリー著「Is Your Alpha Big Enough to Cover Its Taxes?」, Journal of Portfolio Management 19, no.3(1993): 16）。ジェフリーとアーノットは、キャピタルゲイン税として35%、税引き前成長率として6%（アメリカ株式の長期上昇率にほぼ等しい）を使ってポートフォリオの回転による税負担を計算してみた。その結果を受けて彼らは、適度な回転でも大きなコストを生むと結論づけた。例えば、表8.14に示したように、回転率が10%の場合、税負担によってリターンはおよそ1%減少する。これは6%の税引き前のリターンに対してかなり大きな数値だ。100%という極端な回転率の場合、税引き後のリターンは税引き前のリターンに対して2%以上も減少する。

　投資信託の2002年の時価総額加重平均回転率は67%だった（本章の

「ポートフォリオの銘柄入れ替え」の第1段落を参照)。キャピタルゲイン税が35％、税引き前成長率が6％だとすると、税金によってリターンはおよそ3分の1減少し、年間およそ4％になるということである。

　もちろん、投資家にとって回転率は必ずしも死重的損失になるとは限らない。ポートフォリオの回転によって優れた税引き後のリターンがもたらされるならば、投資家は税負担もいとわないはずだ。最後の分析として、勝ちポジションを売却すれば税金が発生するため、ポートフォリオへの新しい組み込み銘柄にはそれを補って余りある活躍が求められる。

課税対象となる利益の分配

　投資信託の投資家には毎年、インカムゲインとキャピタルゲインが分配される。投資信託の保有期間にかかわらず、ファンドの分配日に株を保有している投資家はファンドの1年分の分配に対して課税される。

　投資信託の課税対象となる分配には2種類ある。インカムゲインと長期キャピタルゲインだ。インカムゲインには配当、利息、短期キャピタルゲインが含まれる。長期キャピタルゲインの分配は説明の必要はないと思うが、保有する証券に対する純実現利益の税務上の優遇措置のある配分だ。

　近年、インカムゲインを受け取ると投資家はある程度の税金を支払わなければならないが、低い配当利回り、低い利息、経常営業費用控除によって、投資信託の投資家に対する分配は減少している。2003年12月31日までの10年における2大株式の投資信託を見てみよう。**表8.15**に示したように、バンガード500インデックスファンドのインカムゲインの分配は過去10年においては平均で資産の1.9％で、高いときの1994年の4.8％から低いときの2000の1.0％までの幅がある。アク

表8.15 投資家のリターンを下げる課税対象となる分配——資産に対する比率

年	バンガード500インデックスファンド		フィデリティ・マゼラン・ファンド	
	インカムゲイン	キャピタルゲイン	インカムゲイン	キャピタルゲイン
1994	4.8	1.5	0.2	3.5
1995	2.3	1.7	0.7	5.7
1996	2.1	0.4	1.3	15.2
1997	1.7	0.8	1.3	5.4
1998	1.3	0.4	0.6	4.2
1999	1.2	0.8	0.5	8.2
2000	1.0	0.0	0.2	3.8
2001	1.1	0.0	0.4	0.8
2002	1.5	0.0	0.7	0.0
2003	1.6	0.0	0.9	0.0
平均	1.9	0.6	0.7	4.7

注=バンガードのデータは12月31日現在で、フィデリティのデータは翌年の3月31日現在。比率はその年の平均純資産に対する分配率
出所=フィデリティ、バンガード

ティブ運用のフィデリティ・マゼラン・ファンドは配当利回りは市場を下回り、経費率はバンガードよりも高く、10年における分配率はわずか0.7％だった。つまり、インカムゲインによる税負担はバンガード500インデックスファンドよりも低かったということになる。

　ところが、長期キャピタルゲインの分配になると話は違ってくる。インデックスファンドが損益を確定するのは、インデックスの組成変更にマッチさせる必要があるときと、投資家からのファンドの解約要請に応じるときだけである。ある銘柄がファンドの組み込み銘柄から外されるとき、市場に連動するリターンを目指すマネジャーは外される銘柄を売って、そのトレードの損益を確定する。投資家が投資信託を解約するとき、マネジャーはその投資家が保有している銘柄分を売り、解約要請に応じる。解約によって税金が発生する。

　バンガード500インデックスファンドのように構成銘柄が固定され
たインデックスファンドは税効果が高い傾向がある。インデックスの
構成が比較的安定しているため、それほどトレードする必要がないか
らだ。2003年12月31日までの10年においてバンガードの旗艦インデッ
クスファンドの長期キャピタルゲインの分配は平均で資産の0.6％で、
年間0.0〜1.7％の間で推移した。長期キャピタルゲインによってバン
ガードインデックスファンドの投資家のリターンが減少することはほ
とんどなかった。

　アクティブ運用の投資信託の投資家は一般に課税負担はもっと大き
くなるのが普通だ。市場を打ち負かそうなんてことはほとんどムダな
のだが、アクティブファンドマネジャーは安く買って高く売ることを
目指す。彼らはコミッションを払い、マーケットインパクトを生み出
し、投資家に納税義務を負わせる。2003年12月31日までの10年にわた
ってバンガード500インデックスファンドのリターンを年間で1.8％下
回るフィデリティ・マゼラン・ファンドの数値は、合理的な投資家の
アンダーパフォーマンス予測に一致する。フィデリティの主要ファン
ドは販売手数料と課税対象の分配を差し引く前でもバンガードを下回
っていた。フィデリティ・マゼラン・ファンドの投資家にとって、税
金を考慮すると事態はさらに悪化する。

　2003年12月31日までの10年にわたって、フィデリティ・マゼラン・
ファンドのキャピタルゲインの分配は平均で4.7％と極めて高く、弱
気相場の最低値の0.0％から強気相場の最高値の15.2％の間で推移した。
バンガードのパッシブ運用ファンドのキャピタルゲインの分配は年平
均でわずか0.6％だった。フィデリティのアクティブ運用ファンドは
価値を2回下げた。1回目は劣悪な銘柄選択で、もう1回は高い課税
対象となる分配で。

　配当や利息の分配は収入を生み出す銘柄に対する投資では自然な結
果であるため、投資信託のマネジャーがコントロールすることはでき

ない。しかし、アクティブ運用ファンドにおけるキャピタルゲインの
実現は、完全にポートフォリオマネジャーのコントロール下にある。
皮肉なことに利益は損失を生み出す。投資信託のマネジャーは勝ちト
レードを売ることで利益を手に入れるが、投資家の課税負担は大きく
なるからだ。思慮深い投資家ならアクティブ運用の税効果には細心の
注意を払うだろう。

潜在的な課税負担

　税金の話はインカムゲインや長期キャピタルゲインの分配だけにと
どまらない。株式の投資信託に新たな資金を投入する投資家は、ファ
ンドの累積未実現キャピタルゲインによって潜在的な大きな課税負担
に直面することになる。利益の出ているファンドに新たに投資した人
はまだ確定されていない利益の恩恵を受けることはないが、税金だけ
は負担しなければならない。ファンドマネジャーがそれまで累積され
てきたキャピタルゲインを実現すれば、投資家は保有する株式比率に
応じた税金を払わなければならない。一方、ファンドマネジャーが累
積した利益を将来的な損失で相殺しても、投資家には何らの利益もな
い。いずれにしても利益の出ている投資信託を買った人に勝ち目はな
い。

　潜在的課税負担の大きさを考える注意深い投資家は立ち止まって考
える。**表8.16**はフィデリティ・マゼラン・ファンドとバンガード500
インデックスファンドの投資家に対する未実現利益の10年間にわたる
時系列を示したものだ。皮肉なことに、税金に最も敏感なファンドの
潜在的税負担は極めて大きい。税金を意識するファンドマネジャーは
利益の確定を避ける傾向があり、その結果、回転率の低い戦略は未実
現利益を蓄積していくことになる。その結果、バンガード500インデ
ックスファンドは2003年12月31日までの10年にわたって、資産に対す
る未実現利益の比率は平均で28.1％と極めて高い。ファンドのリター

表8.16　将来の税引き後リターンを脅かす潜在的な課税負担——未実現
　　　　キャピタルゲイン（資産に対する比率）

年	バンガード500インデックスファンド		フィデリティ・マゼラン・ファンド	
	ファンドのパフォーマンス	内在する税負担（未実現キャピタルゲイン）	ファンドのパフォーマンス	内在する税負担（未実現キャピタルゲイン）
1994	1.2	10.9	8.2	16.0
1995	37.4	26.0	28.4	26.3
1996	22.9	28.1	9.1	19.7
1997	33.2	36.5	45.4	39.6
1998	28.6	42.1	25.6	46.9
1999	21.1	43.1	21.1	48.3
2000	−9.1	34.2	−24.2	27.9
2001	−12.0	22.5	−0.8	27.1
2002	−22.2	−2.7	−24.7	3.4
2003	28.5	17.8	30.4	25.4
平均		28.1		25.9

注＝バンガードのデータは12月31日現在のデータ。フィデリティのデータはその翌年の３月31日
　　現在のデータ。比率は各年における平均純資産に対する内在する税負担（未実現キャピタル
　　ゲイン）の比率
出所＝フィデリティ、バンガード

ンと未実現利益の相関に注目しよう。リターンが高いと未実現利益は
多く、リターンが低いと未実現利益は少ない。強気相場の投資家は隠
れた税負担に直面するリスクが非常に高い。

　アクティブ運用は税金問題を悪化させる。フィデリティ・マゼラン・
ファンドの課税対象の投資家はインデックスファンドよりも得られる
キャピタルゲインが少なくなる。その要因は３つある。１つは、投資
利益がバンガード500インデックスファンドを年間で1.5％下回ること
からも分かるように、投資利益が市場を下回ることだ。もう１つは、
長期キャピタルゲインの分配が、年間平均で資産に対して4.7％と高
いことで投資家に大きな納税義務が発生することだ。これに対して、

インデックスファンドは資産のわずか0.6％だ。最後は、2004年初期、フィデリティ・マゼラン・ファンドの投資家は高い潜在的課税負担に直面した。なぜなら、未実現利益が資産の25.4％もあったからだ。これに対して、バンガードは資産の17.8％だった。フィデリティ・マゼラン・ファンドの税特性によってそれでなくてもキャピタルゲインが少ない投資家の痛みは増大した。

　未実現利益は新しい投資家には税務上不利になるが、既存の投資家には有利になる。要するに、新しい投資家は既存の投資家の潜在的税負担の一部を担うということである。もちろん、新しい投資家もまた別の新たな投資家がファンドに加入すれば古い投資家になるため、今の既存の投資家と同じように新しく加入した投資家に潜在的税負担の一部を担わせることになる。

　未実現純損失を抱える投資信託の場合、古い投資家と新しい投資家の立場は逆転する。純損失を抱えるファンドの既存の投資家は将来的な利益はシェルターに入れられることを期待する。新しい投資家は価値あるタックスシェルターに参加でき、既存の投資家のポジションは希薄化される。新しい投資家と既存の投資家とでは課税措置が異なるという奇妙な構造によって、投資信託の投資家の運命はますます分からなくなる。

　強気相場によって投資信託へは多くの資金が流入した。これによって、株式の投資信託に蓄積された大きな未実現利益に関連する問題が覆い隠されたのは明らかだ。常に資金が流入することでポートフォリオのサイズは増加の一途をたどり、マネジャーは投資家の解約要請に応じるためにポジションを解消する必要はなくなり、ポートフォリオのリバランスに必要なトレードを促進するための資金は豊富にある。

　投資信託に絶えず資金が流入するというパターンが逆転すると、投資家たちの状況は一変する。解約要請に応じるために、あるいはポートフォリオに新たな銘柄を加えるために、マネジャーは株式を売り、

その結果、利益を確定することになる。利益を確定すると、残っているファンド保有者は課税対象の利益の分配を受ける。課税対象の投資家は未実現利益を大量に蓄積しているファンドには注意が必要だ。

投資信託保有者の大きなコミュニティーの行動は、個々の保有者の税金事情に影響を与える。特定の投資家の状況によって、個々の保有者は有利にもなるし不利にもなる。ポートフォリオマネジャーの行動もファンド保有者の課税に影響を及ぼす。課税対象の投資家は、投資信託を購入するときはその税効果について注意深くかつ疑いの目を持って考慮する必要がある。

高い回転率は投資面から見ても税金面から見ても投資家にとっては何の得にもならない。一般に、投資市場は十分に効率的な価格付けをするので、存在する数少ないアノマリーを利用するには長きにわたる忍耐力を要する。課税対象の投資家は利益の繰り延べを好む傾向がある。税金はいつかは必ず払わなければならないが、納税の時期を遅らせるのである。熟慮されたポートフォリオマネジメント戦略は回転率が低ければ投資面や税金面でメリットがあるが、そのメリットとは別にソフトダラーやディレクテッドコミッションによる損害を限定するというメリットもある。高い税金だろうが低いリターンだろうが、表現はどうであれ、過剰なトレードは投資信託の投資家にとって百害あって一利なしである。

投資家自らが招く乗り換えコスト

投資信託の過剰な銘柄入れ替えは投資家に害をもたらすが、これに加え、投資家自らも投資信託の非生産的な解約や投資信託の乗り換えによって自らを傷つける。長期的な視点を持たずに、投資信託の投資家たちは、希望だけを胸に抱いて、落胆させられるファンドから喜ばせてくれるファンドに乗り換えることがあまりに多すぎる。ファンド

表8.17　投資家はリターンに深刻な影響を及ぼす頻度でファンドを乗り
　　　　換える

	投資信託の乗り換え (%)	保有期間（年）	株式市場のリターン（6月30日までの3年間）
1994	31.9	3.1	10.4
1995	30.3	3.3	13.7
1996	31.2	3.2	16.8
1997	32.2	3.1	26.7
1998	34.8	2.9	28.1
1999	37.7	2.7	25.8
2000	40.4	2.5	19.1
2001	37.3	2.7	3.5
2002	42.2	2.4	−8.2
2003	32.0	3.1	−10.6
平均	35.0	2.9	

注＝この分析では1994年1月1日から2003年12月31日までの10年にわたる月次データを使用。2.9
　　％の月次乗り換え率は年間換算では35％
出所＝投資会社協会、ウィルシャー・アソシエーツ

からファンドに乗り換えると、販売手数料を支払わなけばならないの
は言うまでもないが、税金面でも不利になる。

　ファンドの乗り換え率は驚くほど高い。投資会社協会の投資信託の
解約と乗り換えに関するデータによれば、ファンドからの資金の流出
は年間平均で資産の35％である。これは平均保有期間がわずか2.9年
という事実に一致する（データの出所は投資会社協会）。投資家たち
は常にファンドを乗り換えているように思える。**表8.17**に示したよ
うに、過去10年におけるファンドの乗り換え率は低くて年間30.3％（保
有期間は3.3年）、高くて年間42.2％（保有期間は2.4年）である。

　投資信託の投資家はファンドを頻繁に乗り換えることで自らを傷つ
けているのである。課税対象口座に入っているおよそ3分の2の資産

は、頻繁に解約される傾向があり、解約すれば当然ながら税金が発生する。株式市場の直近３年のリターン（保有期間はおよそ３年）を見ると、投資信託の投資家は1994〜2000年にかけて毎年大きな利益を得たことが分かる。つまり、投資信託の投資家はファンドの解約や乗り換えによって課税対象の大きな利益を不必要に確定したのである。

　課税対象の投資家は本当に自らの手で自分を傷つけていると言えるのだろうか。これには２つの疑問がある。１つは、ファンドの乗り換えは主として税繰延口座で行われるため、解約や乗り換えによって当期に税金を支払う必要はない。もう１つは、ファンドの乗り換えは利益の非合理的な確定というよりも、タックスロスハーベスティングが動機になることが多い。一般投資家たちは賢明な行動に欠けることを考えると、どちらの説明も決め手に欠ける。

　特に、タックスロスハーベスティングの機会が頻繁にあろうとなかろうと、ファンドの乗り換えは一定のペースで行われている。税金に敏感な投資家は、1994〜2000年を含む利益の出た年にはファンドの乗り換えは避け、2002年と2003年のように損失の出た年にはファンドの乗り換えを行うものだが、そういったパターンは見られない。事実、2000年の第１四半期にはファンドの乗り換え率はサンプル期間で最も高く、年間51.4％だった。これは平均保有期間が２年未満であることを意味する。直近３年の市場利益は19.1％なので、損をしたファンドはほとんどなく、信じられないほど能力の低い投資家だけが損失を確定した。これに対して2001〜2003年にかけてはリターンは低いかマイナスで、このときは投資家は損失を確定したかもしれない。このときのファンドの乗り換え率は平均を下回った。このように、市場のピークの前後における投資家の振る舞いは、合理的な投資家の仮説に反することが分かる。

　ファンドをころころと乗り換える投資家は、解約やファンドの乗り換えによって税金を払わなければならないだけでなく、支払う手数料

も多くなる。ブローカーから購入した投資信託の60％以上が、手数料による資産の目減りリスクが最も高い。販売手数料は目に見える脅威だ。ファンドを解約してロードファンドに乗り換える投資家はさらなる深みにはまるだけで、抜け出すことはできない。後払い販売手数料は目に見えない脅威だ。悪徳なブローカーは顧客に解約条件である一定の期間が過ぎる前にファンドを乗り換えるように勧めてくる。これはブローカーにとっては儲けになるが、投資家の財布はからっぽになるだけだ。

　投資信託業界はファンドの乗り換え問題に暗に貢献している。モーニングスターの過去を振り返るスターシステムは、ファンド保有者に5つ星のファンドに入れ替えることを暗に勧めるシステムだ。ブローカー会社のインセンティブは、販売手数料と後払い販売手数料を繰り返し徴収するブローカーに報酬が与えられる明示的なシステムだ。不利益を被るのは投資家たちだけだ。

　投資信託の乗り換えに関する統計は気の滅入るようなストーリーを伝えている。ポートフォリオマネジャーによる頻繁なポートフォリオの銘柄入れ替えによって投資家は大きな税金を支払わなければならないだけでなく、投資家自身もファンドをころころと乗り換えることで納税額は膨れ上がる。ファンドの乗り換えによって投資家たちには後払い販売手数料と新たな販売手数料がかかってくる。ファンドの非生産的な乗り換えは投資家の富を大きく減らすことになる。

目に見えるアクティブ運用コストのまとめ

　アクティブ運用ゲームをプレーするにはコストがかかり、そのコストによって市場リターンは大幅に減少する。平均的なアメリカの株式の投資信託のマネジャーを考えてみよう。2002年の運用手数料は資産のおよそ1.5％、コミッションはおよそ0.25％、マーケットインパクト

コストは0.60％だった。したがって、平均的なアクティブ投機家の口座からはトータルで資産の2.35％のお金が消えるということになる。これはゼロサムゲームをプレーするにはかなり高い価格だ。

　この年間2.35％のコストには、販売手数料や条件付き後払い販売手数料は含まれていないことに注意しよう。ファイナンシャルアドバイザーの経済的幸福に貢献する愚かな投資家がアクティブ運用ゲームで勝つ可能性は極めて低い。さらに、年間2.35％のコストにはポートフォリオの組み換えやファンドの乗り換えによる税負担も含まれていない。合衆国政府に不必要なお金を払う愚かな投資家は、不利な条件の下でアクティブ運用ゲームに参加することになる。

　2002年に手数料、コミッション、マーケットインパクトによって消費された年間2.35％のコストは、ボブ・アーノットが調査した20年にわたる投資信託の市場に対するアンダーパフォーマンスである2.1％にほぼ一致する。この比較にはいろいろな注意点がある。第一に、手数料、コミッション、マーケットインパクトはこの20年の間に変化した可能性がある。SECのデータによれば、過去20年にわたる投資信託の運用手数料は比較的安定しているものの、ポートフォリオの回転率に関するコストについては信頼の置けるヒストリカルデータは存在しない。しかし、アクティブ運用コストも市場に対するアンダーパフォーマンスも2％＋アルファというのは単なる偶然とは思えない。

　これら2つの数値がおおよそ一致する合理的な説明として考えられるのは、投資信託の運用会社にアクティブ運用スキルはないというものだ。銘柄選択スキルを持つアクティブな株式マネジャーは、市場を上回るリターンを上げることができる。アクティブ運用はゼロサムゲームなので、投資信託のマネジャーが勝つのはほかの市場参加者が負けたときだけである。逆に、銘柄選択能力のないアクティブな株式マネジャーは、市場を下回るリターンしか生み出すことはできない。アクティブ運用のゼロサムゲームでは、アンダーパフォームする投資信

託のマネジャーはほかの市場参加者が利益を得るのを手助けしているということである。アクティブ運用ゲームをプレーするのにかかるコストは、市場リターンに対する長期的なアンダーパフォーマンスに一致するため、投資信託のマネジャーのリターンはほかの株式市場者のリターンを上回りも下回りもしないように思える。投資信託のマネジャーはムダな努力をしているように思えてならない。

本章のまとめ

受託者責任と利益の最大化との戦いのなかで最も重要な戦場となるのが運用手数料とトレードコストだ。アクティブ運用の世界では受益者の利益というものは無視される。利益が優先され、責任は後回しだ。

販売手数料というものは投資家に対する侮辱以外の何物でもない。販売手数料によってリターンは目減りする。ただし、ノーロードの投資家にはこの種のリターンの目減りはない。事実、手数料とロードファンドの市場に対するアンダーパフォーマンスは一致するという証拠もある。ノーロードファンドがロードファンドよりも優れていることは周知の事実だが、ロードファンドのほうが人気が高い。これはブローカー業界のマーケティングによるところが大きい。

アクティブ運用ファンドの投資家にかかるコストは非常に高い。2002年の平均的なファンドの運用手数料は年間1.5％、コミッションがおよそ0.25％、マーケットインパクトコストが0.60と、アクティブ運用コストのトータルは2.35％にもなる。もちろんこれには販売手数料は入っていない。スキルを持っているか最も幸運な人を除いてはかなり不利だ。

これに対して、インデックスファンドは投資信託の優れた代替投資になるのは明らかだ。バンガード500インデックスファンドの経費率は一般的な株式ファンドの経費率の５分の１を下回る。また、バンガ

ードのトレードコミッションは資産の0.005％で、これは一般的な株式ファンドの平均の40分の1だ。バンガードの回転率を7％だとすると、マーケットインパクトはアクティブ運用の株式ファンドのマーケットインパクトをおよそ90％も下回る。低い運用手数料、低いコミッション、低い回転率はインデックスファンドにとって大きなエッジになる。

　しかし、すべてのインデックスファンドが投資家に合うとは限らない。よく知られたインデックスファンドの一部は構成が悪く、そのため回転率は高く、コストも高く、税効率は低い。注意深い投資家なら広範にわたって投資された構成の良いインデックスファンドを選ぶだろう。

　投資信託の資産の3分の2以上が課税対象の口座に入っていることを考えると、トレードの税効果は重要だ。ポートフォリオの回転率が非常に高い場合、投資家に対する利益の分配は嫌になるほど頻繁に行われ、しかも多い。これは税金を払う投資家にとっては問題だが、ポートフォリオマネジャーにとってはほとんど問題にはならない。課税対象の資産をあたかも非課税であるかのように運用するという問題はスキャンダルと言ってもよいものだが、規制当局や投資コミュニティーからはほとんど注目されていない。

　インデックスファンドは税金面でも有利だ。市場に連動する成果を目指すパッシブ運用のインデックスファンドは全体的な税効率はそれほど良くはないが、回転率が低いため税引き後のリターンはほぼすべてのアクティブ運用ポートフォリオのリターンを上回る。

　投資信託の年間パフォーマンスは20年にわたって市場を2.1％下回っており、アクティブ運用の投資信託の2002年のコストは2.35％だった。これらの数値はほぼ一致している。これは投資信託業界は銘柄選択スキルがほとんどないことを示している。投資信託の運用会社は全体として大して印象的でもない平均的なパフォーマンスに対して及第点を

与えられているのである。グレードCのパフォーマンスに対してグレードAの手数料を支払う投資家は落第点を与えられていると言ってよいだろう。

　不愉快な投資信託の状況を変えるには投資家教育しかない。投資信託業界の利益重視の風潮は、受益者の利益とファンド運用会社の目的とを対立させる。高い運用手数料、資産の肥大化、税金に無頓着なトレードは投資家に深刻なダメージを与えるものだ。

　投資家とエージェントとの間の対立は明々白々で、投資信託の投資家は非常に不利な立場に立たされている。残念ながら話はこれで終わりではない。不透明な力は拡大を続け、投資信託の投資家が高いリターンを得る可能性は遠のいていくばかりだ。

第9章

投資信託のパフォーマンスを下げる隠れた要因

Hidden Causes of Poor Mutual-Fund Performance

　投資信託の投資家たちは、がっかりさせられるような結果しかもたらさない投資信託のパフォーマンスを下げる数々の慣行に悩まされている。最大の問題は手数料の高さだ。不可抗力の販売手数料、過剰な運用手数料、非生産的な12b-1手数料、不必要なインセンティブフィーは、超過リターンを得たいと思う投資家の思いをことごとくしぼませる。ポートフォリオの銘柄入れ替えも高く、これによって税引き前のリターンも税引き後のリターンも低くなる。運用資産の肥大化は投資信託の運用会社にとっては手数料の大きな流れを生み出すが、投資信託の投資家のリターンにとっては障害になる。アクティブ運用ファンドを避けなければならない理由は、投資信託のこうした目に見える特性によるところが大きい。

　残念なことに、投資信託には投資家の願望をさらに損ねるような目に見えない数々の慣行もある。ブローカーとファンド運用会社との間の報酬制度は開示されておらず、投資家には間違った情報しか伝わらない。ステイルプライス（陳腐化した価格）問題はファンド運用会社の利益を増大させるメカニズムにほかならない。ソフトダラーは受益者の利益を損ない、投資信託会社の利益を膨らます。アクティブ運用ファンドを避けなければならないのは、こうした隠れた特性によるところもある。

　投資信託運用会社がこれほど自己の利潤を追求するのは、不適切ではありながらも、それが合法的だからである。しかし、一般投資家の多くにとっては理解しがたいものだ。1920年代と1930年代、ウォール街のディーラーたちはオープンエンド型ファンドを小口投資家に販売することで利益を得た。1940年代、1950年代、1960年代、投資信託会社は、大口投資家にステイルプライスを利用させ超過利益を取得させることで利益を増やした。1970年代、1980年代、1990年代、そして2000年代、ファンド会社はソフトダラーと投資信託のタイミング戦略を継続的に認可することで利益を増やした。長年にわたって投資信託業界は、ディーラーと大口プレーヤーたちに対して、有利な戦略を幇助してきた。なぜならこうした常軌を逸したえこひいきが投資信託業界の利益の増大につながったからだ。

　投資信託会社が合法的なペテン行為で利益を得たのはまだしも、もっと悔やむべきことは、数多くの投資信託会社が違法行為によって利益を得たことである。投資信託業界はその歴史を通じて、個人投資家の利益を犠牲にして自分たちの利益を増やすために良識を無視してきただけでなく、ルール、規制、法律も無視してきた。ファンド運用会社は募集要項に違反し、自分たちの好む顧客たちに取引所が閉まったあとの取引（レイトトレーディング）を認め、ヘッジファンドオペレーターによるマーケットタイミングを促進した。投資信託複合体はSEC（証券取引委員会）の規制も無視し、禁じられた物やサービスを購入するためのソフトダラーを導入した。投資信託会社は数え切れないほど法を破り、モラルを欠いた行動から違法行為へと手を染めていった。投資信託の運用会社は合法だろうが違法だろうが、飽くことなく利益を追求し、個人投資家の利益を踏みにじってきた。

　投資信託業界の歴史を見てみると、投資信託会社の欲にかられた創造性には法律も規制もかなわないという失望するような結論に達する。12b-1手数料やソフトダラーのように、規制当局が投資家に不利な慣

行を承認することもあれば、ファンド運用会社の投資家に対する悪行があまりにも広く浸透しているため、対抗処置を取れないこともある。そして、規制当局が不正を正そうとすると、ファンドマネジメント業界は古い悪癖をすり替えるための新しい仕組みを作り出す。投資信託のマネジャーが勝ち、投資信託の投資家は損をするメカニズムが出来上がっているのである。

受託者責任と自己利益の追求

　2003年に投資信託のマーケットタイミングとレイトトレーディングの問題が発覚する前、キャピタル・リサーチの重役で投資会社協会の当時の会長だったポール・ハーガ・ジュニアは投資信託業界を「スキャンダルとは無縁」であると言い、「過去３年にわたる弱気相場によってもわれわれと投資家との関係が壊れなかったのは信頼関係あればこそである。われわれの投資家は、彼ら自身の利益が最大になるように投資信託が運用されていると、われわれを信頼している」と自慢した。投資信託のスキャンダルが明るみに出る３カ月前になされた彼の発言に対して、ニューヨーク・タイムズのコラムニストであるグレッチェン・モーゲンソンはハーガに「おごれる者、ひさしからず」賞を授与した（グレッチェン・モーゲンソン著「A Year's Debacles, from Comic to Epic」、ニューヨーク・タイムズ2003年12月28日付け）。スキャンダルまみれの投資信託の投資家は得るものは何もない。

　今にして思えば、ハーガは「スキャンダルとは無縁」というフレーズは使うべきではなかったと考えているのではないだろうか。このフレーズは適切ではなかった。彼の言葉は、「ヘイ、われわれにお金を送れ。そうすれば盗みはしないから」というふうにも聞こえる（スタッフリポーター著「Haaga Eats His Words on Scandal」, Institutional Investor, 2003年12月: 12）。そういった高い倫理基準の表現は投資信託

の投資家にとっては何の慰めにもならない。

　投資信託業界の誠実さを主張する彼の言葉は投資信託の歴史を明らかに無視している。最初の投資信託が売り出された日から、ファンド運用会社は投資家にやさしい顔を世界にアピールしようと懸命に努力してきた。ファンドマネジャーが口先だけの受託者責任をうたっているときも、運用会社の利益と受益者の利害との戦いではすでに運用会社が圧勝していたのである。ファンド運用会社は、合法的で透明な料金体系からずるがしこい不透明なキックバックまで、さまざまな利益源から利益を得てきた。投資信託業界がこれまでに行ってきた投資家に対する悪行の数々を調べてみると、表面上は投資家にやさしい顔をしながらも、欲にまみれた業界の本当の顔が見えてくる。

ペイトゥープレー（レベニューシェア）

　投資信託の投資家がブローカーからファンドを購入するとき、ブローカーは特定のファンドを優先的に売る。これには隠れた動機がある。目に余るほどの投資家に不利な慣行の１つは、ブローカーに自社の投資信託（キャピタルグループ、フィデリティ、フェデレーテッド、ドレイファスなど）を優先的に売ってもらいたければ、ブローカーに手数料を支払うというものだ。これは投資信託の販売によって別の手数料をせしめるための隠れた手段だ。ブローカーに料金を支払うことによって、外部の投資信託会社はブローカーの販売網を利用することができる。これはブローカーに顧客に特定のファンドを売る動機を与える。つまり、顧客はブローカーから得るウソのアドバイスに基づいてファンドを買うわけである。この慣行は金融サークルでは「レベニューシェア」と呼ばれている。関係者のなかにはもっと露骨に「ペイトゥープレー」と呼ぶ人もいる。

　投資信託によるブローカーへの支払いは、ブローカーの利害と顧客

の利害の大きな対立を生む。顧客に幅広い投資信託から選ばせるのではなくて、ブローカーは顧客の選択肢をペイトゥープレーを支払った会社に限定することになるからだ。ウォール・ストリート・ジャーナルをして「全米最大の投資信託の販売者の１人」と言わしめたエドワード・D・ジョーンズのケースを考えてみよう（ローラ・ヨハネスとジョン・ヘッチンジャー著「Conflicting Interests: Why a Brokerage Giant Pushes Some Mediocre Mutual Funds; Jones & Co. Gets Payments from 'Preferred' Vendors」、ウォール・ストリート・ジャーナル2004年１月９日付け）。ジョーンズの顧客は530万人いて、彼らが保有する投資信託の株式は1150億ドルに上る。ジョーンズの会社のウェブサイトには、私たちは「素晴らしいサービスの提供、長期投資目標、長期パフォーマンスという共通の目的を持った７つの投資信託運用会社のファンドを優先して」販売している、と書かれている（エドワーズ・ジョーンズ著「Mutual Funds」、https://www.edwardjones.com/index.html?page=/CAN/products/mutual_funds.html）。ウォール・ストリート・ジャーナルによれば、選ばれた投資信託運用会社は特別な立場にある。なぜなら、ブローカーに対する教育で「ジョーンズは彼らに７つの優先される会社についての情報だけを提供し……ブローカーとライバルファンドの販売員との接触を禁じているからだ」（ヨハネスとヘッチンジャー著「Conflicting Interests」）。

　ジョーンズのウェブサイトには、ファンド会社が彼らの商品を優先的に売ってもらうためにジョーンズに支払った代金のことは書かれていない。2002年には8600万ドル、2003年には9000万ドルと言われる厚いベールに覆われた賄賂で、ファンド会社はジョーンズのブローカーが顧客に優先的に販売するエリートファンドとしての地位を買うのである。さらにブローカーは顧客に選ばれた７つの会社のファンド以外の投資信託は買わないように言うのである（「NASD Considering a Fine for Edward D. Jones」、ニューヨーク・タイムズ2004年３月31

日付け）。ボストンの金融コンサルタントであるチェルーリー・アソシエーツによれば、ジョーンズのファンドの販売の90〜95％は優先リストにあるファンドである。

　キャピタル・リサーチ・アンド・マネジメント・カンパニーのアメリカンファンドは、ジョーンズの会社のブローカーにアクセスするために料金を支払ったことを認めている。会社のスポークスマンはその支払いを、各ファイナンシャルアドバイザーと会って私たちの商品と私たちのファンドについて説明するための代金であると正当化している（ヨハネスとヘッチンジャー著「Conflicting Interests」）。この会合が非常に生産的だったのは明らかだ。ジョーンズはアメリカンファンドのトップセールスパーソンとしてランキングされている。

　パフォーマンスの良いアメリカンファンドの場合、優先的に販売してもらうための支払いがどんな害を及ぼすのだろうと投資家は思うかもしれない。しかし、ジョーンズの「優先的投資信託ファミリー」の1つであるパットナム・インベストメントの場合、有害なのは明らかだ。2000年の株式市場バブルのあと結果が芳しくなかったばかりでなく、リターンも最悪で、ファンドマネジャーによる会社のファンドのマーケットタイミングを含むスキャンダラスな行動も目に余った。ジョーンズはパットナムを優先投信会社の一つに選んだとき、どういったサービスを「素晴らしいサービス」として思い描いたのだろうか。

　もちろん、モラルの崩壊と低い投資パフォーマンスはペイトゥープレー・キックバックに追い打ちをかけるようなものだが、投資パフォーマンスが良くてもこういった行動は肯定できるものではない。投資信託のブローカーへの金銭の支払いはブローカーの顧客に対するアドバイスにバイアスが生じるのは明らかだ。ペイトゥープレーはそれにかかわった当事者の評判を下げるものだ。

　ペイトゥープレーシステムはジョーンズの企業文化に浸透しきっている。ウォール・ストリート・ジャーナルによれば、優先リストに載

ったファンド会社はジョーンズのブローカーのためのカリブクルーズ
やアフリカのワイルドライフツアーの代金を支払い、ファンド会社の
販売代理店は狙った顧客に商品を売り込む。ジョーンズのブローカー
の半数以上はつまらない仕事を行う資格を半年ごとに得るために、か
なりの量の優先ファンドを売る（ヨハネスとヘッチンジャー著
「Conflicting Interests」）。

　ジョーンズはペイトゥープレーのどろどろとした世界に深くかかわ
っていたにもかかわらず、投資信託スキャンダルに対しては聖人ぶっ
た態度を取った。ニューヨーク・タイムズの2003年11月6日の丸々1
ページを使った広告には、ジョーンズのマネージングパートナーのジ
ョン・バックマンとダグラス・ヒルCOO（最高執行責任者）がウィ
リアム・ドナルドソンSEC会長に宛てた手紙が掲載された。手紙は
「1990年代終わりの何でもありのメンタリティーが数人のファンドマ
ネジャーを汚染していたことはまったく知らなかった」とウソ八百を
並べ立て、「投資家には透明性を求める権利がある。彼らは何を払い、
そして私たちがブローカーとして何を受け取っているのかを知る権利
がある」と主張した（「エドワード・D・ジョーンズの広告」、ニュー
ヨーク・タイムズ2000年11月6日付けA12）。ジョーンズは他人に倫
理的なアドバイスを与える前に、自ら品位を落としていることを恥じ
るべきである。

　ペイトゥープレーは投資家にとっては死重的損失である。エドワー
ド・D・ジョーンズは投資信託の運用会社から多額のお金を受け取っ
ているが、ジョーンズの顧客がそれから得るものは何もない。実際に
は、顧客はファンドの選択においてブローカーを限定され、投資信託
会社のブローカーへの支払い負担を補うために高い手数料を取られる
だけである。賢明な投資家がブローカーが売る投資信託を避ける1つ
の理由がペイトゥープレーなのである。

　優先ファンドリストに載せてもらうための支払いは投資信託業界の

ビッグプレーヤーの大部分を汚染している。5大投資信託運用会社グ
ループのうち、4つのグループがペイトゥープレーに関与している。投
資信託の追加情報（SAI）から抜粋された冷酷なまでに法律尊重主義
の目論見書（**表9.1**）から垣間見えるのは身も凍るような賄賂の話だ。
このダーティーゲームに関与しているのはフィデリティ、キャピタル
グループ、AIM・インベスコ、ピムコだ。投資家にとって安全なのは
仲介ブローカーやディーラーを介してファンドを販売しないバンガー
ドだけである（バンガードグループ，Statement of Additional
Information for Vanguard Index Funds, 2003年4月28日：B-26）。

　2004年の秋以前は、ウォール街のブローカーにファンドを優先的に
販売してもらうために現金を直接支払う代わりに、投資信託会社はデ
ィレクテッドコミッションという複雑なシステムを使っていた。ディ
レクテッドコミッションとは、ファンドマネジャーが市場を上回る価
格を支払って売買することをいう。ファンドマネジャーは、ブローカ
ーにその価格の上乗せ分を使ってさまざまな物やサービスを買うよう
に指示する。ディレクテッドコミッションはペイトゥープレーの義務
を果たすのに使われるとき、投資信託の投資家に高いトレードコスト
および低い投資リターンという形でペイトゥープレーのコストを負担
させることになる。ディレクテッドブローカーでは正当な目的を果た
すことはできない。優先ファンドリストに載せてもらうためにディレ
クテッドブローカーを使う場合、もっと攻撃的な雰囲気を帯びてくる。

　ペイトゥープレースキャンダルを隠すために使われたのがインフレ
ーテッドコミッションである。ペイトゥープレーの義務を満たすため
にインフレーテッドコミッションを採用していたのは5大ファンドグ
ループの3グループだけだった。アメリカンファンドを運用するキャ
ピタルグループとバンガードは、投資家の資産を使って受益者の利益
を損ねるという投資家に不利な慣行は避けた（2003年にキャピタルグ
ループはファンドを販売してもらう見返りとしてブローカーに支払う

表9.1　5大ファンドグループのペイ・トゥ・プレー条項

ファンド運用会社	ファンド名	ペイ・トゥ・プレーは目論見書にどう書かれているか	ディレクテッドブローカーは目論見書にどう書かれているか
フィデリティ	マゼラン	……FMRは販売サービスを提供する銀行、証券会社、そのほかのサービスプロバイダーに多額の仲介料を支払う……	……FMRは当ファンドやその他のファンドのファミリーファンドの販売において受けたサービスを考慮してポートフォリオの売買を割り当てる権利を有する……
キャピタルグループ	アメリカンAMCAP	……アメリカン・ファンド・ディストリビューターは同社の費用で投資ディーラーに今現在追加料金を支払っている……アメリカン・ファンド・ディストリビューターは金融投資アドバイザーや株主にディーラー・ファンドについての教育を行うための費用も支払っている……	……投資アドバイザーがファンドのポートフォリオに関する発注を行う場合、証券会社がその投資アドバイザーが運用するファンドを売ったかどうかについては考慮しない
バンガード	インデックススプラウンド	……ファンドは仲介ブローカーやディーラーを通してファンドを販売することはない……	……ファンドは株式を仲介ブローカーやディーラーを通して販売することはないので、株式の販売に基づくローカー業務を割り当てることはない……
AIM・インベスコ	AIMファンドグループ	……販売活動には……ディーラーやそのほかの機関に対する補助的費用の支払いが含まれる……	……AIMはファンドの販売……に基づいて……さまざまなブローカーとコミッション水準を定める……
ピムコ	パシフィック・インベストメント・マネジメント・シリーズ	……ディストリビューターは関連するブローカーに対して販売・サービス料金を支払い、特定の銀行やその他の金融仲介業者に対してサービス料金を支払う……	……ピムコは証券会社の選定においてはトラストの株式の販売を1つのファクターとして考慮する……

注＝ファンドは2003年12月31日現在の運用資産に基づいてランク付けされている

出所＝「フィデリティ・マゼラン・ファンドのSAI, 2003年5月21日:12,31」「AMCAPファンドのSAI, 2004年5月1日:20,44」「バンガード・インデックスファンドのSAI, 2003年4月28日:B-26」「AIMファンドグループのSAI, 2004年3月3日:36,63」「パシフィック・インベストメント・マネジメント・シリーズのSAI, 2003年3月13日:49,62」

ディレクテッドブローカーという慣行を中止したが、2005年3月25日付けのウォール・ストリート・ジャーナルは、キャピタルグループはファンド資産から支払われたトレードコミッションをファンドを販売したブローカーへの報酬として支払ったことに対してNASD［全米証券業協会］による強制措置の処分に直面していると報じた。キャピタルグループはNASDの主張に異議を申し立てている。さらに、2005年4月1日付けのウォール・ストリート・ジャーナルによれば、SECはディレクテッドブローカーによってほかのディーラーに報酬が与えられたとき、ベストな執行がなされたかどうかを調査している。キャピタルグループは「SECの調査に協力している」。もちろん、キャピタルグループは会社の資産を賄賂として使い続けた）。フィデリティ、AIM・インベスコ、ピムコは彼らの株主の資金をブローカーへの賄賂に使う権利を留保していた。事実、フィデリティは非常に攻撃的な手法を使った。それは、マゼランファンドの株主が支払った過剰なコミッションを、フィデリティのほかのファンドを販売したブローカーに支払うというものだった（フィデリティ・インベストメンツ，Statement of Additional Information for Fidelity Magellan Funds, 2003年5月21日: 12)。マゼランファンドの株主は彼らの投資ポジションを弱体化させるコストだけでなく、ほかのフィデリティファンドの株主のポジションを弱体化させるコストも支払ったのである。投資信託会社の住む世界はなんと奇怪な世界だろうか。

　2004年8月、SECは投資信託に対して、ファンドの販促のためにウォール街の会社にディレクテッドコミッションを支払うことを禁じた。これは投資信託の規制の明らかな改善のように思えた。ウィリアム・ドナルドソンSEC会長はファンドの販売のためにファンドの資産を使うことは明らかに利害の対立を生み（「S.E.C. Orders Mutual Funds to Cease Incentive Pay」, Bloomberg News, 2004年8月19日）、投資家に対する悪行の機会を与えることになる（ジョン・ポイエー著

「SEC Bars Mutual Fund Payoffs to Brokers」、ロイター2004年8月
18日付け）と述べた。投資信託業界のロビイストである米投資信託協
会（ICI）はSECの決定を強力に支持することを表明し、このルール
はファンドの投資家に恩恵を与え、投資信託の運用品位を向上させる
のに役立つと述べた（投資会社協会のプレスリリース、「ICI
Supports SEC Action on Directed Brokerage, Portfolio Manager
Disclosures」、2004年8月18日）。ウォール街の代弁者であるNASD
もSECの新たなルールに対する支持を表明し、このルールは投資信
託の販売における利害の潜在的な対立を取り除くのに役立つものにな
るだろうと述べた（ウィリアム・H・ドナルドソンSEC会長、「Speech
by SEC Chairman: Opening Statement on Final Amendments to
Rule 12b-1 at Open Commission Meeting」、」ワシントンDC, 2004年
8月18日，https://www.sec.gov/news/speech/spch081804whd.htm）。
投資信託業界、ウォール街、規制当局は一致団結して投資家に恩恵を
与えるルールを発布したかに見えた。

　しかし、実際にはこのルールによって何かが変わることはなかった。
投資家に敵対的なペイトゥープレーの慣行はそれ以降も続いた。投資
信託会社は彼らの義務を果たすべく新たな資金源を探すだけだ。投資
家の資金を目減りさせるディレクテッドブローカーも続いた。投資信
託会社は不正手段で得た利益を効果的に使う別の方法を探すだけだ。
SECは受益者の利益を損ねる根本的な原因であるペイトゥープレー
とディレクテッドコミッションを根絶しようとはしなかった。その場
しのぎの陳腐な対策に終始したため、SECはいまだにこの悪癖を根
絶することはできないでいる。

　米投資信託協会と米証券業者協会（SIA）がペイトゥープレーとディ
レクテッドブローカーの禁止に対して支持を表明したことで投資信
託の運用会社とブローカー業界の過去の行いに対して大きな懸念が持
ち上がる。禁止を支持する記者会見で、どちらの組織もファンドを優

先的に販売してもらうためのインフレーテッドコミッションは利害の対立を生むと述べた。しかし、2004年8月にSECが新ルールを発表する前に、投資信託業界とブローカー業界は顧客のお金を使ってキックバックを支払うことをすでに思いついていた。フィデリティ、キャピタルグループ、AIM・インベスコ、ピムコにペイトゥープレーを強いた者はいないし、彼らにペイトゥープレーの支払いのためにディレクテッドブローカリージを使うことを強いた者もいない。米投資信託協会と米証券業者協会の言葉は彼らのメンバーの過去の行いを非難したことは確かだが、業界団体が瀬戸際でダーディースキームを転換させたことで、隠されたアジェンダはベールに隠されたままになった。

　事実、SEC、米投資信託協会、米証券業者協会は、ルールが改善されたという印象を一般社会に与える入念に演出された偽装工作を行ったにすぎず、ビジネスの実体は何一つ変わってはいなかった。業界の支援を引きつけるルールを作ったSECは「投資家の擁護者」になることはなかった。さらに悪いことに、現実を伴うことなく受益者の利益を促進するという幻想を作りだすことで、SECは投資家を傷つけた。物事が変わっても、彼らが変わることはない。

　ペイトゥープレーの拡大はキャピタルグループのアメリカンファンドから賄賂を受け取るディーラーの数を見ると明らかだ。**表9.2**は2004年5月現在のペイトゥープレー・パートナーのリストを示したものだが、これには金融サービスのエリートがわんさかと含まれている。米証券大手のメリルリンチとスミス・バーニー、地域ブローカーのレッグメイソンとレイモンド・ジェームズ、保険会社のAIGとメットライフ、銀行のUBSとワコビアというそうそうたる顔ぶれだ。キャピタルグループが公表したリストには大手企業と知名度の低い子会社の両方が含まれる。例えば、ドイツ銀行やA・G・エドワーズはよく知られた企業だが、ジョン・ハンコックはシグネイターで登録され、マス・ミューチュアルはMMLインベスターズサービスで登録されて

表9.2　キャピタルグループのペイトゥープレー・パートナーには金融・保険会社大手の名前がずらりと並ぶ

銀行

シティグループ（スミス・バーニー）
ドイツ銀行（ドイツ銀行証券）
ナショナルシティーバンク（ナットシティー・インベストメント）
PNCバンク（JJBヒラード）
リージョンズ・ファイナンシャル（モルガン・キーガン・アンド・カンパニー）
カナダロイヤル銀行（RBCデイン・ラウシャー）
ソサエティー・ナショナル・バンク（マクドナルド・インベストメンツ）
UBS（UBSファイナンシャル・サービシズ）
USバンコープ・パイパー・ジェフリー・ワコビア

ファイナンシャルアドバイザー

キャダレット・グラント・アンド・カンパニー
ケンブリッジ・インベストメント・リサーチ
キャピタル・アナリスツ
コモンウェルス・ファイナンシャル・ネットワーク
ヘフレン・ティロットソン
インベスタコープ
リンスコ／プライベート・レッジャー
ナショナル・ファイナンシャル・パートナーズ（NFP証券）
セキュリティーズ・サービス・ネットワーク

投資銀行

A・G・エドワーズ・アンド・サンズ
ベアード（NMISグループ）
エドワード・ジョーンズ
フェリス・バイカー・ワッツ
レッグメイソン・ウッド・ウォーカー
メリルリンチ
レイモンド・ジェームズ・グループ
シュティフェル・ニコラウス・アンド・カンパニー

保険会社

AIG（アメリカン・ジェネラル／フランクリン・ファイナンシャル）

AIG（サンアメリカ・グループ）
アメリタス・ライフ（ザ・アドバイザーズ・グループ）
AXAアドバイザーズ
CUNAミューチュラル（CUNAブローカリージ・サービシズ）
ガーディアン・ライフ（パーク・アベニュー証券）
INGグループ（INGアドバイザーズ・ネットワーク）
ジャクソン・ナショナル（ナショナル・プランニング・ホールディングス）
ジェファーソン・パイロット（ジェファーソン・パイロット証券）
ジョン・ハンコック（シグネイター・インベスターズ）
リンカーン・ナショナル（リンカーン・ファイナンシャル・アドバイザーズ）
マス・ミューチュアル（MMLインベスターズサービス）
メットライフ（メットライフ・エンタープライゼズ）
ミネソタ・ライフ（セキュリアンC.R.I.）
ネーションワイド・ライフ（1717キャピタル・マネジメント・カンパニー）
オハイオ・ナショナル・ライフ（O.N.エクイティー・セールズ・カンパニー）
パシフィック・ライフ（パックライフ・グループ）
ペンミューチュアル（ホーナー・タウンゼント・アンド・ケント）
ペンミューチュアル（ジャニー・モンゴメリー・スコット）
プリンシパル・ライフ（プリンコール・PPI）
プロテクティブ・ライフ（プロエクイティーズ）
ザ・フェニックス・カンパニーズ（WSグリフィス証券）
ウェスタン・リザーブ・ライフ（インターセキュリティーズ）

一般企業

GE（GEインディペンデント・アカウンタント・ネットワーク）

注＝親会社のあとにキャピタルグループが開示した子会社の名前がカッコ付きで示されている。
　　カッコのない場合は示された会社名がキャピタルグループが開示した会社名
出所＝AMCAPファンドのSAI, 2004年5月1日

いる。大手商業銀行と保険会社の大部分はうまく変装し、知名度の低い金融アドバイザー子会社の名前でリストアップされている。開示されている名前はどうであれ、ペイトゥープレースキームはおびただしい数の金融サービス会社を汚染しているのは明らかだ。

　受益者の利益がレベニューシェアという忌まわしい慣行によって脅かされているにもかかわらず、SECは単なる開示でよしとした。明確で包括的な開示であれば十分だろうと言わんばかりに、「投資家の擁護者」はレベニューシェアのごく一般的で情報価値のない記述を求めた。2000年2月に行われたレベニューシェアに関する訴訟では、問題の目論見書には「アドバイザーの資産から……証券会社やほかの金融仲介業者に販売支援に対してかなりの額の金額が支払われる」とだけ書かれてあった。SECはこの開示を十分とし、目的は顧客に証券会社の利害の対立の性質と規模を伝えるためであり、厳密な開示は必要ではない、と述べた。しかし、ファンドに投資した証券会社の顧客は、ブローカーがそういった支払いを受けたかどうかはそういった目論見書から判断することはできない（トム・ラウリセラとデボラ・ソロモン著「SEC Defended Fund-Broker Compacts in Past」、ウォール・ストリート・ジャーナル2004年1月22日付け）。SECが承認した遠まわしの開示では投資家のニーズを満たすことはできない。

　このほかのケースとしては、確定拠出年金プランを担当するコンサルタントとプランの管理者はレベニューシェアに関与していることが多い。コンサルタント会社のワトソン・ワイアット・ワールドワイドによれば、およそ90％の401kプランは資産運用会社にその会社のファンドをプランのメニューに入れることと引き換えに手数料を要求している。

　年金プランのレベニューシェアのペイトゥープレー的性質は、重要な金銭的取り決めを分かりにくくし、投資家のファンドに対する選択肢を狭める。レベニューシェアはプランの管理者、スポンサー、ブロ

ーカーにかかる法的費用を賄うことはできるかもしれないが、シェア
されたレベニューが発生した費用に一致することはほとんどない。事
実、市場に敏感に反応するレベニューシェアは比較的固定的な管理コ
ストに一致することはまずない。その結果として、レベニューシェア
は収益の流れを生み、収入源になるのである。

　レベニューシェアはコストの高いファンドを選ぶように仕向けるた
め、参加者は代替ファンドを選ぶことができない。したがって、低コ
ストの投資商品を提供するバンガードが被害を受けるのは明らかだ。
ニューヨーク・タイムズが伝えたところによれば、バンガードの法人
部門の部長はバンガードファンドを401kのファンドリストに加えた
いと思っているブローカーから電話を受けた。「彼らは私たちのファ
ンドをプランのメニューに加えても何の報酬ももらえないことが分か
ると、たいがいはすぐに電話を切る」（リン・オショネシー著「A
401(k) Picks a Mutual Fund. Who Gets a Perk?」、ニューヨーク・タ
イムズ2004年2月15日付け）。レベニューシェアは金融会社が個人投
資家の選択肢を限定する一方で、彼らからお金をせしめる別のツール
でもある。

　将来的にはSECは投資ブローカーと投資信託間の汚い取り決めを
調査して、レベニューシェアは受益者の利益を損ねる慣行であると結
論づけることは間違いない。しかし、規制当局が優先的扱いに対する
支払いをコントロールすれば、ファンド会社は優遇的立場を得るため
のほかの方法を探し、ブローカーは顧客を犠牲にして利益を得るほか
の仕組みを探すだけである。いずれにしても、投資信託をペイトゥー
プレーに関与する連中から購入すれば、投資家には別の手数料が課さ
れ、投資プロセスのなかでの利害のさらなる対立は避けられないだろ
う。

価格ゲーム

　1924年３月、MFSインベストメント・マネジメントはアメリカ初の投資信託を立ち上げた。そのファンド運用会社の会長であるメリル・グリスウォルドが運用するそのファンドは、マサチューセッツ・インベスターズ・トラストが販売した。プロが運用する分散ポートフォリオに投資する機会が個人投資家に初めて提供されたのである。MFSの投資信託の募集は希望に満ち、危険をはらんだ時代の幕開けを告げた。

　1920年代の終わりから1930年代にかけて、オープンエンド型投資信託の投資家は驚くほどかかる多くのコストに驚いた。買うときも、保有している間も、売るときにもコストがかかったのだ。例えば、今日のオープンエンド型ファンドの投資家は基準価額で株式を売買する。つまり、ポートフォリオの公正な市場価値で売買するということである。しかし、1940年の投資会社法以前は、ファンドの販売者は彼らが買うときには買い気配値を提示し、彼らが売るときには売り気配値を提示していた。買い気配値と売り気配値の大きな差額はファンドの販売者にとってほぼ無リスクの利益源であり、投資家にとっては避けることのできないコストだった。

二重価格制度

　販売手数料、運用手数料、買い気配値と売り気配値のスプレッドに加え、1920年代と1930年代の投資家は、ディーラーにとっては極めて有利で投資家にとっては極めて不利な「二重価格」制度にも悩まされた。オープンエンド型ファンドのほぼすべてが採用する二重価格制度はファンドマネジャー、ディーラー、ファンド販売者に特別なトレード機会を与え、ほぼ無リスクの利益を彼らにもたらした（SECの投

資管理部門，Investment Trusts and Investment Companies, Part 3, Abuses and Deficiencies In the Organization and Operation of Investment Trusts and Investment Companies,［Washington DC: GPO, 1940］: 860)。ほとんど情報を与えられず、不利な立場に立たされたのは個人投資家だった。

　1920年代と1930年代、取引日のある時間帯ではファンド販売者はファンドの株式を、前日の「清算価値」（純資産価値の当時の言い方）に販売手数料を上乗せして販売していた。1940年のSECの「Report on Investment Trusts and Investment Companies」にはカルビン・バロックを通して募集されたディビデンド・シェアーズの例が載っている。販売者はディビデンド・シェアーズの株式を前日の清算価値＋8.66％で販売（解約の場合は前日の清算価値の−9.50％）した（SECの投資管理部門，Investment Trusts and Investment Companies, Part 3, Abuses and Deficiencies In the Organization and Operation of Investment Trusts and Investment Companies,［Washington DC: GPO, 1940］)。販売価格は販売日の正午までは有効だった。つまり、トレード日の午前中いっぱいは販売者はディビデンド・シェアーズの株式を前日の価格で売っていたわけである。

　ステイルプライス（陳腐化した価格）・メカニズムは、個人投資家が昨日の価格でトレードできるわけだから理論的には投資家に利益をもたらすが、コストが9.5％近くもかかれば個人投資家が利益の出るアービトラージ機会を利用する機会は奪われてしまう。しかし、ディーラーにはこうした障害はない。なぜなら彼らのトレードには手数料がかからないため、このメカニズムを有利に使うことができるからだ。

　手数料なしでトレードできる以外にも、ディーラーにはステイルプライス・トレードでは隠れた大きなメリットがある。ディビデンド・シェアーズの目論見書によれば、カルビン・バロックはディーラーに、「ニューヨーク証券取引所が閉じたおよそ1時間半後に」翌日の売り

気配値を知らせた……前日の売り気配値がまだ有効であるにもかかわらずに」。目論見書にはディーラーが利用できるアービトラージ機会のあらましが書かれていた。

> ……ディーラーと投資家は、翌営業日に有効となる価格が安いと思われるときはそのときに有効な価格での株式の購入を延期することができ、翌営業日に有効になる価格が高いことが分かっているときは、そのときに有効な価格で株式を購入することができる（SEC の投資管理部門，Investment Trusts and Investment Companies, Part 3, Abuses and Deficiencies In the Organization and Operation of Investment Trusts and Investment Companies,［Washington DC: GPO, 1940]）。

　目論見書には、価格がすでに下落しているとき、ディーラーは売りポジションを取って利益を得ることができる、ということは書かれていなかった。翌日の価格を前もって知ることができるディーラーは投資信託を買っても手数料がかからないばかりか、情報不足で多額の手数料のかかる個人投資家の費用負担でアービトラージ利益を稼ぐことができたわけである。

　2003年のアメリカ以外のファンドのステイルプライス・スキャンダルを予見するかのように、1930年代の投資信託ディーラーは大陸間の時間差を利用した。SEC の報告書（Report on Investment Trusts and Investment Companies）には次のようにある――「国の東部にいるディーラーが国の西部で株式を売ることができることもディーラーのもう1つのメリットだった」。SEC の報告書は、「ディーラーは午後の間、ずっと2つの価格を見て売買ができる」と結んでいる。

　長年にわたって投資信託の投資家は情報上不利な立場にあることを何も知らずにのほほんとしていた。なぜなら、1935年12月31日以前は、

オープンエンド型投資会社の目論見書には二重価格制度のことなど何一つ書かれていなかったからだ。ディーラーとファンド販売者が間接的な利益を得ることができること……二重価格制度が発行済み株式の資産価値を下げること……潜在的購入者にとって重要な情報が目論見書からあらかじめ削除されていたことを、投資家は単に気づかなかっただけだとSECは主張した（SECの投資管理部門，Investment Trusts and Investment Companies, Part 3, Abuses and Deficiencies In the Organization and Operation of Investment Trusts and Investment Companies, [Washington DC: GPO, 1940] : 867）。

　1935年の年末以降、SECは二重価格制度の開示を義務づけた。これによって投資信託の賢明な投資家は、ディーラーがそのシステムを利用できる機会があることをようやく理解したのである。開示が義務づけられたとはいえ、それによってディーラーの活動がやむことはなかった。最終的には1940年の投資会社法で二重価格制度は禁止され、ファンド運用会社は投資家からお金を巻き上げる新たな手法を見つけなければならなくなった。

SEC主導のステイルプライス

　二重価格制度が1940年の投資会社法で禁止されても個人投資家の不利な立場は続いた。ビッグプレーヤーたちは改定された投資信託の価格付けメカニズムを利用する新たな方法を発見したのである。SECの報告書（Report on Investment Trusts and Investment Companies）は、「販売価格と解約価格が注文を受けた日の資産価値の終値に基づくのなら、二重価格制度の下で存在したまたは可能だったファンド販売者とディーラーのその制度を利用した悪徳なトレードは排除することができる」ことは認識していたが、1940年の投資会社法ではそうした制度が設けられることはなかった。それどころか1940年の投資会社法

には「この価格制度に対する異議」が含まれていた。「ディーラーはその日の間に特定の価格でなければ株を売ることはできない」という部分に対する異議である（SECの投資管理部門, Investment Trusts and Investment Companies, Part 3, Abuses and Deficiencies In the Organization and Operation of Investment Trusts and Investment Companies, [Washington DC: GPO, 1940]：870）。

　買い手も売り手も今現在入手可能な価格で取引することを義務づけた1940年の投資会社法では、オープンエンド型投資信託の株式の流通市場における不当な買い気配値と売り気配値のスプレッドが排除され、ディーラーが投資家を犠牲にして無リスク利益を取得できる二重価格制度は禁止された。しかし、投資業界の圧力に屈した1940年の投資会社法は今日の終値（フォワードプライス）での売買を義務づけることはできず、前日の終値（バックワードプライス）での売買が維持された。ファンド業界は、バックワードプライスでは投資信託の購入者は分かっている価格でファンドを売買できるため、投資家にとっては有利になると主張したが、ステイルプライスによってアグレッシブなビッグプレーヤーが投資信託の投資家を犠牲にして利益が得られるという事実は隠されたままだった。

　1940年代、1950年代、そして1960年代の大半にわたって、投資信託のステイルプライスはビッグプレーヤーが長期投資家からお金を盗むことに貢献した。1940年の投資会社法では、ディーラーが今日の価格で買うと同時に明日の価格で売ることを可能にする二重価格制度は禁止されたものの、マーケットプレーヤーは依然として昨日の価格で今日トレードすることができた。市場が上昇すると、トレーダーは昨日の安い価格で投資信託の株を買うことで利益を得ることができた。大きく上昇した日の取引所が閉まる直前に注文を出すことで、トレーダーは大きな利益機会を得たのだ。安く買った投資信託のポジションを市場でトレードされている価格の高いアセットでヘッジすることで、

投資信託のマーケットタイマーは、ほとんどリスクをとることなく、投資信託の株主に対して不当に優位に立つことができた。

　短期プレーヤーによる長期プレーヤーのリターンの希薄化以外にも、マーケットタイマーの行動は投資信託の運用業務の妨げにもなった。SECの報告書には次のようにある――「投機トレードは登録された投資会社の運用に深く干渉することもある。なぜなら、投機的な設定・解約に対応するためにキャッシュポジションを維持しなければならないし、さらに悪いことには、それらに対応して頻繁に有価証券を売買すれば、いたずらに取引コストがかかることになる」（SEC, Release No.5519、「Adaption of Rule 22c-1 Under the Investment Company Act of 1940 Prescribing the Time of Pricing Redeemable Securities for Distribution, Redemption, and Repurchase」, 1968年10月16日）。

　投資信託の保有者は二度損をする。マーケットタイマーはトレード活動で不正に手に入れた利益を搾取することでリターンを直接的に減少させる。ファンドマネジャーはマーケットタイマーによる売買に対応するために、キャッシュポジションを余計に積んでおくことを強いられることで、リターンを間接的に減少させる。ステイルプライスメカニズムは長期投資家の利益を損なうものでしかない。

　投資家たちにコストがかかるにもかかわらず、利益に目がくらんだファンド運用会社は大口のトレーダーを歓迎した。運用資産が増えるということは、運用会社に手数料が転がり込むことを意味する。ファンド運用会社は投資家たちのリターンよりも自分たちの利益を優先した。

　投資信託のマーケットタイマーたちが簡単に利益が稼げた時代は40年以上続いたが、1968年、SECはルール22c-1を発布した。これは投資信託に「フォワードプライス」（その日の終値）を使用するように義務づけたものだ。規制当局は、投資信託業界が始まって以来、投資家たちを悩ませ続けた価格問題に真っ向から取り組んだわけである。

SECは1930年代からこの問題に気づき、解決方法も分かっていたが、規制当局は数十年の時を経てようやく重い腰を上げたのである。しかし残念ながら、1940年の投資会社法でもそうだったように、規制当局は問題を表面的に解決したにすぎず、問題を根絶するには至らなかった。

　SECのルール22c-1はステイルプライスに焦点を当てたものだったが、まれにしかトレードされない資産やアメリカ以外の上場株を保有するファンドの間ではステイルプライス問題は続いた。社債や小型株のように流動性の低い株式の場合、市場が大きく動くと、投資信託の価格付けのデッドラインである午後4時には流動性の低い株式は本来の価格よりも安値に放置され、公正価値とステイルプライスの終値との間にはズレが生じた。アメリカ以外の市場の場合、海外市場が閉まったあとアメリカ市場が大きく動くと、アクティブなアメリカ市場と休眠中の海外市場との間の相関によって、公正価格とステイルプライスの終値との間にはズレが生じる。1970年代、1980年代、1990年代、そして2000年代になってからも、大口の機関投資家はステイルプライスを利用して、大きなマーケットイベントの発生によって真の価値が公表された終値を上回るときにファンドを買った。大手の投資信託会社は、マーケットタイマーの行動によって生み出される手数料を当てにして、この慣行を支持した、というよりむしろあおった。

　21世紀になるとステイルプライス活動は最高潮を迎える。このスキャンダラスなスキームは2つのカテゴリーに分かれる。1つはレイトトレーディング、もう1つはマーケットタイミングだ。レイトトレーディングはファンドの清算値が決まる午後4時前にトレードを行わなければならないとする1968年のルール22c-1に違反する違法な取引だ。この違法行為を先導したのはバンク・オブ・アメリカの投資信託幹部で、彼らはヘッジファンドのキャナリー・キャピタル・パートナーズが多数の銀行の投資信託でレイトトレーディングを行うことを容認し

た。マーケットタイミングはそれ自体は法には触れないが、２つの点で問題があった。１つは、マーケットタイミングの行為は長期投資家のリターンを損なうのは明らかで、投資信託会社の経営幹部や取締役会が受託者責任を誠実に果たしているかどうかが疑問視されたことだ。もう１つは、投資信託の募集要項には、マーケットタイミングを禁じる条項が含まれていたことだ。ファンドの目論見書に書かれた説明に反する行為を許容または促進することは犯罪行為に当たる。

　多くの投資信託会社はマーケットタイマーと協定を結び、マーケットタイマーが一定の残高を該当のファンドに投資する見返りとして、投資信託は彼らの破壊的行為を容認した。デビッド・ブラウン・ニューヨーク州検事は、「ファンドの募集要項にはマーケットタイミングを禁じる旨がはっきりと書かれているにもかかわらず、マーケットタイミング協定を結ぶ契約がファンド会社とマーケットタイマーの間で交わされていたことには驚いた」と言った（トム・ラウリセラ著「Quarterly Mutual Funds Review; Scandal Reaches Far and High; It Took Many Bad Apples to Taint Fund Industry's Reputation Amid Continuing Probes of Share-Trading Abuses」、ウォール・ストリート・ジャーナル2004年１月８日付け）。投資信託会社とマーケットタイマーの間の協定では長期投資とマーケットタイミング能力の比率が設けられていた。ジャナス・キャピタル・グループのある社員に言わせれば、これは「長期的な残高を十分に置いてもらえば、私たちは被るすべての面倒に対してそこそこの利益を得ることができる」ということを意味する（トム・ラウリセラ著「Quarterly Mutual Funds Review; Scandal Reaches Far and High; It Took Many Bad Apples to Taint Fund Industry's Reputation Amid Continuing Probes of Share-Trading Abuses」、ウォール・ストリート・ジャーナル2004年１月８日付け）。

　デビッド・ブラウンは、「これらの会社のCEO（最高経営責任者）

はこれが間違ったことであることは知っていた。幹部は知っていたの
だ」と言う（トム・ラウリセラ著「Quarterly Mutual Funds Review;
Scandal Reaches Far and High; It Took Many Bad Apples to Taint
Fund Industry's Reputation Amid Continuing Probes of Share-
Trading Abuses」、ウォール・ストリート・ジャーナル2004年1月8
日付け）。SECはインベスコ・ファンズ・グループのレイ・カニンガ
ムをマーケットタイマーのキャナリー・キャピタル・マネジメントと
の関係に直接関与したかどで起訴した。規制当局によれば、ジョン・
カリファ・アライアンス・キャピタル・マネジメント社長とブルース・
カルバート・アライアンス取締役会会長は、マーケットタイマーのダ
ニエル・カルガーと、マーケットタイミングトレードおよび彼らが代
償として置く残高について話し合った（トム・ラウリセラ著「Alliance
Officials Knew of Timing; Vice Chairman Included E-Mails About
Details of Market-Timing Account」、ウォール・ストリート・ジャ
ーナル2003年12月17日付け）。カリファがカルガーのビジネスから180
万ドル稼ぐことができると試算したのは事実だ（ラウリセラ著
「Quarterly Manual Funds Review」）。ファンド運用会社のほとんど
の重役たちがマーケットタイミング取引にかかわっていたのは明らか
で、これは自己の利潤追求活動が受託者責任に優先されたことを雄弁
に物語っている。

　例えば、ダニエル・カルガーの証券会社はどんな悪事を働いていた
のだろうか。マーケットタイミング活動では、投資信託会社は金銭的
な報酬を受け取った。これは活発なトレーダーが不正に入手した利益
に比べればたかが知れている。カルガーの利益は、アライアンス・キ
ャピタル・マネジメントとマサチューセッツ・ファイナンシャル・サ
ービス（MFS）での2年以上にわたるマーケットタイミング活動によ
るもので、取引総額は4億〜5億ドルに及ぶ。SECによれば、目論見
書ではアライアンスもMFSもマーケットタイミングを禁じていた。カ

ルガーのマーケットタイミング協定にはアライアンスと結んだ2億2000万ドル分のマーケットタイミング契約が含まれていた。SECはこれを「見返りスキーム」と呼んだ。カルガーは1億7500万ドルの利益を得（SEC対ダニエル・カルガーおよび証券仲介会社事件，ネバダ州連邦地方裁判所，事件番号　CV-03-1600-RCJ-RJJ(2003): 3, 6。https://www.sec.gov/litigation/complaints/comp18524.pdf）、アライアンスとMFSは数百万ドルの利益を得た（ラウリセラ著「Quarterly Mutual Funds Review」）。アライアンスとMFSの重役は投資家を欺いただけでなく、自社のファンドの受益者を安く売り渡した。

　なかには投資家のポートフォリオにダメージを与える個人的な行動を直接行うことで、マーケットタイミングという忌まわしい行為に深くかかわった投資信託の重役もいた。6人のポートフォリオマネジャーを含む20人のパットナムの投資担当社員が会社のファンドのマーケットタイミングを行っていた（ジョン・ヘッチンジャー著「Putnam Is Firing Nine More Workers for Improper Trades」、ウォール・ストリート・ジャーナル2003年12月17日付け）。彼らは彼らが統括するファンドでマーケットタイミングを行ったため、これはインサイダー取引に当たる。SECによれば、パットナムのポートフォリオマネジャーはファンドの投資家たちが行うことのできない株の保有、評価、取引が可能だった。マーケットタイミングという違法行為を犯したうえに、非上場情報でトレードしたことで犯罪にも手を染めたことになる。2003年10月28日、パットナムは徐々に明らかになるスキャンダルのなかで証券詐欺で正式に起訴された初めての投資信託会社という不名誉で注目を浴びた（デボラ・ソロモン、ジョン・ヘッチンジャー、トム・ラウリセラ著「Milestone for 'Timing' Scandal; Putnam Is First Mutual-Fund Firm to Face a Regulatory Complaint」、ウォール・ストリート・ジャーナル2003年10月29日付け）。

　投資信託のCEOは私益を得るためにマーケットタイミング戦略を利

用することのリスクとリワードを愚かにも計算違いした。投資信託の元祖的存在のストロング・ファイナンシャル・コーポレーションの創始者であり会長であり最高経営責任者でもあったリチャード・ストロングは、自社のファンドのマーケットタイミングで60万ドル以上の利益を上げたかどで告訴されたあと現職を退いた（スタッフリポーター著「Richard Strong Quit as Chairman and CEO of Strong Financial」、ウォール・ストリート・ジャーナル2003年12月３日付け）。しかし、現実は想像していた以上に悪かった。ストロングは彼が運用するストロング・ディスカバリー・ファンドを含め40のファンドでマーケットタイミングトレードを行ったことを認めた。2001年だけでストロングは彼の会社の投資信託で510のトレードを行った。彼は全部で180万ドルもの汚れた利益を得た。これは最初に予想されていた額の３倍以上だった（クリストファー・オスター著「A Fund Mogul's Costly Apology; Strong Agrees to Pay $60 Million and to a Lifetime Industry Ban as Part of Rapid-Trading Deal」、ウォール・ストリート・ジャーナル2004年５月21日付け）。

　法務当局と規制当局はリチャード・ストロングを激しく批判した。エリオット・スピッツァー・ニューヨーク州司法長官はストロングを「受託者の忠実義務」を怠ったとして起訴し、SEC取締役のスティーブン・カトラーはストロングの行動を「最高度の裏切り行為」と言った。政府はストロングに公共の場で恥を忍んで謝罪することを求めた。これは普通ではない要求だった。大量の証拠が出されたにもかかわらず、ストロングは起訴内容を認めることも否定することもなかった（クリストファー・オスター著「A Fund Mogul's Costly Apology; Strong Agrees to Pay $60 Million and to a Lifetime Industry Ban as Part of Rapid-Trading Deal」、ウォール・ストリート・ジャーナル2004年５月21日付け）。これはいつもながらの結末だ。

　１億7500万ドルの罰金のうち、6000万ドルはストロング個人が支払

った。莫大な額の罰金ではあったが、ストロングにとって最大のダメージはストロング・ファイナンシャルへのおよそ90％の出資金が価値を失ったことだった。ストロングは資産を失い、評判もがた落ちし、有形無形の損失を被った。ストロングの受託者の忠実義務違反は会社の価値を大幅に下げた。これは「安物買いの銭失い」に新たな意味を与えた。投資家を欺いてまで行ったマーケットタイミングによる利益はそれほど大した額ではなかった。しかし、彼の失ったものはあまりにも大きすぎた。彼の会社のフランチャイズ価値は劇的に低下した。

　ストロングの払った罰金は大金ではあったが彼の犯罪に見合う額ではなかった。ウォーレン・バフェットは2003年の株主に宛てた手紙で次のように書いている――「少なくとも１つの悪徳運用会社が売りに出された。これはその会社が運用していた投資信託を最高額の入札者に売ることで巨額のお金を手に入れるためであることは言うまでもない。これほど滑稽なことがあるだろうか。そういったファンドの取締役は入札者のなかから最高額を提示する者を選び、当事者と直接契約を交わさないはずがないではないか。入札者は受託者責任の原理を破った何の価値もない元マネジャーに大金を支払うことで、彼らに多額の利益をもたらすことになるのだ」（ウォーレン・E・バフェット「バークシャーハサウェイ――株主への手紙」2004年２月27日：8）。もちろん、ストロング・ファイナンシャル・コーポレーションの取締役たちがバフェットのアドバイスに従えば、彼が会社の売却で得た何億ドルという個人利益は消失してしまっていただろう。そういった意味ではストロングは重罪を免れたと言ってもよいだろう。

　ピルグリム・バクスター・アンド・アソシエーツの共同創設者であるゲイリー・ピルグリムとハロルド・バクスターは投資家たちの費用負担で利益を手に入れる方法を発見した。SECによれば、ハロルド・バクスターはブローカーのウォール・ストリート・ディスカウント社の社長に内部情報を渡し、その見返りにマーケットタイマーたちに役

に立つデータを入手した。しかし、ゲイリー・ピルグリムは秘密裏に
アパラチアン・トレイルズを設立して出資することでハロルドを出し
抜いた。アパラチアンは2000年からピルグリム・バクスターの投資信
託のマーケットタイミングを開始した。ゲイリー・ピルグリムはマー
ケットタイミングの対象となる投資信託の１つ（PBHGグロースファ
ンド）を運用していた。グロースファンドの投資家は2000年には20％
の損失を出し、2001年には35％の損失を出したにもかかわらず、ピル
グリムは利益を得た。2000年３月から2001年12月までの間、アパラチ
アンはマーケットタイミングで1300万ドルの利益を生み出し、そのう
ちの390万ドルはゲイリー・ピルグリムの懐に入った。盗人に仁義は
ない。ピルグリムはバクスターにはアパラチアンのことは何一つ話さ
なかった（トム・ラウリセラ著「Pilgrim and Baxter Face Charges;
Mutual-Fund Firm's Founders Are Accused of Breach of Duty, Civil
Fraud by SEC and Spitzer」、ウォール・ストリート・ジャーナル
2003年11月21日付け）。

　アパラチアンによるマーケットタイミングはピルグリム・バクスタ
ーの悪事の氷山の一角にすぎなかった。SECとニューヨーク州司法
長官は、1998年から2001年にわたってマーケットタイミングで稼いだ
利益のうち６億ドルを超えるお金を28人の投資家に渡していたとして、
同社を起訴した。2004年６月に事件が決着したことを発表したSEC
のアリ・ガビネットは次のように述べた――「ピルグリム・バクスタ
ー・アンド・アソシエーツは活発に活動する有名なマーケットタイマ
ーにとって初期の人気の避難所だった。同社は一般株主を犠牲にして
マーケットタイマーたちに巨額の利益をもたらした。一般株主たちの
PBHGファンドのリターンが急落したのは言うまでもない」。ピルグ
リム・バクスター・アンド・アソシエーツは１億ドルの罰金を支払う
ことには同意したが、罪を認めることも否定することもなかった（イ
アン・マクドナルド著「Moving the Market: Pilgrim Baxter Settles

for $100 Million」、ウォール・ストリート・ジャーナル2004年6月22日付け）。

　投資信託業界が始まって以来ずっと、投資信託の株式のステイルプライシングは悪役たちにマーケットタイミング機会を提供してきた。1920年代と1930年代、投資家に不利となる二重価格制度の根底にあったのがステイルプライシングで、1940年代、1950年代、1960年代は、ステイルプライシングは昨日の価格でトレードすることを可能にするバックワードプライシングの結果として発生した。1970年代、1980年代、1990年代、2000年代は、異なる時間帯でトレードされる証券を保有しているか、トレード頻度が低いか、あるいはこれら両方の特徴を持つ投資信託がステイルプライシングの舞台となった。ステイルプライシングによる利益機会は何十年にもわたって持続した。不正入手利益のターゲットが変わっても続いた。

　マーケットタイミングという問題を解決する最も簡単な方法は、投資信託の基準価額を適正に定めることである。投信会社は基準価額の算定にあたり、真の価値とは異なる価格は使わずに、資産価値の現実を反映するように決めることができるはずだ。2001年4月、SECは投資信託にステイルプライスを生む可能性のあるイベントが発生したあとは公正価値を使うように命じた。ウォール・ストリート・ジャーナルが述べたように、業界の反応はとても誠意があるとは思えなかった（「The Price of Mutual Funds」、ウォール・ストリート・ジャーナル2003年11月19日付け社説）。SECがいつになく前向きの努力をしたにもかかわらず、投資信託会社とマーケットタイマーたちはステイルプライスを使い続けた。

　投資信託が存在するかぎり、個人投資家は資産運用業界に扇動されたマーケットタイマーの強欲で搾取的な戦術の被害を被ってきた。まずは、ディーラーが二重価格制度を使って投資家からお金を巻き上げたことだ。これには議会もSECも介入したが、大手トレーダーはバ

ックワードプライスを使い続けた。もう1つは、ファンド会社と彼らがえこひいきした顧客がステイルプライスを使って不当な利益を得たことだ。法務当局と規制当局が遅まきながら介入するとゲームは変わったが、効果はなかった。ビッグプレーヤーが勝ち、スモールトレーダーは負けるのだ。

ソフトダラー

　目に見えないもっと複雑なソフトダラーの使用の歴史にまつわる話はもっと厄介だ。1975年5月1日以前、ウォール街は執行コストをはるかに上回る固定コミッションシステムを使っていた。競争が高まるなか、ブローカーは固定コミッションを使わず、ひいきの顧客にソフトダラーというリベートを提供するようになった。ソフトダラーとは要するにブローカーからトレーダーへのキックバックを意味し、投資関連や非投資関連の物品やサービスという形で提供される。

　投資信託の投資家にとってソフトダラートレードが何を意味するのかを考えてみよう。どういった目的であれ株式をトレードするのに不必要に高いコミッションを支払えば、投資リターンは下がる。そのツケを払うのは投資家だ。そして、物品やサービスといった形で利益を得るのはファンドマネジャーだ。物品やサービスのソフトダラーコストは本来はファンドの運用手数料から支払われるべきものである。つまり、ソフトダラーはうまく形を変えてはいるが、実質的な運用手数料の上昇を意味する。ウォール街は一般投資家の費用負担で儲けているのである。

　2004年3月1日付けのT・ロー・プライスの追加情報にはソフトダラーは次のように記述されている──「一定の条件の下では仲介やリサーチサービスの見返りとして高いブローカーコミッションが支払われることもある……これらのサービスにはコンピューターや関連ハー

ドウェアの使用も含まれる。T・ロー・プライスでは現金と引き換え
に提供されるリサーチサービスもソフトダラーに含まれる……同社の
スタッフが追加情報を提供すれば、当然ながらT・ロー・プライスの
費用は上昇する。リサーチサービスがブローカーやディーラーによっ
て提供されるかぎりは、T・ロー・プライスは費用を免れる」（T・
ロー・プライス, Statement of Additional Information, 2004年3月1
日：90-91）。投資家はT・ロー・プライスのソフトダラー方針を、あ
まり読まれることのない開示文書の90ページと91ページに埋め込まれ
た注意深く書かれた法的に正しい文章によってのみ知ることができる。
T・ロー・プライスの開示文書は法的必要条件は満たしてはいるが、
ソフトダラーは受益者の利益を損なうことに違いはない。

　SECが固定コミッション制度を禁止した1975年のメーデー以降、ソ
フトダラーの存在理由はなくなった。それ以降は価格競争によってブ
ローカーコミッションが決められることになる。違法なキックバック
もなくなることが期待された。しかし、投資信託の投資家にとって不
幸なことに、リサーチ関連の費用はファンドマネジャーの口座から投
資家の口座に移行されたにすぎなかった。こうして投資信託業界はソ
フトダラーを継続させたのである。

　1975年、議会はソフトダラーを禁じる代わりに、1934年の証券取引
法を改正することでソフトダラーのセーフハーバーを作った。議会は
ウォール街からの圧力に屈して、元々は一般投資家を守るための法律
だったものを変容させて、ファンドマネジャーが投資家の資産を悪用
することを明示的に許可し、SECにソフトダラーの適切な使い方を
定義するように指示することでソフトダラーを合法化したのである。
市場参加者たちは、トレードサービスに対して高い価格を支払い、そ
の見返りに物品やサービスという形でリベートを受け取るという非効
率をなぜ我慢するのだろうか。その答えは、投資信託会社が不透明な
利益を得ることを許容するプロセスの不透明性にある。もちろん、ソ

フトダラーが目に見える運用手数料と同じくらい透明性の高いものな
ら、投資運用業界はソフトダラーなど使わないだろう。

　1980年代半ば、SECはソフトダラー問題を調査するが、SECはソ
フトダラーを排除する機会を逸したばかりでなく、実際にはソフトダ
ラーを拡大させた。おそろしく官僚的な言葉で、SECの1986年の報
告書には、業界は「仲介とリサーチサービス」という言葉を広義に定
義することでソフトダラーの使用を制限する基準を設けることができ
なかった、と書かれていた（SECの法令順守調査検査局, Inspection
Report on the Soft Dollar Practices of Broker-Dealers, Investment
Advisers and Mutual Funds [Washington, DC: GPO, 1998] : 9)。つ
まり、規制を厳しくすれば、制約は緩くなるということである。SEC
の1986年のソフトダラーについての規制は、アドバイスされる側より
もアドバイザーに有利な規制だったのである。

　1998年にもSECは再び投資信託の投資家を守ることに失敗した。
SECの調査報告書には、ソフトダラーは広範にわたって使用され、ほ
ぼすべてのアドバイザーは証券会社から純粋な執行以外の物品やサー
ビスを取得し、顧客のコミッションでそういった物品やサービスに対
する対価を支払っている、と冷たく書かれているだけである。報告書
は、ソフトダラーを使っているアドバイザーのリサーチを取得すると
いうニーズと、できるだけ少ないコミッションで最高の執行を得たい
顧客の利害が対立することを認識していることは明らかだ。報告書に
は、オフィスや機器の使用料、携帯電話や個人費用、従業員の給料、
マーケティング費用、弁護士費用、ホテルやレンタカーのコストの支
払いを含め、ソフトダラーの疑わしい使用や乱用例が数多く挙げられ
ていた（SECの法令順守調査検査局, Inspection Report on the Soft
Dollar Practices of Broker-Dealers, Investment Advisers and Mutual
Funds [Washington, DC: GPO, 1998] : 3, 4)。ウォール街のリサーチ
の定義は、ウェブスター辞書の定義とはまったく違うものなのである。

　ソフトダラーの使用については基本的に妥協できない利害の対立があり、ソフトダラーの乱用については長々と説明しているにもかかわらず、SECの1998年の調査報告書は、SECは繰り返し指導し、ソフトダラーの使用の記録と意味のある開示を義務づけ、会社には内部統制をしっかり行わせるべきである、と結論づけただけだった。要するにSECは受益者の利益を守る代わりに、ウォール街の賄賂の温床を守ったということである。

　SECの1998年の調査報告書は本質的にはソフトダラーを廃止する方向だったが、SECはひるんでしまった。投資信託会社、ウォール街、通常なら賢明であるはずのリサーチアナリスト協会といった利害関係者たちによる一致団結したロビー活動を受け、かたや個人投資家たちからの圧力がなかったことで、投資家を擁護すべきSECはソフトダラーを根絶するのではなく、規制を強化するにとどめただけだった。皮肉屋からは、SECは目に見える理解しやすい投資家保護問題を提起しながら、目に見えない理解しにくいソフトダラーの乱用を持続させただけだ、という声が聞こえてきそうだ。

　最も節度を欠いたソフトダラーの悪用の1つは、投資信託の株式を販売したブローカー会社に対する支払いだった。SECの1998年の調査報告書には、投資信託の販売はますます競争が激しくなり、ソフトダラーの変化形としてファンドアドバイザーはファンドの販売に対して証券会社にステップアウトトレードという別の動機を与えるようになった、と書かれている（SECの法令順守調査検査局, Inspection Report on the Soft Dollar Practices of Broker-Dealers, Investment Advisers and Mutual Funds ［Washington, DC: GPO, 1998］: 30）。ファンドの販売の見返りにソフトダラーを使うことで、投資信託会社は投資家を3回傷つけることになる。1回目は、ソフトダラーを使って手数料を上げること、2回目は運用資産を肥大化させることでパフォーマンスを下げること、3回目は投資家に偏ったアドバイスを提供することだ。

　2003年の投資信託スキャンダルを受けて、ソフトダラー改革を求める声が持ち上がった。2003年12月、投資会社協会は投資家を保護すると見せかけて、ファンドの販売に対するディーラーへのブローカーコミッションの供与の禁止を含むソフトダラーの使用への規制を求めた。そして2004年、この慣行が認識されてから6年後、SECはついにレベニューシェアのための付加的なコミッションを禁止した。

　SECはペイトゥープレー手数料のためのディレクテッドコミッションの使用を禁止したものの、ほかの目的でのディレクテッドコミッションの使用を禁止することはなく、ほかのファンドを使ってのレベニューシェアの慣行を禁止することもなかった。ディレクテッドコミッションとペイトゥープレーはそのあとも続き、投資信託の保有者を悩ませ続けた。規制当局の対応は失敗に終わったということである。

　業界擁護者は勝利したが、栄光を手にすることはできなかった。米投資信託協会のSECへの遠回しの手紙では、観察者の目に映る対立の現実として「見せかけの利害の対立」と「実際の対立の可能性」が引き合いに出された（ローラ・ヨハネスとクリストファー・オスター著「Commissions on Fund Sales Draw Scrutiny」、ウォール・ストリート・ジャーナル2003年12月15日付け）。ウォール・ストリート・ジャーナルによれば、キャピタル・リサーチ・アンド・マネジメント・カンパニー（キャピタル・リサーチ・アンド・マネジメント・カンパニーはアメリカンファンドを運用している。同社はキャピタルグループに属している。キャピタルグループのペイトゥープレー・パートナーについては**表9.2**を参照）の経営幹部で、投資会社協会の会長でもあるポール・ハーガ・ジュニアは彼の組織が大改革を求めたことを喧伝した（ポール・G・ハーガ著「Mutual Integrity, Mutual Trust」、ウォール・ストリート・ジャーナル2003年12月15日付け）。長く続いたソフトダラーの慣行とディレクテッドブローカーのペイトゥープレー的性質を非難したハガは、自分は21世紀のルノー署長（映画『カサ

ブランカ』に登場する警察署長）のようなもので、ここでカジノが開かれていることにショックを受けた、と述べた。でも実際には、ディーラーは彼に勝ち分を渡していた。映画同様、SECの2004年8月の改革はカジノをストップさせることはできなかった。

本章のまとめ

投資信託業界の歴史においては、個人投資家のリターンを犠牲に投資信託会社が儲けるという例が後を絶たない。投資家に対する受託者責任が運用会社の自己利益の追求と対立すれば、自己利益が勝利する。

投資家と会社の利害の対立は透明な形で現れることもあれば、不透明な形で現れることもある。耐えがたいほどに高い販売手数料、後払い販売手数料、過度な年間運用手数料、不適切なマーケティング手数料、高いポートフォリオ回転率は投資家の目に見えるものだからまだ良いとして、その水面下では、ブローカーの薄汚い販売手法、投資家を搾取するステイルプライシング、卑劣なソフトダラーといった目に見えない対立も存在する。

投資信託の投資家にとって未来は暗い。規制当局は悪用に気づいていながら、表面的にしか対処せず、すぐにほかの問題に移ってしまう。一方、投資信託業界は受益者の利益などそっちのけで利益を確保する新たな方法を発見し続ける。たとえSECがペイトゥープレーのレベニューシェアを禁止しても、公正価格メカニズムを強化しても、ソフトダラーを禁止しても、投資信託業界は1924年に歴史が始まってからずっと、個人投資家を食い物にする目に見える手法、目に見えない手法を見つけだすために想像力を駆使し続けてきたのである。

第10章

アクティブ運用ゲームで勝利するために
Winning the Active-Management Game

一般に、投資信託の受益者に対する受託者責任と投信会社の株主に対して利益を生み出すという欲求が対立したとき、勝利するのは会社の利益だ。投資信託の純利益が増えれば、投資会社の株主の利益は減少する。過度な運用手数料、防ぎようのない販促手数料、ポートフォリオの高い入れ替え率、ポートフォリオサイズの肥大化の場合、投資家を失望させる要因は投資家にとって目に見えるものだが、ファンドを優先的に売ってもらうためにブローカーに支払うお金、ステイルプライシング、ソフトダラーの場合、投資家のポートフォリオに対するダメージは目に見えないことが多い。投資信託の投資家は厳しい環境にさらされている。

しかし、投資家の未来を曇らす暗い雲のなかにも希望の光はある。ファンド業界のなかにはごく少数だが、他人の資産を運用するに値する本当に能力のある運用会社もある。そういった数少ない運用会社のなかには、個人的な利益の追求を超えて投資家のニーズに無私無欲で対応する一握りの投資信託のマネジャーがいる。特に投資信託のマネジャーが自ら運用するファンドに多額の自己資金を預けているまれなケースでは、マネジャーはエージェントから受益者になるため、投資家の利害を最優先する行動を行う可能性は高まる。投資家の利害を最優先する運用会社に投資することで、投資信託の保有者が成功するチ

ャンスは高まる。

　市場を打ち負かす投資信託を見つけようとする大胆な投資家にとっ
て、最も重要なのはマネジャーの性質を見極めることだ。アクティブ
運用で成功するかどうかは、高い投資リターンを上げるために、居心
地の悪い政策を追求する誠実さを持ったマネジャーに投資するかどう
かで決まる。例えば、人気のない株式で構成されたポートフォリオを
構築することは、たとえ結果的に投資を成功に導いても個人的な評判
を下げる危険がある。投資信託の投資家にとってファンドマネジャー
の性質を見極めることは容易ではなく、個人投資家にとってはほとん
ど入手不可能な情報を不屈の精神で入手して判断しなければならない。

　市場を打ち負かすことを望む投資信託の投資家は、世間一般の通念
に逆らう勇気のあるポートフォリオマネジャーを見つけなければなら
ないだけでなく、会社の自己利益よりも受益者の利益を優先するファ
ンド運用会社を見つける必要もある。資本主義システムの中心に位置
する金融市場では、投資家は会社の利益よりも受託者責任を重視する
投資運用会社を見つけるという大きな課題に直面する。運用資産額を
限定することは、自社の利益よりも受益者の利益を優先するという最
も強力な証明の１つだ。しかし、残念ながら、資産を集めることに奔
走する投資信託の世界では、運用資産額の上限を設けたり、ある程度
の運用資産額になったらそれ以上投資を受け付けないという慎重さを
示す運用会社は、利益最大化のルールにおいては非常にまれな例外だ。

　投資家は、その会社のポートフォリオマネジャーが自社のファンド
に多く投資しているようなファンド運用会社のファンドに投資するこ
とを望むものだ。マネジャーが受益者としての役割を果たすことを望
み、ファンドのパフォーマンスにほかの投資家と共同で参加する場合、
受益者の利益とファンドマネジャーのインセンティブは一致する。残
念ながら、自社のファンドへの投資は見せかけに終わることもある。
自社のファンドへの投資が投資家の反応を見るためのリトマス試験紙

として使われる場合、ファンドマネジャーはファンドへの個人的な投資額を増やし、投資結果を共有する効果を吹聴する。この場合、自社のファンドへの投資は、運用会社と受益者の利害の一致という文脈から資産を集める前提条件という文脈に変容することにもなる。

　市場を打ち負かすことを願う投資家に対する最後の警告は、たとえ高いリターンを追求することで投資家の利害を最優先にして行動する意志のある極めて優秀なチームを見つけられたとしても、厳しい現実が待っているということだ。標準的な目論見書でお馴染みの「過去のパフォーマンスは将来の結果を保証するものではない」という言葉が問題だ。人々は変わり、市場も変わり、状況も変わる。スターマネジャーたちによって注意深く考え抜かれた意思決定でも、時には間違うこともある。

　アメリカの9000から1万の投資信託のうち、思慮深い投資家が考えてみる価値のあるファンドはわずか数十しかない。主流のグループに属さない投資信託運用者によって運用されている立派なファンドは投信業界の広大な荒野で孤立している。圧倒的多数の投資信託は受益者に対する責任よりも自己利益の追求を重視するため、受託者責任の基本的な基準を満たすことはない。結局、ほぼすべての投資信託は最初は正しい意図を持って運用されていたが、いつの間にか腐ってしまったのである。

マネジャーの望ましい性質

　アクティブ運用ゲームに挑戦する人は多いが、成功する人はほとんどいない。市場を打ち負かそうとする銘柄選択者は生き馬の目を抜く環境で戦っている。非常に優秀で、モチベーションも高く、高い給料をもらっているライバルたちに囲まれたアクティブ運用マネジャーは、高いリターンにつながるようなエッジを必死で探している。生き残れ

るマーケットプレーヤーを決めるうえで大きな役割を果たすのは、個人の性質である。

　偉大な投資マネジャーはまるで何かに取りつかれているかのような情熱でビジネスを追求する。成功する専門家はプライベートな瞬間に、自分たちが知性を刺激する職業によって給料をもらっていることは驚き以外の何物でもないと思うことがある。市場に及ぼす影響は言葉では言い尽くせない。人生のあらゆる場面が投資マネジャーにとっては価値あるものになる。市場を彼らの生活に深くかかわらせるアクティブマネジャーは、私生活の充実はともかく、投資では成功する可能性が高い。

　投資家にとってはスタミナも重要だ。絶え間なく入ってくるインプットに対応するにはスタミナが必要だ。上質な情報は、優れた結果を出すための十分条件ではなく必要条件だ。成功する投資家は成功しない投資家に比べるとはるかに大量のデータ収集に取り組む。情報は、細かいことにこだわる人は優れた企業を多く訪問することで得て、あるいは金融市場の分析専門家は多くの優れた数字から得る。

　優れた情報処理能力で蓄積したデータから結論を導き出し、情報を成功する投資戦略に加工する。しかし、市場価格にはすでに社会通念が織り込まれているため、ただ単に現在の状況をつかむだけでは優れたリターンを生み出すことはできない。資産運用の世界で生き残るには、主流から外れた世間一般の通念とは違う洞察力が必要になる。

　どんなことがあっても自分の信念に従って動く。その自信が投資マネジャーにとっては重要だ。なぜなら、人気のないポジションを持つことをいとわないことが、真の投資の英知を利用するうえで重要な役割を果たすからだ。大勢に逆らうスタンスを維持できなくなることで、利益を損失に変えてしまうことはあまりにも多い。

　市場を打ち負かすマネジャーは、市場平均とはまったく異なる厳選されたポートフォリオを構築する。厳選されたポートフォリオを運用

するときに重要なのがぐらつかない心だ。結果が良くない時期は必ず
ある。そんなときマネジャーはそのポートフォリオを持ち続け、その
正当性を証明するか、ポジションを解消して絶望を確実なものにする
かのいずれかだ。よく考え抜かれた投資ポジションならそれを守り抜
くことが投資を成功に導く鍵となる。

　優れた投資家は勝つことをこよなく愛する。しかし、自分の資産を
他人に任せる人々はプレーされているゲームを理解することに腐心す
る。勝つことは市場を打ち負かすことだと考えているファンドマネジ
ャーを見つけることができれば、ファンドの保有者の成功率は上がる。
しかし、勝つことは手数料収入を最大化することだと考えるファンド
マネジャーに投資すれば、絶望が待っているだけだ。

　残念ながら、ポートフォリオマネジャーの誠実さ、情熱、スタミナ、
知性、勇気、競争力について直接的な証拠を集められる投資信託の投
資家はほとんどいない。優れた投資マネジャーを選ぶのに最も必要な
情報を入手できる市場参加者はほとんどいないのが実情だ。

　外部のアドバイザーもほとんど当てにはならない。モーニングスタ
ーのような投資アドバイスサービス会社は量的特性に基づいてファン
ドをランク付けする。彼らは過去に優れていたファンドを探すのはう
まいが、将来的に有望なファンドを探すのは苦手だ。たとえファンド
アドバイスサービス会社がファンドマネジャー個人の能力を重視した
としても、彼らがファンドマネジャーを正しく評価しているかどうか
は疑問だ。投資信託の投資家はファンドマネジャーの質を評価するこ
とはほとんど不可能だ。これは投資を成功に導くうえで大きな障害に
なる。

　契約上の取り決めも、ファンドマネジャーに受益者の利益を最優先
させることはできない。一般的にルールや規制には厳しい規約が設け
られてはいるが、経済的な動機に勝つものはない。報酬制度やマネジ
メント契約も投資マネジャーに顧客本位の行動を強制することはでき

ない。投資家は投資機会を評価するとき、ファンドマネジャーの個人的な目標を見る以外にはない。ファンドマネジャーが自ら運用するファンドに多額の資金を預けているまれなケースは別として、ファンドマネジャーの経済的な動機は、資産を集めてベンチマークに連動する戦略を追求することだ。投資家が利害の一致するファンドマネジャーを見つける最も確実な方法は、ほかとは違った願望を持っているマネジャーを探すことである。

　投資信託の投資家は、たとえ経済的な動機が顧客の利益を満足させることではなくても、顧客の利益を満足させることを重視するマネジャーに出会えれば、有利な立場に立てる。しかし、ファンドマネジャーにとっては、運用資産を集めて運用会社の利益を向上させることのほうが、リスク調整済み超過リターンを生み出すことよりも簡単だ。運用資産を増やし、高い手数料を取ることで会社の利益は増大するが、投資家のリターンは低下する。個人的な利益よりもリスク調整済みリターンを重視するマネジャーは倫理的に行動しているマネジャーだ。

　投資家とエージェント間の対立を緩和するには、エージェントが投資家になるのが最もよい。そうすればエージェントは、経済的な動機と倫理観とによって顧客の利害を最優先させようとするはずだ。投資マネジャーの倫理観はファンドを買おうとする人がマネジャーを評価するうえではあまり役に立たないが、経済的な動機はファンドの投資家がマネジャーを評価するうえでのヒントになる。

　エージェントが顧客の利害を最優先で考える最も大きな動機は、エージェントがそのファンドに大金を預けていることだ。資金を預けるということはエージェントを投資家に変えるため、エージェント（ファンドマネジャー）は投資家と意見が一致する。良質な投資マネジャーは「自らが調理したものを食べてみる」ことを誇りに思うものだ。

　こうしたシナリオが最もうまくいくのは、ファンドマネジャーがポートフォリオに大金を出資しているときだ。マネジャーがポートフォ

リオの資産の99％を保有し、外部の投資家が１％保有しているときを考えてみよう。この場合、投資リターンを高めることが運用手数料を稼ぐことよりも重視されるのは明らかだ。外部の投資家から入ってくる手数料は微々たるものでしかないからだ。

ファンドマネジャーのファンドへの出資額が少ない場合、ファンドマネジャーは資産を集めることによる手数料収入と投資リターンを天秤にかけてみる。マネジャー自身による投資割合が非常に高いというまれなケースでは、マネジャーと受益者の利害は一致するが、残念ながら、投資信託の大部分ではファンドマネジャーによる自己投資はほとんどないのが普通だ。マネジャーの観点からすれば、確実に高まると思える手数料収入のほうが下がると思われる投資リターンよりも魅力的だ。

マネジャーによる高水準の自己投資によって受益者とエージェントの利害が一致することで高いリターンがもたらされる一方で、問題が発生することもある。ファンドの受益者とマネジャーの保有期間が異なり、税効果も異なり、リスク選好も異なる場合、マネジャーは受益者の利益を優先させた投資の意思決定をしないかもしれないということである。投資の意思決定をするとき、投資信託の投資家はマネジャーの保有期間、税効果、リスク選好がどの程度であれば自分たちと意見がぴったりと一致するのか考えてみる必要がある。ファンドマネジャーと投資家の投資目標が異なる可能性があったとしても、マネジャーによる自己投資額が多ければこういった問題は発生しない。

マネジャーによる自己投資の効果を考えると、投資マネジャーは高いリターンを生み出そうという気にはならないこともある。そういった場合でも、マネジャーによる自己投資はマネジャーが利害を一致させようとする行動上の重要な役割を果たす。ファンドマネジャーによる自己投資は投資結果をファンドの受益者と共有しようとする方向性の表れと言ってよいだろう。自己投資による心理的な結びつきは、経

済効果と同じくらい重要だ。

　ファンドマネジャーがファンドに大金を預けることで、ファンドマネジャーと投資家は態度も金融的な関心も一致する。だからと言って、慎重な投資家はマネジャーによる自己投資のメリットを過大評価することはけっしてない。マネジャーによる高水準の自己投資がファンドの投資家を試すリトマス試験紙だとすると、投資信託の重役たちはこぞってファンドに投資し、利害の一致を喧伝するだろう。この時点で自己投資はビジネスコストになる。つまり、運用手数料を稼ぐための手段になるということである。自己投資のメリットに気づかない世界では、高水準の自己投資は強力なシグナルになるが、自己投資が広く使われるようになると、シグナルはその力を失う。いずれにしても、自己投資は今のところは、ポートフォリオマネジャーの行動の偏りを明らかにするための客観的証拠にはならない。

サウスイースタン・アセット・マネジメント

　ロングリーフ・パートナーズの投資信託ファミリーのスポンサーであるサウスイースタン・アセット・マネジメントは、非常に魅力的で顧客本位の特徴を多く持っている。株式市場の歴史において1日で最大の下落幅を記録した日のおよそ6カ月前の1987年4月に設立された、O・メイソン・ホーキンスとG・スタンレー・ゲイツのチームが運用するロングリーフ・パートナーズ・ファンドは、高尚な個人が正しい行いをすることにそのキャリアを捧げた典型的な例である。

顧客本位の原則

　1998年にロングリーフ・パートナーズ・ファンドが株主に宛てた手紙で、ホーキンスとゲイツは投資家の資産を運用するうえでの10の指

針を明らかにしている。最初の指針は、「私たちはあなたのロングリーフへの投資資金を私たちの資金のように大事に扱います」というもので、これは投資家である投資家とエージェントであるマネジャーとの間のギャップを埋めることに尽力することを示している。ロングリーフ・パートナーズの投資家の意志を尊重するという約束は、ポートフォリオマネジャーに投資信託ビジネスのほかの参加者と一線を画す行動を取らせた。例えば、受益者の利益を最優先するという約束の一環として、サウスイースタンは「業界独特の慣習」であるソフトダラーキックバックは受け取らないという決定を下した（ロングリーフ・パートナーズ・ファンズ・トラスト、Longleaf Partners Funds Annual Report、1998年12月31日：1-2)。サウスイースタンのマネジャーは受益者の利益を最優先するという指針を表明することで、同社は顧客本位であることを全面に打ち出している。

明確な戦略

しっかりとした投資戦略はポートフォリオマネジメントの成功に大きく寄与する。ロングリーフ・パートナーズの投資マネジャーは、同社が推定した会社の本源的価値と市場価格を比較し、会社の財務健全度、経営、競争力、将来の収益予測を基に選んだ普通株からポートフォリオに組み込む銘柄を選ぶ（ロングリーフ・パートナーズ・ファンズ・トラスト、Longleaf Partners Fund Quarterly Report、2003年6月30日：1)。ロングリーフのポートフォリオマネジャーは個々の銘柄の相対的魅力度を株価公正価値レシオ（price-to-fair-value ratio）を使って測定し、厳密な評価規律にのっとって銘柄を選ぶ。経営のしっかりした会社が公正価値よりも大幅に安く取引されているとき、マネジャーはその銘柄をポートフォリオに組み込む候補として選び、投資家にファンドへの投資を促す。公正価値に対して市場価格の割引率が

低くなったら、マネジャーは警戒し、現金ポジションを増やす。

　同社創設から最初の数年間は市場への考え抜かれたアプローチは非常にうまくいき、ロングリーフ・パートナーズ・ファンドは1987年4月の創設から1995年12月まで年間15.3％のリターンを上げた。これは同時期のS&P500のリターンである12.6％を上回り、投資マネジャーも投資家もこのリターンに満足した。

　しかし、次の5年間は彼らのコントラリアン的なポートフォリオは市場をアンダーパフォームして、苦戦を強いられた。2000年3月までの12カ月の間、ロングリーフ・パートナーズ・ファンドはS&P500をおよそ27ポイントも下回った。その前の5年間におけるS&P500に対するアンダーパフォーマンスは年間12ポイント以上に及んだ。サウスイースタンの投資マネジャーほど新時代と気が合わないマネジャーはいなかった。

　同社の1999年の年間報告書に基づく投資家からの疑問からは、サウスイースタンが直面しているプレッシャーの大きさは明白だ――「ロングリーフは一体どうしたというのだ」「なぜインターネット成長株に投資しないのか」「ロングリーフはテクノロジーには投資しないのか」「なぜ結果を心配しないのだ」……。ホーキンスとゲイツは最後の質問に「私たちがこれまでに最高の価格で保有してきた資産は……将来的に大きなリターンを生むはずだ」と公に答えてはいるが、ロングリーフ・パートナーズの上級幹部たちは会社のパフォーマンスを心配して眠れない夜を過ごしたに違いない（ロングリーフ・パートナーズ・ファンズ・トラスト、Longleaf Partners Funds Annual Report、1999年12月31日：1）。1987年4月のファンド創設から現在までの結果を見てみると、1998年の年末には市場を打ち負かしたが、1999年12月31日現在ではS&P500を年間1％以上も下回っていた。この一方で、行きすぎたインターネット熱はかつては優れたパフォーマンスを記録したが、月並みな結果に転じていた。

　しかし、2000年3月1日のロングリーフ・パートナーズ・ファンドの株主に宛てた手紙にはいくつかの警告が含まれていた——「基本的な事業価値よりも大幅な高値で株を買った人々にとってはそれは非常に高いものについた。さらに悪いことに、パフォーマンスを追いかけ、株価がピークに近づいたときに買った投機家もさんざんな結果になった。みんなが好む株を所有するという心地の良いコンセンサスに従えば、長期的に見れば財務の健全性は悪化するだけだ」（ロングリーフ・パートナーズ・ファンズ・トラスト、Longleaf Partners Funds Annual Report、1999年12月31日: 1-2, 4-5）。ほかの会社のファンドマネジャーは規律を無視して新時代のインターネット投資に参加したが、サウスウエスタンは、会社の公正価値の数分の1で取引されていたオールドエコノミー銘柄で構成されたポートフォリオを維持した。

　市場に対する合理的なアプローチにもかかわらず、ロングリーフ・パートナーズ・ファンドは当時の熱狂的な強気相場に見合ったリターンを出すことができず、その結果、かなり多くの投資家がファンドを去った。1999年6月30日から2000年6月30日までの間に10億ドル以上の投資家資産がロングリーフ・パートナーズ・ファンドから流出した。これは1999年12月31日現在のファンドの純資産のおよそ30％に相当する。ロングリーフの投資家たちは市場が天井を付けまさに機会が最大になった瞬間にファンドを去ったのである。

　ついでながら言えば、ロングリーフ・ファンドからの投資家の離脱にはモーニングスターも貢献した。ロングリーフ・パートナーズの大幅なアンダーパフォーマンスにもかかわらず、1999年6月の時点でもファンドに対するモーニングスターの格付けは星5つだった。しかし、1999年12月、モーニングスターは最悪のタイミングでロングリーフ・パートナーズ・ファンドの格付けを星3つに格下げしたのである。将来的なビジョンを必要とするときに、彼らはモーニングスターの過去の格付けを見て、ファンドを去っていったのである。

　ファンド保有者を安定的に保つことの重要性を理解していたホーキ
ンスとゲイツは、1998年6月の半年ごとの報告書で、「正しい種類の
投資家を持つことは個々の会社よりも投資信託にとってはより重要だ。
ロングリーフの株主は最高だと私たちは思っている。私たちのパート
ナーは保有している株式の量も、保有期間も、精神的支援もそれぞれ
に異なる。ロングリーフの株主は、過小評価されて要件を満たした銘
柄を1回に1銘柄だけ買い、税金を最小化し、長期的に保有する必要
があることを理解してくれている」（ロングリーフ・パートナーズ・
ファンズ・トラスト、Longleaf Partners Funds Semi-Annual Report、
1998年6月30日：2）。投資家のしっかりとしたサポートがなければ、
世界最高の投資会社といえども顧客のために最高の結果を出すことは
できない。

　ロングリーフ・パートナーズ・ファンドは去っていった投資家に奉
仕することはもはやできないが、残った投資家には主流から外れた厳
しいポジションを維持してくれたことに対してしっかりと応えた。
2000年の第1四半期の終わりから2003年の終わりまで、ファンドは年
間およそ16％のリターンを上げた。これは不調に終わったS&P500の
リターンを年間で22ポイントも上回った。ファンドの長期投資家にと
ってさらに重要なのは、1987年4月のファンド創設から現在に至るま
でのパフォーマンスがS&P500を大幅に上回っていたことだ（年間で
3.9％も上回った）。慎重に策定した投資理念に従うことで、途中、荒
波にもまれたりもしたが、会社と忠実な株主には大きな報酬がもたら
された。

長期的視点

　ロングリーフのポートフォリオマネジャーたちは長期的視点に立っ
て投資し、税引き後リターンを最大化し、ビジネスリスク、金融リス

ク、購買力リスク、規制リスク、市場リスクを最小化することに努めている（ロングリーフ・パートナーズ・ファンズ・トラスト、Partners Fund Fact Sheet、2003年6月30日：1）。サウスイースタンのマネジャーは、投資家に大きな税負担を負わせたり、高い入れ替え率で市場を打ち負かすゲームをプレーすることはない。彼らは株主の資産を良い税効率で運用することで株主の利害を最優先する。もちろんロングリーフのマネジャーは利他主義のみで動いているわけではない。ホーキンスとゲイツは、「私たちはオーナーとして税引き後の複利リターンを最大化することを目指している」と言う（ロングリーフ、Annual Report、1998: 2）。

厳選されたポートフォリオ

厳選されたポートフォリオの重要性を理解しているロングリーフのポートフォリオマネジャーは、ポジションがポートフォリオ全体に対して意味のある効果を持つように、最高のアイデアのみを選ぶ（ロングリーフ、Annual Report、1998: 3）。ロングリーフ・パートナーズのマネジャーたちは、資産を集めることに腐心する多くの投資信託が行っているクローゼット・インデキシングといったバカげた策略を使うことなく、分散されていないポートフォリオを構築するうえでのビジネスリスクをしっかりと計算する。厳選されたポートフォリオは広範に分散されたポートフォリオよりも長い時間をかけて評価する必要がある。パフォーマンスは比較的少数のポジションに依存するため、ポートフォリオのパフォーマンスと市場リターンの差は大きい。アンダーパフォームする時期があるのは回避できないが、厳選されたポートフォリオを運用するマネジャーにはその間に顧客を失うというビジネスリスクがある。しかし、優れたアクティブマネジャーの場合、ポートフォリオの厳選には大きな効果がある。彼らは銘柄を厳選する。

それは結果に大きな影響を及ぼし、投資家の希望を満足させられる可能性が高い。

安定した顧客ベース

　サウスイースタンは会社の投資理念を理解してくれる洗練された投資家がいかに重要かをよく理解している。パフォーマンスを追いかける人気のマネープレーヤーがロングリーフ・ファンドをタイミングの悪いときに去れば、彼らのファンドからの引き上げは既存株主、残っている株主、ロングリーフ・パートナーズのポートフォリオマネジャーに大きな打撃を与える。ホーキンスとゲイツが顧客ベースを長期的に投資してくれる投資家で固めることの重要性を強調するのはこのためだ。

　2003年の投資信託スキャンダル以前の5年間にわたって、ロングリーフ・パートナーズは「短期投機家やマーケットタイマー」が彼らのファンドに参加しないようにするための指針を打ち出した。ほかの投資信託に恥を知れと言わんばかりに、ホーキンスとゲイツは、「1998年、私たちは第三者の清算会社および名義書換代理人と共同してマーケットタイマーを見つけだした。そして私たちは私たちのファンドから締め出すべき投資家とアドバイザーの長大なリストを作成した。保有期間が3年に満たない人からの出資は私たちの投資パートナーには何の利益ももたらさない」（ロングリーフ、Annual Report、1998: 4）。ほかの投資信託の経営陣はマーケットタイマーという害虫と手を結んだが、ロングリーフ・パートナーズは害虫の撲滅に力を尽くした。

公正な手数料

　投資家の資産をむしばむ手数料に敏感なロングリーフ・パートナー

ズは、「販売手数料、管理手数料、解約手数料、12b-1手数料は取らない」ことを明言している。1998年の年次報告書には、「株主にとって一番よいのは、経費率が低く、追加手数料を取らないことである」と書かれており、「私たちは手数料を上げることも追加することもない」と結んでいる。驚くべきことに、サウスイースタンは手数料を下げることもある。2003年9月、ロングリーフ・パートナーズ・インターナショナル・ファンドは25億ドルを超える資産に対して年間運用手数料を1.5％から1.25％に下げることを発表した。つまり、パートナーとスケールメリットを共有するのがフェアなことだと言っているのである（ロングリーフ・パートナーズ・ファンズ・トラスト、Longleaf Partners Fund Quarterly Report、2003年9月30日：4）。手数料の引き下げは割引価格で資産を集める策略がないことを意味する。それから6カ月足らずで、サウスイースタンはインターナショナル・ファンドへの新規投資の受け入れを打ち切った。

関係者による多額の自己投資

同社の関係者が多額の個人資産を自社のファンドに投資していることは強い信念の表れだ。つまり、ロングリーフでは投資家と同じく彼らも重要な受益者であるということである（ロングリーフ、Annual Report、1998: 2）。サウスイースタンの関係者による投資はかなり多い。2003年末現在におけるロングリーフの受託者、従業員、彼らの親戚はロングリーフのファンドの4億ドル以上を保有していた。これは会社の全投資信託資産100億ドルのおよそ4％に相当する。サウスイースタン・アセット・マネジメントでは従業員が会社の投資信託以外のファンドに投資することを禁じているため、同社への顧客本位は強化される。

関係者による投資の一般的なメリットは言うまでもないが、高い水

準の自己投資は経済的な動機というよりも顧客本位を志向していると言ったほうがよいかもしれない。ロングリーフ・パートナーズ・ファンドの例を見てみよう。運用資産が20億ドル増加するとパフォーマンスは低下し、期待投資リターンが１％下がると仮定しよう。サウスイースタンのマネジャーが結果だけを重視するのなら、４億ドルの個人資産の出資に対するリターンは400万ドル減少する可能性があるため、運用手数料収入（費用込み）の1500万ドルの増加のほうを重視するだろう。それによって自由になる資産は増加する。もちろん、運用資産の20億ドルの増加による期待リターンの低下はせいぜい１％にすぎないため、おそらくファンドマネジャー間では結論は異なるはずだ。サウスイースタン・アセット・マネジメントの関係者による自己投資水準は非常に高いが、資産を集めることに対する経済効果は不透明なままだ。手数料収入の増加と投資リターンの低下とのトレードオフははっきりしないメッセージを生む。

　たとえ利益の最大化を選んだとしても、サウスイースタンの関係者による巨額の自己投資は同社の比類のない顧客本位を雄弁に物語るものだ。会社関係者による自己投資は、サウスイースタンがたとえ会社の利益を犠牲にしても受益者の利益の追求に対して忠誠を尽くすことを示す１つの要素であることは確かだ。

運用資産の制限

　もう１つ投資家に有利な政策の一環として、サウスイースタン・アセット・マネジメントは投資機会が減少すると、新規投資の受け入れを中止する。1995年９月、同社が推定した会社評価に対して十分に低い価格での投資対象が見つからないため、ホーキンスとゲイツは同社の旗艦ファンドであるロングリーフ・パートナーズ・ファンドに対する新規投資の受け入れを中止した（ロングリーフ・パートナーズ・フ

ァンズ・トラスト、Longleaf Partners Fund Quarterly Report、1995年9月30日: 2)。ファンドの17.6億ドルの資産の26％が現金だったことを見ても、投資機会がなかったことは明らかだ。

　ロングリーフ・パートナーズが運用資産18億ドルで新規投資の受け入れを中止したとき、世界最大のアクティブ運用投資信託であるフィデリティ・マゼランは500億ドルを超える運用資産を誇っていた。マゼランファンドの規模は大差でロングリーフを上回っていたが、パフォーマンスはロングリーフのほうが圧倒的に高かった。メンフィスに拠点を置くロングリーフの直近5年のパフォーマンスは24.3％で、ボストンを拠点とするマゼランのパフォーマンスは22.9％だった。どちらのファンドもS&P500の5年間のリターンである17.2％を大幅に上回っていた。

　もしサウスイースタンが1995年のロングリーフ・パートナーズ・ファンドの実績を売り込んでいれば、運用資産は何百億ドルにもなっていただろう。運用会社としては100億ドルごとに7500万ドルの利益を見込める。ホーキンスとゲイツが自分たちの財産に及ぼす影響を理解するのに高等数学を使うまでもなかった。ファンドマネジャーは個人的な利益を追求するのではなく、旗艦ファンドに対する新規投資の受け入れを中止することで、運用資産の肥大化でパフォーマンスが低下するのを阻止したのである。

　ファンドへの新規投資の受け入れの中止を発表する手紙で、ホーキンスとゲイツは次のように述べた──「ファンドの運用資産が増加する初期段階ではスケールメリットによって投資家は利益を得ることができる。1987年にファンドが開始されたとき、ロングリーフ・パートナーズ・ファンドの経費率は1.5％で、1995年には多額の資産を運用することで効率性が生まれ経費率は1.06％に低下した。ファンドを閉鎖する1つの理由は、ポートフォリオマネジャーが、これ以上運用資産を増やせばそれに比例して経費率に対する利益が減少するため、株

主の利害を考えればこれは得策ではないと判断したからである」。

　経費率の低下はサウスイースタンが会社の利益よりも投資家の利害を優先していることを示すもう１つの証拠でもある。マネジャーはスケールメリットによって経費率を低下させる代わりに、資産の比率で課す手数料を維持し、キャッシュフローを高め、彼ら自身の利益を増やすこともできた。しかし、サウスイースタンのマネジャーはそれはやらず、スケールメリットが増えることによる利益の大部分を顧客に還元したのである。

　ロングリーフ・パートナーズ・ファンドへの新規投資の受け入れを中止してから３年ちょっとたった1998年10月、サウスイースタンは「投資機会がファンドの現金水準を上回り、新たな資金を受け入れても株主の全体的なリターンが向上する見込みが生まれた」として、ファンドへの新規投資の受け入れを再開した。しかし、それから１年もしない1999年６月、新規投資の受け入れは再び中止された。サウスイースタンはその理由を、「パートナーズ・ファンドの基準に合う新しい投資機会がほとんどないため」と説明した（ロングリーフ・パートナーズ・ファンズ・トラスト、プレスリリース,「Longleaf Partners Fund managed by Southeastern Asset Management, Inc. will close to new investors on June 1, 1999」、1999年５月13日）。機会に敏感な政策を継続するロングリーフ・パートナーズ・ファンドは2000年２月、ぜひともとらえたい機会が到来したため、ファンドを再び再開した（ロングリーフ・パートナーズ・ファンズ・トラスト、プレスリリース,「Longleaf Partners Fund reopened on February 1, 2000」、2000年２月１日）。ファンドの再開を伝えたプレスリリースでは、経費率は資産の0.92％に低下していた。このことからもサウスイースタンの顧客本位の考え方がうかがえる。

　サウスイースタンがロングリーフ・パートナーズ・ファンドをソフトクローズしていた期間、運用資産の規模が制約されたのは明らかだ。

2003年末、ポートフォリオが保有するのは20銘柄で、金額は77億ドルだった。これに対して、マゼランファンドのポートフォリオが保有するのは224銘柄で、金額は680億ドルだった。しかし、ポートフォリオの厳選と運用資産の制限というサウスイースタンの投資規律は大きな効果をもたらした。2003年末現在のロングリーフ・パートナーズ・ファンドの直近5年のリターンは年間10.8%だった。これに対して、同じ時期のマゼランファンドのポートフォリオは分散しすぎたため、リターンは年間-1.1%で、S&P500指数の-0.6%にも及ばなかった。マゼランファンドのフィデリティに対する収益貢献度は、ロングリーフ・パートナーズのサウスイースタンに対する収益貢献度をはるかに上回っていたが、ホーキンスとゲイツの投資家に対するサービスはフィデリティを大きく上回っていた。

　ロングリーフ・パートナーズ・ファンドは投資機会があったりなかったりでソフトクローズ・再開を繰り返したが、ロングリーフ・パートナーズ・スモールキャップ・ファンドは1997年8月1日に新規投資の受け入れを中止したが、再開することはなかった。なぜならホーキンスが言うには、「コア投資ポジションが希薄化し、新たなビジネスチャンスを見つけられる可能性もなかったから」である（ロングリーフ・パートナーズ・ファンズ・トラスト、プレスリリース，「Longleaf Partners Small-Cap Fund managed by Southeastern Asset Management, Inc. will close to new investors on August 1, 1997」、1997年6月30日）。スモールキャップ・ファンドのソフトクローズから1年たったあとも、ホーキンスとゲイツは次のように述べた——「ボラティリティや市場の修正局面を見ると買い機会はあるが、小型株に集中投資し、ポートフォリオの厳選化方針を維持するために、ファンドが新規投資を受け入れる見込みはない」（ロングリーフ・パートナーズ・ファンズ・トラスト、Longleaf Partners Fund Quarterly Report、1998年3月31日: 12）。受益者の利益が会社の利益に優先さ

れるという投信業界においては通常ではあり得ないような話がサウス
イースタンでは普通なのである。

　運用資産を投資機会に合わせて制限するためにファンドをソフトク
ローズすることで、既存の株主には利益がもたらされる。しかし、ファ
ァンドのソフトクローズは潜在的投資家にとっては良くもあり悪くも
ある。ファンドが新規の受け入れを中止すれば、新たな投資家はどう
もがいてもファンドに投資することはできない。ファンドに関心のあ
る人々はソフトクローズされたファンドが再開するのを待つしかない
が、ムダに終わることもある。大型株ファンドであるロングリーフ・
パートナーズ・ファンドの場合、待機期間は数年に及んだ。ロングリ
ーフ・パートナーズ・スモールキャップ・ファンドの場合、新たな投
資家は永久に投資機会が来ないかもしれない。2004年末現在、スモー
ルキャップ・ファンドのソフトクローズ期間は7年以上に及んでいる。

　ロングリーフ・パートナーズ・ファンドの投資家が特定の投資ビー
クルにもはや価値を付加することができないと思ったら、会社はその
ファンドを償還する。2001年9月、「不動産セクターの投資信託は不
動産投資で資本を増やす最高の投資機会を株主に提供することはもは
やできない」として、サウスイースタン・アセット・マネジメントは
運用資産が5億ドルを超えるロングリーフ・パートナーズ・リアルテ
ィ・ファンドをソフトクローズした（ロングリーフ・パートナーズ・
ファンズ・トラスト、Longleaf Partners Fund Quarterly Report、
2001年9月30日: 3)。1%の運用手数料の権利を放棄したマネジャー
たちはそれ以降は500万ドルの年間手数料を手にすることはなかった。
これは受益者の利益に対する忠誠心の表れである。

株主とのコミュニケーション

　サウスイースタンの最後の理念は、株主へのサービスに誠意を尽く

し、株主と率直に話をすることである。運用資産を集めることに腐心する投資信託会社は、潜在的投資家に目論見書を進んで手渡す。これは投資家が投資をする前に入手すべきものだ。しかし、投資家は追加情報（SAI）のような機密情報を含む補助文書を入手することはできない。2004年2月に行われた規模による10大投資信託グループのウェブサイトの調査では、ファンドの追加情報を提供しているグループは1つしかなかった。投資家に有利となるファンドの追加情報を開示していたのは、キャピタルリサーチのアメリカンファンズ・インベストメント・カンパニー・オブ・アメリカだった。不十分な開示の殿堂入りを果たしたのは、AIMのプレミア・エクイティ・ファンド、フィデリティのマゼランファンド、フランクリンのインカムファンド、ヤナスファンド、オッペンハイマーのメーン・ストリート・ファンド、ピムコのトータル・リターン・ファンド、パットナムのファンド・フォア・グロース・アンド・インカム、T・ロー・プライスのエクイティ・インカム・ファンド、バンガードの500インデックスファンドだった。投資家にやさしい方針を掲げ、株主と率直なコミュニケーションを行うように努めているサウスイースタンでは、マウスのクリック1つで追加情報を入手することができる。

サウスイースタン・アセット・マネジメントのまとめ

　サウスイースタンが投資家の利害を最優先することができるのは、同社が非上場の独立した会社だからである。もしサウスイースタン・アセット・マネジメントが金融サービスコングロマリットの子会社だったら、親会社の利益に貢献しなければならないというプレッシャーに屈していただろう。もしサウスイースタンが上場企業だったら、株主に利益を提供する義務が生じていただろう。営利を目的とする運用会社が自社の損益計算書を気にすることなく受益者の利益を最優先で

411

きるのは、非上場で独立した会社ならではのことである。受益者の利益をどれくらい優先し、会社の利益をどれくらい稼ぐかを選べるのも独立企業の醍醐味である。

　サウスイースタン・アセット・マネジメントはどこを見ても投資家に対するやさしさがあふれている会社の典型例だ。これがひいてはアクティブ運用の成功にもつながるのである。サウスイースタンの投資マネジャーには、厳選されたポジションを維持し、多額の個人資産を自己投資し、運用資産額を制限し、税効果を考え、手数料を適切水準に設定し、投資機会が減少したらファンドを閉鎖するという勇気がある。もちろん、あらゆるサインが正しい方向を指しているからと言って、サウスイースタンが将来的にもアクティブ運用を成功に導くことができるかどうかについては不確実な部分はたくさんある。

　投資の運用プロセスにおいて最も重要なのは人だ。将来のパフォーマンスがどうなるかは人によるところが大きい。メイソン・ホーキンスとスタンレー・ゲイツは優れた投資リターンを上げるのに必要な時間と労力をいつまで費やし続けることができるだろうか。上級幹部は優秀な若者を引き付け、訓練し、雇い続けていけるだろうか。投資のプロたちに経済的報酬は平等に与えられているだろうか。投資チームがどれくらいの経験があり、どれくらいのモチベーションがあり、どれくらいやる気があるのかを見るには、その組織を深く理解することが必要だが、こういった情報は投資信託の平均的な投資家は入手するのは不可能だ。

　投資家は投資する前に、現在の経営チームがどれくらい真剣に会社にかかわっているかを見る以外にも、経営チームの質的な特性を評価する必要があるが、これには継続的に監視し続けるしかない。賢明な投資家は古参者の特性だけでなく、将来的に有望な新人の特性にも注目する。アクティブ投資マネジャーを査定するという仕事に終わりはないのだ。

　最後に、投資信託で成功しようと思ったら、人気はないが基本的に健全なポジションを維持するという信念を持っているかどうかを自らに問いかけることが重要だ。1999年の終わりから2000年の初めの市場が高値を付けたときにロングリーフ・パートナーズから投資家が引き上げたおよそ30％の資産は、ポートフォリオに３回にわたってダメージを与えた。１つ目は、既存の投資家が確定した利益に対して税金を払ったことだ。２つ目は、去った者が得られたのは過去の悪いパフォーマンスで、将来的な良いリターンを取り損ねたことだ。３つ目は、去った者は直近のパフォーマンスの良いほかのファンドを追いかけたと見られるが、そのファンドのリターンも暗転した。パフォーマンスの良いファンドを見つけたとしても、それは投資家がフィニッシュラインまでそこにいられる力があるときだけしか役に立たない。

　どんなアクティブ運用プログラムに投資するときでも、たとえサウスイースト・アセット・マネジメントのように魅力的なプログラムであったとしても、それを信じることが重要だ。投資家は将来は過去と同じになることを信じると同時に、変化が不可避であることも理解する必要がある。ファンドマネジャーも年を取り、懸命さがなくなり、欲が出て、成功するためのプランを立てられなくなることもある。チャートの１位を飾る10年の実績を持つ会社が、次の10年間も華々しい結果を生み出すとは限らない。人は変わるのだ。

本章のまとめ

　圧倒的多数の投資信託の資産は、受益者の利益はそっちのけで自社の利益を得ることに懸命な投信会社の管理下にあるが、投資家の利害を最優先する会社によって大事に運用されている資産も少ないながら存在する。アクティブ運用の投資信託に投資したいと思う賢明な投資家は、行動も構造も投資家にやさしい会社を探す。会社関係者による

自己投資と運用資産額の限定は、高い投資リターンを生み出そうという行動の表れだ。行いの良いファンドマネジャーを見つけられれば有利だが、投資信託の購入者がそんな投資信託のマネジャーを見つけるのは非常に難しい。B級映画のバッドガイの間をすり抜けながら、数少ない大ヒット映画のヒーローを探し当てるのは容易なことではない。もっと厄介なことに、投資家がたぐいまれなスーパースターを探し当てても、次の作品がヒットするのか失敗するのかは分からない。勝てるアクティブマネジャーを見つけるのは信じられないほど難しい仕事なのである。

第11章 ETF

The Exchange-Traded Fund Alternative

　ETF（上場投資信託）はオープンエンド型のファンドで、株式のように売買することができる。これは伝統的な投資信託インデックス投資の魅力的な代替投資となるものだ。よく構成されたETFは標準的なインデックスファンドのように、分散されていて、低コストで、税金面でも有利だ。状況によっては、ETFは一般的なインデックスファンドよりも大きな税効果が見込めることもある。

　ETFが誕生したのは1993年1月22日だ。ステート・ストリート・バンク・アンド・トラスト、アメリカン証券取引所、スタンダード・アンド・プアーズが提携して、S&P500指数に連動するS&P預託証券を15万株発行した（SPDR）。これがアメリカにおけるETFの先駆となった。通称スパイダーと呼ばれるこのETFは人気が高い。ステート・ストリートのスパイダーは1993年のIPO（新規株式公開）時の時価総額は660万ドルだったが、2003年12月には438億ドルにまで増大し、全ETFの市場価値である1574億ドルのおよそ4分の1を占める。

　アメリカ株、アメリカ以外の先進国株、新興国市場株、国内債券、インフレ連動債、不動産などすべてのコアアセットクラスのETFが存在する。幅広い市場をカバーしているため、投資家はETFだけでよく分散したポートフォリオを構築することができる。

　今日のETF市場を支配しているのは質の高い投資運用会社で、

2003年12月31日現在でバークレイズ・グローバル・インベスターズと
ステート・ストリート・グローバル・アドバイザーズの2社だけで
ETFの全市場価値のおよそ4分の3を占めている。元々は機関投資
家のための大きなポートフォリオのパッシブ運用が目的だったが、バー
クレイズとステート・ストリートはETFをコスト効率の良い投資
運用サービスを提供する市場として根付かせた。自社利益志向である
にもかかわらず、これら2社は、競争の激しい市場で機関投資家向け
インデックスファンド運用を長年続けてきた結果、顧客志向の商品を
生み出す必要性に迫られた。その精神がETFの組成へとつながった。

　ブローカーとのやり取りの必然性はETF投資の大きな足かせにな
った。一般に、ウォール街のブローカーは投資家の利益を無視した活
動に従事することでお金を稼ぐ。高いトレード手数料、たまにしかト
レードしない顧客に対する悪い執行レート、口座維持管理手数料、過
剰なトレード。これら4つはブローカーが顧客の費用で甘い汁を吸う
ための手段だ。ブローカーがどんなに悪い行動を行っても、トレード
の最小サイズはETF手数料の支払い額によって決まり、最小サイズ
よりも小さいトレードは無視される。賢明な投資家はトレードコスト
とトレード執行プロセスに内在する投資家とマネジャー間の対立に細
心の注意を払うべきである。

　ETFのトレードは個人投資家にとってはいくつかの難しい問題が
ある。ETFの構造には市場価格を公正価値に近づけるアービトラー
ジメカニズムが含まれているが、アービトラージが最も効果的なのは
流動的で堅調な市場で取引される株式に投資するETFだ。また、ア
ービトラージはアクティブで取組高の多い市場で取引されるETFに
とっても効果的だ。アービトラージメカニズムは市場価格を公正価値
に維持できないこともあるため、洗練されていない投資家はETFを
公正価値以上の価格で買って、公正価値以下の価格で売る可能性もあ
る。

　売買の問題に加え、ETF市場にはコストが高いか、構造に欠陥があるか、あるいはその両方の問題を抱える多くのファンドが含まれる。例えば、ライデックス・グローバル・アドバイザーズの均等加重S&P500ETFの手数料は0.40％で、バークレイズ・グローバル・アドバイザーズの時価総額加重S&P500ETFの手数料は0.09％だ。基本的に同種の投資マネジメントサービスに対して、ライデックスではなぜ4倍以上の手数料を取られなければならないのか。各国のファンドやセクターファンドといったニッチ商品の増加は、ETFの世界を混乱させる。悪い構造のインデックスに連動するETFもあり、これは投資家にとって魅力に欠ける。インデックスの構成の変化を反映しない静的ポートフォリオのETFもあり、市場を代表するポートフォリオにはならない可能性もある。ほかの金融サービス同様、投資家はETFに対しては注意し疑ってかかる必要がある。

　将来的にはもっと複雑になる可能性があるため、投資家は心の準備が必要だ。劇的に増加したETF資産は、自分たちの利益を増やそうと画策するウォール街の詐欺師たちを引き付ける。もっと粗悪な組成の商品やもっと手数料の高い商品が次々と考案されている。創造力豊かな金融エンジニアはアクティブ運用のETFを開発し、ETFの世界を機能不全に陥らせている。そのうちにETF市場も伝統的な投資信託の望ましくない性質を帯びてくるかもしれない。

　ETFは多くの投資家にとって伝統的なインデックスファンドの代替になるものだが、残念ながら、ほかの金融サービスと同様、ETFの投資家もエージェント問題を抱えており、目標は遠のくばかりだ。ファンドを注意深く選択し、トレードを注意深く執行することでエージェント問題を解決できれば、標準的なインデックスファンドポートフォリオのポジティブな特性に匹敵する魅力的な投資特性を持つポートフォリオを作成できる可能性はある。

表11.1　ETFにはいろいろなアセットクラスがある

	ファンド数	時価総額（100万ドル）
アメリカ株	86	139,088
アメリカ以外の先進国株	24	11,784
新興国株	9	2,563
グローバル株	7	307
不動産	3	1,282
米債券	5	2,231
TIPS	1	142
合計	135	157,396

注＝2003年12月31日現在のデータ
出所＝モルガン・スタンレー

ETF

　660万ドルのSPDRの発行に始まったETF市場は、この10年近くで発行証券は134にまで増え、2003年末現在で時価総額はトータルで1570億ドルに達している。ETFには国内株、外国株、グローバル株から国内債券やTIPS（物価指数上昇率に連動する国債）に至るまでさまざまなアセットタイプがある。

　アメリカ株ETFはファンド数で言えばETF全体の60％以上を占めるが、**表11.1**に示したように、時価総額ではおよそ90％を占める。これはETF資産の55％を占める。

　表11.2に示した10大ETFにはコアアセットへのイクスポージャーで構成された4つのファンドが含まれている（国内株で構成されたSPDR、iシェアーズS&P500インデックスファンド、トータル・ストック・マーケットVIPER、外国の先進国株で構成されたiシェアーズMSCI　EAFE）。残りの6つのファンドはベンチマーク連動型で、

表11.2　時価総額が上位10位までのETF

ETF	ベンチマーク	運用会社	時価総額 （100万ドル）
S&P預託証券	S&P500	ステート・ストリート・グローバル・アドバイザーズ	43,750
ナスダック100インデックストラッキングストック	ナスダック100	バンク・オブ・ニューヨーク	25,608
iシェアーズS&P500インデックスファンド	S&P500	バークレイズ・グローバル・インベスターズ	7,858
ダイアモンド	ダウ平均	ステート・ストリート・グローバル・アドバイザーズ	6,772
S&Pミッドキャップ400預託証券	S&Pミッドキャップ400	バンク・オブ・ニューヨーク	6,420
iシェアーズMSCI EAFEインデックス	MSCI EAFE	バークレイズ・グローバル・インベスターズ	5,362
iシェアーズラッセル2000インデックス	ラッセル2000	バークレイズ・グローバル・インベスターズ	4,509
iシェアーズMSCIジャパンインデックス	MSCIジャパン	バークレイズ・グローバル・インベスターズ	2,840
トータル・ストック・マーケットVIPER	ウィルシャー5000	バンガード・グループ	2,509
iシェアーズラッセル1000バリューインデックス	ラッセル1000バリュー	バークレイズ・グローバル・インベスターズ	2,329

注＝2003年12月31日現在のデータ
出所＝モルガン・スタンレー

　不十分な構成のベンチマーク（ダウ・ジョーンズ工業株平均とラッセル2000）に連動したもの、投機に適したベンチマーク（ナスダック100）に連動したもの、あるいは両方を含むものがある。ETFは基本的にはインデックスファンドに投資するのが普通だが、これら10大ファンドにはコアアセットに投資するものとインデックスファンドに投資するものが含まれている。

　劣悪なETFはたくさんあるものの、市場にはさまざまなコアアセットクラスへのイクスポージャーを提供する良い構造の手ごろな価格のETFもたくさん存在する。**表11.3**はアメリカ株式市場への幅広い

表11.3　コアアセットクラスのETFはポートフォリオマネジメントツールとして便利に使える

アセットクラス	ETF	ベンチマーク	市場価格のティッカー	公正価値のティッカー
アメリカ株	トータル・ストック・マーケット（VIPER）	ウィルシャー5000	VTI	TSJ
	ラッセル3000（iシェアーズ）	ラッセル3000	IWV	NMV
	ダウジョーンズUSトータルマーケット（iシェアーズ）	ダウジョーンズUSトータルマーケット	IYY	NLAX
	S&P1500（iシェアーズ）	S&P1500	ISI	EIS
	S&P500（iシェアーズ）	S&P500	IVV	NNV
	S&P預託証券	S&P500	SPY	SXV
アメリカ以外の先進国株	MSCIヨーロッパ・オーストラリア・極東（iシェアーズ）	EAFE	EFA	IEE
新興国株	MSCIエマージング・マーケット・フリー（iシェアーズ）	EMF	EEM	EEV
不動産	ウィルシャーREIT（streetTRACKS）	ウィルシャーREIT	RWR	EWR
	コーヘン&スティアーズ・リアルティ・メジャーズ（iシェアーズ）	コーヘン&スティアーズ・リアルティ・メジャーズ	ICF	ICG
米国債券	リーマン1-3イヤー・トレジャー（iシェアーズ）	リーマン1-3イヤー・トレジャー	SHY	SHZ
	リーマン7-10イヤー・トレジャー（iシェアーズ）	リーマン7-10イヤー・トレジャー	IEF	IEN
	リーマン20プラス・イヤー・トレジャー（iシェアーズ）	リーマン20プラス・イヤー・トレジャー	TLT	TLZ
TIPS	リーマンTIPS（iシェアーズ）	リーマンUS TIPS	TIP	TBK

出所＝モルガン・スタンレー, Exchange Traded Funds.Index-Linked ETFs: Quarterly Update, 2004年1月28日

イクスポージャーを提供する6つのETF、債券と不動産のイクスポージャーを提供するETF、アメリカ以外の先進国の株式と新興国株式とTIPSへのイクスポージャーを提供するETF（各1つずつ）を示したものだ。全部で14のファンドのうち、11がバークレイズ・グローバル・インベスターズのiシェアーズが占めている。あと3つのうち

2つがステート・ストリート・グローバル・アドバイザーズで、巨大なスパイダーETFを抱えているため、サイズ的には大きいが数は少ない。最後の1つは、最近、ETF市場に参入したバンガードだ。

ETF市場を占めているのは3つの会社で、市場シェアは2003年12月31日現在で95％をやや下回る。2つのトッププレーヤー——バークレイズ・グローバル・インベスターズとステート・ストリート・グローバル・アドバイザーズ——は、機関投資家向けのパッシブ運用ファンドというルーツは同じだ。バークレイズとステート・ストリートは世界のトップクラスのアセット運用会社で、2003年末現在の運用資産はそれぞれおよそ1兆ドルを誇る。バンク・オブ・ニューヨークは、メリルリンチのホールデイング・カンパニー預託証券（HOLDR）と銀行独自のバスケット・オブ・リステッド預託証券（BLDR）を販売しており、ETF市場トップ3社の一角を占める。しかし、構成の良くないETFを販売したところで、投資家の要請に応えているとは言えない。ETFが投資家のニーズを満足させるかどうかは、各社の性質と文化を見ればヒントをつかめるかもしれない。

バークレイズとステート・ストリートのマネーマネジメントビジネス企業としての特徴は、ETFの株主にとっては大きな魅力だ。洗練された機関投資家にコモディティ化したパッシブ運用サービスを提供するという競争の激しい環境のなかで、バークレイズとステート・ストリートはごくわずかだが利益を出している。公正な価格付けと競争による効率化は、これらの会社のコアアセット運用ビジネスからETFビジネスへと引き継がれている。これはETFの個人投資家にとっては魅力的だ。

バークレイズとステート・ストリートに言わせれば、ETF市場への参入は会社の中核となる機関投資家向けインデックスファンドビジネスの延長のようなものだ。個人投資家と機関投資家のETFの保有状態を示す信頼のおけるデータは存在しない（モルガン・スタンレー

は、機関投資家と個人投資家のETF取引はほぼ同等であると推定する）
が、機関投資家はETF取引には積極的なようだ。そのため、資産運
用会社には公正に価格付けされた商品の提供が求められる。でなけれ
ば市場シェアを失うことになる。バークレイズとステート・ストリー
トのETFの価格は市場要因によって、不公正で過度な個人投資家水
準ではなくて、公正で効率的な機関投資家水準になるように維持され
る。つまり、個人投資家は機関投資家に便乗することで利益が得られ
るということである。

　バークレイズやステート・ストリートによって提供される競争力の
ある商品とは対照的に、個人投資家を対象とした会社が組成する構造
のあまり良くないETFもたくさんある。ETF市場で３番目に大きい
バンク・オブ・ニューヨークは、優れた投資手段だからという理由で
はなく、その頭文字で有名なHOLDRやBLDRの受託者だ。メリルリ
ンチが組成・販売するHOLDRは、投資対象の会社が消滅してもほか
の銘柄に差し替えられることはなく、また会社が新規に上場してもそ
の銘柄を加えることもない。HOLDRはセクターポートフォリオとし
てはあまり良い構造とはいえず、顧客に不適切に高いリスクを与える。

　BLDRは海外投資やグルーバル投資に対する怠け者のアプローチだ。
BLDRは海外証券への広範にわたるイクスポージャーを提供するので
はなく、ADR（米預託証券。アメリカ以外の株式を、アメリカ株と
同じようにドル建てでアメリカ市場で売買できる）を提供する企業の
株式のみで構成されている。ADRはアメリカ株と同じように売買でき、
為替を気にしたり外国の取引所で取引する必要がないため、知識のな
い投資家には魅力的に映る。海外株の取引は経験の浅い機関投資家で
も簡単に行うことができる。しかし、取引が簡単だからと言って、投
資家の選択肢をプロが運用するファンドに限定する理由にはならない。

　バンク・オブ・ニューヨークがADRのみを取り扱うのにはおそらく
は隠された動機があると思われる。１つは、バンク・オブ・ニューヨ

ークは市場の代表とはけっして言えないADRインデックスのライセンスを与える見返りとして資産の0.06％の手数料を受け取ることができる。バンク・オブ・ニューヨークのライセンス手数料だけで６ベーシスポイントかかるBLDRと、ステート・ストリートの９ベーシスポイントの総経費率を比較してみよう。悪い構成のインデックスにライセンス手数料を支払うのは、ムダな支払い以外の何物でもない。もう１つは、BLDR商品の根底を支えるADRの組成とメンテナンスを行うバンク・オブ・ニューヨークは資産をADRへと導くことで利益を得ているのは明らかだ。BLDRの立ち上げを記念する報道発表でバンク・オブ・ニューヨークは明らかな対立の存在に気づかないふりをした――「預託証券の世界最大の預託銀行として、顧客に革新的なソリューションを提供できるETFにかかわれることを非常にうれしく思っている……BLDRファンドファミリーは、非アメリカ証券への便利でコスト効率の良い投資方法として預託証券の利便性を広め知名度を上げることに貢献するはずだ」（バンク・オブ・ニューヨーク、プレスリリース「NASDAQ Introduces the BLDRs Family of Exchange-Traded Funds Based Upon The Bank of New York ADR Indexes」、2002年11月13日）。ADR市場に何の下心もないBLDRの保有者が機会を限定されることで不利益を被る一方で、バンク・オブ・ニューヨークは二重稼ぎをしている。

ETFの売買

ETFはほかの上場株式と同じように売買されるので、ETFを売買するにはブローカーと取引するというありがたくない行為が必要になる。ブローカーと顧客の関係ほど利害の対立が明確な世界はない。ブローカーはできるだけ高い手数料を取ろうとし、顧客はできるだけ少ない手数料を払おうとする。ブローカーは短期でなるべく多く売買さ

せようとし、顧客はポジションを長期に保有したがる。賢明な投資家ならブローカーのどんな言葉にも疑問を抱くべきである。

　注意深い顧客はブローカーの利益ができるだけ少なくなるような行動をするため、ブローカーとの利害の対立は高まる。コストに敏感な投資家は、ブローカーに利益をもたらすような高い手数料を支払うことは避ける。長期投資家はブローカーに利益をもたらすような繰り返し売買は避ける。賢明な投資家はブローカーの利益を少なくしようとするため、すでに対立した関係はさらに緊迫する。

　フルサービスを提供するブローカーの下では、投資家は成功は望めない。フルサービスには無用なリサーチが含まれ、投資家が欲しがらないような関係のないアドバイスが含まれる。フルサービスほどコストのかかるものはない。フルサービスブローカーを使う投資家は、無益なものにお金を支払っているにすぎない。

　フルサービスの対極にあるものが純粋な執行サービスだ。自立した投資家はブローカーには注文を出して執行してもらうだけで、フルサービスのような非生産的な余分なものにはお金は払わない。純粋な執行サービスという点では、インターネットの知識の豊富な投資家は電話による投資家よりもコスト的に有利だ。

　ブローカーを介しての取引は、純粋な執行だけのサービスとフルサービスの中間に位置する。**表11.4**は2004年8月に行われたトレードコストの調査結果を示したものだ。これによると、純粋な執行だけのオンライントレードはトレードサイズによらず手数料が一定であることが分かる。トレードサイズによらない手数料は、トレードサイズで手数料が変わることはない。100口をトレードしても、10万口をトレードしても手数料は同じだ。競争の激しいオンラインの世界では、コストがトレードサイズによらず同じというのが一般的だ。

　オンライントレードのトレードサイズにかかわらず一定の価格と、フルサービスのトレードサイズによって上昇する価格とを比較してみ

表11.4　ETFのさまざまなトレードコスト——SPYをトレードするときの推定コスト

ブローカー	SPY100口		SPY500口		SPY1000口	
	金額	比率	金額	比率	金額	比率
純粋に執行だけ（オンライン）						
アメリトレード	10.99	0.10	10.99	0.02	10.99	0.01
TDウォーターハウス	17.95	0.16	17.95	0.03	17.95	0.02
フィデリティ	29.95	0.27	29.95	0.05	29.95	0.03
純粋に執行だけ（電話）						
アメリトレード	14.99	0.14	14.99	0.03	14.99	0.01
TDウォーターハウス	35.00	0.32	35.00	0.06	35.00	0.03
フィデリティ	45.00	0.41	45.00	0.08	67.50	0.06
ブローカーアシスト						
アメリトレード	24.99	0.23	24.99	0.05	24.99	0.02
メリルリンチ	50.00	0.46	116.25	0.21	150.00	0.14
フィデリティ	55.00	0.50	111.00	0.20	181.00	0.17
フルサービス						
AGエドワーズ	100.00	0.92	500.00	0.92	976.68	0.90
スミス・バーニー	110.50	1.01	552.50	1.01	1052.57	0.97
メリルリンチ	206.79	1.90	687.53	1.26	1081.06	0.99

注＝金額は最低口座残高に対する手数料。比率はデータを収集した2004年8月のSPYの平均価格を109ドルと想定してSPY価格の比率として算出
出所＝ブローカーのウェブサイト

よう。100口トレードするときと500口トレードするときの違いは口数が違うだけだが、AGエドワーズとスミス・バーニーでは500株トレードするときは100口トレードするときの5倍の料金になる。フルサービスブローカーは顧客から手数料をふんだくるために、トレードサイズが大きくなると料金も高くなることに対して下手な言い訳をする。フルサービスのブローカーを使う愚かな投資家は自業自得だ。

　この調査はSPYをトレードするのにかかるコストを調査したものだ。この調査よりブローカーによってコストが大きく異なることが分かっ

た。伝統的なフルサービスブローカーの手数料の高さには驚愕する。その筆頭がメリルリンチで、SPY100口の手数料が206.79ドル、SPY500口の手数料が687.53ドルだ。

　フルサービスブローカーはトレードサイズにかかわらず手数料が高い。一番高いのはメリルリンチで、1万900ドルのSPYのトレードに対して1.9％の手数料を取る。フルサービスブローカーで手数料が最も安いAGエドワーズさえ0.9％という高さだ。コストに敏感な投資家はフルサービスのブローカーなど使わない。

　次にオンライントレードを見てみよう。オンライントレードでは様相は一変する。アメリトレードの執行のみのサービスの価格は100口の注文で10.99ドルと安い。これに対してメリルリンチのフルサービスの価格はこれの18倍以上だ。アメリトレードの場合、SPYの価格を109ドルとした場合の価格に対する手数料の比率は0.1％だ。

　トレードサイズが大きくなると違いは劇的に大きくなる。アメリトレードのSPY1000口のトレードに対する手数料は10.99ドルだが、メリルリンチの手数料は1081.06ドルで、アメリトレードのおよそ100倍だ。これを価格の比率で見ると、アメリトレードは0.01％だが、メリルリンチは0.99％だ。執行のみのブローカーを使う自立した投資家はブローカーのノイズを避け、お金を節約する。これは投資家にとっては一挙両得だ。

　ブローカーの手数料を考えると、ETFのトレードは大きなサイズのほうがお得だ。純粋に執行のみの手数料はアメリトレードの場合、SPY1000口（10万9000ドル）に対して0.01％で、SPY100口に対しては0.1％なので、投資家のリターンにはほとんど影響はない。しかし、SPY1口（109ドル）の手数料は10％になるので、投資家の資産は大きく目減りする。ETFのトレードは大きなトレードサイズで行うに限る。

　ETF投資の最大の欠点の1つがブローカー手数料だ。執行のみの

サービスを利用することで、銘柄についてのブローカーの無用なおしゃべりを聞かなくても済むうえ、執行レートも良くなるという二重のメリットが得られる。賢明な投資家なら、フルサービスのブローカーは避け、低コストで執行のみを行うブローカーを使う。

アービトラージメカニズム

　ほとんどのETFの構造には、ETFの市場価格を原証券の公正価値と一致させるためのアービトラージメカニズムが含まれている。市場価格と公正価値が近いと市場参加者は実体価値を正確に反映した価格でトレードすることができる。ETFには標準的な投資信託によく見られるステイルプライス（陳腐化した価格）という問題はない。なぜならETFは取引時間の間中、株式と同じように継続的に価格付けされるため、常に更新された市場価格で売買することができるからだ。**表11.3**には、コアアセットクラス別のETFの市場価格と公正価値の両方のティッカーが示されている。

　需要と供給の間でアンバランスが生じると、ETFによっては市場清算価格が公正価値から乖離する場合もあるが、市場価格と公正価値が大きく異なる場合、アービトラージメカニズムによってそのアンバランスを是正する大手投資家は利益を得ることができる。彼らによってアンバランスが是正された結果、市場は1日中効率的に動く。

　アービトラージを行うのは指定参加者（AP）と呼ばれるプロたちだ。彼らはETFをブロックで売買してアービトラージを行う。株式ETFの場合は5万口単位、債券のETFの場合は10口単位というのが普通だ。ETFの市場価格が公正価値を上回ると、指定参加者はETF指数を構成する比較的安い株式を買って新たなETFを設定する（クリエーション）。それと同時に、指定参加者は新たに発行されたETFを売る。アービトラージは公正価値と市場価格とのギャップを埋めるのが目的

であることに注意しよう。ETFの供給が増えれば、市場価格は下がって公正価値に近づく。市場価格が公正価値を上回る場合、アービトラージによってETFの発行口数は増える。

　一方、公正価値が市場価格を上回った場合、逆のことが起こる。指定参加者はETFインデックスを構成する割高な株式を空売りし、割安のETFを買う。そして指定参加者は買ったETFを現物株と交換する。前述したように、アービトラージは公正価値と市場価格のギャップを埋めるのが目的だ。ETFの供給が減少すれば市場価格は上昇し公正価値に近づく。公正価値が市場価格を上回っている場合、アービトラージによってETFの発行口数は減少する。

　アービトラージが機能するには、ETFを構成する株式とETFそのものが絶えず活発に取引されていなければならない。買い気配値と売り気配値のスプレッドが小さく、大きなトレードが可能な市場ではアービトラージが頻繁に行われる。逆に、買い気配値と売り気配値の乖離が大きく、小さなトレードしかできないような市場はアービトラージャーに敬遠される。市場価格と公正価値のギャップが小さければ、投資家は市場が公正であると確信することができる。市場の厚みと弾力性はETF市場にとって極めて重要な要素だ。

市場の厚み

　ETFの世界では、市場価格と公正価値が最も近づくのは、インデックスファンドの構成銘柄が厚みと弾力性のある市場で取引されているときだ。インデックスファンドの構成銘柄が小さなスプレッドで大量に取引されていれば、アービトラージャーは瞬時に大量の株を売買することができる。逆に、構成銘柄が大きなスプレッドでたまにしかトレードされなければ、アービトラージャーはアービトラージするのが難しくなる。

**表11.5 コアアセットクラスETFの市場価格と公正価値の関係は市場の
相対的な効率性に一致する**

アセットクラス	ETF	市場価格と公正価値の出来高加重差 (%)	価格対公正価値レンジ		
			公正価値との最大ディスカウント幅	公正価値との最大プレミアム幅	最大ディスカウントと最大プレミアムのレンジ
米国債	リーマン7-10イヤー・トレジャー（iシェアーズ）	0.04	−0.23	0.34	0.56
TIPS	リーマンTIPS（iシェアーズ）	0.08	−0.21	0.38	0.59
米国株	トータル・ストック・マーケット（VIPER）	0.08	−0.33	0.20	0.53
不動産	ウィルシャーREIT（streetTRACKS）	0.17	−0.81	0.52	1.33
アメリカ以外の先進国株	MSCIヨーロッパ・オーストラリア・極東（iシェアーズ）	0.22	−0.69	0.74	1.43
新興国株	MSCIエマージング・マーケッツ・フリー（iシェアーズ）	0.57	−1.64	0.46	2.10

注＝2004年5月3日の週のデータ
出所＝ブルームバーグ

　2004年5月3日のETF市場のスナップショット（**表11.5**）を見ると、6つのコアアセットのETFのアービトラージメカニズムがうまく機能しているのが分かる。この表はその週のすべてのETFトレードの出来高加重の市場価格と公正価値との関係を調べたものだが、市場価格は公正価値にかなり近い。1週間分のトレードだけでは正確なことは言えないが、役立つ結果であるように思える。

　市場価格を公正価値と一致させるのは効率的市場の1つの目標であるため、市場価格が公正価値から乖離することは市場の失敗を意味する。したがって、市場価格と公正価値の違いの絶対値を調べることには意味がある。市場価格よりも公正価値のほうが高かろうが安かろう

が、その差の絶対値が重要なのである。トレードにさらされている金額が重要なので、出来高加重のデータでは大きなトレードが結果により大きな影響を及ぼす（小さなトレードは結果にはあまり影響しない）ことになり、市場がどれくらい効率的なのかをはっきりつかむことができる。

　ETF市場の効率性に関するデータは市場の相対的な堅牢性の仮説に基づく概念に一致する。世界で最も厚みがあり最も効率的な株式市場に連動することを目標としたリーマン7～10年米国債ETF（満期が7年以上10年未満）は、市場価格と公正価値の出来高加重の差は最も小さく、わずか0.04％だ。**表11.5**に示したように、アメリカ株とTIPSは非常に高い市場効率性を示し、どちらとも市場価格と公正価値の差は0.08％である。予想どおり、流動性の低い外国市場では効果的なアービトラージは難しい。外国の先進国市場のギャップは0.22％、新興国市場は0.57％とかなり高い。

　出来高加重データはコミュニティ全体のデータを示すものだが、個人トレーダーにとって重要なのが個々のトレードのデータだ。分析をした週の米債券のETFの市場価格は公正価値に対して−0.2％から＋0.3％の範囲で推移した。TIPSのETFの市場価格は公正価値に対して−0.2％～＋0.4％、アメリカ株のETFの市場価格は公正価値に対して−0.3％～＋0.2％、外国の先進国のETFの市場価格は公正価値に対しておよそ±0.7％だった。新興国市場のETFは2.1％のレンジで推移し、市場価格は公正価値の−1.6％～＋0.5％だった。もっと効率的な市場ではアービトラージメカニズムによって公正価格で取引されると考えられるため、投資家は公正価値で執行されるかどうかはあまり気にする必要はない。しかし、もっと非効率的な市場では、投資家は効果的に執行できるかどうかを心配する。

　ETFでは市場の規模と流動性がトレードの執行の質にとって非常に重要になる。市場の効率性を測る1つの尺度である買い気配値と売

表11.6 アセットクラスで異なるETFの買い気配値と売り気配値のスプレッド

アセットクラス	ETF	2003/12/31の時価総額（100万ドル）	1日の平均出来高（1000口）	平均スプレッド（%）
米国債	リーマン7-10イヤー・トレジャー（iシェアーズ）	398	174,804	0.06
TIPS	リーマンTIPS（iシェアーズ）	142	113,673	0.07
米国株	トータル・ストック・マーケット（VIPER）	2,509	155,216	0.09
アメリカ以外の先進国株	MSCIヨーロッパ・オーストラリア・極東（iシェアーズ）	5,362	605,390	0.12
新興国株	MSCIエマージング・マーケット・フリー（iシェアーズ）	1,090	142,330	0.15
不動産	ウィルシャーREIT（streetTRACKS）	285	17,500	0.31

注＝1日の平均出来高は2004年1月28日までの100日平均
出所＝モルガン・スタンレー、ブルームバーグ

り気配値のスプレッドは、マーケットメーカーが売りたい価格と買いたい価格との差額を意味する。広いスプレッドはトレードコストが高いことを意味し、狭いスプレッドはトレードコストが安いことを意味する。

2004年5月3日の週の米株式のETFのコストは安く、平均のスプレッドは株価の0.06％から0.09％のレンジで推移した。アメリカ以外の先進国市場のETFのスプレッドは0.12％で、新興国市場のETFのスプレッドは0.15％だった。流動性の低い不動産のETFのスプレッドは最も広く、0.31％だった。詳しくは**表11.6**を参照してもらいたい。

ETFの価格付けで重要な役割を果たすのが市場の流動性だ。市場価格と公正価値がどれくらい近いかは、ETFを構成する株式とETFそのものの市場の堅牢性によって決まる。投資家にとって幸いなのは、コアアセットクラスのETFは一般に流動性が高く、市場価格は公正

価値を反映したものになっている。

税効率

　ETFは同条件のオープンエンド型投資信託よりも税効率は良い。投資信託のポートフォリオマネジャーが株を売り利益を確定し、ファンドの株主に課税対象となる利益を分配すれば、ファンドの株主は納税義務を負う。ETFの場合、アービトラージメカニズムによってファンドマネジャーは課税対象となる利益の分配を減らすことが可能だ。

　ETFが税金面で有利なのは、アービトラージに含まれる同種交換による。ETFの公正価値が市場価格を上回る場合、アービトラージャーは割高のETFを空売りし、割安のETFを買う。そしてアービトラージャーはそのETFを現物株のバスケットと交換する。この同種交換では納税義務は発生せず、ファンドマネジャーはアービトラージャーに最低コストで株式を受け渡すことができる（これによって納税義務を最小に抑えている）。そして、アービトラージャーはその現物株バスケットで空売りポジションを買い戻す。

　予想どおり、ヒストリカルデータを見ると、S&P500スパイダーETFは標準的なS&P500インデックスファンドよりも税効率が高い。**表11.7**は2002年12月31日までの10年にわたるアセットに対するキャピタルゲインの分配率を示したものだ。標準的なオープンエンド型S&P500インデックスファンドの平均キャピタルゲインの分配率がアセットに対して1.87％であるのに対して、スパイダーETFの分配率はアセットに対して0.01％と非常に低い。標準的なインデックスファンドのキャピタルゲインの分配もかなり高い税効率を示しているが、ETFはそれよりもさらに高い税効率を示しており、税金面では極めて有利である。

表11.7 ETFは税効率が非常に高い──アセットに対するキャピタルゲイン分配率

	ETF（SPY）	標準的なオープンエンド型S&P500 インデックスファンド
1993	0.00	1.10
1994	0.00	1.35
1995	0.00	3.85
1996	0.12	2.10
1997	0.00	2.34
1998	0.00	1.67
1999	0.00	1.52
2000	0.00	2.58
2001	0.00	1.76
2002	0.00	0.42
平均	0.01	1.87

出所＝モルガン・スタンレー, Exchange Traded Funds.Index-Linked ETFs: Quarterly Update,
2004年1月28日

コアアセットクラスのETF

　すべてのETFが投資家にとって役に立つわけではない。2004年1月現在、アメリカ市場で取引されている135のETFのうち、コアアセットクラスが広く分散されたETFは14しかない。残りの121のETFは、欠陥のある構造のベンチマークに連動するETFか、リスクの高い資産に集中的に投資したETF、あるいはこれらの両方のいずれかだ。欠陥のあるベンチマークのほとんどは、不必要に売買が繰り返される構造を持つが、なかには銘柄選択テクニックが劣っているものもある。セクターファンドには資産集中リスクが含まれるものが多い。セクターファンドには時価総額（大型、中型、小型）をベースにしたもの、スタイルによるもの（グロースとバリュー）、マーケットセクターによるもの（ヘルスケア、電気通信、公益事業など）、地域によるもの

図11.1　コアETFはノンコアETFに押され気味（単位＝10億ドル）

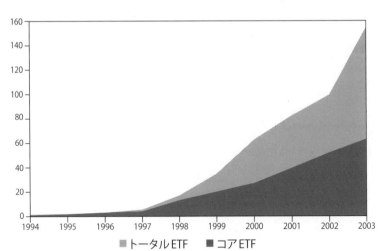

出所＝リッパー社

などがある。投資家にとって使えるETFは非常に少ない。

　現在のところ、コアETFへの投資よりもノンコアETFへの投資のほうが多い。**図11.1**に示したように、ETFが開始された当初はコアファンドが大部分を占めていたが、ウォール街の金融エンジニアが市場に敏感なファンドの初期の成功を受けて、市場にそれほど敏感に反応しない代替ファンドを組成してきた結果、今ではノンコアETFが増えている。

　コアアセットクラスのETFは幅広いアセットクラスに低コストで投資することを可能にする。**表11.8**に示したように、コアETFの平均経費率は0.24％で、ノンコアETFの平均経費率の0.49％の半分以下だ。コアETFはコストが安く、優れた構造を持ち、これによって投資結果は向上する。

　アメリカ株コアETFの経費率の0.16％と、アメリカセクターETFの経費率の0.52％は大きく異なることに注目しよう。ほとんどのセク

表11.8 多くのETFはポートフォリオの構築には役立たない

ETF	ファンド数	平均経費率（%）
アメリカ株ETF		
コアETF	6	0.16
そのほかの分散ETF	16	0.28
スタイルETF	18	0.23
セクターETF（不動産は除く）	43	0.52
アメリカ以外の先進国株ETF		
コアETF	1	0.35
そのほかの分散ETF	1	0.30
地域ETF	8	0.45
国ETF	16	0.82
新興国株ETF		
コアETF	1	0.75
そのほかの分散ETF	1	0.30
地域ETF	1	0.50
国ETF	6	0.94
グローバル株式ETF		
分散ETF	3	0.35
セクターETF	5	0.65
不動産ETF		
コアETF	2	0.30
そのほか	1	0.60
米国債ETF		
コアETF	3	0.15
社債ETF	1	0.15
分散ETF	1	0.20
TIPS		
コアETF	1	0.20
まとめ		
コアETF	14	0.24
ノンコアETF	121	0.49
合計	135	0.46

注＝経費率には17のHOLDRは含まれていない。HOLDRの資産の割合で課される手数料は株価に
　　よって異なる

出所＝モルガン・スタンレー, Exchange Traded Funds.Index-Linked ETFs: Quarterly Update,
　　2004年1月28日

ターファンドは投資家を不適切なリスクにさらしているだけでなく、投資家は疑わしい商品に高いコストを支払っている。

数値を細かく見ていくと、賢明な投資家は各ETFの経費率に注目していることが分かる。ここではバークレイズ・グローバル・インベスターズとステート・ストリート・グローバル・アドバイザーズが運用するユーティリティー事業ETFを見てみよう（**表11.9**）。2つのETFは保有するトップ10銘柄が完全に一致し、資産の比率もほとんど同じだが、手数料がまったく異なる。バークレイズの経費率が0.60％なのに対して、ステート・ストリートはわずか0.28％だ。ステート・ストリートの投資家のほうが大きなリターンを手にすることができるのは明らかだ。

手数料が異なる4つのテクノロジーセクターのETFを見てみよう。それぞれダウ・ジョーンズ、ゴールドマン・サックス、モルガン・スタンレー、スタンダード＆プアーズが組成したインデックスに連動するように設計されている。**表11.10**を見ると分かるように、手数料は0.28％から0.60％までの開きがあるが、これはファンドの投資戦略や組み込み銘柄とは一切無関係だ。シスコは4つのファンドのすべてでトップ10銘柄に入っており、マイクロソフト、インテル、IBM、デル、ヒューレット・パッカード、オラクルは4つのファンドのうち3つのファンドでトップ10銘柄に入っている。組み込み銘柄がほとんど同じで、投資戦略も似ているので、合理的な投資家なら手数料も同じような水準だと思うに違いないが、手数料はまったく違っている。

気になるのはファンドの成熟度だ。一番は、ステート・ストリートの1998年12月に開始されたスタンダード・アンド・プアーズ・テクノロジー・セレクト・ファンドだ。なぜなら、手数料が資産の0.28％と最も低いからだ。バークレイズのバブル時代に開始されたダウ・ジョーンズUSテクノロジー・セクター・ファンドの手数料は0.60％で、ステート・ストリートの2000年に開始されたファンドの手数料は0.50

表11.9 構成は似ているが手数料が異なるETF

ETF	インデックス	運用会社	経費率	上位10社（資産に対する%）
ダウ・ジョーンズ USユーティリティ・セクター（iシェアーズ）	ダウ・ジョーンズ USユーティリティ・セクター	バークレイズ・グローバル・インベスターズ	0.60	サザン（6.3） エクセロン（6.1） ドミニオン・リソーシズ（5.8） デューク・エナジー（5.5） エンタルジー（3.8） アメリカン・エレクトリック・パワー（3.6） ファーストエナジー（3.5） FPLグループ（3.2） プログレス・エナジー（3.1） PG&T（3.0）
ユーティリティ・セレクト・セクターSPDR	ユーティリティ・セレクト・セクター	ステート・ストリート・グローバル・アドバイザーズ	0.28	サザン（7.4） エクセロン（7.2） ドミニオン・リソーシズ（6.8） デューク・エナジー（6.5） エンタルジー（4.5） アメリカン・エレクトリック・パワー（4.2） ファーストエナジー（4.1） FPLグループ（4.1） PG&T（3.8） プログレス・エナジー（3.6）

出所＝モルガン・スタンレー, Exchange Traded Funds.Index Linked ETFs: Quarterly Update, 2004年1月28日

%だ。インデックスファンドマネジャーはETF投資家が価格に無頓着なのをよいことに手数料を上げたのだろうか。

　アメリカ以外の先進国市場ETFは、サム・オブ・ザ・パーツ投資が全体投資よりも高くなる典型例だ。バークレイズ・グローバル・インベスターズはEAFE（ヨーロッパ・オーストラリア・極東）インデ

表11.10　テクノロジーセクターETFは手数料が大きく異なる

ETF	運用会社	組み込み銘柄数	設定日	経費率
ダウ・ジョーンズUS テクノロジー・セク ター（iシェアーズ）	バークレイズ・グローバ ル・インベスターズ	250	2000/05/15	0.60
ゴールドマン・サッ クス・テクノロジー （iシェアーズ）	バークレイズ・グローバ ル・インベスターズ	222	2001/03/13	0.50
モルガン・スタンレ ー・テクノロジー（i シェアーズ）	ステート・ストリート・グ ローバル・アドバイザーズ	35	2000/09/25	0.50
テクノロジー・セレ クトSPDR	ステート・ストリート・グ ローバル・アドバイザーズ	95	1998/12/22	0.28

出所＝モルガン・スタンレー, Exchange Traded Funds.Index Linked ETFs: Quarterly Update,
2004年1月28日

ックスに連動するETFを資産の0.35％という手ごろな手数料で提供
している。またバークレイズはEAFEの20カ国のうちの13カ国によ
るファンドも提供している。投資家は各国別のETFを使えば、およ
そ90％のEAFEの時価総額に対するイクスポージャーをとることが
できる。ところが驚くべきことに、各国別のETFの手数料は0.84％
と非常に高く、EAFEファンドのおよそ2.5倍という高さだ。海外の
サム・オブ・ザ・パーツの株式投資は非常に高いものにつく。

　おかしなことに、バークレイズの各国別のファンドの手数料はファ
ンドの特徴とは無関係で、イギリスのETF（2003年12月31日現在で
EAFEの25.6％を占める）も、日本のETF（同じく21.4％）も、ベル
ギーのETF（同じく1.1％）も、シンガポールのETF（同じく0.8％）
も、手数料はすべて同じ0.84％だ。EAFEのETFの手数料が0.35％で、
それを構成する国のETFが0.84％というのは、納得がいかない。
EAFEはそれを構成する国を合わせたものでしかないのだから。

　さらに、バークレイズの手数料はファンドの資産とも無関係だ。 i

シェアーズMSCIジャパンETFは2003年12月31日現在で28億ドルの資産を誇り、時価総額ではすべてのETFのなかで10本の指に入る。しかし、サイズが小さいからと言って手数料が安くなるわけではない。ｉシェアーズMSCIベルギーのETFは資産が1140万ドルと規模が小さいが、手数料は日本のETFと同じく資産の0.84％だ。おそらくバークレイズは投資家にやさしい同社のルーツを忘れて、ただ単に市場が生み出すものを要求するというスタンスなのだろう。

構造に欠陥のあるETF

ETFが発展を続けるなか、純粋なETFの世界を汚染するような、構造に欠陥がありコストの高いETFも存在する。ライデックス・グローバル・アドバイザーズ（価格が高く構造に問題のあるS&Pイークオル・ウエート・インデックスを立ち上げる前、ライデックスは販売手数料の高いREITインデックスファンドで投資マネジメントの恥の殿堂入りを果たした）が提供する均等加重S&Pインデックスファンドは、資産の0.40％というとんでもなく高い手数料を取る。これに対して、バークレイズの標準的な時価総額加重S&Pインデックスファンドの手数料は資産の0.09％と低い。ライデックスファンドの投資家はインデックスの運用サービスに対して公正価格の４倍以上支払っているだけでなく、均等加重ETFは証券のウエートを均等に維持するために四半期ごとにリバランスする必要があるため、その保有者は税金面でも不利になる。**表11.11**は手数料の高いETFを示したものだ。

均等加重ファンドを提供するパワーシェアーズ・キャピタルは、同じく税金に無頓着な四半期ごとのリバランスを行い、資産の0.60％とさらに高い料金を取る。過剰な料金以外にも、追従するインデックスの性質にも問題がある。パワーシェアーズ・ダイナミック・マーケット・ポートフォリオの目論見書によれば、そのファンドはダイナミッ

表11.11　悪役がETFの世界に入り込む

ETF	ベンチマーク	運用会社	経費率(%)
ライデックスS&Pイコール・ウエート	S&P500イコール・ウエート（四半期ごとにリバランス）	ライデックス・グローバル・アドバイザース	0.40
パワーシェアーズ・ダイナミック・マーケット・ポートフォリオ	100銘柄（Rules-based, modified, equal-dollar weighted。四半期ごとにリバランス）	パワーシェアーズ・キャピタル	0.60
パワーシェアーズOTCポートフォリオ	ナスダックの100銘柄（Rule-based, modified, equal-dollar weighted。四半期ごとにリバランス）	パワーシェアーズ・キャピタル	0.60

出所＝モルガン・スタンレー, Exchange Traded Funds.Index Linked ETFs: Quarterly Update, 2004年1月28日

ク・マーケット・インテリデックス・インデックスと呼ばれる株価インデックスに連動する運用成果を目指している。インテリデックスはおそらくはインテリジェントとインデックスを凝縮した言葉だと思われるが、内容が言葉にまったく見合っていない。パワーシェアーズはモルガン・スタンレーのリサーチリポートが「定量分析に基づくルール」と呼ぶものを使って証券を評価・選定しているため、それはパッシブ運用ではなくアクティブ運用に当たる。いわゆるインデックス構築プロセスでは銘柄を「ファンダメンタルズの向上、株式評価、適時性、リスクファクターなどさまざまな基準に基づいて」ランク付けしている。インテリデックスはインデックスに追従するとうたいながら、目論見書には、成長している会社を過度なリスクをとることなくタイムリーにお手ごろ価格で買うことを目指すアクティブ運用であることが明示されている。つまり、パワーシェアーズは羊の皮（パッシブ運用）をかぶったオオカミ（アクティブ運用）なのである。パワーシェアーズは無害を装って一般投資家をだまし、ETFの純粋なパッシブな性質をも汚しているのである。

　ライデックスとパワーシェアーズの募集要項を注意深く読むと、販売関連サービスとして最高で年間0.25％を課す12b-1手数料を採用しているため、投資家はさらに被害を受ける可能性のあることが分かる。今のところ12b-1手数料は中止されているが、将来的にはETFスポンサーにだけ利益をもたらす資産集めのコストが知らないうちに投資家に課される可能性もある。

　さらにライデックスは、「経済、業界、証券グループ、個々の会社に関する情報、統計情報、会計と税法の解釈、政治展開、ポートフォリオの証券に影響を与える法的展開、テクニカルなマーケットアクション、価格付けと、鑑定サービス、信用分析、リスク分析、パフォーマンス分析、企業責任問題分析……」などのリサーチサービスに対する支払いとして肥大化したソフトダラーを使用する権利を留保することで、受益者の利益を少しずつ削り取る。S&P500を構成する500銘柄のそれぞれに0.20％ずつの資産を投資するファンドの運用に、果たしてそんなリサーチが役立つのだろうか。リサーチサービスはインデックスファンドマネジャーにとっては何の役にも立たない。おそらくそういったサービスは、アドバイザーがアドバイザーを務めるほかの投資会社を含め、そのアドバイザーのほかの口座を管理するうえでアドバイザーの役に立つのだろう（ライデックスETFトラスト、Statement of Additional Information、2003年4月24日：16）。つまり、ライデックスはETFのトレードで発生するコミッションをその会社のほかの投資運用活動を支えるためのリサーチの支払いに転用しているということである。

　補足説明として、魅力のないBLDRやHOLDRの募集で知られるバンク・オブ・ニューヨークはライデックスとパワーシェアーズの魅力のないファンドの管理者、証券保管機関、証券代行業者を務めている。構造に欠陥のある商品とその企画・製作者との関係は尽きることのない自己強化の様相を見せている。つまり、下手な役者が質の悪いもの

を次から次へと製作しているということである。

　ETFの購入者にとって不幸なのは、多くの市場関係者が今アクティブ運用ETFの準備を着々と進めていることだ。ETFを上場させて利益を得たいと思っているアメリカン証券取引所（現NYSEアメリカン）率いるグループは2005年に「個々のポートフォリオマネジャーが選定した銘柄に追従する」多くのETFを立ち上げる予定だ（タラ・シーゲル・バーナード著「Next Up for AMEX」、ウォール・ストリート・ジャーナル、2004年7月15日）。アクティブ運用ポートフォリオの構成銘柄をリアルタイムに開示してはアクティブ運用の効果はなくなるため、アメリカン証券取引所は、特許を申請中のプロセスを使って、構成銘柄を開示しないでアクティブ運用ETFを組成したいと思っている（タラ・シーゲル・バーナード著「Actively Managed ETFs Near」、2004年8月9日）。ETFにアクティブマネジャーがかかわるようになると、投資家が構造の良い低コストなETFと構造に欠陥のある高コストのETFを区別するのはさらに難しくなる。

　こうした変化の兆しはこれまで魅力的だったETF市場にとっては脅威だ。バークレイズやステート・ストリートの良質のマネジャーには料金を上げろという誘惑の声が聞こえてくる。バンク・オブ・ニューヨークに支持されるライデックスやパワーシェアーズの低質プレーヤーはETFの投資家のことは毛を刈り取られる準備をしている羊としてしか見ていない。今日、圧倒的多数のETF資産は良い構造で適正な価格のビークルで運用されているが、ETF業界は、構造に欠陥がありコストの高い商品が優位を占める伝統的な投資信託業界に徐々に似てきているのかもしれない。

本章のまとめ

　ETFは、多くの資産を持ち、時間にゆとりがあり、ポートフォリ

オ管理を人任せにしない投資家にとって、有望な代替投資としての魅力がある。ブローカーとの関係のなかに内在する果てしなく続く投資家とエージェントの対立問題に取り組むコストを受け入れることで、投資家は低コストで、高品質で、税効果の高いさまざまな商品に投資する機会を得ることができる。

　ETFは資産が少なく小さなトレードしかしないような投資家にとっては無意味でしかない。トレードの執行に対してウォール街が要求する料金は非常に高く、小口投資家が太刀打ちできるようなものではない。

　比較的初期のこの段階では、ETF（数はそれほど多くはないが）は手ごろな価格の良い構造のコアアセットクラスへのイクスポージャーを提供している。ETF市場の投資家にやさしい性質は、バークレイズ・グローバル・インベスターズとステート・ストリート・グローバル・アドバイザーズという市場における２大投資会社の機関投資家向けインデックスファンド運用に端を発する。ETF商品を機関投資家向けのコアアセットクラスと同じように運用・価格付けすることで、バークレイズとステート・ストリートは個人投資家に高品質な投資サービスをお手ごろ価格で買うことができるまれな機会を提供している。

　ETF市場は今のところは、投資会社の多くが受益者の利益を犠牲にして過剰な利益を追求する伝統的な投資信託と好対照にある。しかし残念ながら、ETF業界はかつて投資信託業界が歩んだのと同じ投資家と敵対する路線を歩みつつある。ETF業界が不当な料金を課す余計な商品を導入することでそのイメージはガタ落ちだ。法外な手数料で二流の商品を提供するのは自らの凡庸さを証明するようなものだ。ETF市場が発展するにつれて魅力に欠ける商品が増えている状況に、投資家は頭を悩ませている。

終わりに

第12章

顧客本位の原則を無視した
投信会社の偽計

Failure of For-Profit Mutual Funds

　顧客本位の考え方をせず、自己利益を追求してきた投資信託業界の欺瞞を証明する証拠は山のようにある。受益者に高いリスク調整済みリターンを提供するという運用者としての責任は、投信会社自体に大きな収入をもたらすということを目の前にすると、投資家のリターンはおざなりにされ、会社の利益のほうが優先される。

　資産運用の世界ではパワーバランスは自己利潤追求型の投信会社に圧倒的に有利に傾いているため、投資信託の投資家が投資目標を達成することはまずない。知識の豊富な金融サービスの提供者と無知な消費者が対立すれば、結果は火を見るよりも明らかで、ヘビー級のチャンピオンと50キロの虚弱体質の者が戦うようなものだ。個人投資家は第1ラウンドでノックアウトされてしまう。

　個人投資家が勝利するには、自己利益を動機とする会社を避け、自己利潤追求者とパフォーマンス追求者の対立を極力減らすかなくすような会社を選ぶことだ。顧客本位の会社の組織構造は、投資運用会社に受託者責任を遂行することだけに集中させる。さらに、顧客本位の会社の場合、成功報酬がないため投資家にとってはコストが安くなる。資産運用の世界では、顧客本位の会社を選ぶのが安全な道だ。

　自己利潤追求型の顧客本位の会社の世界では、会社のオーナーシップの性質と質によって違いが分かれる。その1つが上場企業と非上場

企業の違いだ。非上場企業の投信会社は受益者の利益を推進すること
もできるが、上場企業の投信会社は普通は奴隷のように自己利益を追
求する。もう一つの違いは、独立した運用会社と金融サービス会社の
子会社の違いだ。独立企業も子会社も自己利益を追求しようとするこ
とは同じだが、より大きな会社権限に奉仕する投資運用会社は資産運
用だけを行う会社に比べると、はるかに大きな対立に直面する。

　SEC（証券取引委員会）が施行する規制も受益者の利益を守ること
はできない。慢性的に人員不足で常に働きすぎ気味の市場の警察は常
に後手に回る。彼らは人目を引くような問題にのみ対応し、解決策を
講じ、骨抜きの改革を行うのがせいぜいだ。一方の業界は、新しく施
行された効果のない規制と対立するのを避けながら、目標とする慣行
を継続する方法を編み出す。最悪の場合、SECは投資家に不都合な
活動を促進するような逃げ道を作り出すこともある。SECは投資信
託業界の策略に付いていくことすらできない。

　SECによる情報の開示要求もまた受益者の利益を守ることはでき
ない。自由市場の有効性を信じる企業文化に対し、情報の開示要求は
規制当局にとって投資信託業界の悪い慣行に対する最初の、そして最
後の防衛策だ。しかし、開示要求は何の役にも立たない。まず、開示
文書を読む投資家はほとんどいない。たとえ投資家が何百ページにも
わたる目論見書や、入手が難しい追加情報（SAI）、簡単に入手可能
な年次報告書を注意深く読んだとしても、そういった情報をどう利用
すればよいのかは分からない。投資家にとって残念なのは、SECは
あまり読まれない文書の開示を要求するだけで、ファンドマネジャー
たちの悪い慣行の継続を助けているということである。表面的には情
報は入手可能に見えるが、実際にはその情報を利用できない投資家は
苦痛を感じるだけだ。

　個人投資家が取れる唯一の合理的な道は、自己利潤追求型の投資運
用会社を避け、アクティブ運用の誘惑に負けないことである。今日の

投資信託業界から自己利潤追求型の会社によって運用される資産と市場を打ち負かそうとする野望によって運用される資産を取り除けば、ほとんど何も残らない。投資信託は投資家をショッキングなほどの不利益にさらしながら巨額の料金を取っているのである。

自己利潤追求型の組織の構造と顧客本位の組織の構造

リスク調整済み超過リターンを提供してくれるアクティブ運用の投資信託を見つけたいと思っている投資家の前には大きな障害が横たわる。ポートフォリオマネジャーの無能さと性質にかかわる障害もあれば、投資家の願望と会社の目標との対立にかかわる障害もある。投資家は、至るところで不十分な情報に基づいて難しい査定をしなければならないという問題に直面している。

また、投資家は受益者の利益を優先的に考えてくれる組織構造を持つファンド運用会社を探すのにも苦労するが、前述の問題に比べれば苦労は少ない。自己利潤追求型投資マネジャーを調査するとき、注意深い投資家はファンドマネジャーの行動に注目し、一般公開されている料金表をチェックし、投資リターンを低下させる隠れた手数料はないか、キックバックはないかを調べる。事情通の投資信託の投資家は、投信会社の自己利益に対する姿勢と受託者責任の間には本質的な対立が存在することを知っている。顧客本位の投信会社の場合、投資家の目標を最優先することと会社の利益を生み出すことの間に対立は存在しない。顧客本位の投信会社を評価するとき、投資家は彼らの考えと投信会社の考えが一致することを知ることでまずは安心する。自己利潤追求型のファンドマネジャーは目標が一致しないことによる認知的不協和を起こすが、顧客本位のファンドマネジャーは受託者責任を全うするという1つの目標に向かうことができる。

　自己利潤に対する追求が消えれば、投資家を欺くこともなくなる。過剰な運用手数料もなくなり、12b-1手数料も消え、ポートフォリオの入れ替え率は下がり、資金集めもなくなる。顧客本位のファンド運用会社は自社商品を優先的に販売してもらうための手数料を支払うことはなく、マーケットタイマーと結託することもなく、ソフトダラーも使わない。顧客本位の会社と彼らの投資家との間の利害の一致は、自己利潤追求型の会社と彼らの投資家（被害者）との間の利害の不一致を打ち砕くだけの力がある。

　投資信託の受益者の視点から言えば、顧客本位の会社は彼らにとって明確な金銭的メリットがある。自己利潤追求型の会社は同じサービスに対して顧客本位の会社よりも多くの手数料を取る。利益を生み出すには、投資サービスにかかる基本的なコストを上回る手数料を課す必要があるのは簡単な算数を行えば分かる。顧客本位の会社の場合、ファンド会社の成功報酬に相当する分の手数料相当分もファンドの受益者の利益になる。

　しかし残念ながら、顧客本位の投資信託の運用会社はほとんど存在しない。**表12.1**に示した資産が上位10社のファンド会社（2003年末現在）を見ると、4社が保険会社の子会社、3社が上場企業、2社が自己利潤追求型の非上場企業で、顧客本位の会社は1社のみである。所有者構造は受益者が得られるリターンの性質と質に大きな影響を及ぼす。

　受益者の利益にとって最大の脅威となるのは、上場企業と金融サービス会社の子会社だ。上場企業の株主は利益を要求する。資金運用会社の親会社は子会社に利益に貢献することを求める。不幸なことに、利益に対する追求が投信会社を明らかに受容可能な状態から、合法かどうか疑わしい状態へ、そして非倫理的すぎる状態、そして明らかに違法な状態へと変化させる。こうしたケースは後を絶たない。投資信託の受益者と、親会社の利益を最優先する自己利潤追求型の会社の間

表12.1　ファンドマネジメント会社の所有者構造

運用会社	2003/12/31 現在の資産 （10億ドル）	親会社	所有者構造
フィデリティ	616		非上場
バンガード	615		顧客本位
キャピタルグループ	457		非上場
フランクリン・テンプルトン	191		上場
ピムコ	143	アリアンツ・アンド・IAPライフ	子会社
パットナム	143	マーシュ・アンド・マクレナン	子会社
T・ロー・プライス	118		上場
ヤナス	96		上場
オッペンハイマー	89	マス・ミューチュアル	子会社
MFS	80	サン・ライフ・ファイナンシャル	子会社

注＝マネーマーケット資産は含まない
出所＝モーニングスター

には大きな隔たりがあり、その隔たりが利害の衝突を生む。

　自己利潤追求型の非上場企業も顧客と利害の対立はあるが、上場企業や金融サービス会社の子会社ほどではない。利益は上場企業にとっても非上場企業にとっても不可欠なものだが、上場企業の経営陣はさまざまな株主の要求を満たすために純利益を上げることに心を一つにして取り組む以外にない。これに対して、非上場企業の経営陣は自らが実質的な所有者であるため、非金銭的なことを優先するという選択肢がある。非上場の投資信託会社は、会社の利益よりも顧客の利害を優先させる傾向があるという証拠もある。例えば、ウォール・ストリート・ジャーナルによれば、2003年初めの投資信託スキャンダルのとき、非上場の三大ファンドファミリーは比較的行いが良く、上位10社に次ぐ利潤追求型の7社よりもマーケットシェアを伸ばした（ユカ・ハヤシ著「Big Fund Firms Post Strong Inflows: Fidelity, American Funds, Vanguard Increase Business Despite Industry Scandal」、ウ

ォール・ストリート・ジャーナル2003年12月1日付け）。しかし、上場・非上場とは無関係に、自己利潤追求型の会社は、受益者のリターンを向上させる可能性はあるものの、結局は自己利益を追求する。ファンド運用会社の利益が増えれば、受益者のリターンは確実に減る。

バンガードとTIAA-CREF

　投資家にとっての朗報は、顧客本位の大きなファンドが2つ存在することだ。彼らは受益者の利益を最優先するという企業文化を持っている。2003年12月31日現在の長期運用資産が6150億ドルのバンガードと運用資産が2720億ドルのデビット・スウェンセンが受託者を務めているTIAA-CREF（米教職員保険年金連合会・大学退職株式基金）は高い受託者責任基準に従い、ファンドマネジメントプロセスにおいて受益者の利益を最優先する（データの出所はモーニングスターと2003年12月31日付けのTIAA-CREFの2003 Annual Reports）。バンガードとTIAA-CREFは低コストの投資商品を提供することで、個人投資家にポートフォリオ構築プロセスのための貴重なツールを提供している。

　バンガードの組織構造は、会長兼CEO（最高経営責任者）のジョン・ブレナンによれば「独創的」で、受益者の利益を最優先できるような構造になっている。バンガードグループは自己利潤を追求しないので、ファンドの経営・管理業務、販売業務はアットコスト（受益者負担）が原則だ。さらに、バンガードの自社運用のインデックスファンドは投資アドバイスをバンガードが直接雇っている経験豊富な投資マネジメントスタッフからアットコストベースで受ける（バンガードグループ、Vanguard U.S.Stock Index Funds. Investor Shares and Admiral Shares. Prospectus [2004年4月23日]：B-18, B-25）。バンガードの低コストと印象的なスケールメリットは投資家の口座に対してのみもたらされるのである。

表12.2　確定拠出型市場で重要な役割を果たす顧客本位の会社

運用会社	2003/12/31現在の資産（10億ドル）	所有者構造
フィデリティ	360	非上場
TIAA-CREF	291	顧客本位
バンガード	180	顧客本位
ステート・ストリート	160	上場
キャピタルグループ	135	非上場

出所 =「Top Defined Contributuion Managers」, Pension & Investments 32, no.16 (2004): 20

　バンガードは顧客本位の会社なので投資家はコスト面で有利なだけでなく、利害が会社経営陣の利害と一致するという利点もある。バンガード500インデックスファンドの2002年の年次報告書でブレナンは次のように述べている——「バンガードは私たち経営陣の利害とあなた方の利害が一致する組織構造になっている。私たちにはあなた方以外には仕えるべき顧客はいない」（バンガードグループ、Vanguard 500 Index Fund Annual Report、2003年12月31日）。投資信託スキャンダルのなかでほかのファンド運用会社の重役たちは自分たちのスキャンダラスな振る舞いに対して口先だけの言い訳をしたが、それより前にブレナンは「従業員は高い倫理的行動基準を満たし、受託者責任に応じなければならない」ことを強調して述べていた。ブレナンの言葉には真実味がある。なぜなら、従業員は利益を生まなければならないというプレッシャーを感じることがないからだ。

　CREFとTIAAとして知られる大学退職株式基金と米教職員保険年金連合会もまた顧客本位の組織で、顧客第一主義である。TIAA-CREFの資産の大部分は変額年金なので、投資信託運用会社の上位10社のリストには入らないが、この資産運用組織は個人に対する最大の確定拠出サービス提供者の1つである。**表12.2**に示したように、TIAA-CREFはフィデリティに次いで個人向け年金口座の運用資産が

大きく、業界大手のバンガードとキャピタルグループを上回っている。

　TIAA-CREFの歴史は1918年にさかのぼる。カーネギー財団が大学教授の退職後の年金収入を増やすことを目的にTIAAを設立したのが始まりだ。昔は大学教授は大学を退職すると、上流階層を気取ってはいても貧困生活を強いられていた。初期のころのTIAAは従来の保守的な投資ビークルを提供し、資産は主として国債や鉄道債に投資していた（TIAA-CREF、「Company History」、2004）。

　アンドリュー・カーネギーが生んだTIAAにはイノベーションの歴史が息づいている。1952年、第二次大戦後のインフレによって額面の確定利付資産のリターンが下がったことを認識したTIAAはCREFを設立した。CREFは当時は世界初の変額年金制度で、今では世界最大の株式資産を有する。1970年代になるとCREFはポートフォリオを国際株に拡大した最初の会社の1つになる（TIAA-CREF、「Company History」、2004）。もっと最近では、CREFは極めてまれな不動産投資ビークルを提供するようになった。これによって個人投資家はよく運用された機関投資家レベルの不動産ポートフォリオを直接購入することができるようになった。TIAA-CREFはその歴史を通じて、参加者の利害を守ることにひたむきに取り組んできた。

　TIAAとCREFのCEOであるハーブ・アリソンは同社の価値を次のように述べている——「TIAA-CREFは特別な会社だ。私たちはほかにはない商品とサービスを提供してきた。私たちが提供する商品やサービスは参加者にとってより良いものになるように常に変化しなければならないが、会社の質はけっして変化してはならない。TIAA-CREFがほかと一線を画してきたのは、客観性、低価格、良質な商品、健全な資産運用、手数料を取らないコンサルタントを重視してきたからだ。私たちはこれからもこうした価値の向上に努めていく所存だ。会社スキャンダルに対する懸念があるなか、私たちはこれからも誠実さを持って顧客に向き合っていくつもりだ」（ハーブ・アリソン、

表12.3　さまざまな金融会社の投資信託の運用資産

運用会社	2003/12/31現在の資産（10億ドル）
シティグループ	66
モルガン・スタンレー	64
メリルリンチ	58
ゴールドマン・サックス	25
Ｊ・Ｐ・モルガン	21

注＝マネーマーケット資産は含まない
出所＝モーニングスター

CREF年次総会の開会あいさつ、2003年12月15日）。

　TIAA-CREFの過度にアクティブなアプローチは、リスク調整済み超過リターンで見れば期待に達しないときもあるが、低コストで良質な投資商品を作ることに対する同社のレーザーのような集中力によって、競争の激しいタフなゲームで顧客が勝利する公算は高い。

金融サービス会社の子会社

　顧客本位の投資会社の対極にあるのが、さまざまな金融サービス会社の子会社だ。自己利潤追求型の資産運用会社に内在する標準的な利害の対立に加え、大きな金融サービス会社が運用する投資信託は個人投資家をさらなる危険にさらす。投資信託の資産は、金融サービス会社が運用する投資信託に属するものが多い。**表12.3**に示したように、利害の対立の多い資産を管理する三大企業がシティグループ、モルガン・スタンレー、メリルリンチだ。しかし、系列ファンドの資産額はフィデリティ、バンガード、キャピタルグループなどの大手独立系に比べると少ない。系列ファンドの上位５社の資産額はトータルで2340億ドルであるのに対して、独立系ファンドの上位５社の資産額は合計

で２兆ドルだ。

　金融サービス親会社の自己利益を高めるために投資信託の資産が悪用されることはないのだろうか。親会社はクライアント会社が発行する有価証券の募集を引き受ける。募集が難しいことが分かった場合、募集を成功させるために子会社（投信会社）が証券を買う。クライアント会社は流通市場におけるパフォーマンスを気にする。募集後のパフォーマンスが悪い場合、おそらく子会社は株価をつり上げるためにクライアント会社の株式を買う。クライアント会社は敵対的買収で勝利するためには代理議決権が必要になる。あるいはコーポレートガバナンスで優位に立つ必要がある。おそらく子会社はクライアント会社を満足させるような投票をするだろう（金融サービス会社におけるマネーマネジメント業務とほかの業務との利害の対立は、代理投票という一見ありふれた行動においても発生する。2003年8月19日のSECのニュースリリースによれば、2003年3月15日、ドイツ銀行の子会社であるドイチェ・アセット・マネジメントは、同社のファンドが所有する1700万株につき、ヒューレット・パッカードによるコンパックの買収提案に反対の議決権を行使することを決定した。しかし、その後ヒューレット・パッカード経営陣はドイチェ・アセット・マネジメントの投資委員会に対して、最後の嘆願機会を得た。ヒューレット・パッカードがドイツ銀行と重要な事業上の関係があることを知らされた投資委員会は、合併提案に賛成する投票を行った。SECはドイツ銀行が議決権行使を変更したことで受託者の義務を怠ったことではなく、顧客に対して事前に利益相反関係の開示を行うことなく議決権を行使したことに対して75万ドルの罰金を課した）。

　会社の1部門が実践的で事実に基づく投資の意思決定をしたいと思っていても、ほかの部門が顧客に迎合することを重視すれば、対立は避けられない。真剣な投資業務は総合金融サービス組織の下ではうまくいかない。

　どちらを選ぶか迷うという問題は投資信託業界の黎明期から存在する。「ジ・インベストメント・トラスト（The Investment Trusts）」というパンチの効いた論文を書いたのは、ステート・ストリート・インベストメント・コーポレーションの創始者でハーバード大学の財務部長であるポール・キャボットだ。この論文はアトランティック・マンスリーの1929年3月号に掲載された。キャボットは投資信託でよく見られる2つの問題を指摘する。1つは、顧客本位ではなく隠された動機によって運営されている点だ。もう1つは、ファンドに組み込まなければ市場性がなかったかもしれない株式の保管場所として使われる点だ。キャボットはさらに、発行会社が自分が引き受けたものを支配下のファンドに売るという慣行の危険性も指摘している。銀行やブローカーによって運営される投信は特にこの誘惑に陥りやすい（ポール・C・キャボット著「The Investment Trust」、アトランティック・マンスリー 268, No.3［1929年3月］：404）。

　キャボットはNYSE（ニューヨーク証券取引所）委員会の前で、投資信託における問題の原因を次のように証言した——①誠実さの欠如、②無頓着で無能、③強欲さ。彼は投資信託に蔓延する問題を明確にし、彼の主張を裏付ける証拠を提示しながらも、「広報活動と教育」という業界が好む解決法を提示した（おそらくは彼が考案した）。救済的な法律を作ったところで、有能な運営を妨げるだけで、一般投資家を守ることなどできないと彼ははっきり述べた（ポール・C・キャボット著「The Investment Trusts」、アトランティック・マンスリー 268, No.3［1929年3月］：405-406）。

　投資信託の問題に関するキャボットの強力な発言は、1940年の投資会社法の採択に関するSEC理事であるロバート・ヒーリーの議会での証言に影響を与えた。キャボットの論文からの嫌になるほど多くの引用に加え、ヒーリーは投資信託を「ゴミ廃棄場」と呼び、刺激的な発言をした（上院銀行通貨委員会、Investment Trusts and Investment

Companies. Part 1, 76th Cong., 3rd sess., 1940年4月2～5日: 38-39）。
最終的には、1940年の投資会社法は投資会社がその投資会社関連企業
が引き受けた証券を買うことを禁じた。よく知られ十分に裏付けられ
た投資信託の問題点に対して、偏狭とはいえ直接に反応した投資会社
法は利害の対立に対する解決法を示したと言えよう。

　時間がたち、記憶が薄れるにつれ、投資信託業界は関連企業が引き
受けた証券の購入の禁止を緩めてもらおうとロビー活動を始めた。
1958年、SECは投資会社が関連企業の引き受け証券の3％まで購入
できるとするルールを導入した。さらに時間が経過し記憶もさらに薄
れた1979年、SECは比率を3％から4％に引き上げ、最終的には1997
年、「ファンド業界が劇的に成長し、引き受け業界の集中化が進み、
ファンドと引受業者の提携が進み、比率をあまりにも低くしすぎた」
として、SECは比率を25％にまで引き上げた（SEC、Exemption for
the Acquisition of Securities During the Existence of an
Underwriting or Selling Syndicate, File No.:S7-7-96, 1997年7月31日:
7）。SECは一般投資家のニーズは無視し、投資信託業界の自己利益
を重んじたのは明らかだ。

　今日の金融サービス会社傘下の投資信託の活動は、1920年代と1930
年代の投資信託の問題を繰り返しているにすぎない。SECの投資マ
ネジメント部門の元職員のマーサー・ブラードによれば、「ファンド
はゴミ廃棄場のようなもの」だ。元SECの弁護士であるエドワード・
シードルは次のように言う――「あなたは取引を持ち掛けることもで
きるし、商品を放り出すこともできることを示せばよいのだ。あなた
がこれをやればやるほど、顧客はあなたに引き寄せられる」。金融サ
ービス会社の利害の対立問題については公開情報が不十分なため明確
な結論を導くことはできないが、10万8000件のSECの記録を調査し
たブルームバーグニュースは、投資銀行傘下のファンドはクライアン
ト企業の株を不相応なほど多く所有していた、と結論づけた（デビッ

ド・ディーツとアダム・レビー著「Wall Street's 'Dumping Ground'」、Bloomberg Markets、2004年6月: 40, 43)。投資信託の子会社のクッキー缶は親会社にとって抗しがたいほどの魅力があるのである。

　関連企業の引き受け証券の購入に関する制約は3％から4％、さらには25％と上昇していったが、この変遷を見ると規制当局のこの問題に対する対応には問題があることは明らかだ。第一に、ルールの範囲はこの根深い問題を扱うには不十分である。1940年の投資会社法とSECは、引き受け募集の株式の購入、つまり発行市場についてのルールしか提示していない。総合金融サービス会社が流通市場を使って、投資信託の受益者を犠牲にして親会社のクライアントの利益を満足させる可能性は大いにあるわけである。第二に、ルールが有効なのはこの問題が一般投資家と規制当局の注目を浴びている間だけである。問題が一般投資家の理解を超えて複雑になれば、規制当局は問題を無視する傾向がある。問題が注目されなくなれば、規制当局は興味を失い、業界擁護者が優位に立つ。要するに、規制当局は業界が一般投資家を犠牲にして勝利する運命にあることを黙認しているということである。

高コストのインデックスファンドの運用

　自己利潤追求型の会社の代わりに顧客本位の会社を使うことで得られるアクティブ運用のコスト上の利点は測定が難しい。アクティブ運用の分野では、顧客本位の投信会社の数字上のエッジは、同一条件での比較ができないため不透明だ。徴収される手数料は、投資戦略、ポートフォリオマネジャーの質、パフォーマンス履歴、運用資産額、そのほかの特異な要素によって決まるからだ。自己利潤追求型の投信会社は、どんなバカげた理由であろうと、いろいろな理由を取り上げて手数料の違いを正当化する。

　しかし、インデックスファンドのマネジメントとなると話はまった

く違ってくる。インデックスファンドとはインデックスに連動する成
果を目指すファンドで、パッシブファンドとも呼ばれる。インデック
スファンドの運用には特殊な戦略は不要で、スキルを持ったマネジャ
ーも不要で、新聞ダネになるような成果を生むこともない。運用して
いるファンドが適切な規模に達すると、サイズは関係なくなる。アク
ティブ運用に比べ、パッシブ運用は非常にシンプルだ。

　経済理論によれば、自由競争市場では一物一価の法則が成り立つ。
つまり、同じ商品や同じサービスであれば、価格は同じということで
ある。インデックスファンドの運用の場合、サービスプロバイダーは
違ってもポートフォリオの運用手数料は同じか、ほぼ同じでなければ
ならない。そうでなければ、合理的な投資家は資金を高コストのプロ
バイダーから低コストのプロバイダーに移すため、強欲な、あるいは
非効率的なファンド運用会社は価格を下げるか、廃業に追い込まれる。

　しかし、インデックスファンドの世界では経済理論は通用しない。
2002年のモーニングスターの調査によれば、57のS&P500インデック
スファンドが市場標準とされるバンガードの年間手数料（0.18％）を
上回っていた（データの出所はアメリカ消費者連盟）。非バンガード
のインデックスマネジャーの年間平均の経費率は法外とも言える0.82
％だった。20のインデックスファンドに至っては年間の経費率は1.2
％を上回り、そのうちの１つのインデックスファンドの経費率は2.18
％という度を超えた高さだった。高コストのファンドの運用資産は合
計で570億ドルとかなりの額だった。

　高コストのインデックスファンドが評判の悪いバケットショップの
ものであれば、高コストのファンドを選ぶ者が悪いのであって、そん
な愚か者はパッシブ運用のリターン以下の成果に対して高いアクティ
ブ運用の手数料を支払うのは自業自得だ。そういった高コストのイン
デックスファンドのリストを見ると、モルガン・スタンレーとスカダ
ー・インベストメンツという投資マネジメントの世界を代表する２社

が含まれている。

　モルガン・スタンレーS&P500インデックスファンドをよく調べて
みると、醜悪な事実が分かってくる。モルガン・スタンレーは3つの
シェアクラスを発行している。クラスAシェアは販売時に購入手数料
がかかるクラスで、投資額の5.25％かかることもある。クラスBシェ
アとクラスCシェアは条件付き後払い販売手数料という目に見えない
手数料がかかる。そして、どのシェアクラスにも毎年恐ろしいほどの
費用がかかる（モルガン・スタンレー、Prospectus for Morgan
Stanley S&P500 Index Fund、2003年10月30日）。

　モルガン・スタンレーS&P500インデックスファンドには毎年0.50
％の「運用手数料とそのほかの費用」がかかる（モルガン・スタンレ
ー、Prospectus for Morgan Stanley S&P500 Index Fund、2003年10
月30日）。これに対して、バンガードの場合、インベスターシェアの
年間トータルの経費率は0.18％で、「長期投資家と大口投資家」に適
用されるアドミラルシェアは0.12％だ（バンガードの目論見書、2004
年4月23日）。モルガン・スタンレーの場合、販売関連手数料（12b-1）
として、クラスAシェアには0.23％を課し、クラスBシェアとクラス
Cシェアには1.00％を課す（モルガン・スタンレーの目論見書、2003年）。
バンガードにはそういった手数料はない。

　ファンドの手数料を見ると大きく異なるのが分かる。モルガン・ス
タンレーの場合、短期保有は販売手数料と条件付き後払い販売手数料
によってリターンが減少するので非常に不利だ。**表12.4**に示したよ
うに、バンガードのインベスターシェアの場合、保有期間が1年の場
合は1万ドル口座では18ドルの手数料がかかる。これに対して、同じ
サービスであるにもかかわらず、モルガン・スタンレーのクラスBシ
ェアの場合は653ドルの手数料がかかる。保有期間が10年の場合、販
売手数料は投資期間にわたって分散され、条件付き後払い販売手数料
は発生しないので、手数料の相対差は減少するが、価格差は拡大する。

表12.4　大きく異なるインデックスファンドの手数料——年間リターン
　　　　を5％とした場合の1万ドルの投資額に対する費用

	保有期間			
	1年	3年	5年	10年
バンガードのインベスターシェア	$18	$58	$101	$230
バンガードのアドミラルシェア	12	39	68	154
モルガン・スタンレーのクラスAシェア	596	746	910	1,384
モルガン・スタンレーのクラスBシェア	653	774	1,018	1,791
モルガン・スタンレーのクラスCシェア	252	471	813	1,779

出所＝バンガード、モルガン・スタンレー

バンガードの標準口座の保有者が10年の保有期間に対して支払う手数
料が230ドルなのに対し、モルガン・スタンレーのクラスBシェアの
保有者の手数料は1791ドルだ。

　バンガードの超低コストのアドミラルシェアに該当する投資家の手
数料はもっと低くなる。バンガードのアドミラルシェアの保有期間5
年の手数料は68ドルで、モルガン・スタンレーの各シェアクラスの10
％を下回る。インデックスファンドは低コストが投資家にとって有利
なのは明らかだ。

　モルガン・スタンレーS&P500インデックスファンドは販売手数料
を除いてもパフォーマンスは悪い。**表12.5**を見ると一目瞭然だ。
2003年12月31日までの5年間において、モルガン・スタンレーのクラ
スAシェアのリターンは年間－1.28％で、クラスBシェア（－2.04％）
やクラスCシェア（－2.03％）に比べると良い。なぜならクラスAシ
ェアのリターンには販売手数料が含まれていないからだ。

　モルガン・スタンレーS&P500インデックスファンドのリターンは、
防御不可能なその手数料体系によって、インデックスのリターンを下
回る。5年間におけるクラスAシェアのリターンはインデックスを

表12.5　販売手数料を除いてもモルガン・スタンレーのファンドのパフォーマンスは悪い――2003 12/31までのトータルリターン（%）

	1年	5年
モルガン・スタンレーのクラスＡシェア	27.82	−1.28
モルガン・スタンレーのクラスＢシェア	26.84	−2.04
モルガン・スタンレーのクラスＣシェア	26.91	−2.03
バンガードのインベスターシェア	28.50	−0.63
S&P500インデックス	28.67	−0.54
リッパーS&P500ファンドインデックス	28.25	−0.88

出所＝モーニングスター、バンガード、リッパー

0.74％下回り、クラスＢシェアは1.50％下回り、クラスＣシェアは1.49％下回る。これに対して、コスト効率がよく株主にやさしいバンガードはインデックスをわずかに0.09％だけ下回るだけである。

　モルガン・スタンレーのS&P500インデックスファンドのリターンをほかのインデックスファンドのリターンと比べると、恥の上塗りになるだけである。ロイター傘下の投資信託データ・プロバイダーであるリッパー社が算出した30の主要なインデックスファンドを均等加重したインデックスを見てみよう。モルガン・スタンレーの３つのシェアクラスのなかでパフォーマンスが最も悪いクラスＢシェアはその規模のおかげでリッパーのインデックスファンドのリストに名を連ねる。５年間におけるリターンがリッパーインデックスを年間で1.16％下回るモルガン・スタンレーのクラスＢシェアは第４四分位にあるのは明らかだ。クラスＢシェアよりも規模の小さいクラスＡシェアとクラスＣシェアはリッパーインデックスの規模基準に満たないためリッパーのインデックスには含まれない。しかし、クラスＡシェアはリッパーインデックスを0.40％下回り、クラスＣシェアはリッパーインデックスを1.15％下回ることからすれば、たとえこれら２つのシェアクラス

がリッパーインデックスに含まれていたとしても、第4四分位に位置しただろう。これとは対照的に、バンガードはリッパーインデックスを年間で0.25%上回り、ほかのインデックスマネジャーを寄せ付けないほどのリターンを上げている（データの出所はリッパー社）。

　モルガン・スタンレーのインデックスファンドのリターンが悪いのは、1つには商品の劣悪さが原因だ。2002年10月30日付けのモルガン・スタンレーS&P500インデックスファンドの目論見書には、「ファンドのポートフォリオはコア・グロース・チームによって運用されている」と書かれていた（モルガン・スタンレー、Prospectus for Morgan Stanley S&P500 Index Fund、2002年10月30日）。しかし、法外な手数料を支払っているにもかかわらず、ファンドの最初の6年間は専任のマネジメントチームはいなかった。これは改善されて、2003年9月30日の目論見書では、「ファンドはインデックスチームによって運用されている」と補足された。モルガン・スタンレーのインデックスファンドの株主に対する数々の侮辱的待遇の1つがこれで解消された（モルガン・スタンレー、Supplement to the Prospectus for Morgan Stanley S&P500 Index Fund、2003年9月30日）。もちろん、小規模のポートフォリオの運用経験しかないモルガン・スタンレーの新米のインデックスチームが、時の試練を経たバンガードのインデックスファンドマネジャーに太刀打ちできるはずはない。

　モルガン・スタンレーを避けるべき長大な理由リストがあるにもかかわらず、ある顧客はぜひともモルガン・スタンレーのインデックスファンドに投資したいと思っているとしよう。まず投資家はクラスA、クラスB、またはクラスCのシェアクラスに類別され、今支払うのか、あとで支払うのか、今とあとで支払うのかという複雑な料金体系に直面する。例えば、クラスBとクラスCのシェアクラスの決定的な違いは、クラスBシェアは、株式を購入した月の最終日から10年後にシェアクラスを転換できることだ。クラスCシェアにはこの特徴はない（モ

ルガン・スタンレーの2003年の目論見書: 19)。この複雑さはモルガン・スタンレーのファイナンシャルアドバイザーにとっても、顧客にとってももめ事の原因になるのは明らかだ。2003年11月、モルガン・スタンレーは、投資家を適切なシェアクラスに分類しなかったこと、投資家に特別セールス・インセンティブ（事前に定められた売り上げ目標を上回ったことに対してセールスマンに提供される報酬）について報告しなかったことといった不適切な販売慣行に対する損害賠償として顧客に5000万ドル支払った（トム・ラウリセラ著「Morgan Stanley Settles, but Woes Linger. Deal to Set Aside \$50 Million for Clients Resolves SEC Charges, but Mutual Fund Probes Continue」、ウォール・ストリート・ジャーナル2003年11月18日付け）。

　モルガン・スタンレーはSECによってウォール街お決まりのダブルスピーク（矛盾する2つのことが同時に行われる）が認められ、過ちを認めることも否定することもなく損害賠償を支払った。モルガン・スタンレーが認めることも否定することもしなかった過ちのなかには、かなりの比率のクラスBシェアがモルガン・スタンレーのブローカーによって販売されたことが含まれていた。クラスBシェアは年間手数料が高く、投資家にとってはシェアクラスのなかで最も高いシェアクラスだ。事実、モルガン・スタンレーS&P500インデックスファンドの目論見書によれば、クラスBシェアは各保有期間（1年、3年、5年、10年）の手数料は開示文書に記載されているものよりも高い。ウォール・ストリート・ジャーナルは控えめな言葉で、「モルガン・スタンレーのブローカーは顧客をクラスBシェアに分類することでより多くを稼ぐことができた」と述べた。さらにウォール・ストリート・ジャーナルは、「投資家のなかには、確認書や月々の口座明細書を見るまで、クラスBシェアを購入したことを知らない人もいた」と述べた（トム・ラウリセラ著「Morgan Stanley Settles, but Woes Linger. Deal to Set Aside \$50 Million for Clients Resolves SEC Charges, but

Mutual Fund Probes Continue」、ウォール・ストリート・ジャーナ
ル2003年11月18日付け)。

　5000万ドルの損害賠償の支払いにまつわるSECとのちょっとしたい
さかいによって、モルガン・スタンレー自身のファンドが享受する有
利な待遇に暗雲がたちこめた。モルガン・スタンレーは同社が作成し
た商品の販売に対してブローカーに高い手数料を支払っていたが、そ
のことを顧客は知らなかった。スティーブン・カトラーSEC法律執行
局局長は次のように述べた——「投資家にとって最も重要なのは投資
のプロからバイアスのないアドバイスを受け取ること、つまり自分た
ちが受け取っているものにはバイアスはないことを知ることである。簡
単に言えば、モルガン・スタンレーが顧客に特定のファンドを積極的
に売っていたという事実を顧客は知らなかったということである」(ト
ム・ラウリセラ著「Morgan Stanley Settles, but Woes Linger. Deal to
Set Aside $50 Million for Clients Resolves SEC Charges, but Mutual
Fund Probes Continue」、ウォール・ストリート・ジャーナル2003年
11月18日付け)。モルガン・スタンレーのS&P500インデックスファン
ドを顧客に売りつけていたモルガン・スタンレーのブローカーは顧客
をだまして高い手数料を取っていたのである。

　2003年11月の5000万ドルの損害賠償は、2003年9月にNASD（全米
証券業協会）に200万ドルの罰金を支払った直後に発生した。NASD
によれば、モルガン・スタンレーのディーラーは同社運用の投資信託
の販売を促進するために「禁じられた販売競争」に参加した。これを
非難し罰金について発表した報道発表によれば、「1999年10月から
2002年12月までの間にモルガン・スタンレーは29の販売競争を実施し、
ディーラーにブリトニー・スピアーズやザ・ローリング・ストーンズ
のコンサートチケット、NBAファイナルのチケット、レーシングス
クールの授業料、リゾート地への旅行券といった賞金を与えた」。モ
ルガン・スタンレーは販売競争に会社として罪悪感を感じていたのは

明らかで、広報への悪影響を避けるために、世間一般からこの販売競争を隠そうとした。モルガン・スタンレーはこの告発を認めることも否定することもなく、罰金の支払いに合意した（NASDの報道発表，「NASD Fines Morgan Stanley \$2 Million for Prohibited Mutual Fund Sales Contest」、2003年9月16日）。

　モルガン・スタンレーのインデックスファンドにかかる異常に高い手数料に見られるように、自己利潤追求型の投資信託会社は時として受益者の利益を大きく損なうこともある。問題は、自己利潤追求型投資信託が受益者の利益を損なうに至った背景にはどういった市場の失敗があったのかである。根本的な問題は、巨大で洗練された金融サービス会社が十分な知識のない孤立した投資家と戦っていることにある。結果は火を見るよりも明らかだ。利益が優先され、投資家は負ける。

　投資信託のディレクターは個人投資家を助けてはくれない。顧客本位のディレクターならインデックスファンドの運用に関して公正な手数料を設定するはずだ。12b-1手数料を課すこともないだろう。インデックスファンド資産の運用を、バンガードのような良質なサービスを提供する低コストのプロバイダーに依頼するだろう。これに対して、モルガン・スタンレーの従業員やその取り巻きなどの金融サービス会社指向の連中は、モルガン・スタンレーが無知な顧客を犠牲にして法外な利益を得られるような契約を積極的に推し進める。盗みは、たとえSECが容認したガバナンスのマントを着ていても、盗みなのである。

　アクティブ運用のポートフォリオの場合、投資信託のディレクターは、運やスキルによって市場を打ち負かすリターンを上げられるという空しい期待を抱いて、市場を上回る手数料を正当化する。インデックスファンドマネジメントの世界ではそういった正当化は許されない。モルガン・スタンレーのS&P500インデックスファンドのディレクターは、不当な販売手数料、12b-1手数料、法外な運用手数料の累積効果で、受益者が得られるリターンはむしばまれ、競合よりも確実に下

がることを知っている。自己利益が受託者責任に優先するのである。

　機関投資家向けファンド運用の世界では、投資運用サービスの買い手と売り手は対等だ。サービスの買い手の機関投資家は売り手の資産運用会社を注意深く観察し、徹底したデューディリジェンスを行い、互いに納得のいくような契約条件を交渉する。最終結果がどうであれ、機関の運用責任者は少なくとも公正に戦うことができる。

　個人投資家の場合、政府は立場の非対称性を法律や規制で正そうとする。しかし、二流ボクサー（政府）がマネーマネジメント業界のヘビー級チャンピオンにかなうはずはない。たとえ政府はマネーマネジメントの世界で投資家をだますような不正を認識しても、法律上あるいは規制上の対応はゆっくりで、非効率的だ。1つの不正を解消する法律が施行されても、業界は反撃に打って出て、戦いに勝つ新たな手段を見つける。政府が介入しても、個人が率先して何かをしても、投資信託会社の強欲さに打ち勝つことはできないのである。

法律上と規制上の対応

　投資信託の受益者が投資信託会社に我慢の限界を超えて搾取されているという事実はすでに一般投資家の知るところであり、彼らが改革や規制を求める声を上げるのは当然だろう。投資信託会社を取り締まるのは主としてSECや議会で、彼らは投資信託の行いに関する法律や規制を施行する。しかし、規制改革は効果的であったためしがない。ほとんどの場合、何らかの規制を敷いても、取り締まることができるのは最も基本的な広く報道されているような問題だけであり、レーダースクリーンに引っかからないような複雑な問題の多くは見逃される。規制当局が行動を起こすのはスキャンダルが発覚したあとである。投資信託業界は規制当局にごまかしを悟られると、利益を生み出す禁じられたスキームの変化形を編み出し、悪い行為を取り締まろうとする

規制当局の規制をかいくぐる。規制当局による見落としは時としてゆがんだ規制を生み出し、投資信託の運用会社が会社の財源を満杯にする新しい仕組みや抜け道を生み出すことに貢献することになる。

　投資信託業界における果てしない問題の解決の糸口になると思われるのが情報開示だ。実際、SECのウェブサイトには次のように書かれている——「アメリカの証券業界を統治する法規制はシンプルな考え方が基になっている。それは、大口投資家であれ個人投資家であれ、投資を買う前にその投資についての基本的な情報を入手できなければならない、というものである」(Sec.gov,「The Investors Advocate: How the SEC Protects Investors and Maintains Market Integrity」、Securities and Exchange Commission, https://www.sec.gov/about/what-we-do)。情報開示は、豊富な財力を持つ大手機関にとっては入手した情報を理解しそれに基づいて行動することができるため有利になるが、個人投資家にとってはほとんど役に立たない。投資信託のマネジャーは情報開示要求にただ単に従っている（精神的には従っていない）だけで、個人投資家がそういった情報を読むことはない。こうして、受益者が投資信託業界に搾取され、悪循環は続いていく。

規制

　規制当局の問題に対する対処方法には問題がある。投資家はこの問題に繰り返し悩まされてきた。SECや議会は理解しやすく注目を浴びる問題を好む傾向があり、複雑で注目を浴びない投資信託の受益者に対する酷遇問題は放置される傾向がある。2003年の投資信託スキャンダルで発覚したレイトトレーディングとソフトダラー問題は、規制当局が簡単な問題には対処するが複雑な問題は見て見ぬふりをする傾向があることを浮き彫りにするものだ。レイトトレーディングはよく見られる明らかに違法な取引で、規制当局による精密な調査が行われ

た。レイトトレーディングは個人投資家による犯行が発覚したことで世間に知られ、規制当局とメディアの注目を浴びるところとなった。これに対してソフトダラーは投資家のリターンをむしばむよく使われる手段で、巧妙に隠匿されているため、あまり注目されることはない。規制当局は何十年にもわたってソフトダラーの使用に内在する対立問題を認識していたが、議会もSECもメディアに注目されないトピックにはあまり注意を払わない。その結果、投資信託会社は富を投資家からファンド会社に移行する手段として、この隠れた複雑なツールを使い続けてきた。

　たとえ規制当局が受益者をないがしろにする重大な問題に直接対処したとしても、投資信託業界は受益者の利益を損なう新しい手法を見つける。ステイルプライシングは1920年代と1930年代にディーラーがよく使った二重価格システムで、流動性が低い市場で古い価格が使われることをいう。1940年の投資会社法によって、今日、明日の価格で取引することが禁じられたため、投資信託業界は1940年代、1950年代、1960年代には、今日、昨日の価格で取引するための「バックワードプライシング」を使った。1968年にSECによってバックワードプライシングが禁止されると、投資信託の運用会社はさまざまなファンドでステイルプライシングを使って利益を出した。これは特に流動性の低い外国証券で使われた。投資信託業界の80年の歴史を通じて、規制当局は公正価格の重要性を認識し、公正価格を生み出すメカニズムの必要性に気づいていた。しかし、業界の圧力と規制当局の無能さゆえに、投資信託業界は規制当局より常に数歩先を歩いていた。

　規制当局と投資信託業界のいたちごっこが続くなか、投資家の立場を危うくするさらなる問題が発生する。1975年、議会はSECに対してソフトダラーの使用に関して安全地帯を設けることを認め、ファンド会社のキックバックの温床になっているインフレーテッドコミッションは規制当局のお墨付きを得た。投資家のリターンを直接的に低下

させ、資産の肥大化によって受益者のリターンを間接的に低下させるマーケティング手数料（12b-1手数料）も正式に認可された。ソフトダラーと12b-1手数料はジキルとハイドの性格を持つ二重人格者のエドワード・ハイドそのもので、受益者を擁護すると言いながら、実際には受益者を擁護することなどない。

　おそらく将来的には法規制は正され、ステイルプライス、ソフトダラー、12b-1手数料を禁止する方向に動くだろう。しかし、規制当局が一時的な対策しか取らないことは、投資信託業界の歴史を見れば明らかだ。自己利益を執拗なまでに追求する投資信託業界とウォール街は、投資家保護対策をかいくぐって創造力豊かなメカニズムを生み出し続けるだろう。

情報開示

　規制当局が好んで使う常套句は、一般投資家に対する関連情報の開示だ。情報の完全開示の提唱者は、投資家に情報を開示すれば彼らは投資を決める前に募集要項に含まれる情報を注意深く読むと信じている。たとえ投資家が開示文書を読まなかったり理解できないとしても、ファンド会社に情報開示を条件付けるだけで、彼らが投資家に対して敵対的な行動を取ることはないと思われがちだが、情報開示は投資家にとってはそれほど役には立たない。

　バンガードUSストックインデックスファンドの募集要項を考えてみよう。インデックスファンドの運用は投資の世界におけるもっとも基本的な活動の1つだ。しかし、この募集要項は37ページに及び、役に立つ「投資用語集」から「口座登録フォーム」（7ページ）、「バンガードファンドと口座オプションリスト」が含まれる。2003年4月28日付けの追加情報は46ページ、2003年のバンガード500インデックスファンド年次報告書は34ページという長さだ。これらの文書はSEC

の「平易な英語表現」の条件を満たしてはいるが、こんなものをすべて読む投資家などほとんどいない（SEC、A Plain English Handbook: How to Create Clear SEC Disclosure Documents［Washington, DC: GPO、1998年8月20日］: 2）。

　潜在的投資家に目論見書を渡すことは法律で義務づけられているため、バンガードは目論見書を入手しやすいようにしている。オンラインや従来的な形式で入手可能な募集要項には、インデックスファンドの紹介、さまざまなインデックスファンドのプロフィール、投資アドバイザーの紹介、株を買うときの手順が書かれている。注意深い投資家は、ファンドの投資目標、投資戦略、手数料、過去のパフォーマンスを特に注意深くチェックする。

　しかし、目論見書はほんの出発点にすぎない。目論見書には参照として、いわゆる追加情報というものが含まれている。これは法的には目論見書の一部とみなされる（バンガードグループ、Vanguard U.S.Stock Index Funds Prospectus、2004年1月20日: 68）。目論見書の主要な部分はバンガードのウェブサイトから入手可能で、インターネットに接続している人ならだれでも入手してダウンロードすることができるが、追加情報を要求するには特別な手順が必要で、しかも時間がかかる。ウォール・ストリート・ジャーナルのカレン・ダマート記者が追加情報のことを「いつも無視されるもの」と言ったのもうなずける（カレン・ダマート,「Mutual Funds' Best-Kept Secret」、ウォール・ストリート・ジャーナル2004年1月23日付け）。バンガードは追加情報を郵送で送る。これによって作成コストと配達料がかかり、時間もかかる。これらのことからバンガードは投資家が機密情報を入手しにくくしていることが分かる。

　46ページにわたるバンガードインデックスファンドの追加情報には、受託者の利益相反問題、株式の所有権、サービスに対する報酬についての情報が含まれている。各受託者は112の異なるバンガードの投資

信託の監視という基本的な仕事に対して年間10万8000ドルずつ受け取るという具体的なことから、受託者が保有する株式は「なし」「1万ドルまで」「1万1ドルから5万ドルまで」「5万1ドルから10万ドルまで」「10万ドルを上回る」という区分に分かれるといった漠然としたものまで、いろいろなことが追加情報には書かれてある。コーポレート・ガバナンスに興味のある投資家は、バンガードのCEOであるジョン・ブレナンが「利害関係のある受託者」であることや、彼のバンガード株式ファンドにおける株式保有の有無についても追加情報で知ることができる（バンガードグループ、Vanguard Index Funds Statement of Additional Information、2004年4月28日：B24-B26）。

　バンガードは一般に受益者の利益を最優先するが、ファンドの保有者はバンガードのトレード政策に疑問を持つかもしれない。投資家は追加情報のB-26ページを注意深く読んで初めて、バンガードがソフトダラーに関与していることを知ることができる。バンガードはソフトダラーについては、「統計情報やその他のサービスを提供するブローカーを考慮する」といったあいまいな表現を使っている（バンガードグループ、Vanguard Index Funds Statement of Additional Information、2004年4月28日：B-26）。バンガードは弁解の余地のない慣行について苦し紛れの言い訳をする――「しっかりと見極めたうえで、最良な価格で最も好ましい執行を行ってくれる可能性のあるブローカーを選ぶこととする」（バンガードの目論見書、2004年4月23日：B-26）。しかし、純粋な執行を純粋な執行にほかのサービスを加えたものと同一視するという虚偽は今も続いている。バンガードは顧客本位の原則に従うほぼ唯一の組織ではあるが、追加情報のなかでソフトダラーについての情報を開示しないことで、バンガードは運営の醜い部分を投資家に隠そうとしている。

　情報開示の3つ目の要素は投資信託の四半期ごと、半年ごと、年ごとの報告書である。今ではインターネットで簡単に入手できるバンガ

ードの2003年12月31日の年次報告書には、手数料、最近のパフォーマンス、一般的な市場状況など、多くの役立つポートフォリオ情報が含まれている。またこの報告書には株式の保有状態の完全リストも小さな字ではあるが書かれている。

　投資家はバンガード500インデックスファンドに投資する前に149ページに及ぶ情報開示文書を読むという気の遠くなるような仕事に直面する。インデックスの優良性に関する情報は投資家の目に留まるように書かれているが、もっと微妙な情報はあいまいな表現で記述され、追加情報のなかに隠されるように書かれている。情報開示については投資信託業界の優等生でも悪い点数しか取れない。普通の投資信託は推して知るべしである。

　情報開示についての最も基本的な問題は、個人投資家が何百ページにも及ぶぎっしりと書かれた書類を読み通すことは難しいという点にある。トップの投資信託会社の洪水のような量の書類に投資家はお手上げ状態だ。**表12.6**に示したように、書類の多さではピムコが筆頭で、その量は236ページに及ぶ。フィデリティは最も少ないが、それでも127ページという多さだ。おそらく、ばつの悪い情報はファンドの情報開示文書のなかに埋もれさせることで隠すというのがファンド会社のやり口なのだろう。

　追加情報の配布方法は投資信託会社の情報開示義務に疑問を投げかける。バンガード、AIM・インベスコ、ピムコは追加情報の要求を電話でしなければならず、郵送で送られてくるためかなりの時間がかかる。コストが高く非効率的な配布方法を見ると、会社は追加情報をできるだけ投資家に教えたくないという態度が見え見えだ。将来的にはSECは追加情報をオンラインで入手できるように義務づけると思われるが、必要な情報を投資家と共有することに対してかつて投資信託業界はあまり乗り気ではなかった。これは業界の評判に長期にわたって残る汚点だ。

表12.6　ペーパージャングルに埋もれる投資家——投資信託の情報開示
　　　　文書のページ数

運用会社	ファンド	目論見書	追加情報	定期報告書	合計
フィデリティ	マゼラン	22	37	40（年次報告書） 28（半期の報告書）	127
キャピタルグループ	AMCAP	32	70	36（年次報告書）	138
バンガード	500インデックス ファンド	37	46	34（年次報告書） 32（半期の報告書）	149
AIM・インベスコ	AIMプレミア・エ クイティ・ファンド	32	113	29（年次報告書） 28（半期の報告書）	202
ピムコ	トータルリターン	54	143	39（年次報告書）	236

注＝フィデリティの目論見書の日付は2004年5月28日、追加情報は2004年5月28日、年次報告書
　　は2004年3月31日、半期の報告書は2003年9月30日。キャピタルグループの目論見書の日付
　　は2004年5月1日、年次報告書は2004年2月29日。バンガードの目論見書の日付は2004年4
　　月23日、追加情報は2003年4月28日、年次報告書は2003年12月31日、半期の報告書は2004年
　　6月30日。AIM・インベスコの目論見書の日付は2004年4月30日、年次報告書は2003年12月
　　31日、半期の報告書は2004年6月30日。ピムコの目論見書の日付は2004年7月30日、追加情
　　報は2004年7月30日、年次報告書は2004年3月31日
出所＝フィデリティ、キャピタルグループ、バンガード、AIM・インベスコ、ピムコ

　情報開示は受益者の利益を守るためのメカニズムには程遠い。時間
と労力を割いて、情報開示文書を端から端まで読んでそれを利用しよ
うという投資家がどれほどいるだろうか。投資家がたとえ開示情報を
収集して学習しても、それを理解できる投資家がどれほどいるだろう
か。開示文書は量が圧倒的に多いだけで、絶望的なまでに効果がない。

本章のまとめ

　投資信託業界における市場の失敗の基本的な要因は、自己利潤を追
求する手練れの金融サービスの提供者と投資成果を追求する知識のな
い受益者が戦っているという点にある。ウォール街と投資信託業界の
自己利潤に対する貪欲さは受託者責任を凌駕し、結果は火を見るより
も明らかだ。個人投資家にまれに見るスキルがあり幸運に恵まれると

いうケースを除き、強力な金融サービス業界に食い物にされるというのがほとんどだ。

　ファンド運用会社の所有権構造は投資家が成功するかどうかを決めるうえで極めて重要だ。投資運用会社は一般株主に利益を提供したり、親会社に利益を横流しするため、利益の追求と投資家に対する受託者責任の間で利害の対立が発生し、投資信託の投資家は大きな困難に直面する。総合金融サービス会社の傘下に投資信託の運用を行う子会社が存在する場合、受益者の資産が悪用される度合いはさらに大きくなる。これに対して、非上場の自己利潤追求型運用会社には善良なキャピタリストを演じるという選択肢があり、利益に対する執着を捨てて投資家のリターンの向上を図ることができる。しかし、受益者の利益を最も優先的に考えるのは、顧客本位の業務運営の原則に従う企業だ。

　投資家にとって一番有利なのは顧客本位のファンドだ。なぜなら、顧客本位の運用会社は受益者の利益を最優先するからだ。利潤を目的としないため、マネジャーの受託者責任と相反することもなく、成功報酬を求めないため投資家のリターンを阻害することもない。外部の利害関係者によってポートフォリオマネジメントの選択が邪魔されることもない。顧客本位の会社は受益者の利益を最優先するのである。

　投資家にとって幸いなのは、受託者責任の基準に忠実に従う2つの大きなファンド運用会社が存在することだ。これは受益者の利益を最優先するという企業文化に根差している。バンガードとTIAA-CREFは顧客本位の会社で、彼らはファンドの運用プロセスにおいて受益者の利益を最優先する。良質で低コストの投資商品を顧客に届けることをモットーとするこれらの会社は、個人投資家がポートフォリオを構築するうえで役立つツールを提供してくれる。

　結局、顧客本位の投資運用会社によって運用されているパッシブインデックスファンドが投資家の願望を最もかなえてくれるということになる。ルートヴィヒ・ミース・ファン・デル・ローエの名言「より

少ないことは、より豊かである」に従えば、インデックスファンド投資は華やかで複雑なアクティブファンド運用よりも勝っていると言えるだろう。受益者の利益を満足させることだけを考えてくれる会社に投資することは投資家とエージェントを一体化させ、投資を最も基本的な形に還元させる。複雑で巨大な投資信託の世界において投資家にとって最も好ましい解決策は、シンプルさを追求することである。

付録1　投資損益の計測

　投資家はパフォーマンスを計測するときリターンだけを見ることが多い。絶対リターンが十分に高ければ、あるいは相対リターンで十分に差がつけば、投資家は勝利を宣言する。しかし、リターンの評価だけで事足りるのは、投資期間の中途にキャッシュフローがまったく生み出されないとき、つまりすべての資金を初めにすべて投資したときだけである。

　投資家が定期的にキャッシュフローを得るような状況においては、キャッシュフローを得るタイミングが結果に重要な影響を及ぼす。しかし、単にリターンだけを評価するのでは、投資期間の中途に得られるキャッシュフローが与えた影響を説明することができない。投資家の損益（金額）の測定は、投資家が途中で資金を出し入れすることで投資家のイクスポージャーが変化するときには有益だ。投資家の行動による、中途で出し入れされた資金の影響を分離することで、純投資利益や純投資損失を算出することができる。もし投資家が低価格で資金を投入し、高価格で引き出すことができれば、利益が生まれる。つまり、安く買って高く売れば利益になるということである。逆に高く買って安く売れば、損失になる。

　投資信託の運用会社は運用資産についての日々の情報は公開しないので、投資パフォーマンスと投資家の資金の出し入れを合わせたものを評価するには、投資家が資金を投入するタイミングと引き出すタイミングについての仮定を設ける必要がある。テクノロジーファンドの損失（金額）の計算には、運用資産についての年次データとパフォーマンスについての四半期データを使った。この分析は、既知の年次ポイントのなかの四半期における、パフォーマンスと無関係の運用資産額の変動（つまり、投資家による資金の出し入れ）の分布を示すもの

だ。年間を通じてキャッシュフローの分配がない——これは現実世界ではよくある——場合、資産の年次変化の大部分は投資パフォーマンスによるものであると思われる。投資家による資金の出し入れが四半期ごとに発生すると仮定することで、リターンに関する分析結果は現実により近いものになる。

付録2 アーノット、バーキン、イエによる投資信託のリターン調査

　ロバート・アーノット、アンドリュー・バーキン、ジア・イエは、ジャーナル・オブ・ポートフォリオ・マネジメントで発表した「ハウ・ウェル・ハブ・タキサブル・インベスターズ・ビーン・サーブド・イン・ザ・1980s・アンド1990s？（How Well Have Taxable Investors Been Served in the 1980s and 1990s?）」のなかで、20年にわたる投資信託のパフォーマンスの調査結果を発表した。この調査は注意深く徹底して行われているため、注目に値する。この調査は税金問題についても言及し、失敗したファンドの結果も含めているため称賛されている。この調査でもう1つ注目に値するのは、成功と失敗を測定する基準としてバンガード500インデックスファンドを使っている点だ。基準としてバンガードのパッシブ運用ファンドを使うことは、投資信託業界の一般的なベンチマークとはマッチしないというデメリットはあるものの、個人投資家の現実世界での代替投資をよく表しているというメリットがある。

　投資信託のパフォーマンスの研究のなかで、税引き後のリターンという複雑な問題について言及した研究はほとんどない。投資信託の利益の分配に関するデータと過去の税率に関する情報を集めることで、著者は税金が投資リターンに及ぼす影響を算出している。これほど本格的かつ大規模に行われた研究は他の追随を許さない。彼らが触れていないのは複雑な州税だけで、将来的には彼らはこれについても調査する予定だ。

　アーノットチームが調査したのは1979年、1984年、1989年に運用資産が1億ドルを上回る株式の投資信託で、のちに消滅したファンドも含まれている。存在しなくなったファンドや吸収合併されたファンド

表A.1　パフォーマンスに大きな影響を及ぼす消滅ファンド——バンガード500インデックスファンドに対する税引き前のパフォーマンス（年率%）

期間	アンダーパフォーマンス（サバイバルバイアスを含む）	アンダーパフォーマンス（サバイバルバイアスを含まない）	サバイバルバイアスの影響
10年	3.1	3.5	0.5
15年	3.5	4.2	0.7
20年	1.8	2.1	0.4

注＝数字を丸めた関係上、合計の数値は合わないこともある。データは1998年12月31日に終わる期間のデータを使用

出所＝アーノットほか、Journal of Portfolio Management 26, no.4 (2000)

のデータも分析に含めることで、著者は過度に楽観的なファンドパフォーマンスではなく、現実をしっかりととらえたパフォーマンスを提示している。

　アーノットチームの調査によれば、1979年に存在していた運用資産が1億ドルを超える195の株式の投資信託のうち、20年にわたる研究期間中に消滅したファンドは全体の17％に当たる33あった。生き残った162のファンドのバンガード500インデックスファンドに対するアンダーパフォーマンスは年間で1.8％だった。消滅した33のファンドのリターンを含めれば、バンガードに対するアンダーパフォーマンスは年間2.1％に上昇する。表A.1は消滅したファンドのリターンを含めた場合の影響を示したものだ。サバイバルバイアスで調整すると、生き残った投資信託のみのパフォーマンスは、消滅したファンドを含めたときよりも高くなる。これで報告された投資信託の結果は大きく違ってくる。

　バンガード500インデックスファンドを基準として用いることで、パッシブ運用のファンドとアクティブ運用のファンドを同一条件の下で比較することができる。しかし残念ながら、大型株からなるバンガ

表A.2　S&P500とウィルシャー5000のパフォーマンス（%）

期間	S&P500	ウィルシャー5000	差
10年	19.0	18.1	0.9
15年	17.7	16.7	1.0
20年	17.5	17.2	0.3

注＝1998年12月31日までのデータを使用
出所＝ブルームバーグ、ウィルシャー・アソシエーツ

ード500インデックスファンドを使うことで時価総額規模によるバイアスが生まれるため、結果に誤差が生じる。バンガード500インデックスファンドは大型株からなるS&P500のリターンに連動するリターンを目指すものだ。しかし、投資信託のマネジャーはS&P500だけでなくすべての投資可能な証券から銘柄選択を行うため、市場をより広域にわたってとらえるベンチマークのほうがより公正なベンチマークになる。ウィルシャー5000は1998年12月31日現在では実際には7234銘柄が含まれているため、その名称には一致しないが、アメリカのほぼすべての上場株式が含まれるため、アクティブ運用ファンドのパフォーマンスを測定するうえではより公正な基準と言えよう。

　アーノットチームの調査期間におけるバンガード500インデックスファンドとほかの投資信託のリターンの違いは、部分的には小型株と大型株の相対パフォーマンスによって説明がつく。1998年12月31日までの20年にわたって、S&P500はウィルシャー5000を年間で0.3％アウトパフォームしてきたが、これは大型株が投資信託のより広域にわたる構成銘柄よりもリターンが良かったことを示している。**表A.2**に示したように、10年および15年で見ると大型株のアウトパフォーマンスはもっと大きい。

　アーノットチームの調査のサバイバルバイアスを含まないリターンを示した部分では、アクティブマネジャーのアンダーパフォーマンス

は、S&P500とウィルシャー5000のパフォーマンスの差に相当する分だけ誇張されている可能性が高い。例えば、アーノットらによる**表7.2**と**表7.5**のデータにはサバイバルバイアスが含まれていないため、ベンチマークに対するアンダーパフォーマンスの値は誇張されている。彼らの調査において、インデックスファンドをアウトパフォーマンスするファンドの比率とアンダーパフォーマンスするファンドの比率、および勝者の平均アウトパフォーマンスと敗者の平均アンダーパフォーマンスを計算した部分には、サバイバルバイアスが含まれている（調査のこの部分で消滅ファンドを除いたのは、結果を計算するには全期間にわたる記録が必要だったため）。したがって、**表7.3**と**表7.6**のデータはインデックスファンドをアウトパフォーマンスしたファンドの比率、勝者の平均アウトパフォーマンスは誇張され、敗者の平均アンダーパフォーマンスは実際よりも低くなっている。数字をざっと見てみると、時価総額バイアス（20年にわたって年間0.3％。投資家に有利）とサバイバルバイアス（20年にわたって年間0.4％。投資家に不利）ははほぼ同じと考えて差し支えないだろう。微妙な違いはあるかもしれないが、市場を打ち負かしたいと願う投資家は起こりそうもないことを願っているという事実は依然として変わらない。

　ロバート・アーノット、アンドリュー・バーキン、ジア・イエの調査は、投資信託のパフォーマンスを理解するうえで計り知れないほどの洞察を与えてくれるものだ。投資信託のアクティブ運用における税効果やサバイバルバイアスによるリターンの誇張を考察することで、著者は重大な結論に達している——賢明な投資家はパッシブ運用のインデックスファンドを選ぶ。

■著者紹介
デビッド・F・スウェンセン (David F. Swensen)
イェール大学のCFO（最高投資責任者）。140億ドルを超えるエンダウメントファンドを運用。彼の指導の下、イェール大学は過去20年にわたって年間16.1％という他の追随を許さないリターンを上げてきた。仲間や競合他社からの信望も厚い。1985年にイェール大学で職を得る前は、ウォール街で6年（リーマン・ブラザーズに3年、ソロモン・ブラザーズに3年）を過ごし、新しい金融技術の開発に携わった。ソロモン・ブラザーズでは、最初のスワップ取引として知られているIBMと世界銀行の為替取引を構築した。著書に『パイオニアリング・ポートフォリオ・マネジメント（Pioneering Portfolio Management : An Unconventional Approach to Institutional Investment）』（パンローリングから近刊予定）がある。TIAA（米教職員保険年金連合会）、ワシントンのカーネギー財団、ブルッキングス財団の受託者、およびホプキンス受託者委員会の財務責任者を務めている。イェール大学では、エリザベスクラブの一団体バークレイ・カレッジと国際ファイナンスセンターのフェローに就き、イェールの学部およびビジネススクールで経済学とファイナンスを教えている。

■監修者紹介
長岡半太郎（ながおか・はんたろう）
放送大学教養学部卒。放送大学大学院文化科学研究科（情報学）修了・修士（学術）。日米の銀行、CTA、ヘッジファンドなどを経て、現在は中堅運用会社勤務。全国通訳案内士、認定心理士。『素晴らしきデフレの世界』『バフェットとマンガーによる株主総会実況中継』『配当成長株投資のすすめ』『ワイコフメソッドの奥義』『ルール』のほか、訳書、監修書多数。

■訳者紹介
山下恵美子（やました・えみこ）
電気通信大学・電子工学科卒。エレクトロニクス専門商社で社内翻訳スタッフとして勤務したあと、現在はフリーランスで特許翻訳、ノンフィクションを中心に翻訳活動を展開中。主な訳書に『ラリー・ウィリアムズの短期売買法【第2版】』『損切りか保有かを決める最大逆行幅入門』『株式超短期売買法』『プライスアクションとローソク足の法則』『トレードシステムはどう作ればよいのか　1　2』『トレードコーチとメンタルクリニック』『トレードシステムの法則』『トレンドフォロー白書』『スーパーストック発掘法』『出来高・価格分析の完全ガイド』『アメリカ市場創世記』『ウォール街のモメンタムウォーカー』『グレアム・バフェット流投資のスクリーニングモデル』『Rとトレード』『ザ・シンプルストラテジー』『システマティックトレード』『市場ベースの経営』『世界一簡単なアルゴリズムトレードの構築方法』『システムトレード　検証と実践』『アルゴリズムトレードの道具箱』『ウォール街のモメンタムウォーカー【個別銘柄編】』『プライスアクション短期売買法』『新訳 バブルの歴史』『トレンドフォロー大全』『アセットアロケーションの最適化』『フルタイムトレーダー完全マニュアル【第3版】』『アルゴトレードの入門から実践へ』『指数先物の高勝率短期売買』『出来高・価格分析の実践チャート入門』（以上、パンローリング）のほか多数、『FORBEGINNERSシリーズ90　数学』（現代書館）、『ゲーム開発のための数学・物理学入門』（ソフトバンク・パブリッシング）がある。

2021年1月3日　初版第1刷発行

ウィザードブックシリーズ⑳

イェール大学流資産形成術
——顧客本位の投資信託とは何か

著　者　　デビッド・F・スウェンセン
監修者　　長岡半太郎
訳　者　　山下恵美子
発行者　　後藤康徳
発行所　　パンローリング株式会社
　　　　　〒160-0023　東京都新宿区西新宿7-9-18　6階
　　　　　TEL 03-5386-7391　FAX 03-5386-7393
　　　　　http://www.panrolling.com/
　　　　　E-mail　info@panrolling.com
編　集　　エフ・ジー・アイ（Factory of Gnomic Three Monkeys Investment）合資会社
装　丁　　パンローリング装丁室
組　版　　パンローリング制作室
印刷・製本　株式会社シナノ

ISBN978-4-7759-7276-2